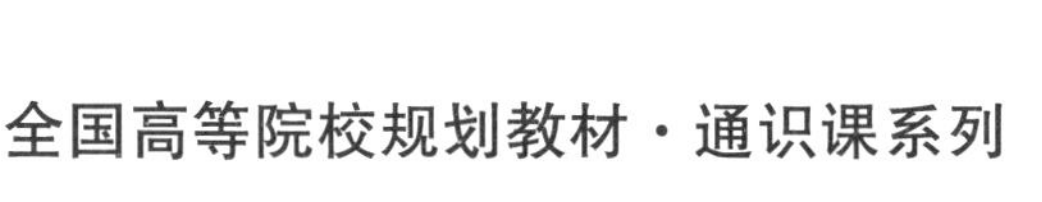

新编应用文写作教程

主　编　刘文琦　吴福才

主　审　熊大冶

编　者　（按章节顺序排名）

刘文琦　欧阳静　罗晓东　彭　颖

宋东东　吴福才　高小艳　刘　璐

钟舟海　吴秋梅　刘世权

图书在版编目（CIP）数据

新编应用文写作教程/刘文琦，吴福才主编. —北京：北京大学出版社，2014.9
（全国高等院校规划教材·通识课系列）
ISBN 978-7-301-24649-8

Ⅰ. ①新… Ⅱ. ① 刘… ②吴… Ⅲ. ①汉语—应用文—写作—高等学校—教材
Ⅳ. ①H152.3

中国版本图书馆 CIP 数据核字（2014）第 180825 号

书　　　名：新编应用文写作教程
著作责任者：刘文琦　吴福才　主编
策 划 编 辑：桂　春
责 任 编 辑：王　莹
标 准 书 号：ISBN 978-7-301-24649-8/G·3862
出 版 发 行：北京大学出版社
地　　　址：北京市海淀区成府路 205 号　100871
网　　　址：http：//www.pup.cn　新浪官方微博：@北京大学出版社
电 子 信 箱：zyjy@pup.cn
电　　　话：邮购部 62752015　发行部 62750672　编辑部 62756923　出版部 62754962
印　刷　者：三河市博文印刷有限公司
经　销　者：新华书店
787 毫米×1092 毫米　16 开本　24.5 印张　659 千字
2014 年 9 月第 1 版　2017 年10月第 3 次印刷
定　　　价：49.00 元

前　　言

本书是根据应用文写作的特点和大学生学习应用文写作的需要而编写的。

随着我国社会主义市场经济体制的建立与发展，应用文写作越来越受到社会的重视，应用文写作能力已成为人们在社会活动中必备的基本技能。为了提高大学生应用文写作能力，我们在长期从事应用文写作教学的基础上，经过长时间的准备，精心编写了这本《新编应用文写作教程》。本书以“够用、适用、实用”为原则，不追求应用文写作学科的系统性和完整性，不追求应用文写作理论的难度和深度，而是突出了应用文写作的操作性和实用性，紧紧围绕提高大学生应用文写作能力的目的，注重通俗性，突出实用性，使学生通过学习，能够做到学以致用，提高应用文体的写作能力。在本书的编写过程中，力求做到文笔流畅、语言精练、深入浅出、重点突出、实用性强。

本书既可作为高等院校应用文写作课程的教材，又可作为成人教育学校应用文写作课程的教材，还可作为在职人员学习应用文写作的自学读本。

本书由刘文琦、吴福才任主编。参加本书编写的人员有：刘文琦（江西应用技术职业学院）、欧阳静（江西应用技术职业学院）、罗晓东（江西应用技术职业学院）、彭颖（江西应用技术职业学院）、宋东东（江西应用技术职业学院）、吴福才（江西应用技术职业学院）、高小艳（江西应用技术职业学院）、刘璐（赣南医学院）、钟舟海（江西理工大学）、吴秋梅（江西应用技术职业学院）、刘世权（江西应用技术职业学院）等（按章节顺序排名）。本书几经修改，最后由主编总纂定稿。

江西师范大学文学院熊大冶教授任本书主审。熊大冶教授在百忙之中仔细审阅了本书，提出了宝贵的意见并精心修改。在此，致以衷心的谢意。

编　者

2014 年 7 月

目 录

第一章　应用文概述

第一节　应用文的产生与发展

一、应用文的概念

应用文是人们在日常的工作、学习和生活中普遍使用的一种实用性文体。它是国家机关、社会团体、企事业单位和人民群众在日常工作和生活中处理公务及个人事务所使用的具有直接实用价值和一定惯用格式的文章的总称。

二、应用文的历史沿革

应用文是人类在社会实践中由于生产和适应社会发展的需要而产生的文书，其内容形式是随着生产的发展和社会的变革而发展的。在我国，应用文的“雏形”是殷商时期刻于甲骨的“卜辞”，这些刻在龟甲、兽骨上的应用文记事简单，还没有形成一定的写作程式。最早的应用文专集是春秋时期出现的《尚书》，其中出现的“典”“谟”“训”“诰”“誓”“命”六种体裁对后世公文写作产生了深远的影响。

到了秦汉时期，应用文种类逐渐增多，格式也比较细致具体。魏晋南北朝时期开始出现了研究应用文文体的文章、专著，如曹丕的《典论·论文》、刘勰的《文心雕龙》等。

唐宋时期，应用文除继承和沿用前代的种类之外，还出现了明确为国家机关使用的“关”“移”“敕”“册”“令”“符”“御礼”“诰命”“咨报”和“敕牍”等种类。

清代时期，应用文的种类极为繁多，甚至连写作格式及书写要求都有严格的规定。清代刘熙载是较早将“应用文”作为文体来研究的学者。他在《艺概·文概》中说：“辞命体，推之即可为应用之文。应用文有上行、平行、下行。重其辞乃所以重其实也。”当时，他对应用文的性质和行文关系已有了一定的研究。清代时期的上行文有疏、奏、表等，下行文有“谕”和“旨”等，平行文有平咨、平关等。

中华人民共和国成立以来，对应用文写作中的繁文缛节进行了一系列的改革。仅行政公文处理办法，国务院就先后五次发文，不断修改完善，应用文写作进入了一个新的发展时期。为了与国际接轨，使公文的内容和形式更加规范化、国际化、科学化，国务院于2012年4月16日颁布了《党政机关公文处理工作条例》（中办发〔2012〕14号），2012年6月29日发布了《党政机关公文格式》国家标准（GB/T9704—2012）对公文的体式及处理程序等作了统一的规定，规定公文的文种有15种，并在用纸、格式等方面制定了要求。

由于社会的进步和科学文化技术的发展，应用文已经社会化，应用文写作作为工具性手段，如同外语、计算机操作一样，已成为每个现代人必须具备的技能之一。当今社会也非常重视各类人才在应用文写作方面的能力，比如国家机关在招收公务员时必考“应用文写作”（现在改为考试比应用文写作能力要求更高的“申论”），其内容主要有三个方面：一是概括能力，要求概括一定数量文字的主要内容；二是在实际处理事务时所需要的应用表达能力，要求把有关问题的处理意见有条理地表述清楚；三是完整文章的写作，即综合分析和语言表达能力。这种考试实际上就是应用文写作能力和综合素质的测试，这也是在招聘、录用人才方面的一个趋势。随着信息网络技术的发展，应用文载体形式也日趋多样化、现代化。正是应用文在发展中表现出了适应社会的种种变化，从而推动了应用文写作的发展。现在越来越多的人站在推进社会发展和提高人的素质的高度来认识应用文写作问题，并在实践中不断提高应用文写作能力，从而提高了学习和工作的质量及效率。

第二节　应用文的特点与分类

一、应用文的特点

（一）广泛性

应用文文体种类繁多，内容的涉及面很宽泛。上至国家大事，下至各个单位或个人的日常事务，都和应用文有着密切的联系。可以说，社会各界、各行各业，无论处理公文还是办理私事，都要使用应用文文体，只不过由于具体内容、功能、对象的不同，选用的文种不同罢了。正因如此，应用文使用的广泛性和实用性是其他文体所不能比拟的。

（二）实用性

应用文是为解决问题而写的。无论是党政机关、企事业单位、社会团体撰写的公务文书，还是人们在日常生活、学习、工作中撰写的事务文书，其根本目的都是为了处理或解决实际问题，都是具有一定实用价值的。

（三）程式性

大多数应用文都有其惯用的格式和写作程序。应用文惯用的格式是人们在长期实际使用中形成的。违反了应用文惯用的格式，人们就会感到不习惯，甚至达不到行文的目的。当然。应用文的格式也不是一成不变的，但已形成的样式，在一定时期内是相对稳定的。

二、应用文的分类

应用文按性质、作用、格式、使用范围、写作要求和处理方法的不同，分类的标准也不同。本书着重介绍以下常见的应用文。

常见应用文可分为：

（一）日常文书

本书重点介绍便条（请假条、留言条、意见条、托事条），条据（借条、收条、欠条、领条），请柬，专用书信（介绍信、证明信、慰问信、感谢信、表扬信、贺信、邀请信、推荐信、申请书、聘请书、求职信），简历等。

（二）事务文书

本书重点介绍计划、总结、调查报告、规章制度、会议记录、述职报告等。

（三）公务文书（简称公文）

本书重点介绍决议、决定、命令（令）、公报、公告、通告、意见、通知、通报、报告、请示、批复、议案、函、纪要等。

（四）经济文书

本书重点介绍招标书、投标书、意向书、协议书、合同等。

（五）法律文书

本书重点介绍刑事诉状（本文指刑事自诉状）、民事诉状（其中包括刑事附带民事诉状）和行政诉状、刑事上诉状、民事上诉状、申诉状、答辩状、申请执行书、财产保全申请书、撤诉申请书、辩护词、代理词、分单（分产契约）、民事代理授权委托书、复议申请书、消费者投诉状等。

（六）传播文书

本书重点介绍消息、通讯、特写、简报、海报、演讲稿、解说词、启事、广告、产品说明书等。

（七）科技文书

本书重点介绍实验报告、课程设计、毕业论文等。

第三节　应用文的语言

一、应用文的语言要求

（一）明确通俗

明确，就是清楚明白、确切无误。把该做什么，不该做什么，怎么做，达到什么目的，都明白确切地交代清楚，不引起误会，不产生歧义。通俗，就是语言要浅显易懂，要适合一般人的阅读水平。应用文语言的明确、通俗，主要表现在：一是选用含义确定、明白的词语；二是选用通俗易懂的词语，不要用过时、冷僻的词语，更不要生造词语。

（二）简明扼要

简明扼要，就是叙事简明完备、简而不漏、要而不繁。应用文语言的简明扼要主要表现在：一是叙事说理开门见山，主旨确定之后，就要话不离题；二是遣词造句，要惜字如金，简明扼要。

（三）朴实得体

朴实，就是语言要朴实无华，强调直接叙述，不求辞藻华丽；得体，就是语言的运用能力与写作的特定目的、特定需要、特定对象一致，使行文收到预期的效果。应用文语言的朴实得体主要表现在：一是根据不同文体的需要，说话讲究分寸、适度；二是一般不使用语气词、感叹词、儿化词，不用具有描绘性、形象性的词语。

（四）庄重规范

庄重，就是端庄、郑重，是发文单位办理公务的严正立场、严肃态度的体现；规范，就是要合乎应用文写作中约定俗成或明文规定的标准。应用文语言的庄重规范主要表现在：一是要使用规范的书面语言，不使用口语词语和方言词语，不滥用简称、略语；二是恰当使用专用语。

二、应用文的语言特点

（一）有一套固定的习惯用语

由于应用文的写作必须开门见山、鲜明突出，所以不同的文种根据不同的对象、不同的需要，在用语上形成了若干固定的习惯用语。例如，行政公文的标题，其事由部分一般都用介词“关于”和表达中心内容的动宾短语或偏正短语组成介词结构作公文名称的定语。又如，在不少文件的开头常用“根据”“为了”“鉴于”“现将”等惯用语。

（二）保留了某些文言词语

应用文为实而写，应言简意赅，这在客观上要求保留某些文言词语。例如，“业经”“兹将”“顷奉”“谨悉”“惠鉴”“接洽”“定夺”“函达”“此复”“尚希”“恕不”“查照”等词语。在应用文中适当使用一些文言词语，可以起到白话文起不到的语言效果。

思考与练习

1. 如何理解“应用文”这一概念？
2. 为什么说应用文写作已成为现代人必须具备的技能之一？
3. 怎样理解应用文语言的朴实得体？

第二章 日常文书

第一节 日常文书概述

一、日常文书的概念

在日常工作、学习、生活的交往中，个人与个人或个人与组织、组织与组织之间运用的文书，统称为日常文书。它起着礼尚往来、感情沟通、思想交流、信息互通、表达意愿的作用。

在人们的社会交往活动中，日常文书的运用十分广泛，所以学会写作这类文种，对于增进友好关系，促进事业成功，获得和谐生活等都有着非常重要的意义。

二、日常文书的特点

（一）实用性

日常文书是人们在工作、学习、生活中经常使用的文书，是为某一特定事情或需要而写作的文书，具有很强的实用性。

（二）礼节性

日常文书的交际色彩非常浓厚，具有礼节性，其内容要关注对方的需要和感受，措辞要注重敬重、委婉、亲切、优美、大方等。

（三）书信性

日常文书的文种大部分属于书信体，承载传达信息、表达感情、记录凭证的功能，从内容到形式都具有浓厚的书信体色彩。

三、日常文书的种类

日常文书因用途、作用不同一般包括以下几类：

（一）便条、条据类

包括请假条、留言条、意见条、托事条；借条、收条、欠条、领条等。

（二）礼仪类

如请柬等。

（三）书信类

包括一般书信和专用书信，专用书信包括介绍信、证明信、慰问信、感谢信、表扬信、贺信、邀请信、推荐信、申请书、聘请书等。

（四）求职类

包括求职（应聘）信、简历等。

第二节 便　条

一、便条的概念

便条是书信的简便形式，主要用以传递信息、说明事项。它一般不需邮寄，也不需写信封，通常直接交给或请人代交或留交收便条的人即可。

便条的特点是简便，写作方法比较灵活，不受太多的限制，以说明为主。

二、便条的种类

便条一般可分为请假条、留言条、意见条、托事条。

三、便条的写作

（一）便条的格式

便条由标题、称谓、正文、署名和日期组成。

1. 标题

标题要写明便条的种类，如“留言条”。

2. 称谓

称谓是对接收对象的称呼，平时怎么称呼对方，就怎么写，如“××老师”。

3. 正文

正文用简单的几句话写明，如你因何事、何病，请多久假，或拜访××不遇、相约不遇，留下要说的话，或托人办什么事，或提什么意见等。如果事情重要，一般不宜过多交代，但要写明联系方法，以便与对方取得联系。

4. 署名

将写条人的姓名写在正文后右下方。

5. 日期

另起一行写在署名人后面，一般不写年，只写月、日。

（二）几种常用便条的写作

1. 请假条

请假条是因某种原因不能参加正常工作、学习时，写给对方的说明性便条。

请假条一般由标题、称谓、正文、结束语、落款组成。

（1）标题。第一行居中写“请假条”。

（2）称谓。另起一行顶格写，后加冒号。

（3）正文。首先说明理由，可简写，再写明请假日期、时间。

（4）结束语。写“请批准”等，也可在后面写“此致敬礼”字样。

（5）落款。在正文的右下方分两行书写，第一行署名，若是学生，在姓名前可加上“学生”，表示对老师的尊敬；第二行写日期。

【例文2-1】

请假条

张经理：

今天早晨我突然头痛发高烧，经朝阳医院×医师检查系重感冒，无法前来上班，暂请假三天（××月××日～××日），请批准。

附医院证明

郭××

××月××日

【例文2-2】

请假条

刘经理：

我祖母昨晚从海外归来，要我今天陪她去老家看望亲戚朋友，因走得急，无法亲自来请假，特托李×同志带来假条，请事假一天，请批准。

此致

敬礼

陈××

××月××日

2. 留言条

留言条是因没有见到对方而留言的一种简短书信。它的内容可以是传递信息，委托办事，也可以是仅仅告诉对方一声。

留言条由标题、称谓、正文、结束语、落款组成。

（1）标题。第一行居中写“留言条”。

（2）称谓。第二行顶格写，后面加冒号。

（3）正文。需要对方办什么事情，或者告诉对方什么信息，直截了当地写出来。如果事情重要，一般不过多交代，写明联系办法，以便与对方取得联系。

（4）结束语。一般用“谢谢”“祝好”等简短的表示祝愿或谢意的词结尾。

（5）落款。署名、日期。

总之，在对方能明白的基础上，可灵活书写，使用对方了解的简称、缩略语。

【例文2-3】

留言条

王×先生：

今天下午我来找你，有重要事情商量，不巧没找到，不能久等。明日上午九时再来，请等我。

祝好！

张×

××月××日

3. 意见条

意见条是向有关部门或个人反映意见的简便书信。

意见条由标题、称谓、正文、落款组成。

(1) 标题。第一行居中写“意见条”。

(2) 称谓。第二行顶格写，后面加冒号。

(3) 正文。直截了当地写清楚向对方反映的意见。

(4) 落款。署名、日期。

【例文2-4】

意见条

王市长：

你今天的报告讲得太快了。我们记不下笔记，建议打印出来，发给我们学习。

市委宣传部赵×

××月××日

4. 托事条

托事条是请别人代办某些事情的简便书信。

托事条由标题、称谓、正文、结束语、落款组成。

(1) 标题。第一行居中写“托事条”。

(2) 称谓。第二行顶格写，后面加冒号。

(3) 正文。直截了当地说清楚请别人代办的事情。

(4) 结束语。一般用“谢谢”等简短的表示谢意的词。

(5) 落款。署名、日期。

【例文2-5】

托事条

××酒店：

你们需要的海鲜已运到，特托小李带来书信告知，请尽快来我公司购买。

××贸易公司

××月××日

【简析】

以上五例便条，格式规范，正文中的事项写得简明扼要，结构也很完整。

第三节 条 据

一、条据的概念

条据是个人或单位之间因买卖、借钱、借物等关系出具给对方的一种作为凭证或说明的具有固定格式的条文。

二、条据的种类

常用的条据有借条、收条、欠条、领条。

三、条据的写作要求

（1）字迹要清楚工整，只能用钢笔、毛笔或签字笔写，不能用铅笔或圆珠笔写；只能用蓝墨水或黑墨水写，不能用红墨水写。

（2）条据上的款项金额、物品数量必须大写，不能小写；款项金额后面要加上一个“整”字，以防涂改。

（3）借条或欠条中，必须写清归还期限，以免无理拖延。

（4）条据写成后，不可涂改，如需要改时，应由出据单位或个人在改动处加盖公章或私章，以表示负责。

四、常用条据的写作

（一）借条

借条是借到个人或单位钱物时给对方的凭证。

借条由标题、正文、结尾、落款组成。

1．标题

标题为“借条”，在第一行居中写。

2．正文

正文以“今借到”开头，用汉字大写写清钱、物的数量，有些物品必须写明规格、特征，并写明归还的日期。

3．结尾

结尾写上“此据”二字。这有两层含义：一是表示正文到此为止；二是如果尚有其他内容，纯属无效。因此，“此据”不宜与正文相距太远，一般不留空行。

4．落款

落款是借物（款）人署名，写明日期（年、月、日）。

【例文2-6】

借 条

今借到财会科人民币叁仟元整，用于出公差费用，日后按规定报销。

此据

孙××

××××年××月××日

【例文2-7】

借 条

今借到团委壹台尼康相机，作大会备用，会后即还。

此据

办公室（盖章）

××××年××月××日

（二）收条

收条也叫收据，是在收到单位或个人的钱物时给对方的凭证。

收条由标题、正文、结尾、落款等组成。

1. 标题

标题为“收条”或“收据”，在第一行居中写。

2. 正文

正文一般以“今收到”开头，主要写明收到某人交付的钱款的数量、币种及物品的名称和数量。钱、物数量用汉字大写，不能有涂改痕迹，一般不留空格，重要物品应写明其特征；如果是钱款，必须注明币种，如“人民币”等字样，数额后加“整”字，以示到此为止；金额大写时，“百”“千”应写作“佰”“仟”。代收时一般应注明物品的有关情况，并写明代收人姓名，代收条一式两份，以作备查。

3. 结尾

结尾写上“此据”二字。

4. 落款

落款署上“收款人：×××”字样，也可省略“收款人”三字，并署上日期。

【例文2-8】

收 条

今收到王××同志送来壹台笔记本电脑（无光驱）。

此据

张×

××××年××月××日

【例文 2-9】

收 据

今收到×××交来人民币叁仟贰佰伍拾元整。

此据

廖×

××××年××月××日

（三）欠条

欠条是当单位或个人付钱物时，在付不清或拿不出的情况下，写给对方作为约期归还的凭证。

欠条主要包括三种类型：

（1）借了个人或单位钱物，归还了一部分，对尚欠部分所写的凭证，原借条追回。

（2）借钱物时未写借据，事后补写的凭证。

（3）购置物品时未能当场兑付，作为赊欠所写的凭证。

欠条由标题、正文、结尾、落款组成。

1. 标题

标题为“欠条”，在第一行居中写。

2. 正文

上述第（1）种欠条应写明原借多少，今还多少，尚欠多少；第（2）种欠条应注明原借钱数量、“今补欠条，作为凭证”；第（3）种欠条直接写明今欠对方钱物若干，并写明原因。

3. 结尾

结尾一般只写“此据”。

4. 落款

署名、日期。

【例文 2-10】

欠 条

原借王×同志人民币贰仟元整，今还壹仟伍佰元整，尚欠伍佰元整。

此据

吴×

××××年××月××日

【例文 2-11】

欠 条

原借王×同志人民币贰仟元整。今补欠条，作为凭证。

黄×

××××年××月××日

【例文2-12】

欠 条

今欠王×同志人民币贰仟元整，本月底还清。

此据

萧×

××××年××月××日

（四）领条

领条是个人或组织从有关机关、部门领取钱物时，写给负责发放人留存的凭证。领条一般是在领取非广泛性发放物品时写的，广泛性发放物品大都采用造表签字的形式。

领条由标题、正文、结尾、落款组成。

1. 标题

标题为“领条”，在第一行居中写。

2. 正文

正文以“今领到”开头，用汉字大写写清钱、物数量，有些物品必须写明规格、特征。

3. 结尾

结尾写上“此据”字样。

4. 落款

领取人署名，写明日期。

【例文2-13】

领 条

今领到教务处发放的《辞海》壹部。

此据

王××

××××年××月××日

【例文2-14】

领 条

今领到总务部门下列办公用品：办公桌贰张（五抽屉和三抽屉各一），文件柜（铁制中号）叁个，开水壶叁只。

此据

刘××

××××年××月××日

【例文2-15】

今借到财务处人民币捌佰元整，作出差北京之用，日后按规定报销，多退少补。

此据

王××

××××年××月××日

【例文 2－16】

欠　条

原借财务处人民币壹佰元整，已还伍拾元，尚欠伍拾元。

此据

胡××

××××年××月××日

【例文 2－17】

教材科发给我班的伍拾本书收到啦！

二班班长张××

××××年××月××日

【简析】

【例文 2－15】至【例文 2－17】各存在的问题如下：

第一，没有标题。条据写作，必须有个标题，才能使人看了一目了然。而【例文 2－15】、【例文 2－17】均无标题，这是与条据的写作要求不相符的。

第二，没有归还时限。在【例文 2－16】中，虽然写了“尚欠伍拾元”的字样，却没有写清归还时间，这就容易造成长期拖欠的不良后果。

第三，用词欠妥。在条据的写作中，不能使用议论、描写、抒情的手法，更不能出现感叹性字词。但是，在【例文 2－17】中却使用了感叹性字词“啦”。这是不符合条据写作要求的。

第四节　请　柬

一、请柬的概念

请柬又称请帖、邀请书，是机关单位、社会团体或个人为邀请宾客参加某一活动时所使用的一种告知性应用文，一般用于联谊会、业务洽谈会、学术研讨会、友好往来的各种纪念活动、婚宴、诞辰或重要会议等。

发送请柬，一方面是表示邀请者对被邀请者的尊敬，另一方面也表明活动的隆重。由于请柬是请客用的，它表达了一种礼仪，所以即使宾客近在咫尺，也需递送请柬，而不能以口头或电话通知的方式代替书面的请柬。

二、请柬的种类

（一）按形式分

请柬按形式分，有横式请柬和竖式请柬。

（二）按目的分

请柬按目的分，有会议请柬、仪式请柬、参展请柬、宴会请柬等。

三、请柬的写作

（一）请柬的格式

请柬一般由标题、称谓、正文、结语、落款组成。

1．标题

标题为“请柬”“请帖”或“邀请书”字样，一般要做艺术加工，可用美术体的文字，还可适当做些装饰，如图案、花边、套色、烫金等。通常，请柬已按照书信格式印制好，发文者只需填写正文即可。

单面单页的请柬，标题位置在上部正中，字体稍大。有封面的请柬，标题一般在封面中部，也有的放在封面的某一个部位。有的请柬标题加上了事由，如“纪念××出版社建社××周年请柬”等。

2．称谓

第一行顶格写被邀请者姓名或被邀请者单位名称。个人姓名后应加相应的尊称，如“先生”“女士”“老师”“教授”等，称呼后加冒号。如果邀请的是夫妇俩，注意将两人的姓名并列书写。

3．正文

正文要写明邀请的目的，交代清楚被邀请者参加的活动或会议的名称，如座谈会、联谊晚会、招待会、婚礼等，并具体明确地告知活动或会议的时间、地点和注意事项等。

4．结语

结语又称敬辞，是表示敬意和诚意的礼仪性语言，如“恭请光临”“敬请惠顾”“敬请莅临指导”等。

5．落款

落款写邀请人姓名或邀请单位全称及发出邀请的时间。以单位名义发出的请柬应在此处加盖单位公章。

（二）请柬写作的基本要求

1．严谨、准确

请柬的文字虽然很少，但写作时不可疏忽，一定要写清被邀请者的姓名和身份、邀请的事由，以及应注意的事项等内容。特别要注意核对时间、地点和人名等内容，务必做到清晰明了，绝对无差错。

2．款式和装帧设计美观、精致、庄重、大方

请柬既是书信，又是艺术品。人们接到一帧精美的请柬时，会感到快乐和亲切，并会将其当作纪念品保存下来，故请柬的设计应悦目、协调、匀称、整齐。

3．语言达雅兼备，符合礼仪

所谓“达”，就是通顺、明白，不产生歧义；所谓“雅”，就是讲究文字美，措辞文雅得体。

4．发送要认真斟酌

发请柬要挑选严肃庄重的场合，这既是为了表明举办活动的隆重性，又是对所邀请客人的尊重。此外，请柬的发送还需要掌握好时机，发送得太早，被邀请者容易遗忘；发送得太晚，又会使被邀请者难以安排，影响活动的进行。

【例文 2-18】

请　柬

尊敬的××先生：

敝公司定于××××年××月××日 8：00—17：30 在上海××大厦 3 号楼展览大厅举办现代家具贸易洽谈会。恭候光临。

××公司

××××年××月××日

【简析】

这是一则邀请对方参加贸易洽谈会的请柬。时间、地点具体明确，内容简洁，语言谦恭得体。

第五节　专用书信

一、专用书信的概念

专用书信是用于某种特定场合，针对某种特定事务或特定需要的具有专门用途的书信。

二、专用书信的种类

常用的专用书信有：介绍信、证明信、慰问信、感谢信、表扬信、贺信、邀请信、推荐信、申请书、聘请书等。

三、专用书信的写作

专用书信的内容单一，格式固定。一般来说，由称呼、正文、结尾、署名、日期组成。它与一般书信的写法相同，但常用标明性质的标题。

不同的专用书信有不同的写法，下面介绍几种专用书信。

（一）介绍信

1. 介绍信的概念与作用

介绍信是介绍被派遣人员到有关单位接洽事情、联系工作、交流学习、出席会议等时所使用的专用书信。它起着介绍和证明的双重作用。

2. 介绍信的种类

介绍信一般有三种：第一种是用一般信纸书写的，称为普通介绍信；第二种是事先打印成文，而且留有存根的印刷介绍信；第三种是打印成文，不留存根的印刷介绍信。

3. 介绍信的格式

一封详细的介绍信由标题、称谓、正文、结束语和落款组成。

（1）标题。在首行正中印（写）明“介绍信”三字。

（2）称谓。此项要顶格写收信单位和收信人的名称，单独占一行，称谓后加冒号，如“江西应用技术职业学院院长办公室：”。

（3）正文。正文空两格起写被介绍人的姓名、身份以及前往接洽的事项和向接洽单位提出的希望及要求。带存根的专用介绍信还有编号，编号由机关代号和介绍信的序号组成。存根和介绍信正文之间有一条虚线，在虚线正中加盖公章。存根内容和介绍信正文要完全一样。

（4）结束语。出于礼貌和为了向对方表示尊敬，在正文之下应写上“此致敬礼”。

（5）落款。另起一行的右下方写上单位全称，加盖公章。换行再写具体的年、月、日。

4．介绍信的写作要求

（1）称谓要恰当，必须写全称。

（2）正文要简明扼要地讲清接洽、联系什么事情，有什么希望和要求等事项。

（3）结构要完整。写毕介绍信，须加盖公章。

【例文 2-19】

介绍信

××公司负责同志：

兹介绍我校×××等3位同志前往你处联系有关学生毕业实习事宜，敬请接洽为荷！

此致

敬礼

××工业学校（公章）

××××年××月××日

【例文 2-20】

介绍信（存根）

×字×号

×××等×位同志，前往××××公司联系学生毕业实习事宜。

××××年××月××日

介绍信

×字×号

××××公司负责人：

兹介绍我校×××等×位同志前往你处联系毕业实习事宜，敬请接洽，并希协助。

此致

敬礼

××学校（公章）

××××年××月××日

【例文 2-21】

××技术职业学院介绍信

××负责同志：

兹介绍我院××同志前往你处联系××××××事宜，敬请接洽并予协助。

（有效期×天）

××技术职业学院（盖公章）

××××年××月××日

【简析】

上面是三份不同格式的介绍信，第一份是普通介绍信，需要根据要求即时写作。第二份是留存根的印刷介绍信，便于查找和管理。第三份是不留存根的印刷介绍信，只要填上合适的内容即可。

（二）证明信

1. 证明信的概念

证明信简称证明，是机关、团体证明有关人员身份或某件事情的真实情况时所使用的专用书信。

2. 证明信的种类

目前，常用的证明信有三种：

第一种，是由组织出具给个人外出携带的证明。此种证明信具有证件的作用，主要用来证明到外地出差或办事人员的身份和外出目的。

第二种，是以组织的名义写给外单位的证明。此种证明信多数是证明曾在或正在本单位工作的职工的身份、经历或者与本单位有关的事项。

第三种，是个人证明某人、某事真实情况的证明。此种证明信由个人书写，证明的内容完全由个人负责，证明人要签字盖章。

3. 证明信的格式

证明信由标题、称谓、正文和落款组成。

（1）标题。在第一行中间冠以“证明”或“证明信”字样，或写明“关于×××同志（同学）××情况（或问题）的证明”。

（2）称谓。另起一行顶格写上需要此证明的单位名称，之后加冒号。外出携带的证明信可以不写此项。

（3）正文。另起一行空两格写明所需证明事项的全部事实。写完所证明事项后，另起一行空两格写“特此证明”。

（4）落款。在正文右下方署上证明单位（或个人）名称（或姓名），写上证明的日期，并由证明单位或证明人加盖公章或私章、签名。

4. 证明信的写作要求

（1）要坚持实事求是的原则，不能歪曲事实，更不能凭空捏造。

（2）使用的语言要确切，不能模棱两可、似是而非。

（3）若有纠正的，要在涂改处加盖图章或按指印。

【例文2-22】

证　明

我委副主任张×、办公室主任王×和办事人员黄×三位同志前往云南、广西、贵州、四川考察和联系旅游开发的有关事宜，希望沿途各有关单位协助解决食宿及交通问题。

特此证明

××市旅游开发委员会（盖章）

××××年××月××日

【例文2-23】

证明信

××中学党支部：

××××年××月××日来信收到。根据信中要求，现将你校××同学的父亲×××同志的情况介绍如下：

×××同志，现年××岁，中共党员，是我院计算机系副教授，其本人和家庭历史以及社会关系均清楚。该同志对教学工作认真负责，近年来多次被评为市模范教师。

特此证明

××学院人事处（公章）

××××年××月××日

【例文2－24】

证 明

××市质量管理局：

你局技术员王×同志是我读××大学时的同学，我们同住一个寝室。关于他“偷窃同学的钱”一事不是事实。大一选班长时，我是候选人之一，他对我提了不少意见，坚决反对我当选。为了泄私愤，我编造了“他偷我200元钱”的谎言在同学中散布；对他造成了不良影响。事后我感到这样做很可耻，主动找他诚恳地道了歉，并在同学中辟谣。此事如果还有流言，我应该负责澄清。

特此证明

黄××（签字盖章）

××××年××月××日

附注：黄××同志现任我局技术员，以上证明材料可供参考。

××市市政工程管理局（盖章）

××××年××月××日

【简析】

以上是三份不同类型的证明。第一份属于外出携带证明，把外出者的身份交代得很清楚，提出了适当的要求，便于对方掌握。第二份是以组织的名义出具的证明，针对性地作了实事求是的评价和说明，语言明确，内容清晰。第三份是以个人名义出具的证明，把事情的来龙去脉写得十分清楚，澄清了事实真相，同时表达了自己的忏悔和负责的态度。后面的附注证实证明人的身份，很有必要，体现出证明的可靠性。

（三）慰问信

1．慰问信的概念和作用

慰问信是以组织或个人的名义，向在某方面作出特殊贡献或遇到意外损失的集体或个人表示关切致意、问候同情的专用书信。它起着鼓励、安慰、问候的作用。

2．慰问信的种类

由慰问信的定义可以看出，按其内容不同，慰问信可分为以下几种类型：

一是在重大节日对那些在节日期间继续工作的广大人民群众或特定的对象表示慰问。

二是对作出贡献的单位或个人表示慰问。

三是对由于某种原因而遭到重大损失或巨大困难的单位或个人表示慰问。

3．慰问信的格式

慰问信由标题、称谓、正文、结尾和落款组成。

（1）标题。标题有两种写法：一种是只写“慰问信”三个字；另一种是加上慰问的对象和慰问信的种类。如“致中国人民解放军驻××省部队全体指战员的春节慰问信”。

（2）称谓。标题下空一行，顶格写慰问对象的名称或姓名。如果对象多，要一一写明。在慰问对象的名称或姓名前，可加上“敬爱的”或“尊敬的”等字样，以示尊重。

（3）正文。由于慰问对象和慰问目的不同，这部分内容也不完全一样，但一般应包括如下几个方面：第一部分，用简洁的话说明写信的原因。第二部分，比较全面而具体地叙述对方的英雄事迹或对方所遭受的困难。第三部分，结合形势和任务，提出希望或鼓励对方战胜困难。第四部分，写慰问信的单位或个人的愿望和决心。

（4）结尾。用一句鼓励或祝愿的话作结束语，另起一行空两格写。

（5）落款。署名和日期分两行写在慰问信的右下方。第一行署名，如果写慰问信的单位或个人不止一个，都要写进去。第二行写发信的年、月、日。

4．慰问信的写作要求

（1）要明确写慰问信的对象。如果对方是在某方面作出了特殊贡献的，慰问信的内容就应是着重赞扬、歌颂对方的功绩；如果对方是遭受灾害的集体或个人，慰问信的内容就应是着重对对方表示关心和支援；如果对方是因公致伤、致残，慰问信的内容就应是着重向对方表示亲切关怀，使对方得到精神上的慰藉，增加克服伤残的勇气和信心。

（2）感情要充沛、真挚，语言要亲切、生动。为此，在慰问信中要适当地运用抒情的表达方式。

【例文 2－25】

慰 问 信

李×同学：

你好！惊悉你的家乡突然遭受地震灾害，人民的生命财产受到很大损失。我们全班同学对你全家以及你家乡的人民表示深切的同情，对你表示亲切的慰问！

最近我们正在学校的领导下，以实际行动支援灾区人民。我们坚信，在党和政府的领导下，在全国人民的支援下，你一定能同灾区人民团结一致，艰苦奋斗，克服困难，重建家园，迅速地战胜地震带来的灾害。

我们班的全体同学商定，要以实际行动支援灾区人民。请你不必担心学习上的问题，等你家中一切安排妥当后再回校，我们会帮你把落下的课程补上。

现寄去全班同学为你家捐赠的衣物 30 件，人民币 600 元。这是我们的一点心意，请务必收下。

代我们再次向你全家和乡亲们表示亲切慰问！

××学校××班全体同学

××××年××月××日

【简析】

这是一封写给遭受意外损失的个人的慰问信。信中的事由说明得非常清楚，内容侧重写对对方表示关心和支援。层次清晰，语言亲切、热情。

【例文 2－26】

致中国人民解放军驻××省部队全体指战员的春节慰问信

亲爱的×××部队指战员们：

××××年新春佳节来到了，我们向你们致以亲切的慰问和节日的祝贺！

在过去的一年里，你们牢记人民军队的宗旨，全心全意为人民服务，继承和发扬了光荣的革命传统，同我们地方群众鱼水相依、骨肉相连，在紧张的训练中仍不忘以人力、物力支援工农业生产，特别是在抗灾斗争中，你们不怕疲劳，英勇顽强地与洪水搏斗，帮助我们抢险，使国家和集体的财产少受损失，保障了人民群众的生命安全。人民军队爱人民的动人事迹，在我们省到处传颂。我们为有这样的子弟兵而感到自豪。

亲爱的同志们，让我们更紧密地团结起来，在党的领导下，心连心、肩并肩，为保卫和建设伟大的社会主义祖国而共同奋斗。

祝你们春节愉快！

中共××市委
××市政府
××××年××月××日

【简析】

这是一篇在重大节日（春节）写给特定对象的慰问信。正文的开头阐述慰问信的主旨：向对方表示慰问。语言精练、亲切。叙述事实，总结成绩，提出希望。

这篇慰问信避免了公式化、概念化的词语，也没有套用刻板的公文语言，感情真挚，措辞诚恳。

【例文 2－27】

全国防治“非典”指挥部慰问信

全国奋战在防治非典型肺炎第一线的广大医务工作者：

我国一些地区发生非典型肺炎疫情以来，你们临危受命，恪尽职守，发扬无私奉献的革命精神和救死扶伤的人道主义精神，夜以继日地奋战在抗击非典型肺炎的第一线，使众多患者得到及时救治，疫情蔓延势头正在得到有效遏制，为保护人民群众的身体健康和生命安全作出了重要贡献。值此“五一”国际劳动节来临之际，全国防治非典型肺炎指挥部向你们及你们的亲属，致以崇高的敬意和诚挚的慰问！

非典型肺炎是一场突如其来的重大灾害，严重危害着人民群众的身体健康和生命安全。在防止非典型肺炎这个没有硝烟的战场上，你们冒着高发感染的风险，置生死于度外，把风险留给自己，把安全留给别人，体现出舍生忘死的大无畏英雄气概；你们尊重科学、依靠科学，善于总结救治经验，提高医疗技术水平，组织科研公关，体现出严谨求实的科学精神；你们群策群力，团结奋战，加强合作，依靠集体智慧同病魔作斗争，体现出众志成城的必胜信念。许多医护人员自从参加诊治非典型肺炎病人后，一直没有回过家；一些德高望重的医学专家，主动要求将重症病人转到自己所在的医院或病房；有的已经退休的传染病专家，毅然到非典型肺炎病区参加救治工作；个别医护人员为救治患者，不幸染病，光荣地牺牲在战斗岗位上。你们身上所展现的高尚医德和无私奉献精神，正在激励着全国人民同非典型肺炎作坚决斗争，也必将鼓舞全国人民把改革开放和现代化建设不断推向前进。

党中央、国务院时刻关心着你们，要求各级政府继续采取强有力的措施，为你们创造好的工作和生活条件，提供好的医疗设备和防护措施，包括对工作生活场所进行一丝不苟的消毒，及时落实好补贴政策，抓紧组织第二、第三医疗梯队，使你们得以替换轮休，得到充分休息和营养补充。你们的家庭也为防治工作作出了贡献，社会有责任给你们及你们的亲属以更多的理解和支持，帮助解决实际困难。希望你们在关爱病人的同时，加强自身保护，合理安排时间，保持旺盛精力，再接再厉地做好防治工作，以实际行动忠诚实践“三个代表”重要思想。

衷心祝愿全国抗击非典型肺炎的医务工作者健康平安、工作顺利，让我们在以胡锦涛同志为总书记的党中央领导下，坚定信心，扎实工作，依靠科学，依靠群众，夺取非典型肺炎防治工作的全面胜利。

全国防治非典型肺炎指挥部

2003 年 4 月 30 日（公章）

【简析】

这是一篇给作出贡献的工作者的慰问信。正文分为四个部分：一是慰问事由。说明在发生疫情以来，由于广大医务工作者的临危受命，恪尽职守，使众多患者得到及时救治，疫情得到有效遏制。在“五一”国际劳动节来临之际，向他们表示慰问。二是对医务工作者的评价。在重大灾害面前，战斗在第一线的广大医务工作者体现出大无畏英雄气概，体现出高尚的职业道德，体现出严谨求实的科学精神，体现出必胜的信念。而这种信念正起着激励的作用。三是党中央、国务院的亲切慰问，以及各级政府强有力的保障措施。四是提出殷切的希望，鼓励他们继续前进。

本文内容丰富、陈述清楚、感情真挚、语言亲切，既写明当时情形，又对医务工作者作出高度的评价。

（四）感谢信

1. 感谢信的概念

感谢信是为感谢对方的关心、支持或帮助所写的专用书信。其作用是以示谢意。

2. 感谢信的格式

感谢信的结构同一般书信相近，由标题、称谓、正文、结束语和落款组成。

（1）标题。居中写上“感谢信”三个大字。

（2）称谓。换行顶格写对方的单位名称或个人姓名。个人姓名后应加上“女士”“先生”或其他相应的称呼，以示礼貌。

（3）正文。换行空两格写感谢信的内容。感谢信的正文多半分为三个部分：一是为何事向对方表示感谢。二是所感谢对象的先进思想和模范事迹。这部分要写得既概括又具体，字里行间满怀感激之情。叙述中要交代清楚时间、地点、人物、事件、原因、结果。三是热情赞扬对方的可贵精神及其影响，并表示自己向对方虚心学习的态度。

（4）结束语。另起一行写，常用的有“此致敬礼”“致以最诚挚的谢意”等。

（5）落款。在正文的右下方写上单位或个人名称，换行写具体的年、月、日。

3. 感谢信的写作要求

（1）表示感谢的语言既要热情洋溢、感情真挚，又要符合双方的身份。

（2）表达谢意的行动要说到做到，切实可行。

（3）文字要简短，篇幅不宜过长。

【例文2-28】

感谢信

中国人民解放军×部×连党支部：

××月××日，我镇一名8岁小男孩在过铁索桥时，不慎落入水中。你连战士×××正路过此地，见此情景，顾不上脱下衣服，便纵身跳进河里，此时，寒流刺骨，×××尽力与急流搏斗，将孩子救上岸时，孩子已经不省人事，×××也精疲力竭，但他坚持继续抢救，直到孩子脱离危险，然后又将孩子背回家中。孩子的家长感动得热泪盈眶，一定要留×××休息几天，×××同志虽然疲惫不堪，但为了不影响归队，毅然踏上了归途。

×××同志这种舍己救人、严守纪律的高贵品质，使人非常感动。在这里，我们代表全镇人民向你们，并通过你们向×××同志表示衷心感谢！

顺致

崇高的敬礼

××县××镇人民政府

××××年××月××日

【简析】

这是一封内容简明的感谢信。全文分为两个部分：一是简述事实，陈述了所感谢对象英勇救人的事迹。二是热情赞扬所感谢对象英勇救人、严守纪律的高贵品质及其对此事所持的态度。本文具有内容充实、感情真挚的特点。

（五）表扬信

1．表扬信的概念

表扬信是集体或个人对某些单位或个人的先进思想、模范事迹表示赞扬时所使用的专用书信。

2．表扬信的格式

表扬信由标题、称谓、正文、结尾和落款组成。

（1）标题。“表扬信”三个字写于大红纸上方中间。

（2）称谓。可以直接写被表扬的单位或个人的名称或姓名，也可以将个人姓名和单位名称合并在一起。称谓顶格写在“表扬信”三个字下第一行，后加冒号。

（3）正文。正文主要写被表扬单位或个人的模范事迹，可以写成一大段，段中分若干层次；也可以写成几个小段，每段写一个完整意思。叙述事情的经过时，重点应放在人物事迹的发生、发展、结果及其意义上。这部分内容要写得翔实，并在叙述基础上加以适当的议论及赞扬，表示向被表扬者学习。

（4）结尾。在结尾处可以提出建议、希望，并请有关部门在一定范围内宣传表扬被表扬者的好思想、好事迹。

（5）落款。落款具表扬信的单位名称或个人姓名，最后写年、月、日。

3．表扬信的写作要求

（1）要突出受表扬的单位或个人的事迹中最有现实教育意义的方面。

（2）事实要具体，评价要恰当。事情发生的时间、地点、被表扬的人物、事迹等，都须交代得清清楚楚。评价要注意分寸，切忌胡编滥造。

（3）语言要热情、诚恳、亲切。

【例文 2－29】

表扬信

×××市场：

在开展“微笑服务月”的活动中，你商场的全体同志都做到了用微笑迎接顾客，热情主动、耐心细致地接待顾客，受到了顾客的一致好评，并争取到了大量的回头客。你们在提高经济效益和建设社会主义精神文明两方面都取得了极大的成绩，在我市商贸战线上起到了模范带头作用。

为此，特授予你商场“微笑服务标兵商场”的光荣称号。

希望你商场全体同志发扬优良作风，戒骄戒躁，为取得更大的成绩而努力！

此致

敬礼

××省××市人民政府

××××年××月××日

【简析】

这封表扬信写得比较朴实。首先，概括地叙述了写表扬信的缘由；然后，对这件事作了真挚评价——在提高经济效益和建设社会主义精神文明两方面取得了极大的成绩等；最后，是写此信的目的。这封表扬信结构完整，层次清晰，给人以教育和鼓舞。

（六）邀请书

1. 邀请书的概念

邀请书是邀请对方前来参加会议或一些有意义、值得纪念的活动的专用书信。

2. 邀请书的特点

（1）慎重性。邀请书实际上是一种比较复杂的请柬，它除了起到郑重的邀请作用外，还起到了向被邀请者说明邀请他（她）参加某项活动的相关事宜的作用。

（2）凭证性。发出邀请书，一方面是为了表示郑重其事；另一方面也能作为入场和报到的凭证。

3. 邀请书的格式

邀请书由标题、称谓、正文和落款组成。

（1）标题。在封面或信纸的第一行中间写“邀请书”三个字，字号要比正文大一点。

（2）称谓。在标题下一行顶格写上被邀请单位或个人的名称。

（3）正文。正文包括活动的内容、时间、地点。正文结尾写上“敬请光临”“敬请莅临”“欢迎指导”等用语。

（4）落款。邀请单位的名称和邀请时间分别写在正文最后一项的右下方。

4. 邀请书的写作要求

在起草邀请书之前要对邀约活动的各方面情况充分了解，如会议主题、报到地点、食宿安排等，这样写出的邀请书才能准确、清楚、有条理。措辞应得体、委婉、礼貌，给对方一种热情、周到的感觉。

【例文2-30】

邀请书

××先生：

经××市文化局、××市艺术馆、××旅游开发区管理公司、××市经济文化开发公司、××市旅游学校等五家单位共同商定，“××市旅游开发区杯”歌手大赛将于2013年5月6日上午9时在××市开发区文化馆举行。这次由全省18个区、县代表队参加的大赛，是全市群众文化活动和精神文明建设的一件大事。

“××市旅游开发区杯”歌手大赛设立美声、民族、通俗三种唱法，大赛分预赛和决赛两个阶段进行。决赛获奖歌手将得到市一级的资格证书。决赛后，将举行隆重而热烈的颁奖晚会。出席颁奖晚会的有省、市政府的主管领导人，以及省、市文化部门的专家和赞助这次大赛的企业嘉宾。

大赛组委会邀请您作为本次大赛的嘉宾，敬请届时光临。

“××市旅游开发区杯”歌手大赛组委会（盖章）

××××年××月××日

【简析】

这份邀请书的特点是把邀请的事由，以及有关事项写得十分明白，使被邀请者感受到这次大赛的意义重大。虽然被邀请者没有实际的工作任务，但已深切感受到隆重的礼遇，定会准时参加。

（七）推荐信

1. 推荐信的概念

推荐信是向单位或个人介绍某人担任某项职务或工作的专用书信。

2. 推荐信的作用

推荐信是用人单位录取人员的重要依据。用人单位往往很重视求职者在学习和专业工作中反映出来的多方面的特点，而这些特点多依赖于推荐信的推荐，推荐信对用人单位录用求职者有推动作用。

3. 推荐信的特点

推荐信具有目的性、单一性及平和性的特点。推荐人必须熟悉被推荐人的学习情况、工作能力、创造能力和品行特点。若推荐人有某方面的盛誉，那么他写的推荐信就具有很大的效力。

4. 推荐信的内容

推荐信的内容包括以下四部分：

（1）介绍被推荐人的基本情况。侧重介绍毕业时间、学校、所学专业、获得的学位及专业经历。

（2）对被推荐人的基本评价。对被推荐人的专业基础、理论水平、实践经验、工作能力、思想作风进行实事求是的评价，由此说明其能否较好地胜任这一份推荐工作，这里恰如其分的评价比言过其实的赞誉更令人信服。

（3）被推荐人的获奖情况。重点介绍被推荐人在学校或在工作岗位上曾经获得的奖励，在学生组织或工作岗位上担任的社会工作及其取得的成绩。

（4）推荐人的亲笔签名。

5. 推荐信的写作要求

（1）推荐者应实事求是地介绍被推荐者，不可夸大其能力学识，也不因怕别人说狂妄而过分谦虚。

（2）推荐者不管自己辈分、职位多高，年龄多大，都不可以用命令的语气强求，以免对方为难，而应诚恳、委婉，留有余地。

【例文 2－31】

杨经理：

您好！

来函已阅，得知您处急需一名公关人员，适逢2013届学生毕业之际，特向您举荐我的学生——公关文秘专业毕业生王×。

王×，女，20岁，中共党员，2009年考入××工业学院公关文秘专业学习。王×思想品质好，思维敏捷，洞察力强，学习刻苦，工作踏实。她最大的特点是对事物具有极大的热情，并有极强的毅力，无论学习、工作，不出色完成决不罢休，样样工作从不示弱。

王×在校期间以优良的成绩通过了所有课程。英语成绩优异，口语相当熟练；计算机操作名列前茅。曾四次获得一等奖学金，三次被评为“三好学生”。她尤其擅长写作，在校刊上发表了十多篇各类文体的作品。她的文风和她的作风一样——精密、正派。

王×一贯严格要求自己。对同学真诚，对工作积极，连续三年担任班长，所在的班级被评为优秀集体，她个人也被评为校级优秀干部。她口才好，组织能力强，曾多次成功地组织和参加了专业的和全校的演讲比赛，并获得过第一名。

王×非常适合这份工作，她也渴望得到这份工作。详细情况，她将前往您处与您面谈，望接洽，望录用！

顺祝

兴旺发达

老友樊××

××××年××月××日于××工业学校

【简析】

这是一封老友之间的推荐信，推荐人负双重责任。一方面，要对老朋友杨经理负责，代他挑选一位出色的职员；另一方面，要对自己的得意门生负责，为她寻找一个能充分发挥专长的工作。信的字里行间充满了朋友之情和师生之谊。正因为这样，推荐人对被推荐人的介绍才如此全面、真实、恰当。第一段说明回信的缘由。第二段开门见山地介绍了被推荐人的简况，并准确地进行评价。第三段以事实说明评价的正确性，简单而全面，没有具体罗列，因为具体内容应由被推荐人自己去详细介绍，甚至要拿出作品的原件展示。如果推荐信写得过于详细，不仅显得啰唆，而且面谈时会出现重复的内容，因此推荐信要给被推荐人留有余地。本文在这方面做得较好。第三段最后以四个字“精密、正派”总结了被推荐人的文风及作风，给人留下深刻的印象。第四段介绍了被推荐人的人品和能力，重点突出，简练中肯。最后一段表达了被推荐人的心愿和推荐人的希望。本文符合推荐信的要求及人之常情，感情色彩浓烈。

（八）申请书

1. 申请书的概念

申请书是申明请求的一种文书。它是个人或集体向组织、团体、机关、单位说明情况，表达愿望和提出请求时使用的一种书面形式。

2．申请书的使用范围

申请书的使用范围非常广泛，通常有以下几种：

（1）个人或集体向组织、团体表达愿望、理想和希望时，可以使用申请书。

（2）个人在学习、工作、生活上对机关、团体、单位领导有所要求时，可以使用申请书。

（3）下级单位在工作、生产、学习、生活上对上级单位、领导有所要求时，可以使用申请书。

3．申请书的作用

（1）申请书是下情上达的一种好形式。

（2）申请书是一种良好的沟通手段，能够把分力变成合力，从而最大限度地做好工作。

（3）申请书是争取领导支持和帮助的一种途径。

（4）申请书是增强感情、引起上级重视的一种有效方法。

4．申请书的格式

申请书由标题、称谓、正文、结尾和落款组成。

（1）标题。在第一行居中写“申请书”字样。

（2）称谓。第二行顶格写接受申请书的单位或单位负责人名称；也有的放在申请书结尾之后，署名之上的左前方，即“此致”另行顶格左前方。

（3）正文。正文主要说明要申请的具体内容、理由和要求，是申请书的主要部分。使用简短精练的语言将问题说明清楚，然后直接提出申请事项即可。

（4）结尾。结尾部分通常写上表示礼节或恳切的愿望的词语，如“不胜感激”“恳请批准”等。

（5）落款。落款与普通书信的格式相同，写上申请人姓名和日期。

5．申请书的写作要求

（1）一事一文。申请事项要内容专一、具体明确。

（2）说理充分。申请书使用的是概述的表达方式，将申请人的意愿、情况、要求陈述清楚，并要提出足够充分的理由，让领导者理解和掌握。

（3）语言朴实。申请书的语言要庄重朴实、简洁明了，方便受文者阅读与理解，切不可杂乱冗长，令人费解。

【例文2-32】

申请书

××团支部：

中国共产主义青年团是中国共产党领导的先进青年的群众组织，是广大青年在实践中学习共产主义的群众组织，是广大青年在实践中学习共产主义的学校，是中国共产党的助手和后备军。中国共产主义青年团坚决拥护中国共产党的纲领，坚持以马克思列宁主义、毛泽东思想为行动指南，坚持社会主义道路、维护人民民主专政，团结全国各族青年，为逐步实现“四化”，把我国建设成为高度文明、高度民主的社会主义国家，为最终实现共产主义的社会制度而奋斗。

中国共产主义青年团是在中国共产党以及毛泽东同志等老一辈无产阶级革命家的关怀下发展壮大的，始终站在革命斗争的前列，为党输送了大批的无产阶级优秀战士，有着光荣的历史。

我志愿申请加入中国共产主义青年团，继承和发扬革命优良传统和作风，在团组织的帮助教育下，把自己锻炼成为有理想、有道德、有文化、有纪律的共产主义事业的接班人。如果组织批准了，我一定要“百尺竿头，更进一步”，努力学习，积极工作。如果组织未批准，我一定接受组织的教育和考验，继续努力，创造条件，争取早日加入团组织，成为一名光荣的共青团员。

请团组织考验我吧！

申请人：王××

××××年××月××日

【简析】

这份入团申请书写得比较好，集中力量写好正文，认识清楚，语言简洁。具体表现在：一写清楚了对团组织的认识过程；二写清楚了入团动机；三写清楚了入团要求、自身优缺点及努力方向。

【例文2-33】

转正申请书

尊敬的公司领导：

我于××××年××月××日进入公司，根据公司的需要，担任文员一职。

本人工作认真，努力完成领导交付的工作，与公司同事之间能够通力合作，关系融洽和睦。工作上不偷懒、不倦怠，不迟到、不早退、不缺勤，按时打卡。积极学习新知识、新技能，注重自身发展和进步，平时利用下班时间自学，提高自己的综合素质，目前正自学工程预算，以期将来能学以致用，与公司共同发展、进步。

根据公司规章制度，试用人员在试用期满三个月合格后，即可被录用成为公司正式员工。因此，我特向公司领导申请，希望能根据我的工作能力、态度及表现给出合格评价，使我按期转为正式员工。

转正之后，我会努力工作，将自己的工作做得越来越好，以实际的工作成绩来报答公司。

此致

敬礼

申请人：张××

××××年××月××日

【简析】

本文标题揭示了申请的主题，简明醒目。称谓写明接受申请书的对象；正文部分阐述申请的缘由，强调申请人符合工作转正的条件和要求，顺理成章地表明申请的目的；结尾运用一般性的礼节用语；落款在署名前注明“申请人”字样，写明申请日期，格式规范。

（九）聘书

1．聘书的概念

聘书又称聘请书，是单位或个人用来聘请有关人员担任某一职务或承担某项工作任务时使用的一种专门文书。

聘任制度古已有之。近年来，随着经济体制和劳动制度改革的不断深入，聘任制已成为一些单位和部门开展人事工作的重要手段，聘书的使用率越来越高，使用范围也日渐扩大。有时聘书还是单位与个人或个人与个人之间互通有无、调剂力量、加强协作、互相支援的重要手段。

聘书除了表达聘请单位对被聘人员的敬重，加强被聘者的责任感以外，还能起到一种凭据的作用，表示出双方的约定，有利于相互守约和协作。

2．聘书的写作

聘书一般由标题、称谓、正文、结语、落款组成。

（1）标题。标题为“聘书”或“聘请书”字样，写在第一行居中位置，字号要求较大。一般来说，买来的印制精美的现成聘书，封面上都有“聘书”或“聘请书”字样，不需要再写。

（2）称谓。在聘书内芯第一行顶格写被聘请者姓名、称呼；也可以写在正文中，套在“兹聘请××（单位名称）××（个人姓名）先生（女士、教授）为本公司××（职务名称）”的句式中。

（3）正文。聘书的正文可繁可简，简单的聘书一般只写明聘任的职务及任职期限。繁复的聘书可包括聘任的具体职务、职责、权限、聘请起止时间、工作报酬及待遇、对被聘者的要求和希望等具体事宜。如内容较多，可分条列项，一一加以说明。

（4）结语。结语是在正文之末另起一行空两格写“此聘”或“特此聘请”，以示郑重；也可用敬祝语结束，如“此致”“敬礼”等。后面不加标点。

（5）落款。落款包括署名和日期，在文后右下方写聘请单位名称，并加盖公章。若是以单位负责人名义发放的聘书，应有负责人签名或加盖私章，并在其姓名前冠以职务名称。

3．聘书写作的基本要求

（1）聘请单位与应聘者之间应充分交流、协商，就有关事项达成协议后，方能写作聘书。

（2）交代要清楚。如为什么聘请、聘请谁、聘去干什么等，一定要写清楚。

（3）文字要简洁。一般专用书信的内容往往力求具体、详细，而聘书则力求言简意赅，只需讲明聘请的有关内容即可。

（4）要加盖公章。聘书一般是以单位名义发出的，所以一定要加盖公章后才能生效。

【例文2－34】

聘请书

为维护本公司的合法权益，特聘请××律师事务所律师王××、李××担任我公司的法律顾问。本公司一切对外法律事务均委托法律顾问办理。公司每月付给王××和李××酬金每人5000元。因工作需要支出的差旅费、出差补贴由公司按规定报销。聘期自2013年2月起至2017年2月止，暂为四年。

此聘

××公司（公章）

2013年1月30日

【简析】

这是一则某公司聘请律师担任法律顾问的聘请书。正中“聘请书”字样为标题，正文是聘书的核心内容，包括聘任的目的、职务、工作职责、报酬及待遇、任职期限等，条理清晰，言简意赅，同时体现出发文者郑重严肃、谦虚诚恳的态度。

（十）求职信

1. 求职信的概念

求职信是求职者写给欲供职单位的专用书信。它也是一种自我介绍、自我推荐的专用书信。

2. 求职信的作用

求职信的作用就在于在主宾谋面之前，宾方给主方留下一个最初的印象，主方对宾方有一个总体的了解。求职者利用信函，尽可能扼要地介绍自己的水平、才能及欲求供职的心情，为主方决定取舍提供材料。因此，求职信对求职者来说是公平竞争、一展才华的工具；对聘任者来说是尽我所需、择优录用的依据。

3. 求职信的特点

（1）目的鲜明突出。求职者写求职信的唯一目的就是让对方看过信后对自己有个良好印象，为录用自己打好基础，进而顺利地被录用。

（2）内容单一明了。为了达到被录用的目的，求职信的内容一定要围绕目的简明扼要地展开，使对方了解自己的水平、能力和才华即可，其他内容等面试时再详谈。

（3）语言中肯平和。求职信的表达方式是叙述和说明，要以中肯、平和而又谦恭、真挚的语言陈述情况，说明诚意，实事求是，彬彬有礼地展现自我。

4. 求职信的格式

求职信的格式与一般书信相同，由标题、称谓、问候语、正文、敬语、结尾、附件组成。

（1）标题。“求职信”三个字写在首行居中。

（2）称谓。称谓分两种情况：第一种，如果不知对方姓名，就写“××企业总经理”“××厂长”等；第二种，如果知道对方姓名，就写“×××”，称呼后加上“先生”“女士”，以示尊敬。称谓在第一行顶格单独写，后要加冒号，表示下面有话要说。

（3）问候语。问候语是对收信人礼貌的表示。一般书信既要有礼节性又要有针对性，因为收信人各式各样，情况又各不相同；而求职信的收信人很单一，所以只强调礼节性，写上“您好!”“近好!”即可。问候语在称呼下一行，空两格书写，后加感叹号。

（4）正文。正文包括连接语、主体和结束语。

第一，连接语。连接语用来说清写信的缘由。由于求职信一般是求职人在看到报上的招聘广告或听到别人介绍后写的，所以既可开门见山地写“看到××报××月××日刊登的招聘广告，本人很感兴趣，特此应聘”，也可客气而礼貌地写“感谢贵公司给我这次竞争机会。我久仰贵公司的实力和经营方式，早想到此供职。若能如愿，将不胜荣幸，现将本人情况介绍如下……”。

第二，主体。主体可分三层来写：

第一层，概括介绍。即写一份自传，介绍自己的姓名、性别、出生年月、所学专业、最高学历；上学、工作的几个阶段；性格特点等。

第二层，重点介绍。对刚毕业的学生来说，重点介绍在校期间最突出并能代表自己水平的专业课程及成绩，尤其是与招聘单位对口或接近的专业成绩，介绍自己所学知识的深度及广度；对已参加工作者来说，重点介绍自己的工作经历、在本岗位上的突出贡献。重点介绍的另一内容，即个人的特点、爱好、擅长。

第三层，表示愿望。说明自己对本工作的喜爱和希望被录用的迫切心情，以及对入选后的想法或工作计划。

第三，结束语。即在正文即将结束时，简单概括一下全文的内容，以此加深收信人对求职者的印象。求职信常用的结束语有“如蒙赐复，不胜感谢”“若认为本人条件尚可，请惠予面试，本人将准时赴试”“静盼佳音”“如获招聘，将十分荣幸”等。

（5）敬语。出于礼节，求职信的最后往往写一两句祝颂的话或敬语。根据格式和位置不同，敬语分二行式和一行式。二行式的格式和位置是：①正文后紧接着写“此致”，另起一行顶格写“敬礼”；②正文后另起一行，空两格写“此致”，再另起一行顶格写“敬礼”。一行式的格式和位置是：①不写“此致”，正文后另起一行，空两格写“敬礼”；②正文后另起一行，空两格写“祝您鹏程万里，事业发达”等。

（6）结尾。结尾依次写出求职人姓名、时间、联系地址、邮编、联系电话，位置在敬语右下方。

（7）附件。附件是指对求职人有用的材料，如个人自传或履历表、学历证明、学位证明及各种获奖证书的复印件等。

5. 求职信的写作要求

（1）求职信的格式（包括信封的书写）很重要。如果称呼、问候都写错了或不规范，招聘人员对求职者的第一印象就不好，这会影响对全信的阅读；如果是敬语格式出错，往往会被精明、细心的招聘人员所挑剔，影响求职者的入选。

（2）求职的时间，即年、月、日不仅要写清楚，而且要写全。这是因为求职信的时效性较强。

（3）最重要的一点是信的内容一定要真实、诚恳，切忌夸夸其谈，洋洋万言，给人华而不实之感；也不要谦虚过度，缩手缩脚，给人平庸无能的感觉。

【例文 2-35】

求职信

××公司总经理：

您好！

我从《××日报》招聘启事上看到，贵公司急需几名信息工程方面的人员，非常高兴，真心希望能成为贵公司的一员，为贵公司的发展尽自己的微薄之力。

我叫李×，男，1986 年 4 月 6 日出生，是××邮电学院电信工程系 08 届毕业生。

我学习的专业是“通信工程”，与贵公司专业对口。附表是我所学的课程及成绩，希望贵公司满意。

为了拓宽自身的知识面，弥补专业的局限性，我自学了邻近专业和相关学科的一些课程。主要有《数字信号处理》《随机过程》《数值分析》《移动通信》《数字图像处理技术》《纠错码》等课程，并涉猎了如《锁相同步理论》《编码调制理论》《综合业务网》《卫星通信》《统计无线电技术》等多方面的知识，以使自己能够适应现代技术的发展，为从事不同方面的工作打下一个良好的基础。

在技术实践方面，除了圆满完成学校所规定的实习和课程设计外，还参加了学校科技协会。作为一名科技协会的会员和负责人，我组织和参加了协会的各项科技活动，如电子小制作竞赛，校外无线电义务维修等。曾经亲自设计和制作过数字报时钟、抢答器、电子门锁、无线对讲机等多种电路实物，在实践中积累了较多的经验。在参加“全国第一届电子设计大赛”的活动中，我有幸获得了“北京市赛区三等奖”。

我的业余爱好比较广泛，尤其喜好体育运动及书法艺术。踢足球和打篮球是我的特长；自上高中起，我便多次获得校、市书法大赛的一等奖和特等奖，作品曾在市里展出。大学期间曾任电信系《电信直通车》的责任编辑，该报在校内受到广大师生的好评。

希望以上资料能引起贵单位的兴趣并得到回复。祈盼佳音。

谨祝

顺达

李×

××××年××月××日

联系地址：××邮电学院男生公寓315室

电话：(010) 52533012—3322

附表：在校四年学科及成绩一览表（略）

【简析】

这是一封写得颇为成功的求职信。第一个特点是从内容上讲，体现了简要性、目的性和谦诚性。求职者直截了当地写明自己的简历及特长。第二个特点是详略得当，重点突出了求职者自学的科目和技术实践方面的能力。第三个特点是层次分明，语言得体，行文流畅简练，不卑不亢。

【例文2-36】

应聘信

尊敬的人事经理：

您好！

本人欲申请贵公司在《前程无忧》报上招聘的网络维护工程师职位。我自信符合贵公司的要求。

今年7月，我将从××大学毕业。我的硕士研究专业是计算机开发及应用，论文内容是Linux系统在网络服务器上的应用。论文写作不仅使我系统地掌握了网络设计及维护方面的技术，同时也使我对当今网络的发展有了更为深刻的认识。

在大学期间，我多次获得各项奖学金，而且发表过多篇论文。此外，我还担任过班长、团支书，具有很强的组织能力。同时，很强的事业心和责任感使我能够面对任何困难和挑战。

互联网促进了整个世界的发展，我愿为中国互联网和贵公司的发展作出自己的贡献。

兹附上身份证、学生证、获奖证书、论文等相关资料，敬请惠查。

敬颂

安祺

刘××谨启

××××年××月××日

【简析】

这是一封应聘求职信，其称谓、礼貌用语规范。文章开宗明义地阐明了求职者想要申请的职位。接着围绕用人单位招聘的条件和要求，谈了自己胜任这个职位所具备的条件，并表示出很高的热情和信心。言语间充满自信，措辞严谨得体。正文末写明附上的相关证件，十分必要。

第六节 简 历

一、简历的概念

简历是对自己的生活经历，包括求学经历、工作经历等，有选择、有重点地加以概括叙述的一种应用文。

二、简历的写作

（一）简历的格式

简历的写作没有固定的格式，一般可分为段落式和表格式两种。段落式简历在一般情况下，由标题、正文和落款组成。表格式简历则由标题和内容齐全、层次清晰、重点突出的栏目构成。

1. 标题

在首行居中写明“简历”或“个人简历”或“求职简历”等字样。

2. 正文

另起一行，空两格书写正文。一般来说，简历正文应包括四个部分：

第一部分为个人基本情况。即写明简历人的姓名、性别、年龄、籍贯、政治面貌、婚姻状况、健康状况、爱好与特长、家庭住址、电话号码等。

第二部分为学历情况。即曾在何学校、何专业或学习何学科以及起止日期，并列出所学主要课程及学习成绩，在学校和班级所担任的职务，在校期间所获得的各种奖励和荣誉。

第三部分为工作资历情况。若有工作经验，最好详细列明，首先列出最近的资料，此后详述曾经工作的单位、工作的期间、职位、工作性质等。

第四部分为求职意向。即求职目标或个人期望的工作职位，表明你通过求职希望得到什么样的工作等。

3. 落款

在正文之后的右下方，写上简历人的姓名和日期。简历后面，可以附上个人获奖证明，如三好学生、优秀学生干部证书，英语四、六级合格证书和计算机等级证书的复印件等。

（二）简历的写作技巧

根据内容的不同，简历的正文可分为全篇一段式和全篇多段式两种。

1. 全篇一段式

全篇一段式简历从姓名、出生地、籍贯、出生年月日、民族、团体党派写起，按照时间顺序叙述主要的学习、工作经历，主要才能、贡献以及工作、学习、生活中有典型意义的事件等。

2. 全篇多段式

全篇多段式简历适宜于经历相对丰富、年龄较大的人，可以在纵向综述经历之后，再分段叙述每个阶段的主要经历。

（三）简历的写作原则

一份好的个人简历是开启事业之门的钥匙。简历的样式和格式也各不相同，归纳起来，有如下写作原则：

1. 要突出重点

以一个工作目标为重点，将个人简历视为一个广告，尽量陈述有利条件以争取面试机会。如果简历的陈述没有针对所应聘工作和职位的特点，或是把自己描写成一个适合于所有职位的求职者，你很可能在求职竞争中落败。

2. 要简练且富有感召力；并且能够多次重复重要信息

个人简历的篇幅应限制在一页以内，工作经历的介绍不要以段落的形式出现；语言生动且有感召力；在简历开始处写一段总结性语言，概述你在事业上最大的优势，然后在分述中再将这些优势以介绍工作经历和业绩的形式加以补充。

3. 陈述有利信息，争取成功机会

也就是说，应尽量避免在简历阶段就遭到拒绝。相应的教育背景、工作经历以及技术水平，是应聘者在新的职位上取得成功的关键。应聘者只有符合这些关键条件，才能打动招聘者并赢得面试机会。同时，简历中不要有其他无关信息，以免影响招聘者对你的看法。

写作简历时，要强调工作目标和重点，语言简练，并且避免不利于你的不相关信息。当你获准参加面试，简历就完成了使命。

（四）简历写作的注意事项

个人简历是自己学习生活的简短集锦，也是求职者自我评价和认定的主要材料。它是一扇窗户，能使用人单位透过它了解求职者的部分情况，也能激起用人单位与求职者进一步接触的浓厚兴趣。写作简历时，应注意以下几点：

（1）个人简历一定要写得充实，有内容、有个性，至少能在一定程度上反映出求职者的真实情况。

（2）个人简历有一两页即可，不可太长。简历的格式应便于阅读，有吸引力，并使招聘者对投简历者有良好的印象。在简历中要充分展示你的专业特长和一般特长，强调过去所取得的成绩，最好能写出三种以上的成绩和优势，并且要讲究材料的排列顺序。

（3）一般而言，白纸黑字应该是个人简历的最佳载体。打印排版时，应注意间隔及字体的常规性，同时注意语法、标点、措辞，避免错别字的出现。

（4）不要写那些对你的择业不利的情况，如对薪水和工作地点的要求等。

【例文 2-37】

个人简历

姓 名	张×	性 别	男	出生年月	1977 年 6 月
家庭所在地	山东烟台	身体状况	健 康	婚姻状况	未 婚
爱 好	摄影、爬山、游泳				
学习经历	1991.9—1994.7 山东烟台一中学习 1994.9—今 ××大学地球物理系主修地球物理专业，辅修国际经济专业				
获奖情况	1995—1996 学年××大学学习优秀奖 1996—1997 学年××大学汇凯奖学金 1996—1997 学年××大学社会工作奖				
特长	喜欢登山，是××大学登山队成员；通过国家大学英语六级考试，具有较强的英语听、说、读、写能力；取得全国计算机等级考试二级合格证书；能熟练操作使用 DOS、WINDOWS 系统，运用 WPS、WORD 进行文字编辑，运用 VISUAL FOXPRO 进行编程				
主要社会工作及社会实践	1995—1996 年担任班体育委员 1996—1997 年担任班长 1996 年 7 月参与美国三鸣公司的市场调查活动，对现代化高质量的优秀企业在目标市场的选择与市场潜力的调查及研究有了基本的认识 1997 年 8 月参加××大学学生实践团，赴陕西省志丹县考察、体验生活。返校后与同学合作写了数万字的调查报告。此后，还在校内组织参与了图片展览及为老区希望小学募捐的活动				
求职意向	可从事地球物理及相关领域的生产、科研工作，也可从事活动策划、宣传等方面的工作				

【简析】

本案例属于表格式简历，层次清晰，语言简洁，重点突出。突出了求职者在社会实践方面的经历以及英语和计算机方面的特长。但有不足之处：一是基本信息不够全面；二是没有充分展示自己所学专业的特长，而专业技术水平是成功取得职位的关键。

思考与练习

1. 写便条时，哪些内容务必写清楚？
2. 写请假条时，为什么必须写明请假的原因？
3. 谈谈条据的写作要求。
4. 常用的条据有哪些？
5. 下列两例中有哪些错误？请指出并作修改。

(1)

请假条

老李：我因病故请假3天。

此致敬礼

邹×4月2日

(2)

领　条

今领到厂劳资科发给的棉布工作服96套，高筒胶鞋82双。此系工人劳保用品。

××车间罗××

××××年××月××日

6. 介绍信的含义是什么？有什么特点？
7. 带存根的专用书信在写作时要注意什么？
8. 证明信有哪些种类？
9. 试比较证明信与介绍信的异同。
10. 慰问信有哪些特点？
11. 写慰问信应明确慰问的对象，举例谈谈对这句话的理解。
12. 请你以学生代表的名义，写一份在本校的教师节庆祝会上给全体教师的慰问信。
13. 感谢信的正文一般分为哪几个部分？
14. 写感谢信有什么语言要求？
15. 给在专业实习期间，对你大力支持、帮助、指导的某单位写一份感谢信。
16. 表扬信的格式和语言要求是怎样的？
17. 请就最近发生在学校里的好人好事写一份表扬信。
18. 邀请书具有什么特点？
19. 邀请书与聘请书有什么区别？
20. 请柬与聘书有何异同？
21. 推荐信具有哪些特点？
22. 申请书的适用范围有哪些？
23. 与一般书信相比，申请书有何特殊之处？
24. 试述写作申请书时应注意的内容。
25. 写求职推荐信有哪些注意事项？
26. 写求职信时对其内容有什么要求？
27. 有人说："求职信不一定要包装得多么精美，但要注意许多细节。"对于这句话，你是如何理解的？
28. 求职信有什么特点？
29. 求职信必不可少的内容有哪些？
30. 根据自己对毕业后工作去向的设想，按照求职信的写作要求，自拟一封求职信。
31. 写简历要有重点，请你谈谈毕业生求职简历的重点是什么。
32. 为什么简历不宜过长？
33. 简历可以附上自己的照片吗？

第三章 事务文书

第一节 事务文书概述

一、事务文书的概念

事务文书广义上是指党政机关、企事业单位以及社会团体或个人，在日常工作或生活中经常使用的种类文书。狭义上指法定公文和专用文书之外的公务文书，是公务文书的一大类别，具有实用价值和惯用格式。

二、事务文书的种类

（一）计划类

包括计划、规划、方案、设想、安排等。其共同点是对未来工作的内容、步骤、措施与方案等进行的设想。

（二）报告类

包括总结、调查报告、述职报告等。其共同特点是归纳某种工作的主要内容、成绩与经验、问题与不足等，并写成文字，向社会、上级或本单位所作的报告。

（三）规章类

包括规则、章程、制度、条例、守则等。其共同点是为了更好地开展工作而订立的某些制约性措施。

（四）信息类

包括演说稿、简报、大事记、照会、启事、声明等。其共同点是向他人传递的或长或短的各类信息。

（五）会议类

包括开幕词、闭幕词、会议报告、会议记录等。是为会议的召开而准备的有关文件及对会议内容进行的记录。

三、事务文书的特点

（一）制发程序、行文格式无严格规定

法定公文在行文规则、制发程序上有严格的规范要求，在写作结构上也有基本固定的模式，形成了一定风格。事务文书与之相比，表现出较大的灵活性，呈现出较多的风格。如工作计划，可以条目列出，也可以表格列出；可以在标题下方注明单位名称和时间，也可注于文末。

（二）事务文书本身一般不具备法定的权威

事务文书一般不单独行文，它要发挥本身的作用，需要配以法定公文。如单位工作计划必须以正式下发工作计划的通知形式方具备必须贯彻执行的效力，否则，它的内容只能被看作是一种参考意见。

（三）使用频率高、应用范围广

事务文书在党政机关、企事业单位、社会团体的日常工作中使用频率之高、范围之广，是其他类型文书无法相比的。

第二节　计　划

一、计划概述

（一）计划的概念

计划是党政机关、社会团体、企事业单位或个人在一定时期内，为了完成某项任务，事先制定的、明确具体的行动安排，包括对数量和质量的要求，对时间的限定，对完成任务所采取的措施等。

（二）计划的特点

1．预测性

计划是对未来一定时期内需要完成的工作、生产或学习的安排，对未来的工作、生产或学习有较强的指导和推动作用。因此，只有预先估计可能出现的情况，并制定相应措施，做好安排，才能掌握工作的主动权。

2．可行性

计划在很大程度上是人们工作、生产或学习的行动指南。制定的目标、措施应具可行性，否则计划就成了一纸空文。

3．明确性

计划的目标、措施、指标必须明确具体，才能保证工作、生产或学习的有序性、主动性。

（三）计划的作用

1．计划是做好工作的基础，是完成任务的保证

在进行一项工作之前要作出具体详细的安排，使全体参与人员明确自己该做些什么，在工作进程中各司其职、各尽其责，使人力、物力、财力得到最大限度的利用，保证任务的完成。

2．计划具有指导作用

计划中的目标、任务、要求和措施是对全体参与人员集中意志、统一行动的根本要求。在总的目标下，分解任务；在总的措施下，明确方法。

3．计划具有调节控制作用

计划不但要考虑计划范畴以内方方面面的问题，而且还须考虑计划范畴以外与计划相关联的问题。这就要求计划的制订者及执行者必须根据复杂的实际情况，对计划的实施过程进行必要的调控，使计划具有较强的适应性。

二、计划的种类

计划是一个统称，常见的规划、设想、打算、计划、要点、意见、方案、安排等都属于计划的范畴。只是由于内容等方面的不同，所使用的名称有所不同。总体来说，它们的差别如下表所示。

各类计划的比较

名称	时　间	内　容	范　围
规划	比较长期	最宏大，涉及面广、具全局性、内容较概略的安排	本单位、本部门
设想	长远或近期	最粗略，对未来工作作粗线条的、非正式的安排	本单位、本部门
打算	近期	提出任务设想，但其中的指标、措施较粗略、范围不太大	本单位、本部门
计划	近期	最适中，比较深入、细致的工作安排	本单位、本部门
要点	一定时期内	即计划的摘要。布置主要任务，提出原则性要求	上级对下级 本单位、本部门
意见	一个阶段内	布置任务、交代政策、提出要求、制定措施	上级对下级
方案	近期、短期	最为复杂，就某项任务的实施，从目标、要求、方法、步骤、措施等作全面具体安排	本单位、本部门
安排	短期内	最为具体，任务明确，内容较单一，措施较具体	本单位、本部门

计划从不同角度，还可以划分为以下几种类别：

（1）从内容方面看，有工作计划、学习计划、生产计划、科研计划等。

（2）从范围方面看，有国家计划、单位计划、小组计划、个人计划等。

（3）从时间方面看，有远期规划、年度计划、季度计划、月份计划等。

（4）从性质方面看，有综合性计划、专题计划等。

（5）从表现形式方面看，有条文式计划、表格式计划、文件式计划等。

三、计划的写作

（一）制订计划的原则和步骤

1．制订计划的原则

（1）政策性原则。无论什么计划，都应有明确的指导思想，贯彻、体现国家的有关方针政策。从全局出发，以上级的总计划为前提和依据。

（2）可操作原则。制订计划是为了提高效率，顺利完成任务。因此，计划中的任务要明确，措施要具体，可操作性要强。

（3）群众性原则。任何计划的制订和实施都应遵循民主集中制原则。

2．制订计划的步骤

（1）全面领会上级的指示精神。

（2）分析本单位的具体情况，因地制宜。

（3）确立本单位工作的方针、任务、要求和具体方法、措施。

（4）根据可能发生的情况，制订应急的办法。

（5）合理分配资源，明确分工。

（6）在此基础上制订的计划草案，须经群众讨论，进行修改和完善。

（7）根据实施过程中的变化，在实践中进一步修改、补充和完善计划。

（二）计划的内容和格式

1．计划的内容

计划的内容一般应包括工作（或生产、学习）的目的和要求、任务和指标，以及实施的方法、步骤和措施等。即“做什么”（任务和要求）、“怎么做”（方法和措施），以及“什么时候完成”（进度和时间安排）。

2．计划的格式

计划由标题、正文和附件组成。

（1）标题。

计划的标题有四种组成方式：一是由制订计划单位名称、计划时限、计划内容概要和文种组成，如《××市××公司2015年工作计划》；二是由制订计划单位名称、计划内容概要和文种组成，如《××省工业结构调整规划》；三是由计划时限、计划内容概要和文种组成，如《2015年防汛工作计划》；四是由计划内容概要和文种组成，如《关于进行公务员考核工作部署意见》。

计划单位名称，要用规范的称谓；计划时限要具体写明，一般时限不明显的，可以省略；计划内容概要要标明计划所针对的问题；计划文种要根据计划的实体确切地使用。如所定计划还需讨论定稿或经上级批准，就应在标题后面或下方用括号加注“草案”“初稿”或“讨论稿”字样。如果是个人计划，只需在正文右下方的日期之上具名即可。

（2）正文。

正文的开头部分用简明概括的语言写出制订计划的原因、依据、目的，分析基本情况，说明上级的要求是什么，本单位有何特殊情况，并确定总的工作任务，即解决“为什么”的问题。

正文的主体部分是计划的核心，包括工作的内容、目标、步骤、办法及完成时间。即解决“做什么”“怎么做”的问题。主体部分要求内容明确，措施具体可行。它分为三部分内容：一是任务和要求，应具体写出完成的任务，达到的指标和要求，即解决“做什么”的问题；二是方法和措施，包括要做哪些具体的工作，采取的措施、步骤，时间分配，人力安排等，即解决“怎么做”的问题；三是其他事项，包括应注意的问题，检查和修订计划的办法等。

正文的结尾部分指出工作重点和注意事项，并提出希望和号召，有的计划可不写。

（3）附件。

与计划有关的一些材料，如正文里分条表述不方便的附表、附图等，可以作为计划的附件。

（三）制订计划的基本要求

1. 实事求是，切实可行

制订计划必须以党和国家的方针政策为依据，结合本单位的具体情况，从实际出发，提出工作目标和任务。如果脱离实际，硬把计划定得过高或过低，就难以贯彻落实，甚至会使计划落空。

2. 调查研究，突出重点，兼顾一般

在制订计划前，一定要进行广泛、深入、细致的调查研究，听取各方面的意见，切忌闭门造车。这样才能掌握实际情况，制订出完成任务的最佳方案。另外，在写作上要突出重点，兼顾一般，不可面面俱到。没有重点的工作计划，就没有主攻方向，就无法集中力量保证任务的完成。而只有重点不兼顾一般的计划是不完整的，同样不利于任务的全面完成。

3. 责任明确，留有余地

为了保证任务的完成，必须明确责任，使任务落到实处，但要留有余地，以便在实施过程中能有所回旋，对计划作必要的、及时的调整、修补，使之不断完善。

4. 内容具体，语言简洁

制订计划是为了指导工作、完成任务，因此，要求计划提出的任务、指标、措施、方法、步骤等应具体明确。这也要求计划用语应力求准确、言简意赅。

【例文3－1】

促进就业规划（2011—2015年）

人力资源社会保障部 发展改革委 教育部
工业和信息化部 财政部 农业部 商务部

为了做好“十二五”时期就业工作，促进经济发展与扩大就业相协调，促进社会和谐稳定，根据《中华人民共和国国民经济和社会发展第十二个五年规划纲要》和《中华人民共和国就业促进法》制定本规划。

一、背景

（一）“十一五”时期就业工作的主要成效

“十一五”时期是我国发展史上极不平凡的五年，也是就业工作积极应对挑战并取得显著成效的五年。（略）

专栏1　“十一五”时期就业工作进展情况（略）

（二）“十二五”时期面临的就业形势

“十二五”时期，我国就业形势将更加复杂，就业总量压力将继续加大，劳动者技能与岗位需求不相适应、劳动力供给与企业用工需求不相匹配的结构性矛盾将更加突出，就业任务更加繁重。（略）

二、指导思想、基本原则和发展目标

（一）指导思想

高举中国特色社会主义伟大旗帜，以邓小平理论和“三个代表”重要思想为指导，深入贯彻落实科学发展观，适应加快转变经济发展方式的要求，紧密结合保障和改善民生、构建和谐社会的需要，切实把就业作为民生之本，作为经济社会发展的优先目标，以充分开发和合理利用人力资源为出发点，健全劳动者自主择业、市场调节就业、政府促进就业相结合的机制，实施更加积极的就业政策，创造平等就业机会，构建和谐劳动关系，提高就业质量，努力实现充分就业。

（二）基本原则

1. 坚持促进就业与经济社会发展相结合。（略）

2. 坚持促进就业与人力资源开发相结合。（略）

3. 坚持发挥市场机制作用与政府促进相结合。（略）

4. 坚持促进企业发展与维护劳动者权益相结合。（略）

（三）发展目标

1. 就业规模持续扩大，就业结构更加合理。城镇新增就业4500万人。转移农业劳动力4000万人。城镇就业比重逐步提高，三次产业就业结构更加优化。

2. 有效控制失业，保持就业局势稳定。城镇登记失业率控制在5%以内。将失业人员组织到就业准备活动中，使平均失业周期进一步缩短。实现对就业困难人员和零就业家庭人员就业援助的长效化。

3. 人力资源开发水平得到明显提高。劳动者得到有效培训机会，全国技能劳动者总量达到1.25亿人，其中高技能人才总量达到3400万人，占技能劳动者的比重达到27%。专业技术人才总量达到6800万人。

4. 就业质量得到进一步提升。企业劳动合同签订率达到90%，企业集体合同签订率达到80%。形成正常的工资增长机制，职工工资收入水平合理较快增长，最低工资标准年均增长13%以上，绝大多数地区最低工资标准达到当地城镇从业人员平均工资的40%以上。劳动条件得到较大改善。社会保障制度覆盖所有劳动者，就业稳定性明显提高。

5. 统一规范灵活的人力资源市场基本形成。人力资源市场管理制度逐步统一。覆盖城乡的公共就业和人才服务体系进一步健全，全部街道、乡镇和城市95%以上的社区设立基层劳动就业服务平台。加快公共就业和人才服务信息网络建设，实现全国互联互通。

6. 劳动者权益保障机制更加完善。基层劳动关系协调工作体系进一步加强。全国乡镇（街道）基本实现劳动保障监察“网格化、网络化”管理。企业、街道、乡镇基层调解组织和劳动人事争议仲裁机构实体化建设基本完成，仲裁结案率达到90%。

专栏2 “十二五”时期就业主要指标		
指　标	2010 年	2015 年
城镇新增就业人数（万人）	〔5771〕	〔4500〕
城镇登记失业率（%）	4.1	<5
转移农业劳动力（万人）	〔4500〕	〔4000〕
高技能人才总量（万人）	2863	3400
专业技术人才总量（万人）	4686①	6800
企业劳动合同签订率（%）	65	90
企业集体合同签订率（%）	50	80
最低工资标准年均增长率（%）	12.5	>13
劳动人事争议仲裁结案率（%）	80	90
注：“十二五”时期主要指标为预期性指标；〔〕表示五年累计数；①为2008年年末数据。		

三、主要任务和政策措施

（一）提高经济发展对就业的拉动能力

1. 落实就业优先战略。各级政府在制订国民经济计划、对产业结构和产业布局进行重大调整时，把就业作为社会经济发展的优先目标予以考虑，建立健全经济发展、产业结构调整与扩大就业良性互动的长效机制。根据实现更加充分就业目标的要求合理确定经济发展速度，在制定财政、金融、产业等宏观经济政策时，要评估对就业的影响，注意防范失业风险。不断加大对就业的资金支持，形成公共财政保障、社会各方多元投入的机制。发挥政府投资和重大建设项目对就业的拉动作用，研究建立公共投资促进就业的考核评估机制。

2. 着力发展吸纳就业能力强的产业和企业。（略）

3. 促进以创业带动就业。（略）

4. 发展家庭服务业促进就业。（略）

（二）实施更加积极的就业政策

1. 实行更加有利于促进就业的财政保障政策。（略）

2. 实行支持和促进就业的税收优惠政策。（略）

3. 实行更加有利于促进就业的金融支持政策。（略）

4. 实行更加有利于促进就业的对外贸易政策。（略）

5. 实施鼓励劳动者多渠道、多形式就业的扶持政策。（略）

（三）统筹做好城乡、重点群体就业工作

1. 推进城乡和区域就业统筹协调发展。（略）

2. 切实做好高校毕业生和其他青年群体的就业工作。继续把高校毕业生就业放在就业工作的首位，积极拓展高校毕业生就业领域，鼓励中小企业吸纳高校毕业生就业。鼓励引导高校毕业生面向城乡基层、中西部地区，以及民族地区、贫困地区和艰苦边远地区就业，落实各项扶持政策。鼓励高校毕业生自主创业。支持高校毕业生参加就业见习和职业培训，鼓励科研项目单位吸纳高校毕业生就业。继续做好免费师范生的就业工作。积极做好征集高校毕业生入伍服义务兵役工作。大力加强就业指导、就业服务，更加关注女高校毕业生就业问题，加大对就业困难高校毕业生和其他长期失业青年的援助力度。大力发展适合青年和各类毕业生求职就业的互联网就业服务，完善以实名制为基础的高校毕业生就业统计制度。进一步改革高等教育人才培养模式，使之更加适应经济社会发展需要，提高人才培养质量。继续做好退役军人就业工作。

专栏3　高校毕业生就业推进计划
1. 岗位拓展计划。拓宽就业渠道，引导高校毕业生到中小企业、非公有制企业和城乡基层就业。 2. 就业服务与援助计划。加强对高校毕业生的就业服务与就业指导，做好高校毕业生就业见习、职业培训和困难高校毕业生就业援助。 3. 创业引领计划。加强对高校毕业生的创业教育和培训，强化创业服务，完善创业扶持政策，促进帮扶高校毕业生自主创业。 4. 基层就业项目。统筹实施"选聘高校毕业生到村任职""三支一扶（支教、支农、支医和扶贫）""大学生志愿服务西部计划""农村义务教育阶段学校教师特设岗位计划"等基层就业项目。

3. 推进农业富余劳动力转移就业。(略)

4. 做好淘汰落后产能企业职工安置工作。(略)

5. 加强对困难群体的就业援助。(略)

（四）大力开发人力资源

1. 加强专业技术人才队伍建设。(略)

2. 健全面向城乡全体劳动者的职业培训制度。(略)

3. 加快培养产业发展急需的技能人才。(略)

专栏4　人力资源开发重大工程（略）

（五）加强人力资源市场建设

1. 加快形成统一规范灵活的人力资源市场。(略)

2. 加强公共就业和人才服务。(略)

3. 大力发展人力资源服务业。(略)

专栏5　公共就业和人才服务行动计划（略）

（六）加强失业预防和调控

1. 建立失业统计制度和失业预警机制。(略)

2. 建立健全失业预防和调控机制。(略)

（七）健全劳动关系协调机制和企业工资分配制度

1. 健全劳动标准体系和劳动关系协调机制。(略)

2. 深入推进工资收入分配制度改革。(略)

专栏6 构建和谐劳动关系计划(略)

(八)加强劳动保障监察和劳动人事争议调解仲裁

1. 加强劳动保障监察工作体制建设。(略)

2. 加强劳动人事争议处理效能建设。(略)

四、强化组织实施

(一)加强组织领导,落实责任分工

各级政府要加强对规划实施的组织领导,充分发挥促进就业工作协调机制的作用,确保规划各项目标任务得到落实。国务院人力资源社会保障行政部门牵头负责专项规划的实施、指导、协调、督促和检查工作,各有关部门加强协作配合,形成规划实施工作合力。地方各级政府要按照本规划的部署,结合实际分解目标任务,明确责任分工,完善政策体系,扎实做好各项工作。要把规划重点指标的完成情况纳入政府综合考核体系,作为考核地方各级政府实践科学发展观和解决民生问题的重要依据。

(二)加强能力建设,完善工作手段

加强就业领域基础理论和重大政策前瞻性研究,推动科研创新及成果运用,为就业工作提供系统科学的理论指导和决策支持。实施提升公共就业综合服务能力的重大项目,将就业政策措施和重大项目有机结合,提升就业领域基础设施建设和管理服务能力。加强就业领域信息化建设,积极为城乡劳动者提供就业信息、就业咨询、就业培训等公共信息服务,建立跨地区的就业服务信息共享、协同机制。推动就业工作的规范化、标准化和科学化。

专栏7 公共就业综合服务重大工程(略)

(三)加强监测评估,营造良好氛围

建立规划实施情况监测、评估和绩效考核机制,加强监测评估能力建设,强化对规划实施情况的跟踪分析。密切关注各地规划实施进展,加强规划实施的宏观指导,做好年度计划、地方规划与本规划目标任务的衔接。开展广泛宣传,引导劳动者转变就业观念,通过自身努力实现就业,动员社会各方关心、支持就业工作,营造良好舆论环境。

【简析】

该例文按“背景——指导思想、基本原则和发展目标——主要任务和政策措施——强化组织实施”来写,具体明确,材料翔实;分条列项,条理清楚;用语规范,简明扼要。对促进就业工作作了五年的规划和部署,与一般的工作计划相比,它是宏大的、粗线条的、内容较概略计划,偏重于政策性、原则性的指导,其作用是对下级布置工作、提出任务、交代政策、提供方法。

【例文3-2】

关于完善会计电算化的一些设想

黄淑琴

会计电算化是利用计算机进行会计账务处理,对会计信息进行核算、分析、预测和决策。会计电算化大大提高了会计信息处理的速度和准确性,促进了会计核算的规范化,也提高了会计工作质量和效率,为会计管理工作现代化奠定了基础。会计电算化以其方便、准确、及时等优点受到广大财会人员的欢迎。但会计电算化在会计核算中也出现了一些新的问题，主要表现在：

1．内控制度不完善（略）

2．缺乏会计电算化专业人才（略）

3．忽视财务管理功能的发挥（略）

4．会计电算化的安全防护弱（略）

5．电算化财务信息网络化差（略）

对此，作者就进一步完善会计电算化工作提出一些设想。

1．健全会计电算化的内部控制制度

健全会计电算化内部控制制度，是确保会计核算操作安全，及时、准确提供会计信息的根本保证。一是要加强人员的职能控制，保证会计数据的真实性。由于会计电算化知识和功能的相对集中，必须强化组织和管理，明确职责分工，将系统中不相容职务分离，以相应的管理职能与之配套。其目的在于通过设立一种相互稽核、监督、制约的机制来保障会计信息的真实、可靠。二是加强操作管理，提高会计数据的准确性。会计电算化操作应严格按照会计业务和处理流程进行，密码的控制，防止非法操作、越权操作，确保核算的准确性。加强数据输入和输出的管理，保证各个环节的数据准确、有效。各种录入的数据均需通过严格的审核，并附上完整、真实的原始凭证。发生输入的内容有误，应按系统提供的功能及时修改。三是加强数据备份和安全检查，保证数据的安全。对发生的会计业务，做到双重备份，同时对备份的数据应定期检查；重视对计算机的维护工作，防止病毒的侵入，保证在电算化过程中会计数据的安全。

2．加强会计人才的培训管理，提高人员素质

会计电算化事业的发展要求财会人员不仅掌握扎实的会计知识和技能，还应对计算机和财务管理有比较深刻的了解。实行电算化管理的单位应针对会计人员的特点和要求，科学地确定培训内容，更新会计人员的知识，提高会计技能。作为会计人员，要正确认识实行会计电算化后自身作用和地位的变化，敢于从实践中学习，不断丰富工作经验，提高操作技巧，充分挖掘自身工作潜力，提高职业判断和解决问题的能力。

3．发挥会计电算化的财务管理功能

现行的会计软件虽然开始从核算型向管理型发展，但内容相对简单，功能不强，不能适应单位财务管理的需要。要充分发挥会计电算化的功能，为财务管理服务，必须提高会计软件功能，增加管理性功能的软件系统；改变财务管理的形式和方法，通过对会计资料的整理进行预测、决策、规则、分析，将事前预测、事中控制、事后分析三个环节有机地联系起来，形成一个整体，为单位管理决策提供有效的信息支持。

4．加强会计电算化的安全防护

会计电算化越发展，会计信息的安全问题就越突出，必须采取相应的防护措施，保证会计电算化系统安全稳定的运行。一是在财务软件中增加安全功能，防止操作失误造成数据被破坏。会计人员应按规定录入原始数据，制作记账凭证，输出各种信息；要对会计电算化系统操作人员进行授权，严格禁止越权操作、非法操作，确保会计电算化系统安全、有效、正常的运行。二是建立预防病毒的安全措施。作为会计电算化系统使用人员，应自觉遵守操作规程，尽可能降低计算机感染病毒机会。三是建立安全有效的会计档案管理制度。会计电算化会计档案管理要做好防磁、防潮、防尘工作，建立健全会

计档案保管、调阅、复制、修改、销毁等环节的制度。良好的会计档案管理是保证会计数据安全完整的关键环节，也是会计信息得以充分利用，更好地为决策服务的保证。

5. 实现财务信息的网络化

网络技术的普遍应用，进一步推动了会计电算化系统向深度和广度发展，即实现会计电算化系统的网络化。单位需要运用网络版的电算化系统时，应选择那些成熟的会计管理信息系统和国家有关部门规定的财务软件，使网络内各计算机的会计数据资料可以共享；信息使用者可以利用网络及时地进行财务评估、财务报表的传送和财务分析，有利于强化单位内部控制和有关方面的监督。这样不仅可以减少信息传递的时间，又可以减少错误的发生和信息的失真。随着计算机技术的迅速发展，会计电算化系统的应用必将逐步从单机环境过渡到网络化环境，从而更大地发挥电算化系统的效率，提供使用者所需的会计信息。

【简析】

这是一篇写得较好的工作设想。文章的前面部分写了会计电算化在会计核算中出现的新问题；后面部分对进一步完善会计电算化工作提出设想。整篇文章结构较规范，用语较准确，要句居首，语句醒目，表达明确，层次分明，条理清晰。

【例文 3-3】

中国档案学会 2010—2014 年学术活动计划要点

为做好中国档案学会第七届理事会期间（2010—2014）的档案学术研究、学术交流和社会服务活动，根据中国档案学会的宗旨和活动范围，结合中国档案学术研究现状和档案事业发展实际，特制订本学术活动计划要点。

本届理事会任期内开展档案学术活动的指导思想是，以邓小平理论和“三个代表”重要思想为指导，深入贯彻落实科学发展观，倡导科学、创新、求实、协作、自由、平等的精神，坚持理论联系实际的学风和“百花齐放，百家争鸣”的方针，组织全体会员，团结广大档案工作者，紧盯档案理论研究和档案事业发展的前沿，选准课题，突出重点，注重实效，积极开展档案学术研究、学术交流和社会服务活动，普及档案知识，为推动档案事业发展、建设中国特色社会主义服务。

一、档案学术研究的重点

根据本团体的宗旨和档案事业发展面临的新情况、新问题，本届理事会任期内的档案学术研究活动主要围绕以下重点选题进行：

1. 新中国档案事业发展60年的基本经验；
2. “两个体系”建设的理论基础与实现途径；
3. 国家档案馆功能拓展与实现途径；
4. 档案法规体系的完善与档案工作标准化；
5. 国家档案资源建设的策略；
6. 档案鉴定、整理的理论与实践；
7. 知识经济时代的企业档案管理；
8. 政府信息公开背景下的档案信息资源开发；
9. 档案信息化建设的理论与实践；
10. 档案备份的方法与策略；
11. 档案保护技术和档案灾害预防；

12. 电子文件管理与电子文件中心建设；

13. 档案人才的培养与评价研究；

14. 中外档案工作的比较与借鉴研究；

15. 提高档案学会管理与服务水平的方法与策略。

二、档案学术活动组织与实施

在本会理事会（常务理事会）的领导下，围绕上述选题，采取多种形式，指导和开展本会档案学术活动，确保本团体的档案学术活动健康发展。

1. 学术规划会议。每年召开一次理事会议，两次常务理事会议，在研究中国档案学会的发展和建设问题的同时，对一个时期内中国档案学会的档案学术活动进行规划和部署。

2. 高层论坛。以中国档案学会第七届理事会理事为基础，与有关部门合作，围绕档案事业发展中的焦点、热点问题，每年组织一次“中国档案学术高层论坛”。

3. 专题学术会议。以中国档案学会各专业学术委员会为基础，围绕档案学和档案工作某一领域的重要问题，每年组织若干次专题学术研讨会议。

4. 专题学术报告（讲座）。选择档案工作或与档案工作有密切关系的热点问题，聘请国内外的著名专家、学者，每年组织一次专题学术报告会（讲座）。学术报告会（讲座）的有关内容或视频上传到中国档案学术网上。条件成熟时亦可对学术报告会（讲座）的实况进行网上直播。

5. 档案工作者年会。围绕档案工作中的重大问题，每两年举办一次全国档案工作者的年会。

6. 加强科研课题的立项与研究。创造条件，组织、支持本会会员申报中国科协、国家档案局等国家有关部门设立的科研课题。在条件成熟的时候，设立中国档案学会的科研课题。

三、加强档案学术平台建设

1. 建设中国档案学术网。以拓展档案学术研究平台、共享档案学术研究资源、传播档案学术研究成果、繁荣档案学术研究为目的，开通中国档案学会的网站——“中国档案学术网”。

2. 做好会刊《档案学研究》的编辑和发行工作。从2010年1月开始，对会刊《档案学研究》进行改版。在稿件组织上，将加大稿件组织工作的力度，把自由来稿与重点约稿结合起来，提高会刊刊登稿件的质量。在编辑加工上，将采取办事机构内部力量与外部力量相结合的方法，加强刊物质量的检查，提高稿件加工质量。在杂志发行上，加强刊物发行的力度，继续执行向交纳会费的个人会员赠送全年会刊的制度。

四、开展国际间的档案学术交流

1. 积极参加国际档案理事会组织的有关活动，加强对国外档案学术研究成果和学术资料的翻译、研究、发表工作。

2. 对反映我国档案学研究成果的重要文章，向外国档案刊物上推荐发表。

3. 积极开展国际民间档案学术交流活动。

五、开展对中国台湾和港澳地区的学术交流

继续开展海峡两岸档案学术交流活动，搭建更加广阔的交流平台，探讨实现档案资源互利共享的更多途径，把两岸档案学术交流提升到一个更高的层次。要进一步开展与香港、澳门地区的学术交流。

【简析】

该例文是中国档案学会学术活动计划要点，前言开宗明义，目的明确，任务清楚；然后分五点阐述活动要点，每点又分若干项，行文条理清晰，用语平实、明确、简要。

【例文3-4】

××市全民义务植树造林××××年春季工作安排

（草　案）

根据全国人民代表大会通过的《关于开展全民义务植树运动的决议》，希望全市广大人民群众立即行动起来，积极响应党和政府的号召，在今年春季开展大规模的全民义务植树造林活动中，人人争当义务植树的突击手，争当保护林木的哨兵，个个为绿化祖国贡献力量。

一、任务和要求

（一）全市今春计划造林×××亩，植树×××××株。要求每人平均3～5株，栽下后要有人管理，保证成活。植树宜在路旁、沟旁、荒山坡进行，不占用好地。植树任务应在植树节（3月12日）前基本完成。

（二）以市政府为领导，各区成立全民义务植树造林指挥部，以协调和指导全市性的植树造林活动。具体要求如下：

1．各机关、团体的领导要带头，并指定专人负责此项工作。

2．各区绿化办公室具体负责此项活动，划定各机关、团体负责植树造林的地区或地段，分片包干。

3．各地苗圃要及时做好挖苗备运工作和树苗的供应工作。

4．定于3月4日为全市义务植树造林宣传日，各区绿化办公室要会同市容办公室、园林系统做好宣传日的布置工作。

二、措施

（一）于2月下旬召开一次植树造林会议，参加人员：全市各机关、团体、学校、工厂的有关负责人等。重点研究植树造林的准备工作，采取必要措施予以落实。

（二）加强各单位、各部门的植树造林的领导工作，认真解决各单位存在的问题。

（三）抽调×××名干部到植树造林负责第一线具体工作，直到今春植树造林活动结束。

××市政府

××××年××月××日

【简析】

该例文是××市全民义务植树造林的工作安排。文章标题是由制订计划单位名称、计划时限、内容概要和文种组成，正文按“任务和要求——措施”来写，任务明确，内容较单一，措施较具体。

【例文3－5】

××县农业局
××××年小麦生产技术意见

小麦生产总的指导思想是：立足稳产，实现平衡增产。

今年计划全县种植小麦11万亩，要求亩产800斤，争取突破900斤。为保证丰产计划落实，特提出如下技术意见：

一、调整种植布局。春季干旱，水利条件不足，是我县小麦生产的限制因素。多年实践证明，干旱年景，在关键发育阶段，一水之差，产量可相差百斤；旱地麦面积大，是我县小麦低产的一项重要原因。因此，在开展农田建设，改善水利条件的同时，要认真搞好小麦布局，把小麦安排在南三区和引青灌渠两岸以及有水源条件的地块；对于缺少水源、目前又无条件改善的，一般改种其他作物，最大限度地压缩旱地麦面积。

二、普及抗倒、高产优种。我县历年有许多高产田块后期倒伏，造成严重减产，除栽培因素外，主要是品种所致。为此，今年要大力压缩“丰产”系品种，在土质肥沃、水源丰厚的南三区及引青灌渠两岸，改用丰产性能好、耐水肥、抗倒伏的“丰抗”系优种；北部丘陵区选用中产、耐密植、抗倒伏的“麦丰一号”。

三、增施粗肥、三肥座底。为了实现增产计划，要做到以产定肥。据研究每生产100斤小麦，需纯氮3斤、纯磷15斤、纯钾3斤。据多年实践经验，亩产400斤小麦，一般需优质粗肥8000斤，标准磷肥40斤，硫铵40斤。在此基础上产量每增加100斤，需递增优质粗肥2000斤，标准氮磷肥各10斤。在施肥方法上，凡氮磷失调的土壤，都要氮磷混施；为使小麦促根增蘖，培育冬前壮苗，大力提倡“三肥座底”。三肥即粗肥、氮肥、磷肥。

四、“四适”播种。在今年的小麦生产中，要强调“四适”播种。即掌握适宜的播种期，适宜的播种墒情，适宜的播种量，适宜的种植形式。

（一）适时播种。我县属于冬小麦的北部边缘地区，常因冬前积温不足450℃～700℃而达不到壮苗标准。根据这一情况和我县的气候规律，以9月20—27日为最佳播种期，在生产上可从9月15日播种至10月1日播完。在此时间内宁早勿迟，适中求快，快中求好，巧夺天时。前期抓质量，中期抓速度，后期防草率。

（二）适墒播种。小麦出苗的最适土壤水分为田间持水量的60%～70%。而我县历年“秋吊”现象严重。因此播前半月要普查墒情，凡墒情较差的要提前带茬浇水；如遇秋涝，土壤湿度过大，要尽早“删秋”，争取时间早播。

（三）适量播种，合理密植。播种量要“三看”“四定”。三看”即看地力、看播期、看品种。凡播期早、地力肥，品种分蘖力强、千粒重低的，要适当少些，反之要适当增加。“四定”即以地定产、以产定穗、以穗定苗、以苗定籽。要先测定千粒重和发芽率，再确定下种量。一般在秋分播种的，基本苗应保持在25万亩，亩播量约25斤，以后每晚播一天增加播量0.5斤。

（四）适宜的种植形式。要坚持四尺半带田麦、粮（玉米、高粱）套作，这样有利于实现夏秋两季增产，防止两茬平作年年种晚麦的恶性循环。为了便于麦田管理，有利于小麦个体发育，要改平播为大小垅不等行种植，大垅6寸，小垅3寸，每带6行；畦播的也要采用这种种植形式。

五、加强管理。

（一）加强冬前管理。要夺取小麦高产，必须培育冬前壮苗。冬前管理要控旺促弱，对底肥少、苗子弱的要补施三叶肥、补浇三叶水，以促分蘖和生长次生根；要镇压麦苗，踏实土壤，使根土密接，促扎根、长分蘖；对早播有旺长趋势的麦田要多镇压，控旺长；雨后或浇水后，要抓紧锄地、疏松土壤，避免板结；要高度重视冬灌，冬灌是必浇之水，是保苗安全越冬的有力措施，必须于昼化夜冻时不失时机地抓好，结合冬灌每亩追施标准化肥20斤。越冬前还要轧麦，严防牲畜啃食麦苗。

（二）加强春季管理。小麦早春至孕穗是生长中变化最大的时期，营养生长和生殖生长并进，在很大程度决定分蘖成穗率，每穗小穗数及花数，是麦田管理的关键时期，要努力抓好。

1. 早春耪麦。耪麦是促进麦田返青、健壮生长的主要措施，其增温、保墒、通气的作用明显。耪麦要掌握先浅而后分次加深，一般1寸左右，返青后可加深至1.5寸至2寸。

2. 早春肥水。早春施肥一般要在起身期重施2/3，拔节期轻施1/3。以每亩标准化肥40～50斤为宜，高产田可追施到60～70斤。早春浇水是小麦增产的关键措施。头水一般在5厘米，地温连续五天稳定超过5℃时（通常在我县为3月下旬）浇灌。返青水要根据麦田长势分类管理：壮苗要早追肥浇水，旺苗要晚追肥浇水，弱苗要早追肥晚浇水。此后要浇好起身水、拔节水、孕穗水。

（三）加强中后期管理。小麦抽穗后穗数基本固定，开花一周后粒数也大体定局。因此千方百计增加粒重，就成为中后期管理的主攻目标。据试验，如每亩定产500斤，千粒重在28～40克间，每增减一克，产量相差13～17斤，加强中后期管理的主要任务是“三防”，即防干热风、防倒伏、防病虫害。要采取如下措施：

1. 浇好扬花、灌浆、麦黄水。此期需水量大，约占全生育期总耗水量的1/3，且常因高温、干热风等不良条件，使小麦早枯、籽粒秕瘦而减产。因此要适时浇灌浆水、麦黄水，以促进灌浆，降低地温，增加粒重。

2. 喷磷治蚜。根外喷磷是一项用肥水、吸收率高、经济有效的增产措施，适期喷磷，一般能增加千粒重2.5～3克。为此，今年要作为一项重要增产措施抓好。在挑期至灌浆期要喷洒两次0.2%～0.4%的磷酸二氢钾。

麦蚜常年都有不同程度的发生，发生严重的年份可使千粒重降低8～10克。因此要加强测报，一旦发生要用乐果1500倍液除治，并可结合喷磷施用，除虫施肥一举两得。

3. 适时收割。通过多年灌浆速度测定，在腊熟期千粒重达高峰，分别比乳熟和完熟期高7.85克和2.7克。因此今年提倡在腊熟期收割，以防养分倒流减产。

【简析】

该例文是指导性专题计划，按时间顺序采用条文式写作。例文标题醒目而明确。第一段“务虚”——标明总的指导思想；第二段“务实”——先列出具体的指标，并据此引出计划制订的依据。主体部分按纵式（时间顺序）结构为主来行文，阐述完成上述任务指标的具体措施和做法。例文根据实际情况，又将生产任务和措施融为一体来写作，更便于执行者理解和发挥主动性。

【例文 3-6】

中国地质学会××××年工作要点

（经××××年××月××日第三十八届理事会第十七次常务理事会议审定通过）

××××年，是我国实施“十一五”规划的最后一年，是夺取应对国际金融危机冲击新胜利、推动经济平稳较快发展的重要一年。新的一年，中国地质学会工作的总体思路是：以邓小平理论和“三个代表”重要思想为指导，认真学习实践科学发展观，以“调结构、保民生、促转变”和提高矿产资源保障能力为核心，发挥学会特长，突出学会特色，按照自身建设好、作用发挥好、服务工作好的办会要求，以建设学术交流主渠道、科普工作主力军、科技工作者之家为载体，团结、带领广大会员和地质科技工作者，努力开创学会工作的新局面，为实现地质工作的新跨越，为我国经济社会平稳较快发展作出新贡献。

××××年的主要任务是：

（一）认真学习贯彻党中央国务院的决定，为经济社会平稳发展提供服务

“调结构、保民生、促转变”是党中央国务院针对当前国家经济社会发展现状和应对国际金融危机提出的新举措，我们要紧密结合地质工作的实际，在中国科协和国土资源部的领导下，按照党中央国务院提出的一系列决策部署，认真学习李克强总理视察国土资源部和地科院重要讲话精神和中央书记处关于科协工作的指示精神，团结和引导广大会员，继续巩固扩大“地质找矿改革发展大讨论”成果；加快推进地质找矿体制、机制创新，努力实现地质找矿重大突破，切实提高国内能源资源的保障能力；要增强使命感和责任感，不断开拓地质工作新领域、延长工作链，为经济社会平稳较快发展提供优质服务。

（二）加强组织建设，夯实学会基础

按照学会章程，定期召开秘书长会议、常务理事会议、工作会议；积极推动分支机构换届选举，协助省级学会完成换届工作。在调查研究的基础上，适时召开分支机构和省级学会经验交流会，交流各级学会组织近年来提出的新思路、作出的新成就。要继续加强学会会员的发展工作，拓宽发展渠道，要注意加强年轻地质科技人员的入会工作，特别是要把生产、科研、教学及民营企业一线的年轻科技人员作为发展重点。有条件的分支机构、省级学会要逐步建立各自的会员数据库、专家库，最终实现会员动态化管理。同时，组织专家修改学会章程，为换届工作做好准备。

（三）加强学术交流，促进地质科技发展

重点围绕实现找矿重大突破和加强地质灾害治理等涉及“调结构，保民生、促转变”这个主题，召开系列学术讨论会。在提高能源资源保障能力方面，重点开好第十届全国矿床会议、21 世纪中国矿产资源保障能力和前景研讨会、第二届中国油气藏开发地质学术研讨会等学术会议。在拓宽服务领域方面，重点开好“大型能源基地水文地质环境地质调查评价理论研讨会”“第三届北方岩溶和岩溶水学术讨论会”“全国地下水及其环境问题研讨会”等会议。各单位要特别注意收集总结“十一五”期间各省、各部门取得的地质科技和地质找矿重大成果，着手筹备“‘十一五’地质行业科技成果总结与学术交流会”，提高地质工作的社会影响力。

（四）加强科普宣传，普及地学科技知识

围绕“节约能源资源、保护地质环境”和“珍惜地球资源、转变发展方式、倡导低

碳生活”的主题，做好第四十一届“世界地球日”、科技周宣传活动；要配合总会做好全国青少年地学夏令营总营活动，今年总会计划编辑出版小营员优秀论文集，各省级地质学会要做好小论文的推荐工作，形成学会新的科普品牌。地质公园专业委员会和徐霞客研究分会要进一步创新工作方式，深化理论研究，不断推出新的科普品牌。要将科普创新与人才培养相结合，为增强全民科学文化素质、普及地学科技知识作出新的贡献。

（五）大力实施精品期刊工程，搭建地质科技成果共享平台

继续按照中国科协部署要求，全力推进我会精品期刊工程的实施。下半年召开编委会，对我会科技刊物实施精品期刊工程的情况进行评估。积极筹措资金，完善中国地学期刊网的建设，各分支机构和各省级学会所办刊物，都要逐步入网，提高中国地质学会所属刊物的整体功能，提高社会影响度和引文率，为实现地质成果共享贡献力量。

（六）积极推进人才举荐与奖励工作，建设优秀地质人才队伍

进一步规范学会人才举荐和成果评审工作。修改完善黄汲清奖（主要是野外和教学奖）奖励条例和评选标准，做好黄汲清奖励基金的本金筹集工作，扩大基金规模。完善金银锤奖的评选标准、完善国土资源奖的推荐办法，把学会优秀论文奖、“双十”成果评选、学会先进工作单位评选品牌化、制度化。年内选择适当时机，对第五届黄汲清青年地质科技奖，第十二届青年地质科技奖（金、银锤奖）进行表彰、颁奖。同时，积极协助部地勘司做好“注册地质师”相关工作。

（七）大力开展调研与培训，为基层会员提供服务

重点围绕地质找矿突破、拓宽地质工作服务领域进行调研和培训。紧扣基层地勘单位需要，解决地质科技难题和热点。总会将联合有关单位共同举办危机矿山与深部找矿培训班和跨区域的重点成矿区带找矿背景培训班，切实为基层单位提供技术支撑，为会员提供服务。地质学会各级组织要积极推荐主讲专家和找矿成功案例，并协助总会组织落实好野外考察等相关工作。

（八）加强青年学生工作，为地质事业储备后备人才

人才举荐工作要向人才上游延伸，要向大中专学生延伸。中国地质学会要成立奖励条例起草小组，研究在中国地质学会青年地质科技奖（金、银锤奖）奖项中增设优秀学生奖，以鼓励在校博士、硕士研究生和大学生了解学会、热爱学会、热爱地质事业。计划年底拿出方案，经常务理事会审批后，争取在××××年第13届青年地质科技奖评选中成为一个新的奖项。

（九）加强学会秘书处自身建设，提高服务能力

继续按照国土资源部和中国科协的部署，以“加强组织建设，提高服务能力”为主题，继续完善制度建设，提高管理和服务水平；继续办好《情况通报》和《会讯》，进一步加强《中国地质学会网站》及各省级地质学会网站建设，加大信息化宣传投入力度；要以高度的责任心，深入贯彻落实好为会员服务，为会员单位服务的方针，做到让会员满意、会员单位满意。

展望新的一年，地质学会工作任重道远，发展前景十分广阔。我们要加倍努力，在中国科协、国土资源部和第38届理事会领导下，在各理事单位、挂靠单位的大力支持下，紧紧团结广大会员，不断增强学会的权威性、学术性、广泛性和群众性，为我国地质事业的发展作出新的贡献。

【简析】

该例文是指导性的综合计划，标题规范、醒目，概括了文意。文章在正文的开头部分说明了当前形势，并提出了工作的总体思路；正文的主体部分采用标项撮要的方式布置了九个方面的工作；正文的结尾部分则提出了希望和号召。内容纲要指导性强，内在形式灵活性大，是粗线条的计划。

【例文3-7】

中国金属学会××××年度国际学术活动计划

序号	名　称	主要内容	时　间	规模（人）	地点	主办单位	联系人和联系电话（略）
一	出访活动						
1	美国矿物、金属及材料学会××××年年会	铝合金及镁合金、材料的模拟、高性能材料、材料与社会、材料成型及生产、纳米材料	2月27日—3月3日		美国加利福尼亚州	美国矿物、金属及材料学会	
2	两岸产业合作会议	两岸金属行业尤其在结构材料、粉末冶金技术、永磁材料及冶金工程方面的合作	3月或4月		中国台湾	金属工业研究发展中心	
3	第六届欧洲炼铁炼焦国际会议	炼铁、选矿、烧结、球团、高炉炼铁、直接还原、熔融还原、炼铁过程中的环境保护、节能减排、废弃物的回收再利用	6月27日—7月1日		德国杜塞尔多夫	德国钢铁学会	
4	世界脱盐大会		9月3—11日		澳大利亚	国际脱盐学会	
5	德国钢铁年会	讨论一年来各学会的活动及学会间的合作事宜	11月		德国	德国钢铁学会	
二	会　议						
1	电炉炼钢国际研讨会	由于我国钢产量不断创新高，未来几年中，废钢储量逐年提高，电炉炼钢比重将越来越大，如何提高电炉炼钢生产工艺理应受到足够的重视	3月	150	北京	中国金属学会	

续表

序号	名称	主要内容	时间	规模（人）	地点	主办单位	联系人和联系电话（略）
2	第六届国际低合金高强度钢会议	物理冶金及性能、过程冶金及数值模拟、产品及应用、性能	5月31日—6月2日	200	北京	中国金属学会	
3	第二届洁净钢生产技术国际研讨会	洁净钢基础理论研究、洁净钢生产工艺技术、钢中夹杂物控制技术、洁净钢生产过程的辅助材料、耐火材料优化和化验、检测及质量控制技术、洁净钢生产过程的自动化技术、洁净钢生产新装备	8月23—26日	150	沈阳	中国金属学会鞍山钢铁集团公司	
4	第三届中德（欧）双边冶金技术研讨会	炼铁、连铸、环保等	10月17—21日	100	北京	中国金属学会德国钢铁学会	
5	第八届中国国际铁合金大会暨展示会	铁合金生产新技术、新工艺及市场展望研讨	9月	300	杭州	中国金属学会中国铁合金工业协会	
6	首届中国武钢（国际）冷轧电工钢学术年会	1. 邀请国内外主要电工钢生产企业进行生产技术的学术交流；2. 武钢大会倡议每两或三年召开一届（国际）冷轧电工钢学术年会，由参会企业轮流举行；3. 成立（国际）冷轧电工钢学术年会组委会	下半年	100	武汉	电工钢分会武汉钢铁（集团）公司	
7	海峡两岸粉末冶金交流会		8月	40	广州	粉末冶金分会协办	

【简析】

该例文按名称、主要内容、时间地点和主办单位等内容，用表格的方式对中国金属学会××××年度国际学术活动计划作了安排，化繁为简，简洁明确，一目了然。

【例文3-8】

家用电冰箱产销市场设计方案

一、现状和问题

××××年家用电冰箱产量完成18.9万台，比××××年增长5.8倍。××××年计划产量为38.5万台，加上去年计划进口55万台，去年供应量可达80～90万台，比××××年增加近2倍。

据××××年年底统计，全国电冰箱企业有113家，年产量在1万台以上的有5家（北京电冰箱厂、广州电冰箱厂、上海电冰箱厂、苏州电冰箱厂、杭州医疗器械厂），1000～10 000台的有13家。

目前要引进电冰箱生产技术和设备的企业据不完全统计有23家，大部分已经主管部门批准，并对外开展工作，引进规模约470万元，加上现有生产能力的发挥，××××年生产规模达到600多万台。

电冰箱配套用全封闭压缩机，除国家已批准北京、广州各引进年产100万台生产线外，据不完全统计，还有8个厂家要引进（轻工2个，机械、航空、电子、兵器、航天、医药各1个），将分别从日本、意大利、美国、法国、罗马尼亚等国家引进技术和设备。到××××年年底，总规模将达到960万台。

电冰箱竞相引进的状况还在继续扩大，有的一个省同时有二三个厂搞引进，引进规模不断扩大，有的地区还在酝酿搞新的项目，这是一个需要引起各级主管部门注意的问题。

二、初步设想

电冰箱从××××年开始进入家庭以来，已从社会集团使用为主，逐渐转到以家庭生活为主，据××××年年底统计，全国电冰箱社会拥有量共59万台，平均每百户拥有0.2台，其中：城镇拥有52万台，平均每百户拥有1台；农村拥有7万台，大多在广东、福建等省。××××年以后，其他地区农民也开始购买电冰箱，家庭购买电冰箱占总销量的比例是逐年上升的，××××年占7%，××××年占80%，××××年估计还要多。前年年末，全国拥有量中，集体和家庭的比重，大约各占一半。

据轻工部预测：到××××年全国电冰箱需要量280～300万台，累计拥有量800万台，平均每百户3台，其中城镇750万台，平均每百户拥有14台；农村50万台，平均每百户拥有0.2台。对于这个预测，有两种意见，一种意见认为：电冰箱需要发展，但应对制约电冰箱发展的各种客观因素给予足够的估计，对市场需求不能过于乐观，发展速度不宜太快。另一种意见认为，消费者购买力的提高难以预料，根据对3000多户城乡高收入居民的家庭调查，这个预测数将会有较大突破。

我们的看法，电冰箱要加快发展。从一些国家电冰箱普及速度由初期（0%～3%）到50%，日本用5年时间，匈牙利用12年，波兰用13年，保加利亚用15年。从我国情况分析，电冰箱正处于商品发展萌芽期，轻工部的预测到××××年才达到平均每百户3台，这个数字并不大，即使产略大于销，也有利于提高产品质量。但如果按现在铺开的摊子搞下去，势必要走“老三大件”的老路。加上竞相引进生产，将会造成严重的肥水外流。

三、具体措施

（一）抓紧对电冰箱行业统筹规划，按专业化协作的原则组织生产，首先要抓好全封闭压缩机、蒸发器、温控器等专用关键件的规划定点。

（二）加强行业管理工作，制定统一的技术标准，设立公正的检测机构，制定经济政策，包括经济批量、目标成本和税收价格政策的调整，同时进行企业的调整、整顿、改组、联合等工作。

（三）实行技贸结合，有计划地搞引进，把要求引进的单位组织起来，尽可能做到合起来谈、捆起来买。也可像北京、广州两个压缩机厂那样组织技术、商务谈判领导小组，这样即使有重复引进，也可互相借鉴，力求避免损失。

【简析】

该例文是专项工作计划，它就近期的某项任务的具体实施，按“现状和问题—初步设想—具体措施”作了较全面的安排。文章引用大量数据来说明问题，使计划本身更具可操作性。

第三节 总 结

一、总结概述

（一）总结的概念

总结是党政机关、社会团体、企事业单位或个人在对前一阶段或某一项工作、学习、生产、科研等进行全面而系统的回顾、分析、评价，找出经验和教训，并把它条理化、系统化，得出一些规律性的认识，用于指导下一阶段工作而形成的书面材料。

总结与计划的关系极为密切，计划是在总结基础上制订的工作安排，总结是对计划的回顾、检查和研究，它们互相依存、互相促进。

（二）总结的作用

总结是通过对工作过程全面而系统的回顾，对工作得失全面而系统的分析，将工作中的感性认识上升到理性认识，将片段、零碎的认识变成有理有序的认识，从中找出带有规律性的东西，以便把以后的工作做得更好。同时，总结可以培养人们理论联系实际的工作作风，并学会观察事物和分析问题，提高思想认识水平和业务能力，指导和推进各项工作。

（三）总结的特点

1. 客观性

总结是对客观情况的回顾、分析和评价，要求尊重客观事实。如果不尊重客观事实，无意或有意歪曲事实，总结也就失去了意义。更为严重的是，不尊重客观事实的总结可能会误导工作。因此，客观性是总结的灵魂。

2. 典型性

总结的经验教训是基本的、突出的、本质的、有规律性的东西，在日常工作、生活、学习中很有现实指导意义，通过总结过去，指导将来。

3. 理论性

总结是对工作进程的全面回顾与检查，是对工作的高度概括，是由感性认识上升到理性认识的过程。总结是把感性认识上升到理性认识，得出科学的结论，从而指导以后的具体工作实践。

二、总结的种类

总结按内容分，可分为工作总结、生产总结、学习总结、思想总结等；按范围分，可分为地区总结、单位总结、个人总结等；按时间分，可分为年度总结、季度总结、月份总结等；按性质分，可分为全面总结、专题总结等。

将上述种类进行组合，一般有以下四类。

1. 工作汇报性质的全面性总结

这种总结着重对一定阶段的工作情况作较全面系统的回顾、检查和评价，内容侧重于对工作情况和成绩的概括，使用的材料多是任务完成情况、数据和做法等，表达方式多以概述为主。

2. 介绍经验的专题总结

这种总结常用于宣传先进经验，具有典型性和指导性。它主要着眼于典型经验，内容侧重于介绍事实和做法，并从中得出经验教训，上升为理性认识，总结出规律性的东西，使用的材料多为典型的具体事例，表达方式多用夹叙夹议。

3. 科学实验或生产技术总结

这种总结具有学术性，是科研（生产）部门为完成某项科学实验（生产项目），将实验（生产）中所积累的资料进行整理、归纳和分析，从中找出规律，得出结论。它着重于总结实验（生产）成败的技术因素，探讨其成功的规律，使用的材料多为实验（生产）的数据和做法，表达方式多以说明为主。

4. 个人学习、工作、生产体会的总结

这种总结主要是叙写个人在学习、工作或生产中的体会认识，内容往往较单一，范围较小，有具体的事例，有理论，既见叙事又见思想，表达方式常常叙议相结合。

三、总结的写作

（一）总结的格式

由于总结的种类不同，其写作方法也不同，必须根据不同的内容和目的。针对不同的对象，确定相应的格式和写作重点，采用灵活的写作方法。但就总结的结构框架来说，总结由标题、正文和落款组成。

1. 标题

标题一般是根据中心内容、目的要求、总结方向来确定的。同一事物因总结方向、侧重点不同，其标题也就不同。总结的标题有两种写法：一是公文式，由机关单位名称、时间、事由和文种组成，如《北京市××学院××××年科研工作总结》；或是省略其中的一项或两项，如《工会工作总结》《××××年党支部工作总结》等。二是新闻式，即标题是总结内容的概括，如《落实措施，扶贫致富》；有的采用双标题，正题提示主题，即所需总结提炼的东西，副标题则指明总结的内容、单位名称和文种，如《辛勤拼搏结硕果——××县××公司××××年工作总结》。

2. 正文

正文是总结的重要部分，一般由前言、主体和结尾组成。

（1）前言。

前言即总结的开头部分，要求用简洁而精练的语言概括交代所要总结的内容；或者概述所总结工作的全貌，包括时间、地点、背景、事情的大致经过；或者说明总结的指导思想、依据和成绩；或者将主要的成果、经验、问题扼要地介绍出来。给人总的印象，为引出下文作铺垫。

（2）主体。

这是总结的核心部分。一篇总结的水平高低、质量好坏，关键在于主体部分的写作。主体部分的基本内容包括做法和体会、成绩和缺点、经验和教训。但由于总结的种类不同，这一部分的内容和写法也不同，主要有以下两种。

①专题总结的主体部分，可只就其中某一方面来写，或成绩与经验，或问题与教训，或体会与启示。具体的写法一般有两种：一种是先写做法，后写经验体会；另一种是序号加小标题式的，每个小标题下都围绕着中心展开论述，使经验寓于做法或成绩之中。

②全面总结的主体部分，既有成绩和经验，也有问题和教训，可采取分部分的写法：第一部分写成绩和经验；第二部分写问题和教训。

（3）结尾。

结尾一般写今后的努力方向或打算，应当简洁、精练，也可以不写。

3．落款

署名写在结尾的右下方，在署名下边写上总结的年、月、日。若在标题中出现了总结单位名称，落款处可不写，只写日期。

（二）总结写作的注意事项

1．要坚持实事求是的原则

实事求是、一切从实际出发，这是总结写作的基本原则。但在总结写作实践中，常常出现两种倾向：一种是好大喜功，搞浮夸，只讲成绩，不谈问题；另一种是将总结写成了“检讨书”，把工作说成一无是处。这两种都不是实事求是的态度。总结要如实地、一分为二地分析、评价自己的工作，对成绩，不要夸大；对问题，不要轻描淡写。

2．要注意共性、把握个性

总结很容易写得千篇一律、缺乏个性。当然，总结不是文学作品，无须刻意追求个性特色，但千部一腔的文章是不会有独到价值的，因而也是不受人欢迎的。要写出个性，总结就要有独到的发现和体会、新颖的角度、新鲜的材料。

总结要写得有理论价值。一方面，要抓主要矛盾，无论谈成绩或谈存在问题，都不要面面俱到。另一方面，对主要矛盾要进行深入细致的分析，谈成绩要写清怎么做的，为什么这样做，效果如何，经验是什么；谈存在问题，要写清是什么问题，为什么会出现这种问题，其性质是什么，教训是什么。这样的总结，才能对前一段的工作有所反思，并由感性认识上升到理性认识。

3．要详略得当，突出重点

有人写总结总想把一切成绩都写进去，不肯舍弃所有的正面材料，结果文章写得臃肿拖沓，没有重点，不能给人留下深刻印象。总结的选材不能求全贪多、主次不分，要根据实际情况和总结的目的，把那些既能显示本单位、本地区特点，又有一定普遍性的材料作为重点选用，写得详细、具体。而一般性的材料则要略写或舍弃。

总结要用第一人称。即要从本单位、本部门的角度来撰写。表达方式以叙述、议论为主，说明为辅，可以夹叙夹议。

【例文 3－9】

××县××乡人民政府
××××年工作总结

今年我乡在邓小平同志南方讲话的指引下，积极贯彻党的十三届八中全会通过的《中共中央关于加强农业和农村工作的决定》的精神，努力深化农村改革，一年来取得了显著成果，开创了我乡工作的新局面。

一、一年来，我们主要抓了如下几项工作：

（一）开展了社会主义教育，增强了社会主义信念。（略）

（二）发展乡、村工副业，壮大了集体经济。

我乡工副业生产基础比较薄弱，在全乡 15 个村中，没有集体工副业的“空壳村”就有 7 个，全乡年工副业产值仅有 83.5 万元。群众感叹地说：“集体经济无实力，社会服务无能力，村级组织无引力，干部说话无气力。”今年在邓小平南方讲话精神的鼓舞下，我们解放了思想，打开了山门，内引外联，把发展乡、村集体工副业作为本乡脱贫致富的基本途径来抓。今年全乡共建起乡、村级工副业 17 处，消灭了“空壳村”，年产值 505.2 万元，纯收入 103.7 万元，大大增强了集体经济的实力。××村利用本地果品资源，集资 30 万元，与×市幸福食品厂合资兴建果茶厂，所产红枣蜜果茶一举打入国际市场，行销 6 个国家、地区和国内 11 个省市，年获利 22.5 万元。××村利用本地红薯资源，创办××粉丝厂，年产 585 吨，产品全部销往国外，一年便全部回收投资还盈利 20.8 万元。一些村还完善了承包合同，调整了承包额过低的承包金，增加了集体收入，调动了群众的积极性。

（三）增加了科技投入，发展了农业生产。

今年全乡重点推广了水稻旱育稀植、小麦模式栽培、粮菜立体种植薄膜覆盖、果树环剥化控、秸秆氨化养牛等项技术，使农、果、菜、牧各业获得空前丰收。全乡 20 000 亩耕地，平均亩产 964.5 公斤，亩收入 952.4 元，初步实现了高产高效。果品产量 1000 万公斤，收入 1010 万元，人均 500 元。牧业由于实行“减猪增牛”的方针，减少了饲料投入，增加了产值和利润，年收入突破千万元大关。生产条件较差、水源不足的××村，仅推广水稻旱育稀植、节水栽培一项，每亩水稻就增收 81.5 公斤，节支 49.2 元。××村利用丰富的玉米秸秆进行青贮、氨化处理饲养黄牛，年出栏肉牛 1500 头，收入 300 万元。由于秸秆过腹还田，增加了有机肥，促进了农田增产，玉米亩产从 450 公斤提高到 512 公斤。

（四）狠抓计划生育，控制了人口增长。（略）

二、一年来，我们在工作中深切体会到：

（一）必须强化改革意识。

党的十一届三中全会以来，我乡面貌有了很大变化，解决了群众的温饱问题。在这种情况下，我们小富即安，不想有更大的突破，因此与××乡等先进乡逐步拉大了距离。今年学习了邓小平同志的南方讲话，经过社会主义教育，使我们思想得到解放，胆子也大了起来。乡政府组织乡、村主要干部到本县××湾、××桥等先进村镇参观，使干部群众眼界大开。在思想解放的基础上，乡政府派人南下广州，北上北京，内引外联，牵线搭桥，签订了 13 项联合开发的合同或意向书。经过论证，确定了开发项目后，又发动群众集股投资，不到一个月便集资 300 万元。一年里建起了 17 家村办企业，其中 10 家当年建厂、当年投产、当年获利。××村还成为×市外贸公司的肉牛和土豆生产基地。一年的实践使我们深刻体会到：要深化农村改革，必须先增强改革意识，思想解放一分，生产猛进一寸。

（二）必须执行科技兴农的方针。

今年我乡农业生产得到长足发展，一条重要的经验是坚持了科技兴农的方针，得益于科学技术的进步。我们在科技兴农中采取了三条措施：一是大力开发科技人才。我们采取引才（引进科技人才和能工巧匠）、用才（充分发挥本乡科技人才的作用）、育才（针对本乡发展乡、村企业的需要选送15名有一定文化水平的青年到省农校和生产单位定向代培，并采取长短结合的方式兴办职业技术培训）并举的方针，迅速建成了一支工副业、农牧业的技术队伍。二是抓住中心环节，推广关键技术。今年我们针对本乡的条件，确定推广五项农业新技术，由于主攻方向明确，推广有声有色，迅速在全乡普及，当年开花结果。三是加强科技领导。今年乡、村两级都确定主要领导干部抓科技工作，大多数村还选聘了科技副村长。由于采取了这三项有力措施，使农业生产全面丰产，粮食单产比去年提高32%，每亩效益增加40%。工副业也突破技术难关，取得了可喜成果。××村在500亩棉田中套种西瓜、甜瓜，他们请来了省农校高级讲师刘××做技术指导，刘老师科学设计种植样式，引来高产优种，采用薄膜育苗、配方施肥等新技术，使瓜果早10天上市，亩产达4500公斤，而且个大味甜，每亩瓜收入就达650多元；棉花也高产优质，亩产皮棉70.5公斤，每亩收入500多元，创全县大面积高产高效新纪录。群众高兴地说："邓小平说科技是第一生产力真是千真万确，科技这玩意儿可比我们单单起早贪黑、一味苦干蛮干来劲多了！"实践使我们深深认识到：要提高土地的产量，必须增加科技含量，向科技要高产、要高效。

（三）必须完善农业社会化服务体系。（略）

三、一年来，我们虽然取得了一些成绩，积累了一些经验，但还存在一些不容忽视的问题。主要是：

（一）各村间生产发展不平衡。××村等5个重点社教村后来居上，而一些原来基础较好的村却步子迈得不大，变化不够显著。

（二）在产业结构上，二、三产业虽有了较大发展，但在本乡经济中所占比重仍较小，还有巨大潜力。

（三）在农业生产中，有些村还缺少商品生产意识，重产量，轻效益；重生产，轻流通；重粮食作物，轻多种经营。

在新的一年里，我们将认真学习党的"十四大"精神，进一步调整产业结构，深化农业改革，完善农业社会服务体系，不断发展和壮大集体经济。

【简析】

该例文是一篇年终工作总结，是机关单位例行的常规总结。这类总结主要是用来报送给上级或在会上作报告，要求实事求是，材料准确、丰富，观点鲜明，内容要涵盖全面工作的各个主要方面；既要总结成绩、做法，又要概括出经验、体会，指出存在的问题。只有这样才能通过总结反映客观情况，便于上级了解和指导，对于自身也能提高认识，利于实践。

【例文 3-10】

我省干部选任制度改革的一次成功尝试

为了积极推进干部人事制度改革、拓宽选人用人视野、创造优秀人才脱颖而出的环境和条件，我省于××××年下半年采取组织推荐、群众推荐、个人自荐、考试与考察相结合的方式，面向全省公开选拔了省直机关 8 名副厅级领导干部。

这 8 名副厅级干部产生的过程，大体经过了宣传发动、报名和资格审查、笔试、面试、组织考察、任命上岗等步骤，经省委讨论同意后，分别向省人大、省政府提名推荐，省人大、省政府按有关程序决定任命，并通过新闻媒介向社会公告公选结果。这次公选的 8 名领导干部已于 3 月 5 日前陆续赴职，对他们将实行一年的试用期。

公开选拔省直机关部分副厅级领导干部，在我省是第一次，是省委在干部人事制度改革上的一次成功尝试。这项开创性工作之所以能够顺利进行，并取得圆满成功，关键是省委高度重视，切实加强对公选工作的组织领导。省委将这项工作纳入了重要议事日程，专门召开常委会议进行研究。×××同志（省委书记——编注）先后两次明确批示："严格考试，公正录取""公正选人，择优录取"。同时，省委成立了以×××同志为组长的公选工作领导小组，负责公选过程中重大问题的决策和处理。按照省委的要求，我们通过充分酝酿和广泛征求意见、精心设计并不断完善实施方案、认真操作每一个步骤环节，采取座谈会、组织记者采访、答记者问等多种形式，消除干部中存在的思想顾虑，积极鼓励和支持符合资格条件的干部踊跃报名，加大组织推荐力度，争取广大干部群众的积极参与和支持；将公选工作置广大干部群众和纪检监察、公证、新闻媒介等部门和各方面的监督之下，体现了"公正、平等、竞争、择优"的原则。

通过这项工作，不仅选拔了 8 名副厅级领导干部，产生了良好的社会效益，从干部工作角度看还收到了以下几个方面的效果：

第一，增强了干部的参与和竞争意识，使干部队伍的精神面貌得到振奋。大批优秀年轻干部积极响应省委号召，踊跃报名参与公开竞争。他们把这次公选作为一次机遇、一次挑战，更是作为一次接受组织检验、挑选和锻炼提高自己的好机会。许多同志表示，重要的不是为了当副厅局长，而是通过参与，实现自我价值，认识自己的不足，找准努力方向；不管能否考上，都应积极参与，以实际行动支持这项重要工作……

第二，扩大了各级党委和组织部门知人选人渠道，使大批优秀年轻干部脱颖而出。我们把这次公开选拔 8 名副厅级领导干部的过程，当作发现人才、积累人才的过程。通过面向社会公开选拔和举贤荐能，在全省范围内对干部进行纵向和横向比较，获取大量人才信息，发现和掌握了一大批优秀年轻干部，报名资格终审合格的 372 人和进入面试的 50 人中，主要是基层第一线和经济部门的业务骨干；省委组织部对这次组织考察的 15 名对象，除了最后选定试用上岗的 8 名同志外，其余将按德才条件陆续择优起用；对进入面试的 50 名考生，除已起用的外，将纳入人才库，充实地厅级后备干部队伍，继续考察培养，为今后配备领导班子储备人选。

第三，改进了干部选拔任用的方法和手段，使干部选拔质量明显提高。(略)

【简析】

这是一篇介绍经验的专题总结，具有典型性和指导性。它主要着眼于典型经验，侧重于介绍事实和做法，并从中得出经验教训，总结出规律性的东西。文章以观点统率材料，以材料说明观点，夹叙夹议，材料同观点有机统一。

【例文 3-11】

除草膜对棉田除草的效果试验总结

我省棉花地膜覆盖面积迅速扩大，在提高棉花产量上发挥了重要的作用。但由于地膜覆盖提高了早春地温，引起杂草旺盛生长，撑破地膜；遇阴雨低温年份，杂草推迟灼伤期或长期不死，影响棉花的正常生长。为此，我们于××××年进行了本试验，探索除草膜在棉花栽培中的除草、增产效果及对后作小麦出苗生长的影响。

一、材料与方法

除草膜是富强塑料厂以农用薄膜加配除草剂——灭草净制成，厚度 0.015 毫米，供试验作物为棉花和小麦。以宏发塑料厂同样厚度的普通地膜为对照。

4 月 21 日播种盖膜，采用对比法排列，小区面积 0.055 亩，重复两次，每亩 5000 株。于播后 20、50、60 天，分别调查杂草种类和生长情况，并对棉株进行生育期记载，最后采拾统计产量。后作小麦分两期播种，小区面积 4 平方尺，重复两次，调查出苗率。

二、结果分析

（一）除草效果。（略）

（二）促进棉花生长发育的效果。（略）

（三）增产效果。经单独采摘计产，除草膜棉比一般地膜棉增产 4.5%，如下表。

除草膜棉与一般地膜棉产量比较

处理	平均每小区		亩产（斤）		除草膜增产（%）
	克	斤	子棉	皮棉	
除草膜	5550	11.5	201.9	68.1	4.5
普通地膜	5550	10.05	182.7	65.1	

注：因播期迟，并遭雨灾，故产量损失较大。

（四）对棉花后作小麦出苗生长的影响。我省目前棉花后作多为小麦。为了解除草膜覆盖的棉田土壤中残留的除草剂对小麦出苗的影响，我们又作了除草膜对后作小麦出苗影响的试验。设除草膜、普通地膜及露地播种三种处理，于当年 8 月 5 日及 9 日两批揭膜播小麦。8 月 22 日调查，5 日播种的除草膜、普通地膜、露地播种三种处理的小麦出苗率分别为 74.5%、70%、63.5%；9 日播种的出苗率分别为 80.5%、77.1%、80%。说明除草膜棉田土壤中残留的除草剂，对小麦出苗无不良影响。

三、小结

除草膜中的灭草净除草剂，除草效能好，毒性很低，故除草膜既能有效地防除杂草，促进棉花的生长发育，提高棉花产量，又不影响下茬作物的出苗生长，故可扩大示范应用。

【简析】

该例文是一篇生产技术试验的总结报告。标题反映了试验的基本内容、名称和目的，简明扼要；正文在总体结构上按“为什么要做——怎么做——效果怎样——结论怎样”的纵式结构顺序来行文。语言平实、严谨、周密。

【例文 3－12】

我是怎样学习大学语文的

李××

我是××职工大学机械专业的学生，平时喜欢阅读一些中国古典文学作品。入学后，对“大学语文”这门课产生极大的兴趣。然而兴趣毕竟只是动力，还要付出许多精力。我们一个学期共学了课本上的20篇古文，包括记叙文、议论文、辞赋等多种文体。

古人曾总结出一条很好的学习经验：“博学之，审问之，慎思之，明辨之，笃行之。”我参照这些经验，采取了下列做法。

一、认真预习

教师在授课前，先告诉学生所授新课的篇名，这使我养成了课前预习的良好习惯。预习能促使我带着问题去听课，从而增强了听课的效果。根据老师“字不离词、词不离句、句不离章、章不离篇”的要求，在预习时，我利用《古汉语常用字字典》和《文言虚词》这两本工具书，注意分析同一虚字在不同出处的词义、句法的异同，同中辨异，异中求同，逐字逐句地进行分析，通过辨别词义来理解句子，通过分析句法来理解全文。特别是对于那些通假字、词性活用、一词多义及使动、意动用法，都在书上做下记号。例如，在预习《论语·侍坐章》时，我对孔子的“以吾一日长乎尔，毋吾以也。居则曰：‘不吾知也！’如或知尔，则何以哉?”这段话不能理解，于是我就抓住这段文字中的三个“以”字来进行分析，区分出三个“以”字所代表的三种不同的词性和含义，再将“不吾知也”与“如或知尔，则何以哉?”两句相对照，找出其中宾语提前的句法现象（“不吾知也”“则何以哉”）及“或”“如”两字在现代汉语和古汉语中的异同，才对这段话有了一个初步的了解。对整篇文章基本理解之后，再动手翻译课文。有些词、句，似乎是懂了，但到动笔翻译时，不一定能正确地写下来，这时便再去查字典，结合上下文来分析，就能避免不求甚解的毛病。预习得充分，上课时就能做到当堂理解、当堂消化。

二、抓住四十五分钟

我们平时最常说的一句话就是“以最小的劳动消耗，取得最大的经济效果”。我认为，善于利用老师授课的四十五分钟，是有利于提高学习效率的。听课时，我十分注意记笔记，课后再将笔记加以整理，摘出重点，然后总结出每篇的中心和写作特点。通过听讲和总结，提高了自己的文学鉴赏能力。在市统考的试题中，有一道问答题，要求概括《史记·管晏列传》在取材上的特点，另外还有一道分段、总结段落大意和中心思想的试题，我都能顺利完成，这不能不归功于这课堂教学的“四十五分钟”。

三、勤于质疑

我觉得，作为大学生，一方面应当独立思考、独立解惑，另一方面也要勤于质疑。古人说得好：“非学无以质疑，非问无以广识。”学问，学问，“问”也是学习的一个重要部分，职大虽然没有积卷数万的图书馆供我们查阅资料，但学生与教师经常接触，便于随时质疑答疑。

我专门准备了一本备忘录，每遇疑难问题，则记之于上，通过查阅一些书籍资料以寻答案。我们也常常利用自修课时间聚在一起切磋琢磨，语文老师也经常参加我们的讨论，为我们解答疑难。回想起来，我的不少知识，还真可以说是从“问”中得来的呢。

四、扩大知识面

要真正学好语文不能局限于学习课本上的文章，还要学一些地理、历史、政治、经济、哲学等相关的知识，例如，学习《秦晋崤之战》，若不知道秦、晋两国由相亲至交恶的历史，就会影响对课文的理解；学习《前赤壁赋》，若不了解苏轼的坎坷一生，就难以理解作者倾注在作品中的思想感情。因此，我经常利用课余时间阅读一些历史书，还订了一本《文史知识》作为课外读物。在学习王安石的《读孟尝君列传》时，我翻阅了《史记·孔子世家》。去年市统考试卷上有一篇关于祖逖立志恢复中原的小文章，要求解释、翻译、分析，由于我平时阅读了一定数量的历史书籍，对这个人物有所了解，因此比较顺利地解答了这道试题。

五、不让一分钟闲过

董必武同志说过："古云'此日足可惜'，吾辈更应惜秒阴。"著名画家齐白石先生也把"不让一日闲过"作为自己的座右铭。那么，对于我们这些求知若渴又感到时间不足的青年人来说，更需"不让一分钟闲过"了。

我经常利用午后的休息时间或在做数学习题疲倦的时候来阅读一些文史资料，以扩大自己的知识面。对于课文的预习和复习，则利用自修课或者晚上较安静的时间。别人用来看电视的时间，则是我课后的主要学习时间。在老师的辅导和同学的帮助下，我学完了"大学语文"，参加全市职大"大学语文"统考，以93分的成绩获得全市第一名。但我感到自己对文学知识只不过是学了点皮毛，才登堂而尚未入室。

目前，在老师的辅导下，我仍然在自学文学，以提高自己的写作水平和文化素养，更好地为祖国建设服务。

【简析】

该例文是一篇个人学习经验的专题总结。文章总结出了一些带规律性的经验，标项撮要，层次清楚，夹叙夹议，语言平实。

第四节 调查报告

一、调查报告概述

（一）调查报告的概念

调查报告是根据一定的目的，对某一情况、问题、经验进行系统周密的调查，经过认真细致的分析研究后，所写成的书面报告。系统周密的调查、客观深入的研究、准确完善的表达，是写好调查报告的三个环节。

（二）调查报告的作用

调查报告主要用于研究在贯彻执行党和国家的方针、政策中出现的新形势、新现象、新问题和新经验，或为推广先进经验，或为揭露社会问题，或为扶持新生事物，或为决策提供依据。

（三）调查报告的特点

1. 客观性

客观事实是调查报告的基础。调查问题的提出、事物的发展、结论的得出，都来源于客观事实。没有大量的客观事实，就得不出正确结论，指导工作提供政策依据和先进经验也就无从谈起了。

2. 指导性

调查报告是为领导机关提供制定政策的依据，为领导决策提供参考，为人们的工作提供经验教训，具有很强的工作指导作用。

3. 报道性

调查报告要依靠大量的事实作依据，通过对事实作系统的阐述和本质的分析，及时反映客观规律。

4. 典型性

调查报告选取的材料必须是典型的，以便从中探索事物的发展规律，寻求解决矛盾的办法，以点带面，为全局的工作提供借鉴。

二、调查报告的种类

根据内容和作用不同，调查报告大致可分为以下几类：

（一）反映情况的调查报告

这种调查报告通过比较全面的调查，及时反映现实社会中出现的新情况、新问题、新生事物，目的是供上级机关或有关部门参考，作为贯彻政策、制定措施的依据，如《“冰山”开始融化——来自××市“扶贫开发试验区”的报告》《北京人出游记——北京居民京、津、沪地区旅游消费调查》等。

（二）总结经验的调查报告

这种调查报告从事物发展的全过程中找出规律性的东西加以阐发，目的是为贯彻执行党和国家的方针政策提供具体的经验和办法，因而具有普遍的指导意义，如《关于××钢铁总厂管理经验的调查报告》。

（三）研究问题的调查报告

这种调查报告侧重于对现实生活中存在问题进行研究，以揭示这一问题的种种现象和深层原因，提出对策。它的主要功能是揭露和批判，探究问题产生的原因，分析问题的症结所在，直接为领导机关制定解决某一问题的政策、措施提供依据或参考，具有很强的针对性，如《当代大学生犯罪现象剖析》。

三、调查报告的写作

（一）调查报告的格式

调查报告由标题、前言、主体和结尾组成。

1. 标题

调查报告的标题有单标题和双标题两种基本形式。单标题通常是叙述式的、议论式的、提问式的或公文式的。公文式的标题按照“调查对象+调查课题+文体名称”拟制，如《一个富裕居委会的财务调查》。其他可以用问题作标题，如《儿童究竟需要什么读物》；可以显示作者自己的观点，如《莘莘打工者，维权何其难》；可以直接叙述事实，如《三个孩子去蛇岛》；可以用形象画面暗示文章内容，如《“航空母舰”逐浪经济海洋》等。

双标题由正副标题组成，通常是正标题揭示主题，副标题说明调查对象及调查内容，如《明晰产权起风波——对××市一集体企业被强行接管的调查》。但从写作技巧来看，调查报告的标题常采用比喻、借代、对偶、对比、顶真、设问等修辞手法，使其生动、活泼、确切而富于吸引力。

2. 前言

调查报告前言的写法灵活多样，一般要根据主体部分组织材料的结构顺序来安排，可以交代调查的时间、地点、对象、目的，点明基本观点；可以概括介绍调查对象的基本情况或基本经验；也可以概述主要问题，以引出下文，常用的有以下几种类型：

（1）简述式。用简明扼要的文字交代调查的目的、方法、时间、范围、背景等，使读者在入篇时就对调查的过程和基本情况有所了解。

（2）提要式。提要式就是把调查对象最主要的情况进行概括后写在开头，使读者一入篇就对它的基本情况有一个大致的了解。

（3）提问式。先提出问题，引起读者的思考和兴趣，这样的导语开门见山，响亮醒目，引人入胜。

3. 主体

调查报告的主体是主干，主要写调查的事实和基本经验。一般来说，首先叙述情况，介绍所调查事物的发生、发展、变化的过程及存在问题；其次进行分析研究，从中找出主要矛盾，引出规律；最后得出结论。

主体在结构安排上也较灵活，通常有三种方式：

一种是纵式结构，即按照事物发生、发展的进程进行表述，用层层推进的方法来说明问题，阐明观点。这种结构适用于单一对象的调查。

一种是横式结构，即根据内容的特点和事物的性质，以问题为序，将调查得到的情况、经验、问题，按照内在的逻辑联系分成几个部分并列组织材料，逐一论述，在横断面上表现出事物的各个方面。

还有一种是点式结构，即围绕一个主题调查几个点，然后根据多点调查的结果，分几个相对独立的部分来写，每一个部分说明一个点的情况，概括起来表现一个中心思想。

4. 结尾

调查报告常在结尾部分显示作者的观点，对主体部分的内容进行概括、升华，因此，它的结尾往往是比较重要的一个部分。写法上有的点明全篇主旨，有的指出问题，有的展望前景，有的提出解决问题的建议等。如果主体部分已总结完，就不必单独写结尾部分。

常见的写法有下述三种：

（1）概括全文，明确主旨。在结束的时候将全文归结到一个思想的立足点上，如《关于××钢铁总厂管理经验的调查报告》的结尾。

（2）指出问题，启发思考。如果一些存在的问题还没有引起人们的注意，如果限于各种因素的制约作者也不可能提出解决问题的办法，那么，只要把问题指出来，引起有关方面的注意，或者启发人们对这一问题的思考，也是很有价值的。如《暗访××站前发票非法交易》一文的结尾。

（3）针对问题，提出建议。在揭示有关问题之后，对解决问题提供一些可行的建议。如《人情消费，让人如何承受你!》的结尾。

（二）调查报告写作的要求

1. 深入调查，广泛占有材料

深入实际的周密调查、占有丰富的材料，是写调查报告的基础。因此，作者应深入第一线，掌握第一手材料，不能道听途说，应进行实地考察，这样获得的材料才更真实、详细、典型、富有说服力。

2. 科学分析，揭示客观规律

掌握了大量材料后，应对材料进行科学的分析，经过“去粗取精，去伪存真，由此及彼，由表及里”的过程，从纷繁复杂的事物中找出规律性的东西来。

3. 观点与材料的统一

作者应善于抓住那些最能说明问题的材料，并合理安排材料，做到用材料说明观点，观点从材料中来，观点与材料有机统一。

【例文 3－13】

“冰山”开始融化

——来自××市“扶贫开发试验区”的报告

××省××市的知名度近两年扶摇直上。

××××年年初，《人民日报》发表《邻近“金三角”的“寒极”》一文，以××市××县××镇的极度贫困为例，勾画出××省乃至全国经济发展不平衡所造成的巨大的“区域时差”，引起轰动。

次年，××市创办全国第一个“扶贫开发试验区”的消息，再次引起人们关注。

解“特困”须有“特法”

以扶贫解困为目标的试验区，体现了“连片开发，异地办厂，山外积累，山内脱贫，穷富合作，共同受益”的扶贫“造血”新思路，在我国众多的经济开发区中独树一帜。

谈到试验区诞生的背景，×××市长说，贫困地区的发展是一个牵动全局的问题。××全省49个山区县，占全省面积的7成，人口的4成，产值却仅占2成不到，严重影响××省下一轮的经济腾飞。××市，集“老、少、边、穷”于一身，情况更为严峻。特别是石灰岩地区，金木水火土，五行俱缺，唯独不缺石头。被称为“寒极”的××镇，至今仍是“三顿木薯玉米糊，翻山越岭挑水吃”。

“七五”时期，国家对“扶贫”方针进行了重大调整，实现了从经济救济到经济开发，从“输血”到“造血”的根本转变。尽管扶贫工作取得了很大成绩，但仍有部分自然条件极其恶劣地区的群众难解温饱。

这类地区如何“开发”？怎样增强“造血”功能？人们经历了一个认识不断深化的过程。违背自然规律和经济规律，硬性地让那些条件本不具备，先天性造血功能不全的特困地区就地造血，特别是村村点火、户户冒烟兴办工业，必然事与愿违。

××县（原××市郊区）率先提出“下山办企业”“有组织移民”等扶贫新思路。××市委、市政府在深入调研的基础上，吸收国家创办经济特区的经验，于去年年初，提出了在条件优越的市区，建立“扶贫开发试验区”的设想，省委、省政府于同年9月正式批准了这一创造性的动议。

寻找新的生长点

扶贫开发区很好地运用了“地缘经济学”原理，即在发达地区与贫困山区结合部的××市郊，划出一块地方，集中政策、资金、项目、人才、技术、信息、管理、服务等综合优势，实行“体外造血”工程，为贫困山区寻找一个经济发展的最佳生长点。

××县××镇的做法给了市领导极大的启发。××××年，这个石灰岩山区镇利用××的资金、当地的石英石、××的技术设备，在远离本镇的县政府所在地的××工业开发区，办起了一家××厂。两年间，该厂便发展成拥有固定资产2300万元、年产值1100多万元的实业有限公司。全镇有300多名青年在这里“打工”，人均月收入3000多元，等于当地一个壮劳力一年的收入。

××扶贫开发区具有不少得天独厚的有利条件，它距××市仅60公里，汽车走高速公路半小时可到；××铁路穿市而过，106、107两条国道贯穿全境，水路直达××市……最重要的一点，就是政策优势明显。这个新生的“特区”，可同时享受国家给予××开发区、重点工业卫星镇、侨乡、山区、石灰岩地区、少数民族地区以及新建市的多种特殊优惠政策。

作为新型的扶贫基地，它一诞生就受到了特殊关注。国务院扶贫工作领导部门的同志认为××市开辟了按经济规律扶贫的新途径。

投资者纷至沓来

扶贫开发区问世以来，以其独特的魅力和广阔的发展前景，成为国内外客商投资的新热点。

在各方面的大力配合下，开发区5天就完成了征地任务，5个月基本实现了“五通一平”。刚平整出的100万平方米土地，已被各路商贾争购一空。中国香港××公司的总裁一眼就看中了这块“风水宝地”。两天考察之后，他就信心十足地签订了投资协议。

今年2月28日，试验区正式挂牌办公，同时为总投资3.6亿元的25个首批项目举行了奠基仪式。其中，有与中国香港合资、利用当地陶土资源、填补我国大规模玻化砖生产空白的××厂，有与新加坡合资的××公司，还有××市××集团投资480万元兴建的集办公、商用、旅游业于一体的“××大厦”。这些项目均是与贫困县区、乡镇挂钩联营的。

继第一批投资者之后，更多的有识之士争相投入××市的扶贫开发事业中来。

现在，每天都有国内外客商来试验区考察洽谈，投资热度有增无减，新确立的意向和协议已达100多个，计划投资5亿多元。

按照总体规划，试验区全部9.6平方公里将用8年左右时间开发完，届时，将年创产值50亿元以上，每个挂钩乡镇都可以按投资比例获得相当可观的收益。

【简析】

这是一篇反映情况的调查报告。它通过比较全面的调查，及时反映现实社会中出现的新情况、新问题，目的是供上级机关或有关部门参考，作为贯彻政策、制定措施的依据。

【例文3-14】

关于××市钢铁总厂管理经验的调查报告

（国家××委、××部××××年××月××日）

××省××市钢铁总厂（以下简称×钢）是××××年建设的老厂。2007年，×钢与其他钢铁企业一样，面临内部成本上升、外部市场疲软的双重压力，经济效益大面积滑坡，当时生产的28个品种有26个亏损，总厂已到了难以为继的状况，然而各分厂报表中所有产品却都显示出盈利，个人奖金照发，感受不到市场的压力。造成这一反差的主要原因，是当时厂内核算用的“计划价格”严重背离市场，厂内核算反映不出产品实际成本和企业真实效率，总厂包揽了市场价格与厂内核算用的“计划价格”之间的较大价差，职责不清，考核不严，干好干坏一个样。为此，×钢从2008年开始推行了以“模拟市场核算、实行成本否决”为核心的企业内部改革，加大了企业技术改造力度，加强了企业内部经营管理，坚持走集约化经营的道路，使效益大幅度提高，实力迅速壮大。5年来实现的效益和钢产量超过了前30年的总和，×钢已由过去一个一般的地方中型钢铁企业跃居全国15家特大型钢铁企业行列。

一、抓住“成本”这个“牛鼻子”不松手，抓住“成本否决”这个关键不留情，抓住“效益”这个中心不动摇，是×钢管理经验的关键所在

（一）关于“模拟市场核算”的具体做法

一是确定目标成本，由过去以计划价格为依据的“正算法”改变为以市场价格为依据的“倒推法”，即：将过去从产品的原材料进价开始，按厂内工序逐步结转的“正算”方法，改变为从产品的市场售价减去目标利润开始，按厂内工序反向逐步推算的“倒推”方法，使目标成本等项指标真实地反映市场的需求变化。二是以国内先进水平和本单位历史最好水平为依据，对成本构成的各项指标进行比较，找出潜在的效益，以原材料和出厂产品的市场价格为参数，进而对每一个产品都定出“蹦一蹦能摸得着”的目标成本和目标利润等项指标，保证各项指标的科学性、合理性。三是针对产品的不同情况，确定相应的目标利润，原来亏损但有市场的产品要做到不赔钱或微利，原来盈利的产品要做到增加盈利。对成本降不下来的产品，停止生产。四是明确目标成本的各项指标是刚性的，执行起来不迁就、不照顾、不讲客观原因。如×钢二炼钢分厂，2007年按原“计划价格”考核，该分厂完成了指标，照样拿了奖金，但按“模拟市场核算”实际亏损1500万元。2008年，依据“倒推”方法确定该分厂吨钢目标成本要比上年降低24.12元，但分厂认为绝对办不到，多次要求调整，总厂厂长张××指出：这一指标是根据市场价格“倒推”出来的，再不调就是亏损，要你们吨钢成本降低24.12元，你降低24.11元也不行，不是我无情，而是市场无情。于是，该分厂采用同样的“倒推”方法，测算出各项费用在吨钢成本中的最高限额，将构成成本的各项原材料、燃料消耗、各项费用指标等，大到840元一吨的铁水、小到仅占吨钢成本0.03元的印刷费、邮寄费，逐个进行分解，形成纵横交错的、严格的目标成本管理体系，结果当年盈利250万元，成本总额比上年降低了2250万元。2011年，该分厂的总成本比目标成本降低3400万元，超创内部目标利润4600万元。

（二）关于“实行成本否决”的具体做法

一是将产品目标成本中的各项指标层层分解到分厂、车间、班组、岗位和职工个人，使厂内的每个环节都承担降低成本的责任，把市场压力及涨价因素消化于各个环节。实行新经营机制的第一年，总厂28个分厂、18个行政处室分解承包指标1022个，分解到班组、岗位、个人的达10万多个。目前全厂2.8万名职工人人身上有指标，多到生产每吨产品担负上千元，少到几分钱，人人当家理财，真正成为企业的主人。二是通过层层签订承包协议、联利计酬，把分厂、车间、班组、岗位和职工个人的责、权、利与企业的经济效益紧密地结合在一起。三是将个人的部分奖金与目标成本指标完成情况直接挂钩，凡目标成本指标完不成的单位或个人，即使其他指标完成得再好，也一律扣发有关单位或个人的当月全部奖金，连续3个月完不成目标成本指标的，延缓单位内部工资升级。四是为防止成本不实和出现不合理的挂账及待摊，确保成本的真实可靠，总厂每月进行一次全厂性的物料平衡，对每个单位的原材料、燃料进行盘点。以每月最后一天的零点为截止时间，次月2日由分厂自己校对，3日分厂之间进行核对，在此基础上总厂召开物料平衡会，由

计划、总调、计量、质量、原料、供应、财务等部门的负责同志参加，对分厂报上来的数据与盘点情况进行核对，看其进、销、存是否平衡一致，并按平衡后的消耗、产量考核各分厂目标成本指标完成情况，据此计发奖金。除此之外，每季度还要进行一次财务物资联合大检查，由财务、企管等部门抽调查人员深入到分厂查账。账物不符的，重新核算内部成本和内部利润；成本超支，完不成目标利润的，否决全部奖金。5 年来，全厂先后有 79 个厂（次）被否决当月奖金，有 69 个分厂和处室被延缓工资升级时间。

（三）调整内部机构设置，保证内部管理新机制的高效运转

一是精简机构。2007—2012 年总厂和分厂的管理科室从 503 个减到 389 个，管理人员从占职工总数的 14% 减到 12%。二是充实和加强财务、质量管理、销售、计划、外经、预决算、审计等管理部门，进一步强化和理顺了管理职能。实行模拟市场核算和成本否决，对财务工作提出了更高的要求，先后在原料、销售、外经等处室增设了财务科，作为财务处的派出机构，以加强内部经济核算工作。为加强财务集中管理，强化全厂资金调度，将各分厂处室的财务科归由总厂财务处统一管理。为强化质量管理，将原来主要负责产品质量监督的质量监督处扩编为质量管理部，配以总支建制，使其得以有效地对全厂质量工作负责，实行从原材料进厂检验到工艺过程监督和产品发出后质量跟踪"一条龙"管理，并突出抓好原料入厂关，堵塞物料进厂中弄虚作假的漏洞。严把工序操作关，促进了产品质量的提高。三是实行"卡两头，抓中间"的管理方法。一头是严格控制进厂原材料、燃料的价格、质量。仅此一项，从 2009 年以来总共降低成本 9000 万元；另一头是把住产品销售关，建立集体定价制度，确定最低销售价格；抓中间就是抓工序环节的管理，不仅抓生产过程中的"跑、冒、滴、漏"，而且将各项技术经济指标进行横向比较，以同行业先进水平为赶超目标。在 2008 年和 2011 年两度市场疲软中，许多钢厂产品滞销，库存增加，×钢却靠物美价廉始终保持着较高的市场占有率。2012 年产销率达 100%。

二、有效推进了企业经营机制和增长方式的转变，大幅度提高了企业的经济效益，是×钢管理经验的成效所在

（一）推进了由计划经济体制向市场经济体制的转变（略）

（二）推进了增长方式由粗放经营向集约经营的转变（略）

（三）促进了企业内部管理工作（略）

5 年来，×钢坚持走集约化经营的道路，大幅度提高了经济效益，进入了低投入高产出的良性循环。2008—2012 年的 5 年间，产品销售收入由 10.2 亿元增加到 50 亿元；上缴税款由 1.6 亿元增加到 4.3 亿元；实现利润由 0.5 亿元增加到 7 亿元，平均年递增率达 93.4%；钢产量由 110 万吨增加到 215 万吨；总资产由 27.83 亿元增加到 76.4 亿元，净资产由 10.42 亿元增加到 46.9 亿元，资产负债率从 62.54% 下降到 38.6%。

×钢的实践证明，国有企业适应建立社会主义市场经济体制要求，必须在转换经营机制的基础上转换经营方式，切实转变经济增长方式，这样才能充分挖掘企业的内部潜力，提高企业的整体素质和市场竞争力。×钢的做法为国有企业实行从传统的计划经济体制向社会主义市场经济体制、从粗放经营向集约经营两个具有全局意义的根本性转变提供了借鉴经验。

【简析】

这是一篇总结经验的调查报告。它从事物发展的全过程中找出规律性的东西，加以阐发，目的是为贯彻执行党和国家的方针政策提供具体的经验和办法，因而具有普遍的指导意义。

【例文 3－15】

当代大学生犯罪现象剖析

从×××残忍杀害4名昔日同窗，到某医学院学生×××连刺7人（2死5伤），再到××市发生的5名在校大学生合伙猥亵轮奸2名女青年。这一起起令人触目惊心的案件，发人深省，催人猛醒，引起了全社会的广泛关注。这些曾被人们视为高智商、高素质、高层次的大学生们相继涉足犯罪，成为被人唾弃的囚犯。一时间，社会对大学生犯罪这一现象讨论成风，也引起了人们对大学法制教育、道德教育、学校管理以及大学生素质教育的诸多质疑。

一、大学生犯罪现象不容忽视

（一）概述

××网××××年××月××日报道：1965年，青少年犯罪在整个社会刑事犯罪中约占33%，其中大学生犯罪约占1%；“文革”期间，青少年犯罪开始增多，占到了整个刑事犯罪的60%，其中大学生犯罪占2.5%；而近几年，青少年犯罪占到了社会刑事犯罪的70%至80%，其中大学生犯罪约为17%。值得重视的是，在大学生犯罪中，盗窃案约占70%。

《××报》××××年××月××日报道：天津，在高校相对集中的南开区，法院共受理大学生犯罪案件24起，占刑事案件总数的9.5%。在24起案件中，男性21人，女性3人，其中累犯3人；被告人主观上均有犯罪故意，无过失犯罪。上海，据检察机关的统计，在2000—2002年三年中，由公安机关提请、经检察院审查批准逮捕的大学生共有48人。在这些“校园犯罪”案中，财产型犯罪占了75%。重庆，据检察官介绍，沙坪坝区现有大专院校9所，电视大学、职工大学等10余所，在校大学生约7万余人。2000—2003年10月，检察机关共办理大学生犯罪案件51件66人。犯罪大学生涉及10所高等院校，其中4所重点大学就有43人。

（二）案例（略）

（三）特点

犯罪嫌疑人特点。

××网××××年××月××日报道：第一，犯罪嫌疑人年龄偏小、学历较高，但阅历浅、家庭背景各异。据北京市海淀区检察院批捕处×××处长介绍，今年1—8月，该院侦查监督处共受理14件17人在校大学生犯罪案件，同往年比增长了110%。从年龄结构上看，17名犯罪嫌疑人，最大年龄24岁，最小年龄才19岁。从文化程度上看，研究生学历3名，本科学历10名，专科学历4名，与社会普遍水平相比属高学历范畴。他们的经历均为从学生到学生，没有正式走上过社会。从家庭状况看，6人来自农村，7人来自城镇，4人来自大城市。17名嫌疑人中7名来自干部家庭，6名来自农民家庭，4名来自工人家庭。第二，罪名单一，手段简单，作案目标、对象确定，较易破获。从犯罪性质看，17名犯罪嫌疑人中有9名为盗窃罪，5名为涉嫌故意伤害罪，2名为涉嫌包庇罪，1名为故意杀人罪。盗窃的主要目标系为同宿舍同学，对象主要为活期存折。有1名是利用计算机入侵金融系统，窃取别人的存款。行窃时都是利用出入自己居住宿舍的生活便利，乘无人之机，秘密窃取。案发后，学校保卫处接到报案追踪到银行，查看银行录像带予以破获。第三，犯罪动机、目的各不相同，但案发后认罪态度较好。（略）第四，嫌疑人在校表现较好，校方态度偏向于从轻处理。（略）第五，被害人能够原谅犯罪嫌疑人，希望对其从宽处理。（略）

案发地点特点。（略）

二、大学生犯罪的原因分析

（一）社会

××网××××年××月××日报道：我国正处在一个社会的转型期，社会的深刻变化无疑会影响社会成员价值观的变化。从经济发展来看，市场经济体制逐步确立的同时，也在不断地强化金钱观念，错误地以物质利益为尺度去评价个人得失，这就诱发相当一部分学生进行抢劫、盗窃、诈骗等违法犯罪活动。其背后的动机大都是物欲的原因，与当前社会一样，经济犯罪和与经济有关的犯罪，正是当前大学生犯罪的重点。

《××报》××××年××月××日消息：社会的转型期，社会的深刻变化无疑会影响社会成员价值观的变化。在这种情况下，大学生极易迷失方向，步入歧途。同时，由于改革开放，国内出现了多种文化，一些非主流文化的负面影响及不同背景的西方文化、港台文化对大学生产生了不可低估的影响。加之媒体对待各种暴力、色情的宣传不恰当，使得一些文化糟粕流进校园，流进大学生的心中。一些意志薄弱者在得不到社会、学校、家庭及时教育引导的情况下，干出一幕幕荒唐丑剧。

（二）学校（略）

（三）贫困生心理障碍（略）

（四）大学生自身原因

价值观的改变、追求享乐、满足报复、寻求刺激、社会认知上的自我中心观、自我意识的混乱、过低或过高的自我评价、青春期心理问题和心理障碍等都是产生大学生犯罪的原因。

《××报》××××年××月××日消息：据有关调查，盗窃犯罪约占大学生犯罪总数的50%左右，居大学生犯罪的首位。这种犯罪行为的发生大多与这些大学生追求享乐的心理需要有关。这类大学生的家庭条件往往并不困难，但他们追求高消费，享乐成了优势需要。一旦经济“吃紧”，向家里伸手难以满足时，便产生盗窃的动机。调查显示，女生只占犯罪大学生的极少数。其中，从事卖淫和盗窃的则占到了70%，主要原因就是为了满足享乐。在大学生的犯罪类型中，打架斗殴、杀人伤害、强奸等这类人身伤害的犯罪是仅次于盗窃犯罪的第二大类案件。这类案件中约有30%是由于大学生极强的报复心理所引起。有的大学生恋爱不成，因爱生恨报复对方。有的仅仅因为一句玩笑话或一点小事，认为被对方侮辱便杀害或打伤对方。大学生普遍具有较强的求知欲，但如果在求知欲中低级的情绪体验——寻求刺激成为优势需要时，往往会迎合那些情调低下的东西或满足自我畸形的求新求奇的心理。南京某高校一位女大学生煞费苦心设计作案手段实施盗窃，又将盗窃来的物品精心销毁和遗弃。被捕后她坦言：“我模仿警匪片中的情节，每次作案时都有成就感，特别刺激。”所谓社会认知上的自我中心观是指在个体与他人或社会的关系上往往只从自我的立场出发，而不能从他人或社会位置去思考问题或处理问题的认知方式。社会认知上的“自我中心”正是阻挡个体客观认知他人与正确把握社会规范的一个心理问题。×××伤熊和×××杀亲事件的一个共同的原因正是他们在社会认知上的自我中心观。

××网××××年××月××日报道：据调查显示，随着社会竞争压力的加大，大学生承受的压力也在持续加大，由此带来了一系列的心理问题，而且出现了一些新的苗头。一项对此进行的专题调查于本月启动，专家学者就大学生身心发展的特点和规律拟定相应措施，以引导学生健康成长。

××网××××年××月××日消息：现在的大学生心理断乳期延长，生理与心理发展不健康，诱发出轨行为。近些年来，由于社会竞争的加剧，大学生找工作或找到较理想的工作越来越困难，这对众多高年级大学生造成巨大的心理压力，从而产生焦虑不安、自卑等心理问题，反常行为的频率随之增加，出现群体性的心理不稳定。学习压力与生活压力过大也是诱发大学生行为出轨的因素，高度紧张的学习，不会或不善于独立生活和为人处世，这些极有可能导致大学生产生强迫、焦虑甚至精神分裂等心理问题和疾病。如果得不到及时的帮助、疏导与宣泄，就可能导致大学生以怪异或非法的行为加以发泄。

三、预防和减少大学生犯罪的对策

（一）专家意见

××网××××年××月××日消息：综合北京市各类大学近几年的情况来看，违法犯罪率有逐年上升的趋势。这种变化与大学教育、经济发展和社会结构的变化紧密相关。从大学教育的发展规模与速度来看，一方面，随着大学教育的开放，民办大学等各类大学的增多，在校大学生数量在急剧增多，伴随学生增多的同时，大学内部对学生的管理弱化的问题越来越突出。另一方面，相当数量的学校并没有提供相关的法制教育等方面的内容，使大学生无法得到全面有效的教育。从经济发展来看，市场经济体制逐步确立的同时，也在不断强化金钱观念、个人主义意识。越来越多的学生无法“两耳不闻窗外事”，特别是家境状况不好的学生，不得不考虑上学的经济来源等问题。从社会结构的变化来看，价值观念处于一个新旧交替的时期，整个社会很长一段时期内将处于价值失范状态。各种规章制度、各种道德规范的控制力越来越弱，特别是随着大学亚文化的发达，强化了学生的越轨心理、浮躁心理，使他们越来越追求功利化的目标。

教育专家：大学生法制、道德教育亟待加强。

××大学伦理学专家×××教授就如何预防、减少大学生违法犯罪，提出以下三点建议：(1)加强品德教育，引导在校大学生树立正确的人生观。大学生的可塑性非常强，受环境影响非常大，有时因一念之差就可误入歧途。院校应引导学生加强道德修养，使他们树立正确的人生观、价值观以及自尊、自爱和互爱的意识，将主要精力放在学习上，不在生活中相互攀比，自觉抵制资产阶级生活方式的侵袭。同时要特别注意对一些平时表现不错的同学的教育和培养，不能使其成为品德教育的死角。(2)有针对性地加强对在校大学生的法制教育。目前，我国针对在校大学生的法制宣传教育仍很薄弱。有些人在实施盗窃行为时都不知道自己是在犯罪。对此，各大专院校应增设法制宣传栏、宣传刊，采取各种方式有针对性地加强法律常识教育。另外，各大专院校应与司法机关加强联系，由司法机关工作人员结合所办案件，对学生进行现实的法制教育，强化他们的法制观念，将打击犯罪和预防犯罪结合起来，达到防患于未然的目的。(3)针对大学生犯罪应实施挽救和教育的政策。国家培养一个拥有丰富文化知识的大学生要花费大量的人力、物力、财力，因此，我们应尽可能地对犯罪的大学生进行挽救，使其仍能够成为国家的栋梁。由于大学生犯罪，相对于社会一般人员犯罪的社会危害性较小，也容易改造，且犯罪后认罪态度一般都较好，案发后能够积极主动退赃。因此，笔者建议对大学生犯罪应当区别对待，充分体现惩罚与教育相结合的原则。

（二）引导大学生树立正确的人生观（略）

（三）校方努力（略）

（四）有针对性地加强对在校大学生的法制教育（略）

（五）针对大学生犯罪应区别实施惩罚和教育的政策（略）

（六）法院适时发出司法建议，杜绝犯罪（略）

（七）关注大学生心理健康（略）

××网××××年××月××日消息：从××××年××月召开的全国第×次精神卫生工作会上了解到：一项对全国22个省市的调查显示，我国儿童青少年行为问题的检出率为12.97%，在人际关系、情绪稳定和学习适应方面的问题尤为突出。大学生有心理障碍者占16%至25.4%。其中有焦虑不安、恐惧、神经衰弱和抑郁情绪等严重心理问题的大学生占学生总数的16%以上。而且，未来几年还有上升的趋势。这表明，心理不健康的问题已经影响到了我国人才的素质和社会的安定。因此青少年的心理健康，已经成为关系到当今家庭、学校和社会稳定的一个亟待关注的重要问题。但目前我国的状况是，面对现代化进程的急剧加速和与之相伴随的心理问题的明显增长，我国精神卫生工作无论在人才和经费投入上都缺乏足够的准备。因此，从实事求是的角度来看，现在学校的法制思想教育应该在现代学生的心理规律、心理变化基础上研究出新的教育模式了。教育者和社会学者也应该将心理治疗作为解决青少年问题的一种重要手段了。我国对于心理学的建设也应该提升到一个关系到社会稳定的高度来对待了。社会不但要挽救一个失足青年，还要寻求解决问题的根本源头，从青少年存在的心理问题入手，加大对社会心理的建设投入和力度，防范青少年犯罪，从而避免一些本来是完全可以避免的犯罪行为发生。

【简析】

这是一篇研究问题的调查报告。它按照“现象概况——原因分析——对策建议”的结构顺序来写。用叙述式的标题，强调文章的重点在于调查分析。它侧重于对现实生活中出现的新问题进行研究，从中探讨、揭示事物发展的规律，提出对策，直接为领导机关制定解决某一问题的政策和措施提供依据或参考，具有很强的针对性。

第五节　规章制度

一、规章制度概述

（一）规章制度的概念

规章制度是国家机关、社会团体、企事业单位为了维护正常的工作、学习、生活的秩序，保证国家各项政策的顺利执行和各项工作的正常开展，依照法律、法令、政策而制定的具有法规性、指导性与约束力的应用文，是各种行政法规、章程、制度、公约的总称。

规章制度的使用范围极其广泛，大至国家机关、社会团体、各行业、各系统，小到单位、部门、班组。它是国家法律、法令、政策的具体化，是人们行动的准则和依据，因此，规章制度对社会经济、科学技术、文化教育事业的发展，对社会公共秩序的维护，起着十分重要的作用。

（二）规章制度的特点

1. 约束性

规章制度明确规定了应该做什么，不应该做什么。它是人们的行为准则，一经生效，有关单位或个人就必须严格遵守或遵照执行。如果违反有关条款，就要受到相应的处罚。

2. 权威性

规章制度的权威性来源于机关单位的权威性。规章制度的制发者是法定的，即依法能以自己的名义行使权力与承担义务的组织。规章制度是制发者根据自己的职责和权限制定的，是本级机关权力意志的反映。

3. 稳定性

规章制度既然是人们的行为准则，就不宜经常变动和修改，应具有相对稳定性。因此，不能将脱离实际的条文，属于临时性的、个别性的问题，暂时还没有条件实行的问题引入规章制度。但这并不是说规章制度就是一成不变的，在条件成熟或环境发生了变化时，应及时修改并完善它。

二、规章制度的种类

规章制度包括行政法规、章程、制度、公约四大类。不同的类别，反映不同的需要，适用于不同的范围，起着不同的作用。

（一）行政法规类

1. 条例

条例是具有法律性质的文件。它对有关法律、法令作辅助性、阐释性的说明和规定，对国家或某一地区政治、经济、科技等领域的某些重大事项的管理和处置作出比较全面、系统的规定，对某机关、组织的机构设置、组织办法、人员配备、任务职权、工作原则、工作秩序和法律责任作出规定或对某类专门人员的任务、职责、权利义务、奖惩作出系统的规定。它的制发者是国家最高权力机关、最高行政机关（国务院各部委和地方人民政府制定的规章不得称为“条例”）。例如，《中华人民共和国计算机信息系统安全保护条例》《中华人民共和国人民币管理条例》。

2. 规定

规定是为实施贯彻有关法律、法令和条例，根据其规定和授权，对有关工作或事项作出局部的具体的规定的文件。它是法律、政策、方针的具体化形式，是处理问题的法则。规定主要用于明确提出对国家或某一地区的政治经济和社会发展的某一方面或某些重大事故的管理或限制。规定重在强制约束性。它的制发者是国务院各部委、各级人民政府及所属机构。例如，《电信和互联网用户个人信息保护规定》《国家公务员录用暂行规定》《关于出版物上数字用法的试行规定》。

3. 办法

办法是对有关法令、条例、规章提出具体可行的实施措施，对国家或某一地区政治、经济和社会发展的有关工作、有关事项的具体办理、实施提出切实可行的措施的文件。办法重在可操作性。它的制发者是国务院各部委、各级人民政府及所属机构。例如，《国家教育考试违规处理办法》。

4. 细则

细则是为实施条例、规定、办法作详细、具体或补充的规定，对贯彻方针、政策起到具体说明和指导作用的文件。它的制发者是国务院各部委、各级人民政府及所属机关。例如，《〈对外汉语教师资格审定办法〉实施细则》《中国互联网络信息中心域名注册实施细则》。

（二）章程类

章程是政府或社会团体用以说明该组织的宗旨、性质、组织原则、机构设置、职责范围等的纲领性文件章程，具有准则性与约束性的作用。它的制发者是政党或社会团体。例如，《中国共产党章程》《××省质量管理协会秘书工作质量研究会章程》。

（三）制度类

1．制度

制度是有关单位和部门制定的，要求所属人员共同遵守的准则，是机关单位对某项具体工作、具体事项制定的必须遵守的行为规范。它的制发者是机关团体、企事业单位及其部门。例如，《安全生产制度》《××地区环保局廉政制度》。

2．规则

规则是机关单位为维护劳动纪律和公共利益而制定的要求大家遵守的关于工作原则、方法和手续等的条规。它的制发者是机关团体、企事业单位及其部门。例如，《全国安全生产委员会专家组工作规则》《××应用技术职业学院图书馆借阅规则》。

3．规程

规程是生产单位或科研机构为了保证质量，使工作、试验、生产按程序进行而制定的一些具体规定。它的制发者是机关团体、企事业单位及其部门。例如，《车间操作规程》《电工安全操作规程》。

4．守则（准则）

守则是机关团体、企事业单位要求其成员遵守的行为准则。它倡导有关人员遵守一定的行为、品德规范。它的制发者是机关团体、企事业单位及其部门。例如，《全国职工守则》《汽车驾驶员守则》《高等学校学生行为准则》。

5．须知

须知是有关单位、部门为了维护正常秩序，搞好某项具体活动，完成某项工作而制定的具有指导性、规定性的守则。它的制发者是有关单位、部门。例如，《观众须知》《参加演讲赛须知》。

（四）公约类

公约是人民群众或社会团体经协商决议而制定出的共同遵守的准则。它是人们为了维护公共秩序，经集体讨论，把约定要做到的事情或不应做的事情、应该宣传的事情或必须反对的事情明确写成条文，作为共同遵守的事项。它的制发者是人民群众、社会团体。例如，《全国青少年网络文明公约》《首都市民文明公约（网络版）》。

三、规章制度的写作

（一）行政法规的写作

行政法规由标题和正文组成。

1．标题

行政法规的标题通常有以下四种写法。

一是由国家名称、事由和文种组成。如《中华人民共和国计算机信息系统安全保护条例》。

二是由机关名称、事由和文种组成，其中事由多用“关于……的”介词结构，使之作文种的定语。如《国务院关于鼓励华侨和香港澳门同胞投资的规定》。

三是由适用范围、事由和文种组成。如《全国地质资料汇交管理办法》。

四是由事由和文种组成。如《商品条码管理办法》。如果该法规是暂行、试行或补充的，则在法规名称前注明“暂行”“试行”“补充”的字样。如《有线电视管理暂行办法》。

2. 正文

正文的开头部分写明依据、目的、意义、指导思想、适用原则等说明性文字。如：“为了加强对互联网电子公告服务（以下简称电子公告服务）的管理，规范电子公告信息发布行为，维护国家安全和社会稳定，保障公民、法人和其他组织的合法权益，根据《互联网信息服务管理办法》的规定，制定本规定。”

主体部分写明法规的具体条款，这是正文的核心部分，写法主要有章条式和条款式两种。

（1）章条式。它适用于条文较多的行政法规。全文分若干章，包括总则、分则和附则三个部分。第一章叫总则，概述制定目的和根据、适用范围、基本原则等；中间各章叫分则，规定具体规范和奖惩办法；最后一章叫附则，说明主管部门、施行日期、废止的旧法规，有的还在附则中写参照执行该法规的对象。各章又分若干条，每条前面写“第×条”，也可以直接用“一”“二”“三”等数字标明。条下可设款、项、目，各款不冠数字，项和目冠数字。

（2）条款式。它适用于条文较少的行政法规。全文分若干条，条下设款，也有的款下分项和目。

结尾部分说明实施日期、执行权、解释权及其他未尽事宜的解决办法。如《商品条码管理办法》：“第四十四条　本办法由国家质检总局负责解释。第四十五条　本办法自2005年10月1日起施行。1998年7月3日原国家质量技术监督局颁布的《商品条码管理办法》同时废止。”

【例文3－16】

中华人民共和国计算机信息系统安全保护条例

（中华人民共和国国务院令　第147号）

第一章　总　　则

第一条　为了保护计算机信息系统的安全，促进计算机的应用和发展，保障社会主义现代化建设的顺利进行，制定本条例。

第二条　本条例所称的计算机信息系统，是指由计算机及其相关的和配套的设备、设施（含网络）构成的，按照一定的应用目标和规则对信息进行采集、加工、存储、传输、检索等处理的人机系统。

第三条　计算机信息系统的安全保护，应当保障计算机及其相关的和配套的设备、设施（含网络）的安全，运行环境的安全，保障信息的安全，保障计算机功能的正常发挥，以维护计算机信息系统的安全运行。

第四条　计算机信息系统的安全保护工作，重点维护国家事务、经济建设、国防建设、尖端科学技术等重要领域的计算机信息系统的安全。

第五条　中华人民共和国境内的计算机信息系统的安全保护，适用本条例。未联网的微型计算机的安全保护办法，另行制定。

第六条 公安部主管全国计算机信息系统安全保护工作。国家安全部、国家保密局和国务院其他有关部门，在国务院规定的职责范围内做好计算机信息系统安全保护的有关工作。

第七条 任何组织或者个人，不得利用计算机信息系统从事危害国家利益、集体利益和公民合法利益的活动，不得危害计算机信息系统的安全。

第二章 安全保护制度

第八条 计算机信息系统的建设和应用，应当遵守法律、行政法规和国家其他有关规定。

第九条 计算机信息系统实行安全等级保护。安全等级的划分标准和安全等级保护的具体办法，由公安部会同有关部门制定。

第十条 计算机机房应当符合国家标准和国家有关规定。在计算机机房附近施工，不得危害计算机信息系统的安全。

第十一条 （略）

第十二条 （略）

第十三条 （略）

第十四条 （略）

第十五条 （略）

第十六条 （略）

第三章 安全监督

第十七条 公安机关对计算机信息系统安全保护工作行使下列监督职权：

（一）监督、检查、指导计算机信息系统安全保护工作；

（二）查处危害计算机信息系统安全的违法犯罪案件；

（三）履行计算机信息系统安全保护工作的其他监督职责。

第十八条 公安机关发现影响计算机信息系统安全的隐患时，应当及时通知使用单位采取安全保护措施。

第十九条 公安部在紧急情况下，可以就涉及计算机信息系统安全的特定事项发布专项通令。

第四章 法律责任

第二十条 违反本条例的规定，有下列行为之一的，由公安机关处以警告或者停机整顿。(略)

第二十一条 计算机机房不符合国家标准和国家其他有关规定的，或者在计算机机房附近施工危害计算机信息系统安全的，由公安机关会同有关单位进行处理。

第二十二条 运输、携带、邮寄计算机信息媒体进出境，不如实向海关申报的，由海关依照《中华人民共和国海关法》和本条例以及其他有关法律、法规的规定处理。

第二十三条 故意输入计算机病毒以及其他有害数据危害计算机信息系统安全的，或者未经许可出售计算机信息系统安全专用产品的，由公安机关处以警告或者对个人处以5000元以下的罚款、对单位处以15000元以下的罚款；有违法所得的，除予以没收外，可以处以违法所得1倍至3倍的罚款。

第二十四条 （略）

第二十五条　（略）

第二十六条　（略）

第二十七条　（略）

第五章　附　　则

第二十八条　本条例下列用语的含义：

计算机病毒，是指编制或者在计算机程序中插入的破坏计算机功能或者毁坏数据，影响计算机使用，并能自我复制的一组计算机指令或者程序代码。

计算机信息系统安全专用产品，是指用于保护计算机信息系统安全的专用硬件和软件产品。

第二十九条　军队的计算机信息系统安全保护工作，按照军队的有关法规执行。

第三十条　公安部可以根据本条例制定实施办法。

第三十一条　本条例自发布之日起施行。

【简析】

该例文的制发者是国务院，是对国家计算机信息系统安全保护领域的一些重大事项的管理和处置作出比较全面和系统的规定，具有很强的权威性、约束力和稳定性。

【例文 3－17】

电信和互联网用户个人信息保护规定

（中华人民共和国工业和信息化部令　第 24 号）

第一章　总　　则

第一条　为了保护电信和互联网用户的合法权益，维护网络信息安全，根据《全国人民代表大会常务委员会关于加强网络信息保护的决定》《中华人民共和国电信条例》和《互联网信息服务管理办法》等法律、行政法规，制定本规定。

第二条　在中华人民共和国境内提供电信服务和互联网信息服务过程中收集、使用用户个人信息的活动，适用本规定。

第三条　工业和信息化部和各省、自治区、直辖市通信管理局（以下统称电信管理机构）依法对电信和互联网用户个人信息保护工作实施监督管理。

第四条　本规定所称用户个人信息，是指电信业务经营者和互联网信息服务提供者在提供服务的过程中收集的用户姓名、出生日期、身份证件号码、住址、电话号码、账号和密码等能够单独或者与其他信息结合识别用户的信息以及用户使用服务的时间、地点等信息。

第五条　电信业务经营者、互联网信息服务提供者在提供服务的过程中收集、使用用户个人信息，应当遵循合法、正当、必要的原则。

第六条　电信业务经营者、互联网信息服务提供者对其在提供服务过程中收集、使用的用户个人信息的安全负责。

第七条　国家鼓励电信和互联网行业开展用户个人信息保护自律工作。

第二章　信息收集和使用规范

第八条　电信业务经营者、互联网信息服务提供者应当制定用户个人信息收集、使用规则，并在其经营或者服务场所、网站等予以公布。

第九条　未经用户同意，电信业务经营者、互联网信息服务提供者不得收集、使用用户个人信息。

电信业务经营者、互联网信息服务提供者收集、使用用户个人信息的，应当明确告知用户收集、使用信息的目的、方式和范围，查询、更正信息的渠道以及拒绝提供信息的后果等事项。

电信业务经营者、互联网信息服务提供者不得收集其提供服务所必需以外的用户个人信息或者将信息用于提供服务之外的目的，不得以欺骗、误导或者强迫等方式或者违反法律、行政法规以及双方的约定收集、使用信息。

电信业务经营者、互联网信息服务提供者在用户终止使用电信服务或者互联网信息服务后，应当停止对用户个人信息的收集和使用，并为用户提供注销号码或者账号的服务。

法律、行政法规对本条第一款至第四款规定的情形另有规定的，从其规定。

第十条 电信业务经营者、互联网信息服务提供者及其工作人员对在提供服务过程中收集、使用的用户个人信息应当严格保密，不得泄露、篡改或者毁损，不得出售或者非法向他人提供。

第十一条 电信业务经营者、互联网信息服务提供者委托他人代理市场销售和技术服务等直接面向用户的服务性工作，涉及收集、使用用户个人信息的，应当对代理人的用户个人信息保护工作进行监督和管理，不得委托不符合本规定有关用户个人信息保护要求的代理人代办相关服务。

第十二条 电信业务经营者、互联网信息服务提供者应当建立用户投诉处理机制，公布有效的联系方式，接受与用户个人信息保护有关的投诉，并自接到投诉之日起十五日内答复投诉人。

第三章 安全保障措施

第十三条 电信业务经营者、互联网信息服务提供者应当采取以下措施防止用户个人信息泄露、毁损、篡改或者丢失：

（一）确定各部门、岗位和分支机构的用户个人信息安全管理责任；

（二）建立用户个人信息收集、使用及其相关活动的工作流程和安全管理制度；

（三）对工作人员及代理人实行权限管理，对批量导出、复制、销毁信息实行审查，并采取防泄密措施；

（四）妥善保管记录用户个人信息的纸介质、光介质、电磁介质等载体，并采取相应的安全储存措施；

（五）对储存用户个人信息的信息系统实行接入审查，并采取防入侵、防病毒等措施；

（六）记录对用户个人信息进行操作的人员、时间、地点、事项等信息；

（七）按照电信管理机构的规定开展通信网络安全防护工作；

（八）电信管理机构规定的其他必要措施。

第十四条 电信业务经营者、互联网信息服务提供者保管的用户个人信息发生或者可能发生泄露、毁损、丢失的，应当立即采取补救措施；造成或者可能造成严重后果的，应当立即向准予其许可或者备案的电信管理机构报告，配合相关部门进行的调查处理。

电信管理机构应当对报告或者发现的可能违反本规定的行为的影响进行评估；影响特别重大的，相关省、自治区、直辖市通信管理局应当向工业和信息化部报告。电信管理机构在依据本规定作出处理决定前，可以要求电信业务经营者和互联网信息服务提供者暂停有关行为，电信业务经营者和互联网信息服务提供者应当执行。

第十五条　电信业务经营者、互联网信息服务提供者应当对其工作人员进行用户个人信息保护相关知识、技能和安全责任培训。

第十六条　电信业务经营者、互联网信息服务提供者应当对用户个人信息保护情况每年至少进行一次自查，记录自查情况，及时消除自查中发现的安全隐患。

第四章　监督检查

第十七条　电信管理机构应当对电信业务经营者、互联网信息服务提供者保护用户个人信息的情况实施监督检查。

电信管理机构实施监督检查时，可以要求电信业务经营者、互联网信息服务提供者提供相关材料，进入其生产经营场所调查情况，电信业务经营者、互联网信息服务提供者应当予以配合。

电信管理机构实施监督检查，应当记录监督检查的情况，不得妨碍电信业务经营者、互联网信息服务提供者正常的经营或者服务活动，不得收取任何费用。

第十八条　电信管理机构及其工作人员对在履行职责中知悉的用户个人信息应当予以保密，不得泄露、篡改或者毁损，不得出售或者非法向他人提供。

第十九条　电信管理机构实施电信业务经营许可及经营许可证年检时，应当对用户个人信息保护情况进行审查。

第二十条　电信管理机构应当将电信业务经营者、互联网信息服务提供者违反本规定的行为记入其社会信用档案并予以公布。

第二十一条　鼓励电信和互联网行业协会依法制定有关用户个人信息保护的自律性管理制度，引导会员加强自律管理，提高用户个人信息保护水平。

第五章　法律责任

第二十二条　电信业务经营者、互联网信息服务提供者违反本规定第八条、第十二条规定的，由电信管理机构依据职权责令限期改正，予以警告，可以并处一万元以下的罚款。

第二十三条　电信业务经营者、互联网信息服务提供者违反本规定第九条至第十一条、第十三条至第十六条、第十七条第二款规定的，由电信管理机构依据职权责令限期改正，予以警告，可以并处一万元以上三万元以下的罚款，向社会公告；构成犯罪的，依法追究刑事责任。

第二十四条　电信管理机构工作人员在对用户个人信息保护工作实施监督管理的过程中玩忽职守、滥用职权、徇私舞弊的，依法给予处理；构成犯罪的，依法追究刑事责任。

第六章　附　　则

第二十五条　本规定自2013年9月1日起施行。

【简析】

该例文的制发者是国务院工业和信息化部，是根据其规定和授权，对电信和互联网用户个人信息保护工作实施监督管理，维护网络信息安全，作出局部的具体的规定，是处理问题的法则。它重在强制约束性。

【例文3-18】

国家教育考试违规处理办法

（2004年5月19日中华人民共和国教育部令第18号发布，
根据2012年1月5日《教育部关于修改〈国家教育考试违规处理办法〉的决定》修正）

第一章 总 则

第一条 为规范对国家教育考试违规行为的认定与处理，维护国家教育考试的公平、公正，保障参加国家教育考试的人员（以下简称考生）、从事和参与国家教育考试工作的人员（以下简称考试工作人员）的合法权益，根据《中华人民共和国教育法》及相关法律、行政法规，制定本办法。

第二条 本办法所称国家教育考试是指普通和成人高等学校招生考试、全国硕士研究生招生考试、高等教育自学考试等，由国务院教育行政部门确定实施，由经批准的实施教育考试的机构承办，面向社会公开、统一举行，其结果作为招收学历教育学生或者取得国家承认学历、学位证书依据的测试活动。

第三条 对参加国家教育考试的考生以及考试工作人员、其他相关人员，违反考试管理规定和考场纪律，影响考试公平、公正行为的认定与处理，适用本办法。

对国家教育考试违规行为的认定与处理应当公开公平、合法适当。

第四条 国务院教育行政部门及地方各级人民政府教育行政部门负责全国或者本地区国家教育考试组织工作的管理与监督。

承办国家教育考试的各级教育考试机构负责有关考试的具体实施，依据本办法，负责对考试违规行为的认定与处理。

第二章 违规行为的认定与处理

第五条 考生不遵守考场纪律，不服从考试工作人员的安排与要求，有下列行为之一的，应当认定为考试违纪：

（一）携带规定以外的物品进入考场或者未放在指定位置的；

（二）未在规定的座位参加考试的；

（三）考试开始信号发出前答题或者考试结束信号发出后继续答题的；

（四）在考试过程中旁窥、交头接耳、互打暗号或者手势的；

（五）在考场或者教育考试机构禁止的范围内，喧哗、吸烟或者实施其他影响考场秩序的行为的；

（六）未经考试工作人员同意在考试过程中擅自离开考场的；

（七）将试卷、答卷（含答题卡、答题纸等，下同）、草稿纸等考试用纸带出考场的；

（八）用规定以外的笔或者纸答题或者在试卷规定以外的地方书写姓名、考号或者以其他方式在答卷上标记信息的；

（九）其他违反考场规则但尚未构成作弊的行为。

第六条 考生违背考试公平、公正原则，在考试过程中有下列行为之一的，应当认定为考试作弊：

（一）携带与考试内容相关的材料或者存储有与考试内容相关资料的电子设备参加考试的；

（二）抄袭或者协助他人抄袭试题答案或者与考试内容相关的资料的；

（三）抢夺、窃取他人试卷、答卷或者胁迫他人为自己抄袭提供方便的；

（四）携带具有发送或者接收信息功能的设备的；

（五）由他人冒名代替参加考试的；

（六）故意销毁试卷、答卷或者考试材料的；

（七）在答卷上填写与本人身份不符的姓名、考号等信息的；

（八）传、接物品或者交换试卷、答卷、草稿纸的；

（九）其他以不正当手段获得或者试图获得试题答案、考试成绩的行为。

第七条 教育考试机构、考试工作人员在考试过程中或者在考试结束后发现下列行为之一的，应当认定相关的考生实施了考试作弊行为：

（一）通过伪造证件、证明、档案及其他材料获得考试资格、加分资格和考试成绩的；

（二）评卷过程中被认定为答案雷同的；

（三）考场纪律混乱、考试秩序失控，出现大面积考试作弊现象的；

（四）考试工作人员协助实施作弊行为，事后查实的；

（五）其他应认定为作弊的行为。

第八条 考生及其他人员应当自觉维护考试秩序，服从考试工作人员的管理，不得有下列扰乱考试秩序的行为：

（一）故意扰乱考点、考场、评卷场所等考试工作场所秩序；

（二）拒绝、妨碍考试工作人员履行管理职责；

（三）威胁、侮辱、诽谤、诬陷或者以其他方式侵害考试工作人员、其他考生合法权益的行为；

（四）故意损坏考场设施设备；

（五）其他扰乱考试管理秩序的行为。

第九条 考生有第五条所列考试违纪行为之一的，取消该科目的考试成绩。

考生有第六条、第七条所列考试作弊行为之一的，其所报名参加考试的各阶段、各科成绩无效；参加高等教育自学考试的，当次考试各科成绩无效。

有下列情形之一的，可以视情节轻重，同时给予暂停参加该项考试1至3年的处理；情节特别严重的，可以同时给予暂停参加各种国家教育考试1至3年的处理：

（一）组织团伙作弊的；

（二）向考场外发送、传递试题信息的；

（三）使用相关设备接收信息实施作弊的；

（四）伪造、变造身份证、准考证及其他证明材料，由他人代替或者代替考生参加考试的。

参加高等教育自学考试的考生有前款严重作弊行为的，也可以给予延迟毕业时间1年至3年的处理，延迟期间考试成绩无效。

第十条 考生有第八条所列行为之一的，应当终止其继续参加本科目考试，其当次报名参加考试的各科成绩无效；考生及其他人员的行为违反《中华人民共和国治安管理处罚法》的，由公安机关进行处理；构成犯罪的，由司法机关依法追究刑事责任。

第十一条 考生以作弊行为获得的考试成绩并由此取得相应的学位证书、学历证书及其他学业证书、资格资质证书或者入学资格的，由证书颁发机关宣布证书无效，责令收回证书或者予以没收；已经被录取或者入学的，由录取学校取消录取资格或者其学籍。

第十二条 在校学生、在职教师有下列情形之一的，教育考试机构应当通报其所在学校，由学校根据有关规定严肃处理，直至开除学籍或者予以解聘：

（一）代替考生或者由他人代替参加考试的；

（二）组织团伙作弊的；

（三）为作弊组织者提供试题信息、答案及相应设备等参与团伙作弊行为的。

第十三条 考试工作人员应当认真履行工作职责，在考试管理、组织及评卷等工作过程中，有下列行为之一的，应当停止其参加当年及下一年度的国家教育考试工作，并由教育考试机构或者建议其所在单位视情节轻重分别给予相应的行政处分：（略）

第十四条 考试工作人员有下列作弊行为之一的，应当停止其参加国家教育考试工作，由教育考试机构或者其所在单位视情节轻重分别给予相应的行政处分，并调离考试工作岗位；情节严重，构成犯罪的，由司法机关依法追究刑事责任：（略）

第十五条 因教育考试机构管理混乱、考试工作人员玩忽职守，造成考点或者考场纪律混乱，作弊现象严重；或者同一考点同一时间的考试有1/5以上考场存在雷同卷的，由教育行政部门取消该考点当年及下一年度承办国家教育考试的资格；高等教育自学考试考区内一个或者一个以上专业考试纪律混乱，作弊现象严重，由高等教育自学考试管理机构给予该考区警告或者停考该考区相应专业1年至3年的处理。

对出现大规模作弊情况的考场、考点的相关责任人、负责人及所属考区的负责人，有关部门应当分别给予相应的行政处分；情节严重，构成犯罪的，由司法机关依法追究刑事责任。

第十六条 违反保密规定，造成国家教育考试的试题、答案及评分参考（包括副题及其答案及评分参考，下同）丢失、损毁、泄密，或者使考生答卷在保密期限内发生重大事故的，由有关部门视情节轻重，分别给予责任人和有关负责人行政处分；构成犯罪的，由司法机关依法追究刑事责任。

盗窃、损毁、传播在保密期限内的国家教育考试试题、答案及评分参考、考生答卷、考试成绩的，由有关部门依法追究有关人员的责任；构成犯罪的，由司法机关依法追究刑事责任。

第十七条 有下列行为之一的，由教育考试机构建议行为人所在单位给予行政处分；违反《中华人民共和国治安管理处罚法》的，由公安机关依法处理；构成犯罪的，由司法机关依法追究刑事责任：（略）

第三章 违规行为认定与处理程序

第十八条 考试工作人员在考试过程中发现考生实施本办法第五条、第六条所列考试违纪、作弊行为的，应当及时予以纠正并如实记录；对考生用于作弊的材料、工具等，应予暂扣。

考生违规记录作为认定考生违规事实的依据，应当由2名以上监考员或者考场巡视员、督考员签字确认。

考试工作人员应当向违纪考生告知违规记录的内容，对暂扣的考生物品应填写收据。

第十九条 （略）

第二十条 （略）

第二十一条 （略）

第二十二条 教育行政部门和其他有关部门在考点、考场出现大面积作弊情况或者需要对教育考试机构实施监督的情况下，应当直接介入调查和处理。

发生第十四、第十五、第十六条所列案件，情节严重的，由省级教育行政部门会同有关部门共同处理，并及时报告国务院教育行政部门；必要时，国务院教育行政部门参与或者直接进行处理。

第二十三条 （略）

第二十四条 （略）

第二十五条 教育考试机构在对考试违规的个人或者单位做出处理决定前，应当复核违规事实和相关证据，告知被处理人或者单位做出处理决定的理由和依据；被处理人或者单位对所认定的违规事实认定存在异议的，应当给予其陈述和申辩的机会。

给予考生停考处理的，经考生申请，省级教育考试机构应当举行听证，对作弊的事实、情节等进行审查、核实。

第二十六条 教育考试机构做出处理决定应当制作考试违规处理决定书，载明被处理人的姓名或者单位名称、处理事实根据和法律依据、处理决定的内容、救济途径以及做出处理决定的机构名称和做出处理决定的时间。

考试违规处理决定书应当及时送达被处理人。

第二十七条 考生或者考试工作人员对教育考试机构做出的违规处理决定不服的，可以在收到处理决定之日起15日内，向其上一级教育考试机构提出复核申请；对省级教育考试机构或者承办国家教育考试的机构做出的处理决定不服的，也可以向省级教育行政部门或者授权承担国家教育考试的主管部门提出复核申请。

第二十八条 受理复核申请的教育考试机构、教育行政部门应对处理决定所认定的违规事实和适用的依据等进行审查，并在受理后30日内，按照下列规定作出复核决定：

（一）处理决定认定事实清楚、证据确凿，适用依据正确，程序合法，内容适当的，决定维持；

（二）处理决定有下列情况之一的，决定撤销或者变更：

1. 违规事实认定不清、证据不足的；

2. 适用依据错误的；

3. 违反本办法规定的处理程序的。

做出决定的教育考试机构对因错误的处理决定给考生造成的损失，应当予以补救。

第二十九条 申请人对复核决定或者处理决定不服的，可以依法申请行政复议或者提起行政诉讼。

第三十条 教育考试机构应当建立国家教育考试考生诚信档案，记录、保留在国家教育考试中作弊人员的相关信息。国家教育考试考生诚信档案中记录的信息未经法定程序，任何组织、个人不得删除、变更。

国家教育考试考生诚信档案可以依申请接受社会有关方面的查询，并应当及时向招生学校或单位提供相关信息，作为招生参考条件。

第三十一条 省级教育考试机构应当及时汇总本地区违反规定的考生及考试工作人员的处理情况，并向国家教育考试机构报告。

第四章 附 则

第三十二条 本办法所称考场是指实施考试的封闭空间；所称考点是指设置若干考场独立进行考务活动的特定场所；所称考区是指由省级教育考试机构设置，由若干考点组成，进行国家教育考试实施工作的特定地区。

第三十三条 非全日制攻读硕士学位全国考试、中国人民解放军高等教育自学考试及其他各级各类教育考试的违规处理可以参照本办法执行。

第三十四条 本办法自发布之日起施行。此前教育部颁布的各有关国家教育考试的违规处理规定同时废止。

【简析】

该例文为规范对国家教育考试违规行为的认定与处理提出切实可行的措施和办法。共分四章三十四条，正文首先简述拟订本办法的原因、适用范围及负责部门；然后按先总后分的顺序分条逐项地说明本办法的内容；最后说明相关概念和实施的日期。它重在可操作性。

【例文 3－19】

中国互联网络信息中心域名注册实施细则

第一章 总 则

第一条 为了规范域名注册服务和管理，根据《中国互联网络域名管理办法》（以下简称《域名管理办法》），制定本实施细则。

第二条 申请注册由中国互联网络信息中心负责管理的“.CN”域名和“.中国”“.公司”“.网络”中文域名，以及提供域名注册相关服务的，应当遵守本实施细则。

第三条 本实施细则涉及的域名体系遵守工业和信息化部关于中国互联网络域名体系的公告。

第二章 域名注册服务机构

第四条 在中国境内提供本实施细则规定的域名注册服务，须经工业和信息化部批准，并与中国互联网络信息中心签订协议。

第五条 从事“.CN”域名和“.中国”“.公司”“.网络”中文域名的注册服务，应当具备以下条件：

（一）是依法取得互联网信息服务增值电信业务经营许可证的公司；

（二）在中华人民共和国境内设置有域名注册服务系统，且有专门从事域名注册服务的技术人员和客户服务人员；

（三）有为用户提供长期服务的信誉或者能力；

（四）有业务发展计划及相关技术方案；

（五）有健全的网络与信息安全保障措施；

（六）有健全的域名注册服务退出机制；

（七）符合国家其他有关规定。

第六条 拟从事“.CN”域名和“.中国”“.公司”“.网络”中文域名注册服务的，应当与中国互联网络信息中心签署《合作意向书》。

第七条 持与中国互联网络信息中心签署的《合作意向书》向工业和信息化部申请并经批准成为域名注册服务机构的，应当与中国互联网络信息中心签订协议。

第八条 域名注册服务机构应当规范开展域名注册服务，将域名注册服务与其他商业活动分开，将域名注册登记方式、表格和协议同其他业务分开。

第九条 域名注册服务机构应当在经营场所和网站首页、业务表格等显著位置放置或公布工业和信息化部的批准文号、批准的域名项目范围、中国互联网络信息中心及本注册服务机构的投诉服务电话等信息。

第十条　域名注册服务机构应当建立健全网络与安全应急制度，加强域名注册审查，确保通过本机构注册的域名不违反《域名管理办法》第二十七条的规定。

第十一条　域名注册服务机构在提供域名注册服务时，应当保留与中国互联网络信息中心、域名申请者、域名持有者的来往文件和相关记录，保留期限不得少于三年。

第十二条　域名注册服务机构在开展域名注册服务时不得采取以下行为：

（一）冒用政府机构、企事业单位及社会团体等其他组织的名义，开展域名注册服务；

（二）使用虚假信息注册域名，变相占用域名资源；

（三）采用不正当竞争的手段，以误导用户、恐吓用户等方式开展域名注册服务；

（四）强迫用户延长域名注册期限，捆绑销售其他服务；

（五）不按照用户实际注册年限向中国互联网络信息中心提交注册信息；

（六）无正当理由拒绝域名持有者索取域名转移密码的申请，或对此转移申请向域名持有者收取费用；

（七）泄露用户注册信息侵犯用户的合法权益，或利用用户注册信息牟取不正当利益；

（八）以营利为目的，从事域名交易和投资活动；

（九）其他违反法律法规或侵犯用户利益的行为。

域名注册服务机构如违反上述规定，中国互联网络信息中心将依据与其签订的相关协议追究相关责任，情节严重的，将中止与其签订的合作协议。

第十三条　注册服务机构出现下列情况之一时，中国互联网络信息中心将中止相关协议，并报工业和信息化部备案：

（一）工业和信息化部取消域名注册服务机构资格；

（二）出现重大经营问题，不具备提供正常服务的能力；

（三）与中国互联网络信息中心签订的《服务认证协议》终止；

（四）严重违反本实施细则及其他相关管理规定。

注册服务机构被取消资格后应遵守以下规定：

（一）被取消资格后十日内将其负责注册的域名在具备资格的其他注册服务机构之间进行分配，或转移至中国互联网络信息中心指定的其他注册服务机构；

（二）应对持有的用户注册信息保密，不得泄露给他人，也不得利用该信息牟取不正当利益。

第三章　域名注册的申请与审核

第十四条　域名注册申请者（以下简称申请者）应当是依法登记并且能够独立承担民事责任的组织。

第十五条　申请注册域名，可以通过联机注册、电子邮件、书面申请等方式向域名注册服务机构递交域名注册申请表，提出域名注册申请，并且与域名注册服务机构签订域名注册协议。

第十六条　域名注册申请表应当包括以下内容：

（一）申请的域名；

（二）域名主域名服务器和辅域名服务器的主机名以及IP地址；

（三）申请者的单位名称、组织机构代码或营业执照号码、单位负责人、单位所属行业、通信地址、邮政编码、电子邮件、电话号码、传真号码；

（四）申请者的域名技术联系人、管理联系人、缴费联系人、承办人的姓名、所在单位名称、通信地址、邮政编码、电子邮件、电话号码以及传真号码；

（五）域名注册年限。

第十七条 申请者应当在域名注册协议中保证：

（一）遵守有关互联网络的法律和规定；

（二）遵守《域名管理办法》以及主管部门的其他相关规定；

（三）遵守本实施细则、域名争议解决办法等相关规定；

（四）提交的域名注册信息真实、准确、完整。

第十八条 中国互联网络信息中心收到第一次有效注册申请的日期为申请日。中国互联网络信息中心、域名注册服务机构应当将申请日告知申请者。

第十九条 域名注册服务机构应当在收到域名注册申请后一个工作日内向中国互联网络信息中心提交本实施细则第十六条规定的信息。

第二十条 域名注册服务机构负责受理域名注册申请，并对域名注册申请材料进行审核。

第二十一条 中国互联网络信息中心审核域名及其注册信息是否违反《域名管理办法》规定。中国互联网络信息中心可以采取电话询问、实地查验等方式对域名注册信息进行核实。对于违反《域名管理办法》第二十七条规定及注册信息不真实、不准确、不完整的域名，中国互联网络信息中心通知域名注册服务机构予以注销。

第二十二条 在“. GOV. CN”下申请注册三级域名时，申请者应当向域名注册服务机构提交下列书面资料：

（一）盖有申请单位公章的域名注册申请表；

（二）证明申请单位为政府机构的相关资料。

域名注册服务机构提交域名注册信息时，应同时提交上述书面申请材料复印件。域名注册服务机构及中国互联网络信息中心应当永久保留上述书面申请资料。

第二十三条 在“. EDU. CN”下申请注册三级域名的规则，由中国教育和科研计算机网网络中心另行规定。

第二十四条 在“. MIL. CN”下申请注册三级域名的规则，由中国长城互联网络信息中心另行规定。

第二十五条 在“. 政务. CN”“. 公益. CN”下申请注册三级域名的规则由政务和公益机构域名注册管理中心另行规定。

第四章 域名的变更与注销（略）

第五章 域名注册服务机构的变更（略）

第六章 域名争议处理（略）

第七章 域名运行费用（略）

第八章 用户投诉机制（略）

第九章 附 则

第四十八条 在中国互联网络信息中心设立的 WWW 服务器（网址是：http://www. cnnic. cn）用于发布域名注册信息以及其他有关事项。

第四十九条 申请者在域名注册申请表中所填写的各项信息，除申请者特别声明不得公开之外，由域名注册管理机构或者域名注册服务机构录入公众查询的数据库中以及其他出版物中，作为域名注册管理机构或者域名注册服务机构向互联网络用户提供目录服务的一项内容。

第五十条 根据互联网络和域名系统的发展，以及相关法律、法规、政策的变化等情况，中国互联网络信息中心可以修改本实施细则。

第五十一条 本实施细则由中国互联网络信息中心负责解释。

第五十二条 本实施细则自2009年6月5日起施行。2002年12月1日实施的《中国互联网络信息中心域名注册实施细则》，2003年2月28日实施的《中国互联网络信息中心域名注册服务机构变更办法》同时废止。

【简析】

该例文是中国互联网络信息中心为了规范域名的注册和管理，根据《中国互联网络域名管理办法》制定的实施细则，对贯彻方针、政策起具体说明和指导的作用。其标题由制定机关、事由和文种组成。正文开头部分写明目的和依据等说明性文字；正文主体部分写明法规的具体条款，分条列项，清楚明了；正文结尾部分说明实施日期和解释权等。

（二）章程的写作

章程由标题和正文组成。

1. 标题

标题一般由制定单位、文种组成。例如，《中国共产党章程》。

2. 正文

正文的开头部分，即总则，写明制定章程的目的、组织的性质、宗旨等。

正文的主体部分，即分则，写明章程的具体内容。例如，《中国共产党章程》分10个部分：第一章，党员（条件、义务、权利、申请的程序等）；第二章，党的组织制度；第三章，党的中央组织；第四章，党的地方组织；第五章，党的基层组织；第六章，党的干部；第七章，党的纪律；第八章，党的纪律检查机关；第九章，党组；第十章，党和共青团的关系。

正文的结尾部分，即附则，写明需要说明的相关问题，如文件的实施日期、适用范围、制定权、解释权限等。

章程写作的基本要求。

1. 内容完备

章程的内容要包括社团名称、宗旨、任务、组织机构、会员资格、入会手续、会员权利义务、领导者的产生和任期、会费的缴纳和经费的管理使用等。必要的项目要完备，既突出特点又照顾全面。

2. 结构严谨

全文由总到分，要有合理的顺序。分则部分，一般是先讲成员，后讲组织；先讲全国组织，次讲地方组织，后讲基层组织；先讲对内，后讲对外。要一环扣着一环，体现严密的逻辑性，使章程成为一个有机的统一体。

章程的条款，要完整和单一。一条表示一个意思，不要把一个完整的意思拆成几条，弄得零零碎碎；也不要把几个意思合在一条之中，交叉杂乱。这样，才便于称说，便于执行，便于引用。

3. 明确简洁

章程特别强调明确简洁。要尽力反复提炼，用很少的话就把意思明确地表达出来。

章程用断裂行文法，用条文表达，句与句、段与段之间有一定的跳跃性，一般不要用“因为……所以……”“虽然……但是……”等关联词语。

章程的语言多用词语的直接意义，不用比喻、比拟、夸张和婉曲等修辞手法。这样，语义毫不含糊，没有歧义，让人一看就明白。

【例文3－20】

××省质量管理协会秘书工作质量研究会章程

（2013年1月25日通过）

第一章　总　　则

第一条　本研究会名称是“××省质量管理协会秘书工作质量研究会”。简称：××省秘书工作质量研究会。

第二条　××省质量管理协会秘书工作质量研究会是全省广大秘书工作者（主要是经济口）及秘书教学、秘书工作研究人员以及社会上关心秘书工作的人士自愿参加的群众性学术团体，是××省质量管理协会属下的一个专业性的研究组织。

第三条　本研究会的宗旨是组织广大会员，团结全省广大秘书工作者和各方面热心于质量管理、秘书工作的人士，通过研究，提高秘书工作质量，进一步把秘书工作做好，参与政务，管理事务，当好参谋，当好助手，帮助领导搞好决策，使工作更有效率，更有秩序，更有水平；通过推行全面质量管理，推动技术进步，从而提高产品质量、工程建设质量、商业贸易质量、旅游服务质量，为实现全社会更好的经济效益，为促进“四化”建设而奋斗。

第二章　任　　务

第四条　本研究会的任务是：

1. 宣传、贯彻党和国家有关质量管理、秘书工作的指示、规定、办法等；

2. 开展质量管理和秘书学讨论研究，推行科学的质量管理方法，促进办公现代化；

3. 密切配合各级质协积极开展全面质量管理等群众性活动，大力开展调查研究，及时总结新经验，研究新问题；

4. 运用多层次、多渠道开展质量管理教育和秘书教学，为各单位、各企事业单位培养更多的具有中国特色社会主义的会管理、善参谋、懂写作、会服务的新型的管理秘书人才，使之为各单位领导当好参谋，做好助手；

5. 与国内外的质量管理和秘书工作的专业团体组织挂钩，建立联系，进行学术交流，请各国来我省工作的专家、学者做学术报告，学习先进的质量管理和秘书工作的经验；

6. 开展秘书工作的咨询服务工作，帮助各单位特别是各企业、事业单位建立和健全文书档案、科技档案、质量档案、名优新产品档案、信访档案、用户和产品销售档案等；

7. 编辑、出版、发行、代销、代征订有关标准、计量、质量管理以及秘书、档案工作等方面的教材、书籍、杂志、刊物、文集、资料，为各单位和为社会提供良好服务。

第三章　会　　员

第五条　本研究会均为个人会员。

凡工业、交通运输、商业贸易、旅游服务、工程建设和科研、教学、情报、资料等单位（包括机关、工厂、企事业单位）的质量管理人员和各方面的秘书人员（包括秘书、文书、调研、信息、信访、档案、宣传、教育、外事、接待以及广大行政管理人员），承认本章程，为推行全面质量管理，办公现代化，积极参与政务，管理事务，致力于质量管理和秘书工作的有关人员，自愿申请，经本研究会批准，即为本研究会会员。

第六条　会员的权利。

1. 有选举权和被选举权；

2. 有参加本研究会组织的学术报告、参观学习、参加全国性的会议，取得本研究会出版的刊物和学术资料以及发表论文、文章等优先权；

3. 有对本研究会的工作提出建议和批评权。

第七条　会员的义务。

1. 遵守本研究会章程；

2. 积极参加研究、探讨秘书工作质量的学术活动，完成本研究会委托的任务，为本研究会撰写或翻译学术论文、资料、经验总结、调查报告等。

第四章　组织机构

第八条　本研究会通过协商推选若干名理事，组成理事会。理事会每届任期三年，每年召开一次全体理事会议。为便于工作，组成常务理事会，每半年召开一次常务理事会议。

第九条　本研究会设名誉会长、顾问，由会长、副会长、秘书长、副秘书长等人员组成常务理事会。

第十条　本研究会理事会常设机构为办公室（与省质协秘书处合署办公）、学术委员会、教育委员会、外事工作委员会、编辑出版委员会。

第十一条　经费来源。

主要靠本研究会举办的各种活动，如编辑出版、发行书刊、培训教育、咨询服务等收入。

【简析】

该例文是某质量研究会的章程，是要求组织内部共同遵守的行为守则。全文按由主到次的顺序安排条文，分章分条，条目清楚。

（三）制度的写作

制度由标题和正文组成。

1. 标题

制度的标题主要有两种形式：一种是由适用对象和文种组成，如《高等学校学生行为准则》；另一种是由单位名称、适用对象和文种组成，如《××应用技术职业学院校产管理制度》。

2. 正文

制度的正文主要有引言条文结语式、通篇条文式、多层条文式等多种写法。

（1）引言条文结语式。

先写一段引言，主要用来阐述制定制度的根据、目的、意义、适用范围等。然后具体写明制度的条款，一一分条列出。最后再写一段结语，强调执行中的要求和注意事项，包括施行时间、适用范围、解释权限等，规章制度如不注明实施日期，通常就是指自发布之日起施行。如《全国安全生产委员会专家组工作规则》。

（2）通篇条文式。

将全部内容都列入条文，按照一定顺序，逐条表达，形式整齐。如《电工安全操作规程》。

（3）多层条文式。

这种写法适用于内容复杂、篇幅较长的制度，特点是将全文分为多层序码，篇下分项、项下分条、条下分款。如某省制定的《档案管理制度》，用“一、二、三……”来表示大项，用“（一）、（二）、（三）……”来表示大项下的条，用“1、2、3……”来表示条下的款。

【例文3-21】

中华人民共和国卫生部、商业部

食品加工、销售、饮食业卫生五四制

一、由原料到食品实行“四不制度”：采购员不买腐烂变质的原料；保管验收员不收腐烂变质的原料；加工人员（厨师）不用腐烂变质的原料；营业员（服务员）不卖腐烂变质的食品（零售单位不收进腐烂变质的食品，不出售腐烂变质的食品，不用手拿食品，不用废纸污物包装食品）。

二、成品（食物）存放实行“四隔离”：生与热隔离，成品与半成品隔离，食品与食物、药品隔离，食品与天然水隔离。

三、用（食）具实行“四过关”：一洗、二刷、三冲、四消毒（蒸汽或煮沸）。

四、环境卫生采取“四定”办法：定人、定物、定时间、定质量。划片分工，包干负责。

五、个人卫生做到“四勤”：勤洗手剪指甲，勤洗澡理发，勤洗衣服被褥，勤换工作服。

【简析】

该例文按事物的发展顺序安排条文，按工作程序一一作了明确的规定，便于记忆，便于操作。例文的语言简明精要，通俗易记，采用群众性语言，近乎顺口溜式，悦耳上口。

【例文3-22】

全国安全生产委员会专家组工作规则

（全国安全生产委员会办公室）

为完成国务院《特别重大事故调查程序暂行规定》第十七条规定的任务，根据国务院××××年××月××日总理办公会议的意见，全国安全生产委员会设立专家组。

一、专家组的任务是：参加国务院授权全国安全生产委员会组织的特别重大事故调查，进行全国安全生产委员会安排的重大隐患评估，为国家制定、修改安全生产法规和政策提供技术咨询和专业服务。

二、专家组是一支多专业、跨部门的高级技术专家队伍。其成员由全国安全生产委员会从有关国家机关和企业、事业单位的在职专家中聘任，个别成员也可以从离退休专家中聘任。聘任的程序是：（略）

三、专家组成员应具备以下基本条件：（略）

四、专家组成员按专业分组。各专业组由全国安全生产委员会指定一名召集人。各专业组召集人组成专家代表会议。

五、每届专家组全体成员会议，由全国安全生产委员会召开一至二次，讨论通过本届专家组工作计划、工作总结以及宣布换届等事项。

专家代表会议，由全国安全生产委员会办公室根据需要不定期召开，讨论专家组年度工作计划和工作总结，审议专家学习、培训计划和教材，处理全国安全生产委员会交办的有关事项。

专题报告会议，由全国安全生产委员会办公室根据专家提交论文的情况具体安排。

六、全国安全生产委员会办公室负责专家组的日常管理：

承办专家组成员的聘任、发证、考核和换届的具体工作；

安排专家执行全国安全生产委员会指派的任务和专家组的其他活动；

组织专家学习、培训，并提供有关文件、资料和国内外有关信息；

建立专家工作档案，记录参加活动、完成任务情况和主要业绩；

提出专家组年度工作计划、总结，报全国安全生产委员会。

七、全国安全生产委员会办公室应经常联系专家组成员，及时传达上级的有关指示，及时反映专家的意见和建议。对专家提出的重大安全生产问题，可选登《安全生产内参》，或专题报告全国安全生产委员会和国务院。

八、全国安全生产委员会指派专家组成员执行任务时，一般由全国安全生产委员会办公室通知有关部门、单位和专家本人。任务紧急时，可以直接通知专家本人。专家接到通知后，应如期到达指定地点执行任务，并随身携带专家证。

专家在执行全国安全生产委员会指派的任务时，直接对全国安全生产委员会负责，不代表其他任务部门、单位和个人；未经全国安全生产委员会指派，不代表全国安全生产委员会。

九、专家组参加特大事故调查，应执行《特别重大事故调查程序暂行规定》进行隐患评估，应按全国安全生产委员会规定的程序执行；在事故调查和隐患评估中，均不负责具体处理有关人事、资金、设备方面的问题。

十、有关部门和单位应支持本部门、本单位的专家组成员参加专家组的各项活动。当这些活动与本部门、本单位的工作有矛盾时，应与全国安全生产委员会办公室协商，作出妥善安排。

十一、专家组的活动经费由全国安全生产委员会办公室管理，专款专用。

专家组成员外出执行全国安全生产委员会指派的任务和参加有关会议，所需差旅费由所在单位按国家规定标准报销。特殊情况由全国安全生产委员会办公室报销。

十二、专家组成员应执行以下工作守则：（略）

十三、专家组成员违犯本规定，情节轻微的，给予批评教育；情节恶劣、后果严重的，报请全国安全生产委员会主任批准，撤销其专家组成员职务，由所在单位严肃处理；触犯刑律的，交由司法机关处理。

十四、本规则由全国安全生产委员会办公室负责解释。

【简析】

该例文是由全国安全生产委员会制定的，对成立的专家组提出必须遵守的关于聘任条件、工作原则方法和工作守则等方面的条规。文章标题标明内容和文种。正文开头部分用简要的语言说明制定制度的缘由、依据和目的；正文主体部分具体写明制度的条款；正文结尾部分写明施行制度的要求和注意事项，包括解释权限等。

【例文 3－23】

电工安全操作规程

1. 电器操作人员应思想集中，电器线路在未经测电笔确定无电前，应一律视为“有电”，不可用手触摸，不可绝对相信绝缘体，应认为有电操作。

2. 工作前应详细检查自己所用工具是否安全可靠，穿戴好必需的防护用品，以防工作时发生意外。

3. 维修线路要采取必要的措施，在开关手把上或线路上悬挂“有人工作、禁止合闸”的警告牌，防止他人中途送电。

4. 使用测电笔时要注意测试电压范围，禁止超出范围使用，电工人员一般使用的电笔，只许在五百伏以下电压使用。

5. 工作中所有拆除的电线要处理好，带电线头包好，以防发生触电。

6. 所用导线及保险丝，其容量大小必须合乎规定标准，选择开关时必须大于所控制设备的总容量。

7. 工作完毕后，必须拆除临时地线，并检查是否有工具等物漏忘在电杆上。

8. 检查完工后，送电前必须认真检查，看是否合乎要求并和有关人员联系好，方能送电。

9. 发生火灾时，应立即切断电源，用四氯化碳粉质灭火器或黄沙扑救，严禁用水扑救。

10. 工作结束后，必须全部工作人员撤离工作地段，拆除警告牌，所有材料、工具、仪表等随之撤离，原有防护装置随时安装好。

11. 操作地段清理后，操作人员要亲自检查，如要送电试验一定要和有关人员联系好，以免发生意外。

【简析】

该例文按电工操作程序来安排条文顺序，对整个操作过程所需遵守的规范和应注意的事项，按步骤一一列出，作了明确规定，顺序清楚，细致入微。

【例文 3－24】

全国职工守则

1. 热爱祖国，热爱共产党，热爱社会主义。
2. 热爱集体，勤俭节约，爱护公物，积极参加管理。
3. 热爱本职，学赶先进，提高质量，讲究效率。
4. 努力学习，提高政治、文化、科技、业务水平。
5. 遵纪守法，廉洁奉公，严格执行规章制度。
6. 关心同志，尊师爱徒，和睦家庭，团结邻里。
7. 文明礼貌，整洁卫生，讲究社会公德。
8. 扶植正气，抵制歪风，拒腐蚀、永不沾。

【简析】

该例文是由中华全国总工会制定，要求全国职工共同遵守的在集体活动中的行为准则。本守则对职工的各方面都提出要求，其目的是使全国职工成为有理想、有道德、有文化、有纪律的劳动者，内容高度概括，文字极其精练。

【例文 3-25】

高等学校学生行为准则

一、志存高远，坚定信念。努力学习马克思列宁主义、毛泽东思想、邓小平理论和“三个代表”重要思想，面向世界，了解国情，确立在中国共产党领导下走社会主义道路、实现中华民族伟大复兴的共同理想和坚定信念，努力成为有理想、有道德、有文化、有纪律的社会主义新人。

二、热爱祖国，服务人民。弘扬民族精神，维护国家利益和民族团结。不参与违反四项基本原则、影响国家统一和社会稳定的活动。培养同人民群众的深厚感情，正确处理国家、集体和个人三者利益关系，增强社会责任感，甘愿为祖国为人民奉献。

三、勤奋学习，自强不息。追求真理，崇尚科学；刻苦钻研，严谨求实；积极实践，勇于创新；珍惜时间，学业有成。

四、遵纪守法，弘扬正气。遵守宪法、法律法规，遵守校纪校规；正确行使权利，依法履行义务；敬廉崇洁，公道正派；敢于并善于同各种违法违纪行为作斗争。

五、诚实守信，严于律己。履约践诺，知行统一；遵从学术规范，恪守学术道德，不作弊，不剽窃；自尊自爱，自省自律；文明使用互联网；自觉抵制黄、赌、毒等不良诱惑。

六、明礼修身，团结友爱。弘扬传统美德，遵守社会公德，男女交往文明；关心集体，爱护公物，热心公益；尊敬师长，友爱同学，团结合作；仪表整洁，待人礼貌；豁达宽容，积极向上。

七、勤俭节约，艰苦奋斗。热爱劳动，珍惜他人和社会劳动成果；生活俭朴，杜绝浪费；不追求超越自身和家庭实际的物质享受。

八、强健体魄，热爱生活。积极参加文体活动，提高身体素质，保持心理健康；磨砺意志，不怕挫折，提高适应能力；增强安全意识，防止意外事故；关爱自然，爱护环境，珍惜资源。

【简析】

该例文是由教育部制定的行为准则，要求全国高等学校学生共同遵守，目的是使其成为有理想、有道德、有文化、有纪律的社会主义新人。内容具体，语言准确。

（四）公约的写作

1. 公约的格式

（1）标题。

公约的标题主要有三种形式：一种是由适用人和文种组成，如《首都市民文明公约》；一种是由适用范围和文种组成，如《北京市建筑装饰协会行业公约》；一种是由涉及事项和文种组成，如《拥军公约》。

（2）正文。

公约的正文由引言、主体和结尾组成。

引言主要用来写明制定公约的目的、意义，常套用“为了……特制定本公约”的固定格式。

主体一般采用条文式写法，将具体内容一一列出。这部分最重要，一定要做到系统完整，层次清楚，言简意赅，朴实通畅。

结尾用来写执行要求、生效日期等。如无必要，可免除这一部分。对于有些公约而言，署名是很重要的一项，因为署名就意味着承诺，表明遵守公约的意向，表明愿意为违背公约承担责任。特别是行业公约，这一点显得更为突出。

2. 公约的写作要求

（1）订立公约前应充分酝酿，广泛讨论，既要了解党和国家的有关方针政策，又要充分考虑本单位、本地区的实际情况。

（2）要充分发扬民主，广泛征求群众的意见和建议，使公约能代表绝大多数人的意见。

（3）公约条文应力求简明，具有可操作性。

【例文3-26】

全国青少年网络文明公约

善于网上学习　不浏览不良信息

要诚实友好交流　不侮辱欺诈他人

要增强自护意识　不随意约会网友

要维护网络安全　不破坏网络秩序

要有益身心健康　不沉溺虚拟时空

【简析】

该公约是由群众协商而形成的决议，是要求大家共同遵守的道德规范。行文格式化，采用“要……不……”句式，上半句提出期望和要求，下半句劝告青少年不要做什么，简洁明了，便于记忆，有较强的针对性和可行性。

第六节　会议记录

一、会议记录概述

会议过程中，由专门记录人员把会议的组织情况和具体内容如实地记录下来，就形成了会议记录。

会议记录有“记”与“录”之分。“记”又有详记与略记之别。略记是记会议大要，会议上的重要或主要言论。详记则要求记录的项目必须完备，记录的言论必须详细完整。若需要留下包括上述内容的会议记录则要靠“录”。“录”有笔录、音录和影像录几种，对会议记录而言，音录、影像录通常只是手段，最终还要将录下的内容还原成文字。笔录也常常要借助音录、影像录，以之作为记录内容最大限度地再现会议情境的保证。

会议记录是由会议组织者指定专人，如实、准确地记录会议的组织情况和会议内容的一种机关应用性文书。会议记录一般用于比较重要的会议或正式的会议，它要求真实、全面地反映会议的本来面貌。

二、会议记录的作用

1. 依据作用

会议记录忠实地记录了会议的全貌。会议精神、会议形成的决定和决议、会议对重大问题作出的安排，如果在会议后期需要形成文件，要以会议记录为依据；如果不形成文件，与会者在会后传达贯彻会议精神和决定是否准确，也要以会议记录为依据进行检验。

2. 素材作用

会议进行过程中连续编发的会议简报，以及会议后期制作的会议纪要，都要以会议记录为重要素材。会议简报和会议纪要可以对会议记录进行一定的综合、提要，但不得对会议记录所确认的内容进行歪曲和篡改。可以说，会议记录是形成会议简报和会议纪要的基础。

3. 备忘作用

会议记录可以作为会议情况和会议内容的原始凭证。时过境迁，有关会议的内容和情况可能无法在记忆中复现了，甚至当时作出的重要决定可能也记不清了，这时就不妨查查会议记录。会议记录还可以成为一个部门和单位的历史资料，若干年后，通过大量会议记录可以了解这个单位的历史进程和发展状况。

三、会议记录的特点

1. 真实性

会议记录的执笔者与其他文章的写作者有一个重要的区别，那就是他只有记录权没有改造权。会议是个什么样就记成什么样，与会者发言时说了些什么就记下什么，记录者不能进行加工、提炼，不能增添、删减，不能移花接木，不能张冠李戴。

2. 原始形态性

会议记录是会议情况和内容的原始化的记录。所谓原始，就是未经整理，未经综合。在这一点上，它跟会议简报、会议纪要有着很大不同。会议简报和会议纪要也是真实的，但不是原始的。虽然在内容上可能没有太大差别，但在存在形态上，会议记录跟会议简报和会议纪要的差异甚大。

3. 完整性

会议记录对会议的时间、地点、出席人员、主持人、议程等基本情况，对领导讲话、与会者的发言、讨论和争议、形成的决议和决定等内容，都要记录下来，一般没有太多的选择性。

四、会议记录的写作

（一）会议记录的写作格式

1. 标题

标题由会议名称加文体名称组成，就是《××××会议记录》。如果使用的是专用的会议记录本，连“记录”二字也可省略，只写会议名称即可。

2. 会议组织概况

（1）会议时间。

要写明年、月、日，上午、下午或晚上，×时×分至×时×分。

（2）开会地点。

如：“××会议室”“××礼堂”“××现场”等。

（3）主持人的职务，姓名。

如：“校党委书记×××”“公司总经理×××”。

(4) 出席人。

根据会议的性质、规模和重要程度的不同，出席人一项的详略也会有所不同。

有时可以只显示身份和人数，如“各院系党总支书记和直属党支部书记31人”“各部门经理”“全体与会代表”等。

如果出席人身份复杂，如既有上级领导，又有本单位各部门的主要领导，还有各种有关人员，最好将主要人员的职务、姓名一一列出，其他有关人员则分类列出。

(5) 列席人。

包括列席人的身份、姓名，可参照出席人的记录方法。

(6) 缺席人。

如有重要人物缺席，应作出记录。

(7) 记录人。

包括记录人的姓名和部门。如：××（××办公室秘书）。

3. 会议内容

这部分随着会议的进展一步步完成，没有具体的固定模式。一般包含有以下方面：

(1) 会议的议题、宗旨、目的。

(2) 会议议程。

(3) 会议报告和讲话。

(4) 会议讨论和发言。

(5) 会议的表决情况。

(6) 会议决定和决议。

(7) 会议的遗留问题。

这些是一般会议都有的项目，但侧重点会有所不同，先后次序会有所不同。

4. 结尾

可将主持人宣布的散会一项记入，也可以将散会一项略去不记。

最后，由主持人和记录人对记录进行认真校核后，分别签上姓名，以示对此负责。

(二) 会议记录的写作技巧

一般说来，有四条：一快、二要、三省、四代。

一快，即记得快。字要写得小一些、轻一点，多写连笔字。要顺着肘、手的自然去势，斜一点写。

二要，即择要而记。就记录一次会议来说，要围绕会议议题、会议主持人和主要领导同志发言的中心思想，与会者的不同意见或有争议的问题、结论性意见、决定或决议等作记录，就记录一个人的发言来说，要记其发言要点、主要论据和结论，论证过程可以不记。就记一句话来说，要记这句话的中心词，修饰语一般可以不记。要注意上下句子的连贯性、可讯性，一篇好的记录应当独立成篇。

三省，即在记录中正确使用省略法。如使用简称、简化词语和统称。省略词语和句子中的附加成分，比如“但是”只记“但”，省略较长的成语、俗语、熟悉的词组，句子的后半部分，画一曲线代替，省略引文，记下起止句或起止词即可，会后查补。

四代，即用较为简便的写法代替复杂的写法。一可用姓代替全名，二可用笔画少易写的同音字代替笔画多难写的字；三可用一些数字和国际上通用的符号代替文字；四可用汉语拼音代替生词难字；五可用外语符号代替某些词汇，等等。但在整理和印发会议记录时，均应按规范要求办理。

（三）会议记录的注意事项

1．真实、准确

要如实地记录别人的发言，不论是详细记录，还是概要记录，都必须忠实原意，不得添加记录者的观点、主张，不得断章取义，尤其是会议决定之类的东西，更不能有丝毫出入。真实准确的要求具体包括：不添加，不遗漏，依实而记；清楚，首先是书写要清楚，其次，记录要有条理。

2．突出重点

会议记录应该突出的重点有：

（1）会议中心议题以及围绕中心议题展开的有关活动。

（2）会议讨论、争论的焦点及其各方的主要见解。

（3）权威人士或代表人物的言论。

（4）会议开始时的定调性言论和结束前的总结性言论。

3．始终如一

始终如一是记录者应有的态度。这是指记录人从会议开始到会议结束都要认真负责地记到底。

4．注意格式

格式并不复杂，一般有会议名称；会议基本情况，基本情况包括：时间、地点、出席人数、主持人、缺席人、记录人；会议内容，这是会议记录的主要部分，包括发言、报告、传达人、建议、决议等。

凡是发言都要把发言人的名字写在前。一定要先发言记录于前，后发言记录于后。记录发言时要掌握发言的质量，重点要详细，重复的可略记，但如果是决议、建议、问题或发言人的新观点要记具体详细。

（四）会议记录的基本要求

第一，准确写明会议名称（要写全称），开会时间、地点，会议性质。

第二，详细记下会议主持人、出席会议应到和实到人数，缺席、迟到或早退人数及其姓名、职务，记录者姓名。如果是群众性大会，只要记参加的对象和总人数，以及出席会议的较重要的领导成员即可。如果某些重要的会议，出席对象来自不同单位，应设置签名簿，请出席者签署姓名、单位、职务等。

第三，忠实记录会议上的发言和有关动态。会议发言的内容是记录的重点。其他会议动态，如发言中插话、笑声、掌声，临时中断以及别的重要的会场情况等，也应予以记录。

记录发言可分摘要与全文两种。多数会议只要记录发言要点，即把发言者讲了哪几个问题，每一个问题的基本观点与主要事实、结论，对别人发言的态度等，作摘要式的记录，不必“有闻必录”。某些特别重要的会议或特别重要人物的发言，需要记下全部内容。有录音机的，可先录音，会后再整理出全文；没有录音条件，应由速记人员担任记录；没有速记人员，可以多配几个记得快的人担任记录，以便会后互相核对补充。

第四，记录会议的结果，如会议的决定、决议或表决等情况。

会议记录要求忠于事实，不能夹杂记录者的任何个人情感，更不允许有意增删发言内容。会议记录一般不宜公开发表，如需发表，应征得发言者的审阅同意。

【例文 3-27】

××职业学校学生会×年第×次会议记录

时间：2013 年 3 月 26 日下午 4 时

地点：校学生会办公室

出席人：伍××（学生会主席）、王××（学习部长）、郑××（宣传部长）、柏××（文娱部长）、宁××（体育部长）、钱××（生活部长）

缺席人：周××（副主席，因病）

列席人：关××（老师）

主持人：伍××

记录人：张××（学生会干事）

会议内容：研究纪念五四运动九十四周年的活动

（一）主持人讲话

今年是五四运动××周年纪念日，如何开展纪念活动，请各位充分发表意见。

（二）发言

王××：我们学习部准备围绕纪念五四运动九十四周年举办题为“反帝反封建的伟大革命运动”的讲座，举行有关五四运动的知识竞赛。

郑××：围绕纪念五四运动九十四周年，宣传部准备做两件事：(1) 营造氛围。校园和教室的橱窗、墙报的内容均突出“五四”；校广播站从 4 月下旬至 5 月上旬每天播出有关“五四”的知识及歌曲。(2) 举办“发扬‘五四’精神，迎接新世纪挑战”的演讲比赛。

柏××：文娱部准备在 5 月 4 日召开的纪念会上献上一台文艺节目。

宁××：为纪念“五四”，体育部在一年级举行篮球比赛，二年级举行排球比赛。

钱××：为搞好这次纪念活动，我们生活部一要搞好后勤服务工作，二要搞好全校的卫生工作，干干净净迎“五四”。

（三）决议

1. 由学生会主席草拟一份纪念活动计划，报学生工作处审批。

2. 召开班长会议，布置纪念活动的内容，提出要求。

3. 学校的宣传工作（橱窗、墙报、广播、演讲比赛）由宣传部组织各班宣传委员去做，演讲比赛于 4 月 30 日举行。

4. 讲座、知识竞赛由学习部组织各班学习委员去做，5 月 2 日前完成。

5. 文艺节目由文娱部组织各班文娱委员筹备，在 5 月 4 日的纪念会上演出。

6. 篮、排球预赛由体育部统一安排时间、场地，决赛安排在 5 月 3 日下午进行。

为使各项活动、竞赛有序进行，各部长拟一份详细计划报主席处。各项竞赛的成绩于 5 月 3 日下午 6 时前交与主席，以便在 5 月 4 日下午的纪念会上宣布、颁奖。

下午 5 时 30 分散会。

主持人：伍××（签名）

记录人：张××（签名）

2013 年 3 月 26 日

【简析】

这是某职业学校学生会的会议记录。会议内容部分由主持人讲话、发言、决定三部分组成，按会议流程记录了会议情况。会议作出的决议记录具体、清楚。

【例文3-28】

产学研讨论会议记录

时　　间：2013年2月16日上午

主 持 人：毛××

出 席 人：黄××、王××、陈××、张××

列 席 人：林××、徐××、李××、梁××、朱××、吕××、郑××、董××、夏××、陆××、刘××、任××、冯××、范××

记 录 人：宋××

一、毛××同志传达了全国第二次产学研工作会议精神和2013年全省教育工作要点。要求要结合上级指示精神，创造性地开展工作。

二、会议决定，王××同志协助毛××同志主持学院行政日常工作。各单位、部门要及时向分管领导请示、汇报工作，分管领导要在职权范围内大胆工作，及时拍板。如有重要问题需要学院解决，则提交办公会议研究。

三、毛××同志再次重申了会议制度改革和加强管理问题。毛××强调，院长办公会议是决策会议，研究、解决学院办学过程中的重大问题。要形成例会制度，如无特殊情况，每周一上午召开，以确保及时研究问题、解决问题，提高工作效率。具体程序是，每周四前，在取得分管领导同意后，将需要解决的议题提交办公室。会议研究决定的问题，即为学院决策，各单位、部门要认真执行，办公室负责督促检查。

毛××就有关部门反映的教学管理中的若干具体问题，再次重申，一定要理顺工作关系，部门与部门之间、机关与分院之间、分院与分院之间一定要做好沟通、衔接工作，互相理解，互相支持。机关职能部门要注意通过努力工作来树立自己的形象。基层分院要提高工作效率，对没有按时间控制点完成任务的要提出批评。要切实加强基础管理工作，查漏补缺，努力杜绝教学事故的发生。

四、会议决定，要进一步关心学生的生活问题。责成学生处结合教室管理等工作，落实好学生的勤工俭学任务。将教工餐厅移到二楼，一楼餐厅全部供学生使用，以解决学生就餐拥挤问题。针对校外施工单位晚上违规施工，影响学生休息问题，会议责成计划财务处立即与高教园区管委会反映，尽快妥善解决。

五、会议决定，要规范学生的技能鉴定工作。重申，学生毕业之前须取得中级以上技能证书，才能发给毕业证书。由产业园设计中心（考工站）具体组织学生的报名、培训和考核工作。

六、会议决定，要加强对外交流和学习。争取利用暑假期间，组织教工到境外考察学习。

七、针对今年的招生工作，会议决定，召开一次专题会议，统筹解决今年招生中的重大问题。

主持人：毛××（签名）

记录人：宋××（签名）

2013年2月16日

【简析】

这是一篇产学研讨会会议记录，文章主体按会议内容分成七点，并对毛院长的讲话作了详细记录，会议决定清晰明了。格式符合会议记录的要求。

【例文3-29】

××市代表团第一组会议记录

会议名称：小组会议

会议议程：讨论《政府工作报告》

时间：××××年××月××日

地址：第二会议室

主持：刘××

出席：全组代表13人

列席：××日报社记者

记录：陈××

许××代表说，××县教师去年几次闹事，主要矛盾是上边给政策，下边没有钱，老师的奖金不好兑现。应当说，××市整个教育工作在全省不算落后，最大的问题是经费问题。农村中小学除人头费外，其余费用都是由农民负担。在5%的定项限额中，拿出1.2%给教育，比例不算小，有800多万元，可是去了人头费，剩不下几个钱。去年上边要求给教师增加补贴、资金，县里拿不出钱，经多方筹措只兑现了一部分，因而引起教师不满。教师们说，教育是治国之本，教师的地位提高了，为什么连奖金、补贴还解决不了？最后财政拿出一部分，乡镇拿出一部分，学校勤工俭学解决一部分。勤工俭学一块绝大多数没有解决。越是穷的地方，问题还越多。

赵××代表说，从××区的情况看，近几年教育事业发展比较快，二部制的问题解决了，倒房的问题也基本上得到解决，但是教学质量普遍不高。区内7所中学，唯有一中好一点，小学上中学非常困难。在我们那里，学生进好学校要多交钱，转学也要多交钱。好的学校超额，差的学校没人愿意去。家长对学生读书也失去了信心。条件比较好的××校，其实那里的老师也很可怜的。有时买粉笔没钱，平时上市里开会，车票还得自己报销。靠老师们轮流在收发室卖冰棍，洗理费也只能发2元钱。

吕××代表说，从××××年到××××年的5年间，全市教育经费支出12.554万元，是新中国成立以来投入最多的时期，与其他各项社会事业比较，也是追加投资最多的。尽管如此，教育事业的困难还是挺多。一边是教师超编，另一边是能干的、水平高的教师又特别少。这说明教育本身的大锅饭比较严重。教师不管水平高低、能力大小，够年头就评职称，就长工资。这样不利于鼓励教师钻研业务，提高素质和水平。解决这个问题，光靠财政不行，要在教育系统进行优化组合，富余人员去开辟新的创收门路。要在实行校长负责制下，实行教师聘用制。

王××代表说，目前，在教师和科研队伍中，滥竽充数的太多了。只有初中毕业学历的21岁小姑娘，也成了助理会计师，28岁的高中毕业生也得了个工程师的职称。

王××代表气愤地说，和这些人平起平坐，我真想把自己的工程师证书扔了。

谷××代表说，目前教育方面存在的问题比较多，也比较突出，已经引起了上上下下的高度重视。从现在教育的状况看未来是可怕的，特别是学校的思想政治工作，德育问题亟待加强。

于××、曾××代表说，现在师生压力都比较大。一些年轻教师向钱看，不安心工作，学生两极分化。我们建议，要切实加强学校的思想政治工作，加强共青团和少先队建设。今后在招生时，对班级团、队干部的分数应适当放宽，以便调动、鼓励他们参与管理学校的积极性。希望省里在这方面作出决定。

主持人：刘××（签名）
记录人：陈××（签名）
××××年××月××日

【简析】

这是一份市代表团的会议记录。会议内容由各位代表的发言构成，格式规范，记录详细清楚。

【例文3－30】

××市城北开发区管委会办公会议记录

时间：2013年4月8日上午

地点：管委会会议室

主持人：李××（管委会主任）

出席者：杨××（管委会副主任）、周××（管委会副主任管城建）、李××（市建委副主 任）、肖××（市工商局副局长）、陈××（市建委城建科科长）及建委、工商局有关科室宣传人员。街道居委会负责人。

列席者：管委会全体干部

记录：邹××（管委会办公室秘书）

讨论议题：

1. 如何整顿城市市场秩序。

2. 如何制止违章建筑、维护市容市貌。

杨主任报告城市现状：我区过去在开发区党委领导下，各职能单位同心协力、齐抓共管在创建文明卫生城市方面取得了一定成绩，相应的城市市场秩序有一定进步，市容街道也较可观。可近几个月来，市场秩序倒退了，街道上小商贩逐渐多起来，水果摊、菜担、小百货满街乱摆……一些建筑施工单位沿街违章搭棚。乱堆放材料，搬运泥土撒落大街……这些情况严重地破坏了市容市貌，使大街变得又乱又脏；社会各界反应很强烈。因此今天请大家来研究：如何整顿市场秩序？如何治理违章建筑、违章作业、维护市容……

讨论发言（按发言顺序记录）。

肖××：个体商贩不按规定到指定市场经营，管理不得力、处理不坚决，我们有责任。这件事我们坚决抓落实：重新宣传市场有关规定，坐商归店、小贩归市、农民卖蔬菜副食到专门的农贸市场……工商局全面出动处理，也希望街道居委会配合，具体行动方案我们再考虑。

罗××（工商局市管科科长）：市场是到了非整不可的地步了。我们的方针、办法都有了，过去实行过，都是行之有效的，现在的问题是要有人抓，敢于抓落到实处。……只要大家齐心协力问题是能够解决的。

秦××（居委会主任）：整顿市场纪律我们居委会也有责任。我们一定发动群众配合好，制止乱摆摊，乱叫卖的现象。

李××（建委副主任）：去年上半年创建文明卫生城市时，市政府出了七号文件，其中规定施工单位不能乱摆战场。工棚、工场不得临街设置，更不准侵占人行道。沿街面施工要有安全防护措施……今年有的施工单位不顾市政府的文件，在人行道上搭工棚、堆器材。这些违章作业严重地影响了街道整齐、美观，也影响了行人安全。基建取出的泥土，拖斗车装得过多，外运时沿街散落，到处有泥沙，破坏了街道整洁。希望管委会召集施工单位开一次会，重申市政府七号文件，要求他们限期改正，否则按文件规定惩处。态度要明确、坚决。

陈××：对犯规者一是教育，二是严肃处理。“不教而杀谓之虐”，我们先宣传教育，如果施工单位仍我行我素不执行，那时按文件严肃处理，他们也就无话可说。

周××：城市管理我们都有文件、有办法，现在是贵在执行，职能部门是主力军，着重抓，其他部门配合抓。居委会把居民特别是“执勤老人”（退休职工）都发动起来，按七号文件办事，我们市区就会文明、清洁，面貌改观……

与会人员经过充分讨论、协商，一致决定：

1. 由工商局牵头，居委会和其他部门配合，第一周宣传、第二周行动，监督实施，做到坐商归店，摊贩归点，农贸归市，彻底改变市场紊乱状况。

2. 由管委会牵头，城建委等单位配合对全区建筑工地进行一次检查。然后召开一次施工单位会议，对违章建筑、违章工场限期改正。一个月内改变面貌。过时不改者，坚决照章处理。

散会。

主持人：李××（签名）
记录人：邹××（签名）
2013年4月8日

【简析】

这是一份会议的详细记录。由标题、会议组织情况、会议内容和结尾四个部分组成。标题显示了会议单位和会议内容。会议组织情况部分，注明了每一位与会者的身份。对会议进行情况的记录详细，决议部分记录得条目清晰。结尾的结束语及签名齐备。全篇记录格式规范，详细到位。

【例文3－31】

××公司项目会议记录

时间：2013年9月1日

地点：公司会议室

出席人：公司各部门主任

主持人：马××（公司副总经理）

记录人：祁××（办公室主任）

一、主持人讲话：

今天主要讨论一下《××办公包》软件是否投入开发以及如何开展前期工作的问题。

二、发言：

技术部朱总：类似的办公软件已经有不少，如美国微软公司的WORD、金山公司的WPS系列，以及众多的财务、税务、管理方面的软件。我认为首要的问题是确定选题方向，如果没有特点，千万不能动手。

资料部祁主任：应该看到的是，办公软件虽然很多，但从专业角度而言，大都不很规范。我指的是编辑方面的问题。如 WORD 中对于行政公文这一块就干脆忽略掉，而书信这一部分也大多是英文习惯，中国人使用起来很不方便。WPS 是中国人开发的软件，在技术上很有特点，但中文应用文方面的编辑十分简陋，离专业水准很远。我认为我们定位在这一方面是很有市场的。

市场部唐主任：这是在众多“航空母舰”中间寻求突破，我认为有成功的希望，关键的问题就是必须小巧，并且速度极快。因为我们建造的不是“航空母舰”，这就必须考虑到兼容问题。

三、各部门都同意立项，初步的技术方案将在十天内完成，资料部预计需要三个月完成资料编辑工作，系统集成约需要二十天，该软件预定于元旦投放市场。

散会。

主持人：马××（签名）
记录人：祁××（签名）
2013 年 9 月 1 日

【简析】

这是一篇公司的项目会议记录，主要对各部门领导的发言作了详尽的记录，最后简单阐述了会议决定。文章不长，简洁清楚。

第七节　述职报告

一、述职报告概述

述职报告是向领导和群众陈述一定时期内履行岗位职责、完成工作任务的情况，以及评述自己的成绩、问题、体会、设想等，它是总结、报告的一种特殊形式，用来对公务员和专业技术人员进行考查和评价。

二、述职报告的作用

现在，社会分工越来越细，岗位职责越来越明确，随着干部体制改革的推行，岗位职责制与任聘制的实施，个人与职位的对应关系越来越密切。述职报告既是个人履行岗位职责的自我回顾，也是组织人事部门考核、选拔、任用干部的重要依据。

三、述职报告的特点

（一）个人性

述职报告对自身所负责的组织或者部门在某一阶段的工作进行全面的回顾，按照法规在一定时间（立法会议或者上级开会期间和工作任期之后）进行，要从工作实践中去总结成绩和经验，找出不足与教训，从而对过去的工作作出正确的结论。与一般报告不一样的是，述职报告特别强调个人性。个人对工作负有职责。自己亲身经历或者督查的材料必须真实。这就要在写作上更多地采用叙述的表达方式。还要据实议事，运用画龙点睛式的议论，提出主题，写明层义。讲究摆事实，讲道理；事实是主要的，议论是必要的。在写法上，以叙述说明为主。叙述不是详叙，是概叙；说明要平实准确，不能旁征博引。

（二）规律性

述职报告要写事实，但不是把已经发生过的事实简单地罗列在一起。它必须对搜集来的事实、数据、材料等进行认真的归类、整理、分析、研究。通过这一过程，从中找出某种带有普遍性的规律，得出公正的评价议论，即主题和层义以及众多小观点（包括了经验和规律的思想认识）。如果不能把感性的事实上升到理性的规律性的高度，就不可能作为未来行动的向导。当然，述职报告中规律性的认识，是从实际出发的认识，实践性很强，也就不需要很高的思辨性。不管怎样，述职报告是否具有理论性、规律性是衡量一篇述职报告好坏的重要标准。述职报告的目的在于总结经验教训，使未来的工作能在前期工作的基础上有所进步，有所提高，因此述职报告对以后的工作具有很强的借鉴作用。任何一项工作都不可能是凭空而来，总是具有一定的继承性与创新性。而继承性，就是要继承以前工作中的一些好的方面，去掉不好的方面，然后加以创新，工作才会有进步，完全抛离过去的工作创新是不可能的。策略性也是规律性的一个方面。策略即今后的工作计划，是述职报告的重点内容。

（三）通俗性

面对会议听众，要尽可能让个性不同、情况各异的与会代表全部听懂，这就决定了讲话稿必须具有通俗性。对于与会者来说，内容应当是通俗易懂的。即使是专业性、学术性很强的内容，也要尽可能明晰准确，以与会者理解为标准。形式是通俗的，结构是格式化的，语言则是口语化的。不同于一般的科学文章，更不同于一般的公文，最明显的一点是语言的口语化。一般的科学文章，主要诉诸人们的视觉，要让读者理解，语言就要概括精练，甚至讲究专业性。而一般公文尤其是行政公文，语言更是规范的，有的格式用语甚至是特定的，最重视的是准确、明晰、简练。相反，讲话稿的语言则由讲话的本身性质所决定的，必须口语化。由于讲话是声入心通的人和人之间的传播活动，需要更加适应人们的接受心理，拉近讲话者和听众的心理距离，这就特别讲究语言的大众化、口语化。

（四）艺术性

述职报告的艺术性是魅力所在，直接影响着整个报告这一艺术生命体。这样，写作述职报告必然联系整体的讲话活动特点来进行。“述职报告”一词，可以分为两部分来看待：“述职”，是主体的实质性道理；“报告”，是呈现表象而又整体的艺术生命体。报告者要两者并重。写作述职报告，最好从上述总的认识出发。

通俗性，一般表现在口语化、感情化、个性化的语言上。写述职报告时要变文字为有声语言：(1) 语言生活化、口语化、大众化。(2) 多用短句子，注意长短交叉合理，随物（公务和感情）赋形。(3) 慎用文语（古语和欧化语），作点缀之用。(4) 少用单音词。(5) 避免同音不同义或易混淆的词语。(6) 不随便用简略语。(7) 可以适当增加语气词如“吧”“吗”之类。(8) 为了方便聆听，有些标点符号还要用文字代替，如顿号改为“和”，破折号改为“是”，引号表示否定时加“所谓”，括号补充另用文字说明等。

四、述职报告的种类

述职报告的分类，可以从几个不同的角度进行划分，因而存在着交叉现象。

（一）从内容上划分

1. 综合性述职报告

综合性述职报告是指报告内容是一个时期所做工作的全面、综合的反映。

2. 专题性述职报告

专题性述职报告是指报告内容是对某一方面的工作的专题反映。

3. 单项工作述职报告

单项工作述职报告是指报告内容是对某项具体工作的汇报。这往往是临时性的工作，又是专项性的工作。

（二）从时间上划分

1. 任期述职报告

任期述职报告是指从任现职以来的总体工作进行报告。一般来说，时间较长，涉及面较广，要写出一届任期的情况。

2. 年度述职报告

年度述职报告是指一年一度的述职报告，写本年度的履职情况。

3. 临时性述职报告

临时性述职报告是指担任某一项临时性的职务，写出其任职情况。比如，负责了一期的招生工作，或主持一项科学实验，或组织了一项体育竞赛，写出其履职情况。

（三）从表达形式上划分

1. 口头述职报告

口头述职报告是指需要向选区选民述职，或向本单位职工群众述职的，用口语化的语言写成的述职报告。

2. 书面述职报告

书面述职报告是指向上级领导机关或人事部门报告的书面述职报告。要注意将“工作总结”同述职报告区别开来。工作总结，可以是单位的、集体的，也可以是个人的，其写作角度是全方位的，即凡属重大的工作业绩、出现的问题、经验教训、今后工作设想等都可以写。而述职报告却不同，它要求侧重写个人执行职守方面的有关情况，往往不与本部门、本单位的总体业绩、问题相掺杂。

五、述职报告的写作

（一）述职报告的格式

述职报告没有固定的写作模式，根据不同类型和主旨，可灵活安排结构。一般由标题、抬头、正文、落款四部分组成。

1. 述职报告标题

个人述职报告的标题，常见的写法有三种：

（1）文种式标题，只写《述职报告》。

（2）公文式标题，姓名＋时限＋事由＋文种名称，如《刘××2012年至2013年试聘期述职报告》《××××年至××××年任商业局长职务的述职报告》。

（3）文章式标题用正题，或正副题配合，如《××××年个人述职报告》《思想政治工作要结合经济工作一起抓——××造纸厂厂长王××的述职报告》。

2. 述职报告抬头

（1）书面报告的抬头，写主送单位名称“如××党委”“××组织部”或“××人事处”等。

（2）口述报告的抬头，写对听者的称谓如“各位代表”“各位委员”“各位同志”，或“各位领导，同志们”。

3. 个人述职报告正文

个人述职报告的正文，由开头、主体、结尾三部分组成。

（1）开头。

开头，又叫引语，一般交代任职的自然情况，包括何时任何职，变动情况及背景；岗位职责和考核期内的目标任务情况及个人认识；对自己工作尽职的整体评估，确定述职范围和基调。这部分要写得简明扼要，给听者一个大体印象。

（2）主体。

主体，是述职报告的中心内容，主要写实绩、做法、经验、体会或教训、问题，要强调写好以下几个方面：

对党和国家的路线方针政策、法纪和指示的贯彻执行情况；对上级交办事项的完成情况；对分管工作任务完成的情况；在工作中出了哪些主意，采取了哪些措施，作出哪些决策，解决了哪些实际问题，纠正了哪些偏差，做了哪些实际工作，取得了哪些业绩；个人的思想作风、职业道德，廉洁从政和关心群众等情况；写出存在的主要问题，并分析问题产生的原因，提出今后改进的意见和措施。

这部分，要写得具体、充实、有理有据、条理清楚。由于这部分内容涉及面广，量多，所以宜分条列项写出。“条”“项”要注意把内在逻辑关系安排好。

（3）结尾。

结尾一般写结束语。用“以上报告，请审阅”“以上报告，请审查”“特此报告，请审查”“以上报告，请领导、同志们批评指正”等作结。

4. 落款

述职报告的落款，写上述职人姓名和述职日期或成文日期。署名可放在标题之下，也可以放文尾。

（二）述职报告的写作注意事项

1. 实事求是

述职报告要务实，要既讲成绩又讲失误，既讲优点又讲不足，不能揽功诿过。对具有较大影响，能显示自己工作能力和水平的工作实绩，要写得深入透彻；对一般性工作、常规性工作可尽量少写或一笔带过。述职报告还要处理好主管与协管工作之间的关系，要注意把个人成绩和集体成绩分清，处理好个人与集体、个人与上级及同级之间的关系。述职报告重点应阐述主管工作的情况，公正、准确，既不拔高，也不贬低，更不能有失公允，力求反映工作的真实面貌。对于协管的工作，要讲清楚参与程度、发挥的作用，投入的精力时间，解决的困难等。

2. 突出特点

不同的岗位、不同的层次、不同的行业的领导有不同的工作内容和方法，即使同一职务的领导也会因分工的不同有不同的工作重点，至于工作方法，就更是各具特色了。鉴于这种情况，述职者要突出自己工作的特点，显示自己的工作个性，尽量避免那种千部一腔、千人一面，没有特点没有个性的写法。

3. 抓住重点

不论是按工作内容分类，还是按时间顺序叙述，述职报告都不要事无巨细、面面俱到，否则，很容易写成一篇平淡冗长的流水账。要有意识地抓住核心问题，突出重要成绩，总结主要教训。凡重点部分，要写得详细、具体、充分、全面；次要部分，则可约略提及，一笔带过。

4. 虚实结合

“虚”指理论观点，“实”指具体工作情况。述职报告应该以叙事为主，论理为辅，用叙议结合的方式来表达。既不能像大事记或记流水账那样就事论事，堆砌材料，也不能像理论文章一样，通篇理论阐述，缺乏事实根据。最好的方法是叙议结合，在事实的基础上加以概括总结，使理论与事实二者有机地结合起来。

5. 语言简练

述职报告的语言要精练，要尽量写短一些、精粹一些。述职报告的撰写需要一定的综合概括和文字表达能力，切忌数字化和概论化，也不必过于追求文字的华美。要尽量少用形容词和诸如“大体上”“差不多”之类模棱两可的话。对情况的交代、过程的叙述以说明问题为宜，切忌冗长空泛，拖泥带水。

【例文 3－32】

××××年述职报告

考评组的各位领导、同志们：

今年3月，我被组织任命为办公室副主任。主要分管秘书一科、督查科，侧重办公室行政事务。五个多月来，在主任的领导下，在同志们的配合支持下，我围绕办公室的工作特点和工作规律，努力适应新的岗位要求，认真履行自己的职责，集中大家的智慧，凝聚大家的力量，不敢有丝毫的懈怠，扎扎实实地开展了各项工作，较好地完成了工作任务。

下面，将我任职以来的学习、工作情况向大家作一简要述职，请予评议。

一、主要工作目标

1. 根据集团公司整体部署，搞好调查研究，掌握上级政策和基层情况，抓好办公室拟办的有关信息刊物，为集团公司领导决策提供信息服务。

2. 起草集团公司行政方面的工作报告、领导讲话、文件等有关材料。

3. 对集团公司文件、会议决定事项及领导指示的执行情况进行督促检查。

4. 组织秘书人员的业务和政治学习，不断提高秘书的工作质量和工作效率。

5. 完成集团公司领导及办公室主任安排的其他工作任务。

二、工作措施和效果

一是加强文稿起草工作，进一步提高了文字质量。积极开展“传、帮、带”和岗位练兵活动，组织秘书班子完成了大量的写作任务。先后起草了“劳模会报告”“重点工程建设动员报告”“转变干部作风动员报告”“向省委巡视组的汇报材料”“全国煤炭行业人才工作会议经验材料”“下半年安全工作报告”“下半年工作会报告”“大中专毕业生就业动员报告”“全国煤炭行业发展循环经济工作会议经验材料”“集团公司现场办公汇报材料”，等等。

二是落实督查督办职能，促进了集团公司政令畅通。紧紧围绕集团公司党政的重大决策和重要工作部署，开展督查工作。重点突出了对集团公司职代会确定的15项重点工程的督查，坚持每月了解工程进展情况和存在的问题，通过《资讯》及有关渠道，及时向领导进行了反馈。集团公司转变干部作风动员会后，根据党委安排，对各单位贯彻会议精神情况进行了督查。

三是认真参与调查研究，积极为领导决策服务。根据集团公司领导指示，先后组织了两次关于机关作风建设的座谈会，分机关部门和基层单位对改进机关作风进行了调研，对最终形成《加强和改进机关作风建设实施细则》起到了重要的作用。8月中旬，积极参与了安全生产调研，摸清了八矿六厂今年后几个月的生产预计完成情况、明年的生产准备情况，以及各单位十年生产规划的制定情况，为领导正确决策提供了可靠的依据。

四是服务党政中心工作，协助领导处理日常事务。在集团公司的重大工作方面，积极协助刘主任做好协调服务。先后参与了第七次党代会的会务组织工作、中央十家新闻采访的接待工作、周边农民封堵公路、铁路的处理工作、科技创新大会的筹备工作以及董事会秘书处的日常事务性工作，发挥了参谋和助手作用。

五是加强信息沟通工作，努力为领导、机关和基层提供服务。坚持加强信息建设，将集团公司领导的重要指示通过《资讯》及时进行传达，对基层单位的工作起到了积极的指导作用。同时，通过相关的信息渠道，随时了解掌握方方面面的情况，特别是基层单位一些好的做法和经验，依托《资讯》及时向领导反映，为领导把握全局、正确决策提供了依据。今年以来，《资讯》已经编发21期。另外，还新编了《副处级以上领导干部通讯录》，为全集团公司提供了通讯联络方面的良好服务。

三、廉洁自律情况

我一贯对自己要求严格，能够认真遵守廉洁自律的有关规定和集团公司“六条禁令”。工作中守原则、讲公道，时刻提醒自己，“不该说的话坚决不说，不该办的事坚决不办”，没有吃、拿、卡、要的行为，没有违反规定用公款进行高消费娱乐活动，没有参与过任何形式的赌博活动。

四、自我评价

1. 优点及不足。优点：(1) 爱学习，肯钻研；(2) 能吃苦，能奉献；(3) 责任心和敬业精神强，对工作认真负责。不足：(1) 管理经验相对不足；(2) 用辩证法分析思考问题的能力还不强；(3) 政策理论水平需要进一步提高。

2. 努力方向。一是要围绕中心，突出重点，当好领导的参谋和助手。二是要加强学习，注重实践，不断提高自身素质。三是要扎实工作，求真务实，树立良好的形象，绝不辜负领导和同志们的期望。

以上是我任现职以来的述职报告，不妥之处，请各位领导和同志们批评指正。

述职人：办公室副主任××（签字）

××××年 ××月 ××日

【简析】

这是一篇办公室副主任××××年的述职报告，首段简明扼要，简述了自己5个月的任职情况。然后就主要工作目标、工作措施和效果、廉洁自律情况、自我评价四个方面进行论述，重点突出在工作措施和效果方面，条理清楚。

【例文 3-33】

××××年度述职报告

各位领导、职工代表同志们：

首先，感谢××总经理、××书记及班子成员一年来对我工作的关心指导，感谢各位领导及职工同志们对我工作的支持帮助。

2013 年，根据公司领导班子分工，我主要负责（除××二厂）、××区域及××公司的生产、安全管理工作和薪酬考核工作。一年来，我紧密团结在公司党政周围，动员和带领干部职工，团结一心，积极进取，在所负责区域的各位领导和职工同志们的共同努力下，共完成大小工程 120 项，完成乙方收入 11223 万元，占全公司乙方收入的 46%。质量管理方面，取得了分项工程一次合格率 99.5%，焊接一次合格率 92.6% 的好成绩。安全管理方面，工业生产事故及交通、火灾事故均在指挥部下达的控制指标之内。增收节支方面，为公司节省，增加利润 227 万余元。薪酬及津贴考核发放××万元，与去年持平。效益考核发放效益工资（将要进行）××万元，与去年同比增加××万元。结合一年来的工作，我从以下五个方面向各位领导及职工代表同志们述职如下，请审议。

一、加强学习，提高思想认识

一年来，我始终把指挥部"两会"精神作为贯穿全年工作的行动指南，结合公司党委开展的"三学一转变"（学政策、学理论、学业务，转变工作作风）主题活动，采取党委中心组集中学、业余时间自己学的方式，主要对十八大报告进行了系统的学习，并撰写了心得体会。通过学习我有以下几点体会和认识：

1. 发展是硬道理。要坚持把发展作为第一要务，不发展困难就克服不了，矛盾就解决不了，只有实现了真正意义上的做优做强安装、发展壮大管道、巩固提升建筑筑路，才能真正走出困境，步入良性发展轨道。

2. 工作要有热情，要有创新。对工作有热情才有好的精神状态，才有克服困难的勇气，才能激发灵感，提供创新的动力。

3. 团结就是力量。作为企业，必须要有一个团结务实的领导班子，急生存所急、想发展所想，顾大局、识大体，一心一意谋发展，才能形成合力，带出一支战无不胜的队伍。

4. 要热爱我们的事业，关心我们的职工。要满腔热忱地关心我们的职工群众，尤其是关心他们的生活，只有关心好职工群众，才能唤起职工同志们关心企业、热爱企业的热情。

二、主要工作完成情况

1. 认识明确，把握重点。质量是施工企业的生命线。2013 年年初，由于以往年度一些质量问题的暴露和××厂的一起质量事故，给我们的质量工作敲响了警钟。为此，及时提出了开展"告别低、老、坏"，追求零缺陷质量管理年活动的建议，得到了公司领导班子成员的一致认可，并制订下发了一系列考核奖惩办法。5 月份，针对施工过程中出现焊接一次合格率不足 80% 的质量问题，当即组织××区域员工召开了质量事故现场分析会，分析原因，吸取教训，提高全员质量意识。6 月份又与其他领导一起组织召开了××、××区块质量分析总结大会，查找不足，总结经验，制定改进措施，狠抓落实。在公司主管部门及基层领导的共同努力下，公司全体员工质量意识明显提高，至年底，公司焊接一次合格率达到92.6%，较去年有了较大的提高，尤其是2013年的工程质量得到甲方的普遍认可。同时，××项目和××项目被提名参加指挥部2013年优质工程评选。

2. 以人为本，安全第一。我们所从事的行业是高危行业，我本着职工的安全、健康是第一要务的思想进行安全生产的管理工作。首先是加大生产、安全、监督部门的管理工作力度，严格动火、动土措施的落实，加大现场检查的力度。其次是注重关心职工的生活问题，在物业管理站的努力下，职工伙食得到改善，驱寒热汤送到了工地，确保职工精力充沛地进行工作，为安全生产提供体力精力保障。

3. 文明施工树形象。文明施工形象体现着一个企业的基础管理水平，基础工作水平代表着一个企业的管理水平。因此，新年伊始我就把这一工作作为2013年一项重点工作来抓，从项目前期的策划、临设的建设、基础工作的设立及运行中的标示都努力要求按高起点、高标准、高水平运行，通过全体职工的努力，工作有了一定起色，尤其是建筑一、二、三公司的施工现场得到了指挥部与甲方的高度称赞。

4. 加强领导，精细管理。结合指挥部开展的增收节支工作，按照公司领导班子的部署，我会同公司总会计师及相关部门负责人深入基层单位，和机关部门及基层单位领导共同分析生产经营过程中的漏洞和薄弱环节，落实增收节支指标，确保增收节支工作落到实处。并从自身做起，落实增收节支工作，停用××电话一部，节约1200元，建议实行车辆第三责任险，节约保险费16万元；顶着压力，规范理顺××分公司土建项目的管理，增加管理费30余万元。同时针对施工组织设计多为形势少实用的情况，多次与基层领导及技术人员探讨并组织实施，经过大家的努力，这一情况有了一定的改善。这一工作还有待于我们大家在以后的工作中进一步的细化，以保证我们的每一项工作计划都能有的放矢，不打无准备之仗、无计划之仗，做到言必行、行必果，保证施工工期，树立我们的良好信誉形象。

5. 转变观念，求实创新。作为分管××市、××市生产经营工作的副经理之一，自己以积极的工作态度和高度责任心深入施工现场，认真了解分析施工现场的每一个环节，结合公司项目法施工管理，初步实施了由生产型向经营型转变的施工管理模式。在××公司重点工程项目××2800方污水及××改建工程的组织中，分公司在蓝图还未下来时就组织项目施工人员积极与甲方联系，进行技术交底，提前介入，提早计划，在项目实施过程中，按照施工组织设计方案，狠抓落实，经过与施工单位的共同努力确保了这两项工程的按期投运。效益最大化是企业的最终目标。2013年，××公司压缩成本，其中对成本改造这一块下发了调整费用的文件，费用下浮幅度平均高达30%，对我公司经营工作造成较大冲击。针对这一情况，立即向公司主要领导汇报，并提出了解决方案，经营部门会同各基层施工单位对文件进行详细的了解分析，并对预算情况进行了深入了解掌握，顶着结算压力提出异议上报指挥部，经过指挥部领导和上级有关部门的交涉为公司挽回损失170余万元。

三、严于律己，率先垂范，清正廉洁

作为一名共产党员，我时刻牢记“两个务必”，发扬艰苦奋斗和谦虚谨慎的优良传统，树立正确的权利观、地位观，认认真真做事，清清白白做人。

一是加强学习，树立公正廉洁的干部形象。“公生明、廉生威”。作为一名领导干部，自己能够坚持科学的发展观，树立正确的干群观和政绩观，自觉学习“两个条例”，并按照中纪委提出的“四大纪律”“八项要求”“三个不得”的要求，严格要求自己，对照领导干部形象标准，进行自我检查，做到公平、公开、公正，始终保持勤政廉洁的作风。

二是严守纪律，洁身自好。在工作中时刻遵循党风廉政建设的各项规章制度。做到了不为他人谋取私利，不以权压人；不接受有业务往来施工单位和个人赠送的高档礼品和有价证券；不利用工作之便为自己的亲属、朋友办违背原则和违反公司制度的事。在对外接待及业务工作往来中，遵循节俭的原则，为公司能省一分钱算一分钱。时刻把公司和职工的利益放在首位。始终把自己置身于法度之内。坚持不越雷池一步。

2014 年，是公司加快发展的重要一年。作为公司领导班子成员，自己有责任，也有信心，不断加强学习，提高自身管理水平，围绕公司发展目标，求真务实，积极工作，全力支持配合公司主要领导和班子成员的工作，与公司两级领导班子一道，正视困难，迎接挑战，抓住机遇，使公司真正实现扭亏脱困，步入良性发展的轨道。

谢谢大家！

述职人：×公司经理×× （签字）

××××年 ××月 ××日

【简析】

这是一篇某工程公司经理的述职报告，就自己在工作中的表现，取得的成绩以及经验教训进行阐述，结尾提出了今后努力的方向和改进的意见措施。

【例文 3－34】

××××年度述职报告

尊敬的各位领导、各位同事：

2013 年是集团公司“以人为本、科学管理，努力推进阳光集团各项管理工作向纵深发展”的一年，是公司各项经营管理工作实施精细化管理的关键之年。文秘档案科在经理办主任的直接领导和指挥下，2013 年科室人员兢兢业业，勤奋工作，在各项管理业务中都取得了一定成绩，较好地完成了各自的工作职责，下面我主要围绕公文处理、报刊宣传、文印档案管理三方面内容向各位领导和同事简要汇报如下：

第一，规范严密办理公文处理事务。

文秘科 2013 年年累计起草讲话近 40 篇约 30 万字；起草各类通知、决定、公函、请示等对内、对外红头文件 68 件，文字达 10 万余字。相对圆满地完成了各种公文起草、签发、校对、编印、受控、分发、催办、上报等系统工作。尤其是在公司《岗位规章》《职称评定晋级》《标准化车间建设》等涉及公司重大决策的公文处理中，严密组织，积极配合，为公司领导的决策提出了一些具有建设性的意见和建议。

全年，文秘科围绕民主管理、领导政协发言、和谐劳动关系、环保建设、安全工作、铁路发运、上市工作以及“五一”期间省、市、县三级劳模及先进个人事迹的起草、修改和上报工作，累计向上级政府及职能部门和行业管理单位上报近 40 篇上报材料。同时，文秘科及时认真办理总经理办公会及外事会议，以及公司级各类会议的文字记录及整理工作；同时较好地完成了各类会议的资料准备，公司公文、公函收发、交办、催办等具体事务。必要时，还按照会议及公文要求进行传达、催办等事项，无出现任何纰漏。

2013 年，文秘科分别对各直属单位的文件受控、公文处理、公章管理等办公室工作进行了两次综合检查和指导，为规范各单位的公文处理系统工作起到了积极的推进作用。

第二，突出重点加大报纸宣传力度。

年内，文秘科围绕公司每个阶段不同的宣传重点，圆满地完成了全年《光明之路》企业内部报刊的编辑、宣传、发行等工作，共出版12期报纸，累计编辑报纸版面65个，编辑、校对稿件480余篇，20多万字（其中，文秘科编写稿件60余篇）。在公司领导的关爱下，《光明之路》从6月份开始改为彩色印刷，提高了印刷质量，做到了版面大方新颖、职工喜闻乐见，报刊发行到一线班组、一线岗位，较好地宣传了职代会、技术比武、员工思想政治工作、节能减排增收节支、企业文化以及公司领导在重大会议上具有指导性的纲领性讲话等重点宣传工作，并择优推荐在《××风采》《××新闻》上署名发稿10篇，提供稿件材料10余篇。2013年3月，文秘科将各单位稿件任务纳入"2013"考核以来，各单位稿件数量和质量较去年有了很大的变化，每月各单位大约投送稿件100余篇，全年共收集稿件1200余篇，确保了《光明之路》稿件来源和稿件质量。报纸的定期出版和有效发行，赢得了广大员工的厚爱，真正体现了《光明之路》"展示公司风采、传播企业文化、服务生产经营"的办报宗旨。

第三，积极稳妥推进文印档案管理。

响应公司"节能降耗、增收节支"的号召，文印中心从节约每一张纸入手，复印材料时能缩印的就缩印，能双面复印的就双面复印；在耗材管理上建立了耗材购进、领用台账，专人负责，账目明细。全年累计收入10万余元，实际消耗5.6万元，盈收4.5万元，比2012年增收35.6%。共办理印刷业务1000多种，完成采购耗材73种。

在档案管理上，由监察审计部牵头组织，对下属单位和机关部室进行了全面的档案资料审计检查工作，对各单位、部室档案管理工作进行了检查、规范，积极指导各单位建立规范的档案管理工作。档案室全年先后为××厂厂房维修、新建员工办公楼、污水零排放、××发电项目等基建项目及公司上市、日常经营管理等方面共提供档案查阅服务1800余人次，满足了公司生产经营的需要。

除了以上重点工作外，文秘科还积极协助环保部门对150万吨焦炉验收、员工楼奠基仪式、××广场竣工典礼等大型内部及外事活动的会务安排和来客接待的服务工作。尤其是重点服务企业文化塑造工程项目组的各项工作。

在培训工作上，文秘科按照公司安排，对全科室"职代会讲话""员工思想政治工作"，《管理规章》《质量环境体系》等进行培训学习、考试。并按照培训大纲要求，结合科室业务特点，对全体员工培训了电脑操作应用、商务礼仪等专业技能知识。围绕"公文处理、电脑操作和商务礼仪"，科室对全员进行了技术比武，有三名员工获公司级技术比武奖励。

一年来，文秘档案科全体员工团结合作，共同进步，各项管理工作虽较去年相比取得了一些成绩，但与公司和经理办的要求还有一定的距离，主要突出问题表现在：一是文秘档案管理和内部考核还不够具体量化、标准不高；二是员工队伍整体素质还比较薄弱，尤其是工作创新能力不足；三是参谋监督、协调服务的职能和作用还没有得到充分的发挥等。

针对这些矛盾和问题，2014年，文秘档案科全体员工将以"勤奋、敬业、谨慎、诚信"为工作作风，一是加大岗位业务培训力度，以企业文化全员宣传为契机，全面提高科室员工的综合素质，同时着手建设标准化科室；二是加强《光明之路》的舆论宣传导向，新开辟"员工风采""管理论坛"等栏目，多形式对特约记者、通讯员进行业务指导培训；

三是围绕“档案管理”这个薄弱环节，印发“档案管理补充规定”加大公司档案室对各单位、部室的指导、检查和考核力度，为全公司的档案管理的规范化、标准化建设作出积极努力。

以上就是文秘档案科全年的工作总结，请领导给予批评指正！谢谢大家！

述职人：文秘档案科 ××（签字）

2013年12月1日

【简析】

这是一篇文秘档案科职员的述职报告，详细介绍了这一年来文秘工作的成果，举证详尽、清楚，格式规范。

【例文3-35】

张××20××年至20××年述职报告

尊敬的各位领导、各位同事：

××××年以来，担任了82个班次，6729名学生，2295学时的主讲任务。年均主讲459学时。其中，计划内教学73个班次，4752名学生，1850学时，年均主讲达370学时。“邓小平理论”课教学经验在国家教育部邓小平理论教学经验交流会和全国青年学习邓小平理论经验交流会上作了介绍，得到党和国家领导人的高度重视和教育部，××省委、省政府的充分肯定，被评为学校优秀合格课程。发表论文45篇，出版专著6部，累计撰稿达60多万字。在省内外做专题报告40多场次，产生了一定的社会影响。现将基本情况报告如下：

一、认真学习理论，牢固地树立爱岗敬业的思想

五年来，能把“真信马列，真学马列，真讲马列，真干马列”，作为培养自己的政治素养的基本准则和一生追求的奋斗目标，在思想上政治上与党中央保持一致。

一是认真学习马列和毛泽东著作。如对《共产党宣言》《社会主义从空想到科学的发展》等马列经典著作，进行了反复学习和研究，不断加深了对基本原理的理解。潜心研究《邓小平文选》，为“邓小平理论”课的教学奠定了坚实的基础。

二是积极参加“三讲”和“三个代表”的教育。认真宣传党的政策，在社会上产生了一定影响。

三是较牢固地树立了爱岗敬业思想，有献身学校教育事业的志向。执教20多年来，尽管三尺讲台，清苦淡泊，但我却和大家一样无怨无悔，在三尺讲台默默耕耘。这是我搞好教学的力量源泉，也是自己治学严谨，善于团结合作，始终保持旺盛的工作热情，在学生中具有较高威信的重要原因。

二、刻苦钻研业务，及时掌握学科前沿发展趋势

经过进修硕士研究生课程和系统的理论学习，基础理论和专业知识扎实，能独立讲授研究生课程“社会主义理论与实践”，本科生“邓小平理论”“社会主义市场经济概论”“西方经济学评介”“海洋科学概论”“形势与政策教育”等多门课程。能较好地掌握本专业国内外前沿动态和发展趋势，独立选取和承担科研课题，具有独立解决本专业疑难复杂问题的能力和开拓创新能力。其体会是：

第一，只有刻苦钻研，才能逐步形成合理的知识结构。长期以来，自己十分重视业务学习，不断更新知识结构。目前已形成了具有自身特色的知识结构：一是较扎实地掌握了

政治理论知识；二是基本了解文学知识；三是具有一定的历史知识；四是基本了解市场经济理论；五是了解世界知识；六是初步了解计算机知识。这样的知识结构，使我能够较快地适应知识的更新和学生的求知欲望，收到了较好的教学效果。

第二，只有大胆创新，才能不断提高教学水平。创新体现在教学内容上，就是要敢于承担开设新课的任务。1986 年以来，我和其他同志一起，先后开设了“国际关系”“市场经济”“马列文献选读”“邓小平理论”“海洋科学概论”等五门新课程。所开课程，都较受学生欢迎，有一门课程获全国高校教学成果二等奖、四门课程获学校教学成果一等奖。创新体现在教学方法上，就是要善于研究和运用新手段新方法。近几年来，我注意从幻灯教学向多媒体教学转变；从灌输式教学向启发式、讨论式和提问式教学转变，实践证明，采用新手段、新方法使教学收到了较理想的成效，能够较好地调动学生学习的积极性。

三、坚持教书育人，努力提高教学质量和教学水平

五年来，完成计划内 73 个班次，4752 名学生（不含“形势教育”的班次、人数），1850 学时的主讲任务。在教学中，坚持教学改革，注重教书育人，教学效果好。多次受到教育部，××省委、省政府，学校领导的好评，受到学生欢迎。

一是坚持教学改革，注重教学质量。与单位教学组的同志一道，先后总结了“紧密联系学生思想实际，增强邓小平理论教学的说服力和感召力”等教改经验，在国家教育部邓小平理论教学经验交流会和全国青年学习邓小平理论经验交流会上作了介绍，受到党和国家领导人的高度重视和教育部，××省委、省政府的肯定，2012 年和 2013 年先后被评为学校优秀教员 2 次、学校政治理论课教学先进个人 3 次。

二是坚持教书育人，注重提高学生的思想道德素质。在教学中，我注意发挥政治理论教员的传道、解惑和表率作用，经常深入学生之中和学生们交谈，回答学生提出的疑难问题，并贴近学生的思想实际，教育学生“立身做人”，受到学生的好评，在课堂上常常响起一阵阵掌声。一位学生在评学评教时写道：“生平第一次感到政治课强烈的吸引力。”

三是以行动影响学生，形成师生之间的良性互动。在教学中，我注重用邓小平理论的立场、观点和方法教育学生，并注意用自己的亲身经历和言行感染学生，使学生能够真正从跨世纪国家建设的需要出发，不断塑造自我，努力成为新型高素质人才。

四、注重科学研究，运用科研成果推动和促进教学

五年来，发表论文 45 篇，出版专著 6 部，累计撰稿达 60 多万字。其科研成果质量较高，在省内外产生了一定影响。

第一，科学研究方向明确。经过较长时间的摸索，目前科研方向已比较明确。大致体现在四个方面：一是邓小平理论的特色研究；二是邓小平哲学思想研究；三是邓小平社会主义市场经济思想研究；四是邓小平理论教学规律的研究，从而为深入开展科学研究奠定了基础。

第二，科学研究针对性强。做到了以教学促科研，不断推动教学的深化。为此，自己往往把学生在教学中反映出来的疑难问题，作为科研的课题。如，目前承担的教育部、××省科研课题“西部教育与发展问题研究”，就是当前的热点问题之一。通过研究，不仅拓宽了科研领域，而且加大了教学的深度，提高了教学水平。

第三，科研成果质量较高，在省内外产生了一定影响。五年来，在权威期刊和核心期刊发表论文 19 篇。《邓小平理论在中国新时期的发展》获××省优秀科研成果一等奖；《论以德治国战略思想》获省科社学会一等奖。所出版的专著《××经济发展的

理论与实践》，为“国家211工程”重点课题。

五、做好兼职工作，不断强化政治教育的社会效益

五年来，能积极参加各种社会活动，提高了政治理论教育的社会效益。担任××省社科学会理事，为学会做了一些工作；担任××大学分院的兼职教授，积极配合所聘单位开展工作，产生了一定的社会影响。

五年来，为学校教职员工、中国××大学、××研究所等地方科研院所做专题报告40多场，观众达2万多人次。收到了较显著的效果，受到学校内外的普遍好评。

不足之处，主要是由于教学科研任务较为繁重，有时坐班制度坚持得不够好；同时自己对多媒体的制作及其运用掌握得不够熟练，这有待于下一步继续努力。

述职人：张××（签字）

2013年12月10日

【简析】

这是一篇大学教师的述职报告，首段通过一连串数字简述了自己的工作和成绩，然后从学术科研，教学工作，兼职工作这几个方面阐述自己的工作成绩和体会。在叙述了自己的工作成绩后，结尾也写了自己的不足之处。

【例文3-36】

××××年至××××年述职报告

尊敬的各位领导、各位同事：

两年任职又到了，回顾一下工作、反思一下不足、思考一下打算，非常必要和及时。两年多来，在上级组织和大家的共同支持帮助下，本人为有线电视网络的管理和发展作出了一点微薄的努力。现将两年多的工作汇报如下：

这两年，对于我们有线网络来说，是非同寻常的两年，网络体制的改革、网络资源的产业化运作、网络业务经营方式的转变等，都给我们有线网络注入新的活力，给我们带来了广阔的发展空间和发展机遇。我作为一名有线网络人员，有幸目睹并经历了这两年有线网络的发展进程。在上级各部门的直接领导下，我扎实工作，依靠管理，不计个人名利，在网络整合、机制改革、强化管理、优良服务、队伍建设、思想工作等方面作了些创新和探索，促进了事业的发展。

一、抓安全传输，保信号畅通

为确保网络传输的绝对安全，在上级的统一部署下，本人组织人员每天不间断地对线路进行巡查，实行由网络中心主要人员和各站站长组成的24小时应急值班制度，及时处置各类突发事件，同时还制订了“应急处置预案”，并两次组织中心应急小分队和各站维护人员，按照预案要求进行“演练”，提高了快速反应能力和处置突发事件的能力。确保了国庆节等“重要播出保证期”的传输安全。

二、抓机制创新，激内部活力

近年来，网络中心在机制创新方面迈出了扎实有效的步伐，我们在原来机构改革和大幅精简的基础上，去年又有新的更大的动作。去年7月份，本人大胆提出精简方案，将原第一、第二、第三有线电视站合并、精简为维护部和营业部，方案很快被采纳。通过合并精简，使管理环节减少，效率得到提高。

在人事改革方面，我们继续深化并不断推进，三站合并为两部后，我们对新设的管理

岗位人员分别实行聘任制和竞聘上岗制度，有效激活了人才资源，使不少优秀人才脱颖而出，走上了管理岗位。

与此同时，为优化人员结构，本人又在两部全体员工中进行“双向选择”的试点工作，经过两轮的双向选择，最终有两位员工因落聘而被下岗解聘。这种敢于碰硬的人事制度改革在员工中引起很大震动和反响，也有效调动了广大员工的工作热情和工作积极性。

三、抓内外管理，促经济效益

管理出效益，管理也是生产力。对内，规范各项工作规程，建立健全各项规章制度，做到管理有章可循，努力向管理要效益，注重成本核算，正确处理投入和产出的关系，使各项费用支出有了大幅度的减少。对外，强化网络管理力度，不断提高收视费收费率。一方面我们大力宣传有线电视管理规定，提高客户的缴费意识；另一方面对偷接、拒缴收视费的行为进行严厉查处，该追缴就追缴，该中止信号就中止信号，使收费率有明显提高。在抓管理过程中，本人能做到以身作则，带头遵守规章制度，严格管理，奖罚分明，对违反规章制度的人和事，敢于坚持原则，敢于碰硬，敢于承担责任，决不手软。该批评的就批评，该承担责任的就承担责任。如本月12日，营业部热线电话值班人员在接电话中，违反《首问责任制》和《优质服务规范》的规定，在从速处罚当事人的同时，本人勇于承担管理责任，主动扣除自已奖金200元。由于管理严格，使正气得到弘扬，取得明显成效。

四、抓优质服务，树行业形象

有线电视网络作为窗口服务行业，其服务质量优劣，直接关系到广电的形象。为此，本人致力于服务质量的提高，积极明确和落实首问责任制、维修承诺制。同时在员工中积极开展职业道德教育，教育职工立足岗位，敬业爱岗，使服务质量有了较明显的改善。

五、抓思想工作，鼓各方斗志

应该说，这两年多网络中心的各项改革力度比较大，特别是机构改革和人事制度改革的配套实施，加上机构的重新设置，职能的重新划分，分配机制的重新调整，管理人员的重新竞聘等，使改革的涉及面很广。特别是去年9月30日，市委、市政府决定将××、××、××三个区有线网络划归网络中心管理后，员工思想波动很大，这就使得思想政治工作的任务显得尤为繁重。为此，作为市广电局机关党委委员、台党总支委员兼党支部书记，本人注重思想政治工作，积极协助党组织积极做好思想政治工作，鼓舞各方斗志，理顺了员工的思想情绪。由于坚持思想领先，讲道理、摆事实，使员工对各项改革措施，不但理解和支持，而且积极参与，这几年，多项改革措施的出台，没有出现大的思想波动，确保了各项改革的顺利实施。

六、诚实做人，干净办事

作为台里的一个职能部门，网络中心的人员配备应该说是比较精简的，具体负责日常管理的人员现增加到6人（原仅为3人），而作为一个窗口服务的行业，下面毕竟有20个电视站几百号人，且管理范围涉及整个市区，直接用户达32万之多，各种事情可以说是应接不暇。在人手少、工作量大的情况下，本人没有丝毫怨言，从不把困难推向台里，而是想方设法自我消化，努力调动部门人员的积极性，在大家的共同努力下，使各项工作有条不紊正常运作。

作为网络中心负责人，并不算什么官，但作为一名管理者，本人在工作中能保持清醒头脑，做到廉洁自律，对可能影响工作的吃请从来不参与，更没有利用岗位之便谋取私利。

两年来，在上级部门和领导的直接帮助、支持下，本人强化内部管理，大胆改革，经过全体员工的共同努力，使中心的各项工作有了新的起色。去年中心总收入达2695万元，比上年同期增长了4.5%，其中收视费收入比上年同期增长6.8%，今年事业总收入达3010万元，比上年同期又增长11.7%，其中收视费收入2430万元，比上年同期增长4.3%，创下历史最好纪录。

在这里，我要特别感谢领导的信任、各部门的支持和广大员工的理解和全力配合。

存在不足。

一、深入第一线不够

对于工作，虽然本人是尽心尽责，记得刚来网络中心时，本人下电视站调查了解，到维修现场、收费现场较多，也了解到不少来自一线员工和用户的情况和心声。但后来下一线的次数逐渐变少了，总觉得自己这里人手少，工作忙而难以抽身。特别是对一些员工和用户反映比较强烈的热点问题，如员工普遍关注的编制问题，本人总觉得这是政策上的问题，尽管也时常向上级领导反映，但平时向员工宣传不多，解释不够；又如优质服务问题、快速反应问题、文明礼貌问题等，虽然也经常强调这些事情，但就我个人来说，对这些还是重视不够，调研不深，思考不透。

同时，联系群众不够深入。有时下电视站跟管理人员接触较多，与一般员工交流就比较少，使广大员工的建议和呼声很难全面了解和掌握，在一定程度上影响了员工的工作积极性和热情。

二、工作方式、方法比较简单

这几年，工作可谓千头万绪，要求处理和解决的问题很多，在这种情况下，本人有时处理问题比较简单，特别是遇到一些较为棘手的问题时，内心就显得比较急躁，脾气也就容易暴躁，得理不让人，最终伤了不少同事的感情，得罪了不少人，使一些工作事倍功半。

在要求下属方面，有时往往是布置任务多，要求比较严，而体谅下属较少，谈心、思想交流也不够。

三、工作热情有所下降

应该说，刚到网络中心时，本人工作热情比较高，也较为自觉主动。但随着时间的推移，也自觉不自觉地产生了一些活思想，主要表现出工作热情有所下降，工作干劲不如以前，工作积极性、主动性，创造性没能很好地发挥出来，有时也会产生干多干少一个样的不健康想法。

同时还存在畏难情绪和老好人思想，觉得多一事不如少一事，事情干得越多，管得越严，得罪人越多，压力越大，对立面就会越多，群众关系就会越难处理，还不如那些老好人过得潇洒、自在。

今后打算。

一、以改革为核心

改革是我们时代的主旋律，有线电视作为融高科技于一体的朝阳事业，其发展可谓是日新月异，昨天的成就很难成为今天的辉煌。为此，我们要紧紧捕捉当今有线电视的发展趋势和最新动态，立足改革，抓住机遇，加快发展。改革是有线电视网络的出路所在，要充分发挥现有有线电视网络资源的优势，盘活资产，不断提升网络的现有价值，努力把有线网络事业做强做大。同时，要深化人事制度改革，特别是要改革用工形式，破除陈旧观念，采用双向选择、竞聘上岗、聘用上岗等多种用工形式，坚决改变人浮于事，效率低下的现象。

二、以规范管理为依托

要全面理顺划转各有线电视站的各种关系，在确保稳定的前提下，加大各项改革力度，规范基础管理，建立适应市场经济规律，符合精简、高效要求的新的管理体制和运行机制。同时，要完善和制定一系列规章制度，使管理更加规范、更加一致。做到用制度去管理人，用制度去约束人。

三、以提高服务质量为宗旨

有线电视网络作为窗口服务行业，其服务质量优劣，直接关系到广电的形象。只有提供良好的服务，才能够不断增加用户对我们的信任，进而才会具有市场竞争力。针对目前实际存在的优质服务、快速反应、文明礼貌等方面的问题，本人还要下大力气解决，抓好这方面的工作。有句话说得好："千好万好不如用户说好，金奖银奖不如用户夸奖。"用户的满意，就是我们最根本的追求目标和努力方向。为此，我们将持续开展"树立新形象、满意广电网、保畅通、创优质"活动，积极探索在新形势下优质服务的新途径、新方法、新手段。通过自己的努力，树立自身良好的形象，增加用户对我们工作的了解和信任。真正做到服务优质化，反应快速化、行为文明化、用语礼貌化。

四、以保畅通、保安全传输、增加效益为目的

首先是要加强维护工作，加大有线电视设施保护宣传力度，强化巡查机制，确保党和政府的声音及时传送到千家万户。其次要通过网络线路整改，提升网络档次。同时要善始善终配合台里做好有线网络的改造工作，早日实现社会效益和经济效益的双赢局面。真正做到"守一方网络，保一方畅通，创一方效益"。

我想，有投入才有回报，有忠诚才有信任，有主动才有创新，有坚毅才有作为。在今后的工作中，我将努力增强工作的主动性、科学性和预见性，并以"三个一点"找准工作切入点，"三个一点"，就是当上级领导的要求与我部门实际工作相符时，我会尽最大努力去找结合点；当部门之间发生业务工作或利益冲突时，我会从制度与工作职责上去找平衡点；当上下左右之间意见不一致时，我会从大家所处的工作角度和表达的意图上去领悟相同点。总之，我始终信守这样一条真理："律己足以服人，量宽足以得人，身先足以率人。"并将以实际行动来赢得大家的理解和信任。

述职人：××（签字）

××××年××月××日

【简析】

这是一位电信工作人员对自己两年的工作情况写的述职报告，既写了自己的优点，也叙述了不足之处，文字表达流畅，格式规范。

【例文3－37】

××××年述职报告

尊敬的各位领导、各位同事：

本人自参加工作以来，在上级领导和同事的关心支持下，能够自觉遵守国家的各项金融政策法规，严格执行上级下达的各项任务，认真履行岗位职责，努力完成本职工作。

现将一年来的工作情况汇报如下。

一、加强理论学习，提高自身综合素质

一年来，本人能够自觉主动地深入学习马列主义、毛泽东思想、邓小平理论、“三个代表”重要思想及科学发展观，特别是认真地学习党的“十八大”精神，以科学的理论武装自己，提高自身综合素质：一是结合马列主义、毛泽东思想、邓小平理论、“三个代表”重要思想、科学发展观及“十八大”精神等内容展开学习，加强自身的思想道德建设，提高职业修养，树立正确的人生观和价值观；二是加强爱岗敬业意识的培养，进一步增强工作的责任心、事业心，以主人翁的精神热爱本职工作，做到“干一行、爱一行、专一行”，牢固树立“行兴我兴、行衰我衰”的工作意识，全身心地投入工作；三是牢固树立“客户至上”的服务理念，时刻把文明优质服务作为衡量各项工作的标准来严格要求自己，自觉接受广大客户监督，定期开展批评与自我批评。

二、恪守规章制度，履行岗位职责

一年来，本人能够严格恪守各项金融政策法规，认真履行岗位职责。担任××分社记账员期间，能够坚持“双人临柜、钱账分管、印证分管、证押分管”的会计出纳制度。办理会计事务能够严格按资金性质、业务特点、经营管理和核算要求准确地使用会计凭证、科目和账户；坚持当时记账、当日核对，做到要素齐全、内容真实完整、数字字迹清楚，确保账务处理“五无”、账户核算“六相符”等；办理储蓄业务时能够认真落实“实名制”规定，登记好相关证件手续等。每日营业终了，逐笔勾对电脑打印流水账和现金收付登记簿，坚持碰库制度。填送会计报表时做到内容清楚、数字真实、计算准确、字迹清晰、签章齐全、按时报送，各种报表、各项目之间相关数字衔接一致。

三、增强防范意识，落实“三防一保”

一年来，本人能够不断地增强安全防范意识，认真落实各项防范措施，把安全工作落到实处。当班期间能够时刻保持警惕，严格按“三防一保 ”的要求，熟记防盗、防抢、防暴预案和报警电话，熟练掌握、使用好各种防范器械。经常检查电路、电话是否正常，防范器械是否处于良好状态，当出现异常情况，能当场处理的当场处理，不能处理的能主动向上级汇报等，确保24小时不失控，保护银行的财产安全。

总之，在上级领导和同事们的关心帮助下，一年来本人的各个方面都有了很大的进步，业务能力也得到较大的提高，虽然某些方面还存在很多不足，但我相信，在上级领导的关心支持下，在各位同事的热情帮助下，我必定会把工作做得更好！

述职人：××（签字）

××××年 ××月 ××日

【简析】

这是一篇银行会计个人述职报告，开篇简单叙述一年概况，而后分三方面进行阐述，分段清晰，条理清楚。

思考与练习

1. 什么是计划?
2. 计划的特点和作用分别是什么?
3. 计划有哪些种类？人们在制订计划时，往往由于内容的差别而选用计划、规划、设想、要点、意见、安排、打算、方案等不同名称，试说明它们分别适用于怎样的情况。

4. 制订计划有哪些基本要求？

5. 试述计划的格式，并根据自己的学习或工作实践，制订一份合乎规范的计划。

6. 什么是总结？

7. 总结的特点有哪些？

8. 总结有哪几种？

9. 试述总结的格式，并根据自己的学习或工作实践，撰写一份合乎规范的总结。

10. 什么是调查报告？

11. 调查报告有哪些特点？

12. 调查报告有哪几种？

13. 试述调查报告的格式，并根据自己的学习或工作实践，撰写一份合乎规范的调查报告。

14. 什么是规章制度？

15. 规章制度有何特点？

16. 规章制度的种类有哪些？

17. 什么是述职报告？

18. 述职报告的特点是什么？

19. 从不同角度划分，述职报告有哪些种类？

20. 试述述职报告的格式及写作注意事项。

21. 你当过学生干部吗？如果当过，试着写一份述职报告。

22. 什么是会议记录？

23. 会议记录有哪些特点和作用？

24. 写会议记录有哪些基本要求和注意事项？

25. 试述会议记录的格式并做一份班会的会议记录。

第四章 公务文书

第一节 公文概述

一、公文的概念

公文是公务文书的简称。公文有广义和狭义之分。广义的公文是指国家机关、社会团体和企事业单位在处理公务活动中所形成的具有法定效力和规范体式的各类文字材料。狭义的公文是指党政机关实施领导、履行职能、处理公务的具有特定效力和规范体式的文书，是传达贯彻党和国家的方针政策，公布法规和规章，指导、布置和商洽工作，请示和答复问题，报告、通报和交流情况的重要工具。人们一般认为公文即国家党政机关公文。

二、公文的特点

（一）具有特定的效力

法定机关是依据法律和有关法规建立起来的正式组织机构，它们具有相应的职权及主管业务范围。公文出自法定机关，代表了制发机关法定的职权与意愿，因而具有法定的权威与效力。

（二）具有规范的体式与处理程序

《党政机关公文处理工作条例》（中办发〔2012〕14 号）和《党政机关公文格式》国家标准（GB/T9704—2012）对公文的体式及处理程序等作了统一的规定，任何单位在制发、处理公文时都必须严格遵循国家统一的标准，不能自行其是。

三、公文的种类

依据《党政机关公文处理工作条例》规定，党政机关公文共有 15 种，分别是：

（1）决议。适用于会议讨论通过的重大决策事项。

（2）决定。适用于对重要事项作出决策和部署、奖惩有关单位和人员、变更或者撤销下级机关不适当的决定事项。

（3）命令（令）。适用于公布行政法规和规章、宣布施行重大强制性措施、批准授予和晋升衔级、嘉奖有关单位和人员。

（4）公报。适用于公布重要决定或者重大事项。

（5）公告。适用于向国内外宣布重要事项或者法定事项。

（6）通告。适用于在一定范围内公布应当遵守或者周知的事项。

（7）意见。适用于对重要问题提出见解和处理办法。

（8）通知。适用于发布、传达要求下级机关执行和有关单位周知或者执行的事项，批转、转发公文。

（9）通报。适用于表彰先进、批评错误、传达重要精神和告知重要情况。

（10）报告。适用于向上级机关汇报工作、反映情况，回复上级机关的询问。

（11）请示。适用于向上级机关请求指示、批准。

（12）批复。适用于答复下级机关请示事项。

（13）议案。适用于各级人民政府按照法律程序向同级人民代表大会或者人民代表大会常务委员会提请审议事项。

（14）函。适用于不相隶属机关之间商洽工作、询问和答复问题、请求批准和答复审批事项。

（15）纪要。适用于记载会议主要情况和议定事项。

四、公文的格式

公文一般由份号、密级和保密期限、紧急程度、发文机关标志、发文字号、签发人、标题、主送机关、正文、附件说明、发文机关署名、成文日期、印章、附注、附件、抄送机关、印发机关和印发日期、页码等组成。

（1）份号。公文印制份数的顺序号。涉密公文应当标注份号。

（2）密级和保密期限。公文的秘密等级和保密的期限。涉密公文应当根据涉密程度分别标注“绝密”“机密”“秘密”和保密期限。

（3）紧急程度。公文送达和办理的时限要求。根据紧急程度，紧急公文应当分别标注“特急”“加急”，电报应当分别标注“特提”“特急”“加急”“平急”。

（4）发文机关标志。由发文机关全称或者规范化简称加“文件”二字组成，也可以使用发文机关全称或者规范化简称。联合行文时，发文机关标志可以并用联合发文机关名称，也可以单独用主办机关名称。

（5）发文字号。由发文机关代字、年份、发文顺序号组成。联合行文时，使用主办机关的发文字号。

（6）签发人。上行文应当标注签发人姓名。

（7）标题。由发文机关名称、事由和文种组成。

（8）主送机关。公文的主要受理机关，应当使用机关全称、规范化简称或者同类型机关统称。

（9）正文。公文的主体，用来表述公文的内容。

（10）附件说明。公文附件的顺序号和名称。

（11）发文机关署名。署发文机关全称或者规范化简称。

（12）成文日期。署会议通过或者发文机关负责人签发的日期。联合行文时，署最后签发机关负责人签发的日期。

（13）印章。公文中有发文机关署名的，应当加盖发文机关印章，并与署名机关相符。有特定发文机关标志的普发性公文和电报可以不加盖印章。

（14）附注。公文印发传达范围等需要说明的事项。

（15）附件。公文正文的说明、补充或者参考资料。

（16）抄送机关。除主送机关外需要执行或者知晓公文内容的其他机关，应当使用机关全称、规范化简称或者同类型机关统称。

（17）印发机关和印发日期。公文的送印机关和送印日期。

（18）页码。公文页数顺序号。

公文的版式按照《党政机关公文格式》国家标准执行。

公文使用的汉字、数字、外文字符、计量单位和标点符号等，按照有关国家标准和规定执行。民族自治地方的公文，可以并用汉字和当地通用的少数民族文字。

公文用纸幅面采用国际标准 A4 型。特殊形式的公文用纸幅面，根据实际需要确定。

五、公文的行文规则

行文关系是各级党政机关、各个部门和单位之间的组织关系和业务关系在公文运行中的体现。机关部门、单位之间的相互关系，一般可分为同一系统上下级之间的相互隶属关系；不同系统的机关、部门之间不相隶属关系。行文关系是根据行文单位所处的隶属关系和职权范围确定的。一般不得越级行文，特殊情况需要越级行文的，应当同时抄送被越过的机关。

1. 向上级机关行文，应当遵循以下规则

（1）原则上主送一个上级机关，根据需要同时抄送相关上级机关和同级机关，不抄送下级机关。

（2）党委、政府的部门向上级主管部门请示、报告重大事项，应当经本级党委、政府同意或者授权；属于部门职权范围内的事项应当直接报送上级主管部门。

（3）下级机关的请示事项，如需以本机关名义向上级机关请示，应当提出倾向性意见后上报，不得原文转报上级机关。

（4）请示应当一文一事。不得在报告等非请示性公文中夹带请示事项。

（5）除上级机关负责人直接交办事项外，不得以本机关名义向上级机关负责人报送公文，不得以本机关负责人名义向上级机关报送公文。

（6）受双重领导的机关向一个上级机关行文，必要时抄送另一个上级机关。

2. 向下级机关行文，应当遵循以下规则

（1）主送受理机关，根据需要抄送相关机关。重要行文应当同时抄送发文机关的直接上级机关。

（2）党委、政府的办公厅（室）根据本级党委、政府授权，可以向下级党委、政府行文，其他部门和单位不得向下级党委、政府发布指令性公文或者在公文中向下级党委、政府提出指令性要求。需经政府审批的具体事项，经政府同意后可以由政府职能部门行文，文中须注明已经政府同意。

（3）党委、政府的部门在各自职权范围内可以向下级党委、政府的相关部门行文。

（4）涉及多个部门职权范围内的事务，部门之间未协商一致的，不得向下行文；擅自行文的，上级机关应当责令其纠正或者撤销。

（5）上级机关向受双重领导的下级机关行文，必要时抄送该下级机关的另一个上级机关。

3. 同级党政机关、党政机关与其他同级机关必要时可以联合行文。属于党委、政府各自职权范围内的工作，不得联合行文

4. 党委、政府的部门依据职权可以相互行文

5. 部门内设机构除办公厅（室）外不得对外正式行文

六、公文写作的基本要求

公文有其自身的特点和规律，写作时必须遵循公文的特点和规律，符合下述基本要求。

1. 掌握党和国家有关的方针政策和法律规定

公文是各级党政机关和企事业单位用以贯彻执行党和国家各项方针政策的有力工具。因此，公文的写作者只有掌握党和国家的有关政策法规、吃透精神、领会实质，才能写出内容正确、格式规范、文字得体的公文。

2. 掌握本部门的业务知识

制发公文的目的是反映并解决实际工作中出现的问题，为了确保公文内容的客观性和处理意见的正确性，公文的写作者应该掌握本部门的业务知识，把上级精神与本部门的实际情况相结合，有的放矢，这样，制发的公文才能实现其效用。

3. 掌握领导的意图

公文写作不是严格意义上的创作，它是把领导意志与上级精神、本单位实际情况有机结合的写作过程。因此，公文写作者必须充分理解和领会领导的意图，通过综合研究，深化和完善领导意图，并行之以文，表达领导意图。

4. 掌握公文的体式

公文具有严格的规范性和程式性，在公文写作时，必须严格遵循公文体式的各项规定。

（1）正确地选择文种，弄清各类公文的基本用法。

（2）确定公文的行文关系。根据机关的隶属关系和职权范围确定公文的行文关系，分清是上行文、平行文还是下行文，以便使用相应的文种及语体行文。

（3）合理安排制发程序。一份公文的制发过程一般包括拟稿、核稿、签发、注发、编号、印校、印章、登记、归档等环节。因此，在公文写作时必须依照程序逐次完成各个环节。

5. 掌握公文的语体

公文具有法定的强制力或行政的约束力，因此，公文的语言应庄重、严密、准确、精练。

在长期的公务活动中形成了许多规范的公文体式用语，准确地使用它们，可使公文语

言更富有节奏感，也赋予公文庄重的色彩。

第二节 党政机关公文的写作

一、决议

（一）决议的概念

决议是指党政领导机关就重要事项，经会议讨论通过其决策，并要求进行贯彻执行的重要指导性公文。

（二）决议的基本类型

根据决议涉及内容范围的不同，可分为三大类型：

1. 批准某事项或通过某文件的决议

这类决议涉及的内容比较具体，一般用于批准某项报告或文件。如《中国共产党第十四次全国代表大会关于〈中国共产党章程〉（修正案）的决议》等。

2. 安排某项工作的决议

对于重要的、长期的工作，可采用决议的形式进行布置安排，如《中共××省委关于认真学习、坚决贯彻〈中共中央关于加强党同人民群众联系的决定〉的决议》等。

3. 涉及原则问题的决议

这类决议涉及的内容是原则性的、非事件性的，影响范围更大，影响时间更为久远。如《关于建国以来党的若干历史问题的决议》《中共中央关于加强社会主义精神文明建设若干问题的决议》等。

（三）决议的写法

1. 标题和成文日期

（1）标题。

决议的标题有三种写法：

第一种是由发文机关、主要事项、文种组成；

第二种是由会议名称、主要事项、文种组成；

第三种是由主要内容和文种组成。

（2）成文日期。

决议的成文日期，不像一般公文那样标写在公文正文之后，而是加括号标写于标题之下居中位置。具体写法有两种情况：如果公文标题中已包括会议名称，括号内只需写明“××××年××月××日通过”即可。

如果公文标题中没有会议名称，括号内要写明“××委员会第×次会议××××年××月××日通过”。

2. 正文

（1）开头部分。

决议的开头部分写决议的根据，一般要写明会议听取了什么、学习讨论了什么、审议了什么、批准或通过了什么，自何时生效等。如：

中国共产党第十四次全国代表大会通过十三届中央委员会提出的《中国共产党章程（修正案）》，决定自通过之日起，经修正后的《中国共产党章程》即行生效。

以上各项要根据会议的内容而定，不必面面俱到。

（2）主体部分。

这部分的内容比较复杂，写法也比较灵活多样。

如果是批准事项或通过文件的决议，相对比较简单，这部分多是强调意义，提出号召和要求。

如果是安排工作的决议，要写明工作的内容、措施、要求。内容复杂时，要明确分出层次并列出各层次的小标题，或者分条撰写。

如果是阐述原则问题的决议，主体部分要有较多的议论，多采用夹叙夹议的写法，把道理说深说透。

（3）结尾部分。

这部分可有可无。有时主体结束，全文也就自然结束了，不必再专门撰写结尾。有时需要写一个结尾，多以希望、号召收结全文。

【例文 4－1】

××学院第四届教代会、第五次工代会决议（草案）

（××××年××月××日通过）

××学院第四届教职工代表大会、第五次工会会员代表大会于××××年××月××日至××日在学院报告厅召开。会上全体代表以对学院改革和发展高度负责的精神，对院长工作报告和其他文件进行了认真的讨论和审议，并通过了这些报告，圆满完成了大会的各项议程。

大会审议并原则同意了院长×××代表学院所作的题为《以内涵建设为中心，促进学院持续健康发展》的工作报告（以下简称报告），会议认为，报告以邓小平理论、“三个代表”重要思想及科学发展观为指导，实事求是地回顾总结了学院八年来，尤其是近一个时期以来学院工作取得的主要成绩、基本经验；客观地分析了学院发展所面临的形势，提出了今后一个时期实现学院跨越式发展的办学工作思路和今后三年的主要工作，符合学院实际。在讨论中，代表们对学院工作给予了高度评价，对报告提出了许多建设性的意见，一致认为报告对实现学院的跨越式发展，必将起到重要作用。

会议讨论审议并通过了工会主席×××代表上届工会所做的工会工作报告，认为工会工作报告客观、全面地总结了过去八年的工作，对今后工作提出了切实可行的建议。八年来，工会在学院党委和上级工会的领导下，围绕学院中心工作，充分发挥了工会的桥梁纽带作用，履行了工会的四项职责，推动了学院的精神文明建设；对今后工会工作的建议，方向比较明确，思路清晰，符合实际，对进一步做好新一届工会委员会的工作具有借鉴和指导意义。

会议还讨论、审议了学院工会财务工作报告。会议认为，八年来，工会财务管理符合上级工会有关财务管理制度，经费收支清楚，经费支出合理。会议希望工会进一步建立健全财务管理制度，勤俭节约，提高会费使用效益，管好、用好工会经费。

会议认为，学院向大会提交的《××学院“十二五”计划和2015发展规划》，定位比较明确，发展目标清晰，措施切实可行，鼓舞士气，催人奋进。

会议期间，全体代表以高度的责任感和使命感，就学院发展和建设中教职工普遍关心的问题提出了许多很好的提案、意见和建议。会议责成教代会提案工作小组进行认真的梳理和研究，尽快提交提案建议，并组织相关部门代表监督相关职能部门在今后工作中加以改进或落实。

大会号召，全院教职员工要以饱满的精神状态，自觉担负起时代赋予我们的历史使命，开拓创新，扎实工作，为实现我院跨越式发展而努力奋斗。

落款（略）

【简析】

这是一篇批准会议报告的决议。在第一自然段概述了会议的基本情况后，分条列项地阐述了会议通过的院长工作报告、工会工作报告、工会财务工作报告、《××学院“十二五”计划和2015发展规划》等内容，要言不烦，评议周全，意见明确，最后以会议号召收尾。

二、决定

（一）决定的概念

决定是领导机关针对某些重要事项、重大问题、行动所作出的决策。决定要求有关人员必须遵照执行，具有法规性的约束力。

决定一般适用于领导机关安排重要事项或重大行动，必须经一定的会议程序讨论后才能作出。日常工作的布置或局部工作的处理，不宜采用决定这一文种。

（二）决定的种类

根据发文机关的意图和决定内容的不同，决定可分为两类：周知性决定和指挥性决定。周知性决定通常包括表彰决定、处分决定、机构设置决定、人事安排决定或关于某一事项的决定等。指挥性决定的功用在于对重大行动作出指示、规定，以便统一认识、规范行动，写作时论证较多，一般采用夹叙夹议的方法。

（三）决定的写作

1. 标题

标题一般由发文机关、事由和文种组成，也可以由事由和文种组成。

2. 正文

正文通常由三部分组成：

第一部分：交代发文的原因、目的、依据。

第二部分：主要写决定的内容、执行的要求、措施或应注意的事项。对于内容较多的指挥性决定，可以按照主次分条列项，逐一说明，夹叙夹议，类似于理论文章的写法。

第三部分：结尾部分。提出希望与要求，也可省略。

3. 落款

落款包括发文机关名称、发文时间和印章三部分。属会议通过的决定，发文时间一般用圆括号标识置于标题之下，正文之前，见报时印章可省略。

【例文4-2】

××省人民政府关于2012年度××省科学技术奖励的决定

×府发〔2013〕14号

各市、县（区）人民政府，省政府各部门：

为贯彻落实全省科技创新大会精神，推进协同创新，激发广大科技工作者创新积极性，加快创新驱动发展，根据《××省科学技术奖励办法》的规定，经××省科学技术奖励委员会评审，省政府研究决定：

授予“微纳光学器件制作的基础理论及关键技术研究”成果省自然科学奖一等奖，“空间爆发现象和能量释放研究”等6项成果省自然科学奖二等奖，“负电子亲和势光阴极材料及其表征技术研究”等6项成果省自然科学奖三等奖。

授予“双涡流通道防腐耐磨自动排浆高效湿式除尘器”等2项成果省技术发明奖二等奖，“薄壁铜管管端冷作成形封口技术及应用”等6项成果省技术发明奖三等奖。

授予“××脐橙高效安全生产关键技术研究与推广应用”等3项成果省科学技术进步奖一等奖，“江4A和超级稻春光1号等四个江四优系列短生育期杂交组合的选育”等17项成果省科学技术进步奖二等奖，“特早熟高产优质辣椒品种辛香二号选育与应用”等60项成果省科学技术进步奖三等奖。

全省科技工作者要向获奖者学习，紧紧围绕战略性新兴产业发展需求，加强科研攻关，多出成果，促进全省经济社会发展作出更大贡献。

附件：2012年度××省科学技术奖名单

落款（略）

【简析】

本例文开头说明决定的目的、依据和作出决定的程序。中间部分分条列项写了决定的具体内容，结尾部分提出希望与要求。句句落笔有据，文章规范严谨。

三、命令（令）

（一）命令（令）的概念

命令（令）是国家领导机关颁布的，用以发布行政法规和规章、宣布施行重大强制性行政措施、奖惩有关人员、撤销下级机关不适当的决定等的文件。它具有强制执行性质和法定效力，通常以领导人名义发布，具有独特的权威性。

（二）命令（令）的种类

按照用途不同，命令（令）一般可分为五大类。

1. 颁布令

颁布令也称公布令、发布令，主要用以依照有关法律规定，颁布行政法规和规章。

2. 行政令

行政令主要用以宣布施行重大强制性行政措施，撤销下级机关不适当的决定。

3. 奖惩令

奖惩令包括嘉奖令和惩戒令，主要用以嘉奖有功人员，宣布对有关人员的惩罚。

4. 特赦令

特赦令主要用以对战犯等的赦免。

5. 动员令

动员令主要用以在非常时期动员群众参战、抢险等。

（三）命令（令）的写作

1. 标题

标题有三种形式：一是由发布机关及文种组成；二是由事由及文种组成；三是由发文机关、事由、文种组成。

2. 正文

正文主要包括以下内容：

（1）概述发布命令的缘由、目的、依据或命令产生的程序。

（2）叙述命令的具体事项。

（3）提出命令的执行要求。

3. 落款

正文下方横宽1/2处标以发文机关领导人的姓名，其前冠以职务。

在署名下方标注日期。

【例文4-3】

中华人民共和国国务院令

第644号

现公布《国务院关于修改〈全国年节及纪念日放假办法〉的决定》，自2014年1月1日起施行。

总理 李克强

2013年12月11日

国务院关于修改《全国年节及纪念日放假办法》的决定

国务院决定对《全国年节及纪念日放假办法》作如下修改：

将第二条第二项修改为："（二）春节，放假3天（农历正月初一、初二、初三）"。

本决定自2014年1月1日起施行。

《全国年节及纪念日放假办法》根据本决定作相应修改，重新公布。

全国年节及纪念日放假办法

（1949年12月23日政务院发布 根据1999年9月18日《国务院关于修改〈全国年节及纪念日放假办法〉的决定》第一次修订 根据2007年12月14日《国务院关于修改〈全国年节及纪念日放假办法〉的决定》第二次修订 根据2013年12月11日《国务院关于修改〈全国年节及纪念日放假办法〉的决定》第三次修订）

第一条 为统一全国年节及纪念日的假期，制定本办法。

第二条 全体公民放假的节日：

（一）新年，放假1天（1月1日）；

（二）春节，放假3天（农历正月初一、初二、初三）；

（三）清明节，放假1天（农历清明当日）；

（四）劳动节，放假1天（5月1日）；

（五）端午节，放假1天（农历端午当日）；

（六）中秋节，放假1天（农历中秋当日）；

（七）国庆节，放假3天（10月1日、2日、3日）。

第三条 部分公民放假的节日及纪念日：

（一）妇女节（3月8日），妇女放假半天；

（二）青年节（5月4日），14周岁以上的青年放假半天；

（三）儿童节（6月1日），不满14周岁的少年儿童放假1天；

（四）中国人民解放军建军纪念日（8月1日），现役军人放假半天。

第四条 少数民族习惯的节日，由各少数民族聚居地区的地方人民政府，按照各该民族习惯，规定放假日期。

第五条 二七纪念日、五卅纪念日、七七抗战纪念日、九三抗战胜利纪念日、九一八纪念日、教师节、护士节、记者节、植树节等其他节日、纪念日，均不放假。

第六条 全体公民放假的假日，如果适逢星期六、星期日，应当在工作日补假。部分公民放假的假日，如果适逢星期六、星期日，则不补假。

第七条 本办法自公布之日起施行。

落款（略）

【简析】

本例文是一篇颁布令。第一句说明了国务院令的内容；第二句说明了公布实施的时间。简明扼要，文风庄重。

四、公报

（一）公报的概念

公报也称新闻公报，是党政机关和人民团体公开发布重大事件或重要决定事项的报道性公文，是党和国家经常使用的重要文种。公报具有权威性、指导性和新闻性。

（二）公报的类型

公报依据发文主体的不同分为两类：一类是党政机关或团体发布重大事件、重要决定的公报；另一类是联合公报。党、政、团体发布的公报可因内容的不同分为事件性公报和会议公报两种；联合公报是用于两个或两个以上国家的政府、政党、团体的代表就会谈、访问等事宜所发表的公报。

（三）公报的写作

公报包括首部、正文和尾部三部分。

1. 首部

包括标题和成文时间。

标题。公报的标题常见的有三种形式。第一种是直写文种《新闻公报》；第二种是由会议名称和文种构成；第三种是联合公报，由发表公报的双方或多方国家的简称、事由、文种构成。

成文时间。用括号在标题之下正中位置注明公报发布的年、月、日期。

2. 正文

包括开头、主体两部分。

开头。即前言部分。事件性公报要求用最鲜明，最精练的语言概述事件的核心内容，即何时、何地、发生了什么重大事件；会议性公报要求概述会议的名称、时间、地点、参加人员等；联合公报要求概述公报的来由，即在何时、何地、谁与谁举行了什么会谈或谁对谁进行了什么性质的访问等。

主体。是公报的核心内容，要求把公报的内容完整、系统、有序地表达清楚。常见的有三种写作：第一种是分段式，即每段说明一层意思或一项决定；第二种是序号式，多用于内容复杂、问题头绪较多的公报；第三种是条款式，多用于联合公报。

3. 尾部

事件性公报和会议性公报一般没有尾部；联合公报要在正文之后写明双方签署人的身份、姓名、年、月、日期，并写明签署地点。

【例文 4－4】

中国共产党第十八届中央委员会第三次全体会议公报（草案）

（2013 年 11 月 12 日中国共产党第十八届中央委员会第三次全体会议通过）

中国共产党第十八届中央委员会第三次全体会议，于 2013 年 11 月 9—12 日在北京举行。

出席这次全会的有，中央委员 204 人，候补中央委员 169 人。中央纪律检查委员会常务委员会委员和有关方面负责同志列席了会议。党的十八大代表中部分基层同志和专家学者也列席了会议。

全会由中央政治局主持。中央委员会总书记习近平作了重要讲话。

全会听取和讨论了习近平受中央政治局委托作的工作报告，审议通过了《中共中央关于全面深化改革若干重大问题的决定》。习近平就《决定（讨论稿）》向全会作了说明。

全会充分肯定党的十八大以来中央政治局的工作。一致以为，面对十分复杂的国际形势和艰巨繁重的国内改革发展稳定任务，中央政治局全面贯彻党的十八大和十八届一中、二中全会精神，高举中国特色社会主义伟大旗帜，以邓小平理论、“三个代表”重要思想、科学发展观为指导，团结带领全党全军全国各族人民，坚持稳中求进的工作总基调，着力稳增长、调结构、促改革，沉着应对各种风险挑战，全面推进社会主义经济建设、政治建设、文化建设、社会建设、生态文明建设，全面推进党的建设新的伟大工程，扎实推进党的群众路线教育实践活动，各项工作取得新进展，推动发展成果更多的更公平惠及全体人民，实现了贯彻落实党的十八大精神第一年的良好开局。

全会高度评价党的十一届三中全会召开 35 年来改革开放的成功实践和伟大成就，研究了全面深化改革若干重大问题，认为改革开放是党在新时代条件下带领全国各族人民进行的新的伟大革命，是当代中国最鲜明的特色，是决定当代中国命运的关键抉择，是党和人民事业大踏步赶上时代的重要法宝。面对新形势新任务，全面建成小康社会，进而建成富强民主文明和谐的社会主义现代化国家、实现中华民族伟大复兴的中国梦，必须在新的历史起点上全面深化改革。

全会强调，全面深化改革，必须高举中国特色社会主义伟大旗帜，以马克思列宁主义、毛泽东思想、邓小平理论、“三个代表”重要思想、科学发展观为指导，坚定信心、凝聚共识，统筹谋划，协同推进，坚持社会主义市场经济改革方向，以促进社会公平正义、增进人民福祉为出发点和落脚点，进一步解放思想、解放和发展社会生产力、解放和增强社会活力，坚决破除各方面的体制机制弊端，努力开拓中国特色社会主义事业更加广阔的前景。

全会指出，全面深化改革的总目标是完善和发展中国特色社会主义制度，推进国家治理体系和治理能力现代化。必须更加注重改革的系统性、整体性、协同性，加快发展社会主义市场经济、民主政治、先进文化、和谐社会、生态文明，让一切劳动、知识、技术、管理、资本的活力竞相迸发，让一切创造社会财富的源泉充分涌流，让发展成果更多更公平惠及全体人民。

……

全会强调，全面深化改革必须加强和改善党的领导，充分发挥党总揽全局、协调各方的领导核心作用，提高党的领导水平和执政能力，确保改革取得成功。中央成立全面深化改革领导小组，负责改革总体设计、统筹协调、整体推进、督促落实。各级党委要切实履行对改革的领导责任。要深化干部人事制度改革，建立集聚人才体制机制，充分发挥人民群众积极性、主动性、创造性，鼓励地方基层和群众大胆探索，及时总结经验。

全会分析了当前形势和任务，强调全党同志要把思想和行动统一到中央关于全面深化改革重大决策部署上来，增强进取意识、机遇意识、责任意识，牢牢把握方向，大胆实践探索，注重统筹协调，凝聚改革共识，落实领导责任，坚定不移实现中央改革决策部署。要按照中央决策部署，坚持稳中求进，稳中有为，切实做好各项工作，保持经济社会发展势头，关心群众特别是困难群众生活，促进社会和谐稳定，继续扎实推进党的群众路线教育实践活动，努力实现经济社会发展预期目标。

全会号召，全党同志要紧密团结在以习近平同志为总书记的党中央周围，锐意进取，攻坚克难，谱写改革开放伟大事业历史新篇章，为全面建成小康社会、不断夺取中国特色社会主义新胜利、实现中华民族伟大复兴的中国梦而奋斗！

落款（略）

【简析】

十八届三中全会公报的前言部分概述会议的名称、时间、地点、参加人员和重要事项等，主体部分分段评价了党的十八大以来中央政治局的工作、35 年来改革开放的成功实践和伟大成就；强调了全面深化改革的“旗帜”“指导”“方向”“出发点和落脚点”“总目标”；提出了完善现代市场体系、民主政治、廉政建设、民生工程、社会治理、生态文明、国防和军队建设、党的领导等一系列大政方针。条分缕析，系统周全，言简意赅。

五、公告

（一）公告的概念

公告适用于向国内外宣布重要事项或法定事项。发文的权力被限制在高层行政机关及其职能部门的范围之内。具体说，国家最高权力机关（人大及其常委会），国家最高行政机关（国务院）及其所属部门，各省、自治区、直辖市行政领导机关，某些法定机关，如税务局、海关、铁路局、人民银行、检察院、法院等，有制发公告的权力。其他地方行政机关，一般不能发布公告。党团组织、社会团体、企事业单位，不能发布公告。

公告是向“国内外”发布重要事项和法定事项的公文，其信息传达范围有时是全国，有时是全世界。其题材必须是能在国际国内产生一定影响的重要事项，或者依法必须向社会公布的法定事项。公告的内容庄重严肃，体现着国家权力部门的威严，既要能够将有关信息和政策公之于众，又要考虑在国内国际可能产生的政治影响。一般性的决定、指示、通知的内容，都不能用公告的形式发布，因为它们很难具有全国和国际性的意义。

（二）公告的写作

1．标题

公告的标题一般由公告机关名称、介词短语性的事项（事由）与文种组成，有的由公告机关名称与文种组成，也有的就以“公告”文种作为标题。

2．正文

公告的正文一般由三部分组成：一是缘由部分，交代发文的原因、目的、依据等；二是事项部分，具体叙述公告的事项；三是结尾部分，常用“特此公告”“现予公告”作结语。

3．落款

公告的落款由两部分组成：一是发文机关名称；二是发文时间（发文时间亦可放在标题之下）。

（三）公告写作的注意事项

（1）文字严谨，语气庄重。公告的制发者是国家高层行政机关，发文对象是国内外的有关机构及人员，所以行文务必严谨庄重、缜密周全。

（2）公告的写作以客观而精练的叙述为主，少议论。

（3）公告不使用公文格式。由于公告是公开宣布的公文，依靠新闻媒介发布，因而不使用公文格式。

【例文4－5】

中国人民银行公告

〔2013〕第××号

鉴于××××××信托投资公司严重资不抵债，不能支付到期债务，为维护金融秩序稳定，保护债权人的合法权益，根据《金融机构撤销条例》和中国人民银行的有关规定，中国人民银行决定于2013年1月25日撤销该公司，收缴其《金融机构法人许可证》和《金融机构营业许可证》，并自公告之日起，停止该公司一切金融业务活动。

公司撤销后，由中国人民银行组织成立清算组，对该公司进行清算。清算期间，清算组行使公司管理职权，清算组组长行使公司的法定代表人职权。

在清算期间，该公司下属的独立法人实业公司的业务照常经营。该公司债务登记的具体办法由清算组另行通知。

落款（略）

【简析】

这是一篇宣布中央银行重大强制性金融行政措施的公告。首先，在知照有问题金融机构名称的同时宣布中央银行对其进行处置的原因和法律依据、处置的方式以及处置后的法定事项，如吊销执照、停止业务活动、组织清算等。然后，告知清算期间的相关事项的办理。语言表述严谨、逻辑严密、语态严肃，体现了行政行为的果断。

六、通告

（一）通告的概念

通告是在一定范围内对人民群众或机关团体公布应当遵守或周知的事项，具有一定的法律效力和行政约束力。

（二）通告的写作

1．标题

通告的标题有三种格式：一种是由发文机关名称、事由和文种组成；一种是由发文机关和文种组成；还有一种是只写“通告”两字。

2．主送机关

在有具体明确的收文对象时，要写明主送机关，泛指时可省略。

3．正文

通告的正文一般包括缘由、事项、结语三部分内容。

第一部分：缘由。即交代发文的缘由、目的、依据。

第二部分：事项。即分条陈述通告的内容。

第三部分：结语。常用“特此通告”“此告”等习惯用语结束正文。

4．落款

通告的落款应写明发文机关和成文时间，标题中有机关名称的，落款处可以不再写，只写成文时间。成文时间也可写在标题之下。

【例文4－6】

卫生部公安部关于维护医疗机构秩序的通告

为有效维护医疗机构正常秩序，保证各项诊疗工作有序进行，依照国家有关法律法规的规定，特通告如下：

一、医疗机构是履行救死扶伤责任、保障人民生命健康的重要场所，禁止任何单位和个人以任何理由、手段扰乱医疗机构的正常诊疗秩序，侵害患者合法权益，危害医务人员人身安全，损坏医疗机构财产。

二、医疗机构及其医务人员应当坚持救死扶伤、全心全意为人民服务的宗旨，严格执行医疗管理相关法律、法规和诊疗技术规范，切实加强内部管理，提高医疗服务质量，保障医疗安全，优化服务流程，增进医患沟通，积极预防化解医患矛盾。

三、患者在医疗机构就诊，其合法权益受法律保护。患者及家属应当遵守医疗机构的有关规章制度。

四、医疗机构应当按照《医院投诉管理办法（试行）》的规定，采取设立统一投诉窗口、公布投诉电话等形式接受患者投诉，并在显著位置公布医疗纠纷的解决途径、程序以及医疗纠纷人民调解组织等相关机构的职责、地址和联系方式。患者及家属应依法按程序解决医疗纠纷。

五、患者在医疗机构死亡后，必须按规定将遗体立即移放太平间，并及时处理。未经医疗机构允许，严禁将遗体停放在太平间以外的医疗机构其他场所。

六、公安机关要会同有关部门做好维护医疗机构治安秩序工作，依法严厉打击侵害医务人员、患者人身安全和扰乱医疗机构秩序的违法犯罪活动。

七、有下列违反治安管理行为之一的，由公安机关依据《中华人民共和国治安管理处罚法》予以处罚；构成犯罪的，依法追究刑事责任：

（一）在医疗机构焚烧纸钱、摆设灵堂、摆放花圈、违规停尸、聚众滋事的；

（二）在医疗机构内寻衅滋事的；

（三）非法携带易燃、易爆危险物品和管制器具进入医疗机构的；

（四）侮辱、威胁、恐吓、故意伤害医务人员或者非法限制医务人员人身自由的；

（五）在医疗机构内故意损毁或者盗窃、抢夺公私财物的；

（六）倒卖医疗机构挂号凭证的；

（七）其他扰乱医疗机构正常秩序的行为。

本通告自公布之日起施行。

落款（略）

【简析】

本通告先交代发文的目的和依据。接着分别写明了医疗机构及其医务人员、患者、公安机关的职责要求，最后写明违反治安管理行为的处罚条款。内容布局有条不紊、环环相扣、周密详尽、可操作性强。

七、意见

（一）意见的概念

意见适用于对重要问题提出见解和处理办法，适用于有行政隶属关系的上下级之间行文，也适用于没有行政隶属关系的机关或单位之间行文；意见可以是上行文，可以是下行文，也可以是平行文。

在公文处理实践中，意见是实用性、灵活性很强的文种，具体表现在：

一是当意见作为下行文时，与命令、决定、通知等公文形式相比，意见的政策实施弹性更大一些。中国地域辽阔、地方差异很大，政策、办法的推行都需要结合当地的实际情况。当政策通过决定、通知等公文形式发布时，由于刚性较强，下级机关结合本地、本单位实际情况变通执行的余地就较小；而使用意见的公文形式发布时，政策实施的弹性空间就大得多。对于上级机关来说，对某些情况的处理、某些问题的解决，只要给予宏观指导，提出原则性意见或者指导性意见即可，意见就解决了这个传统公文很难解决的问题。

二是当意见作为上行文时，与请示、报告相比，意见在公文办理制度方面的约束要小一些。例如，提出工作建议的空间要大一些，不仅仅局限在工作职能范围以内，对于涉及其他领域的问题，也可以提出建议。与请求上级机关批准的请示相比，由于意见并不要求上级机关必须批复，如果涉及其他部门职责的相关建议难以协商或不便协商，可以不必会签，意见仅表明本部门的态度；同时，请示中的建议经上级机关批准后是需要实施的，必须明确、具体及可操作，而意见无须上级机关批复，其中的建议可以宏观一些，也可以是务虚的。对于下级机关的意见，需要明确批示时，上级机关可以按照请示办理；不需要批复的，可以按照报告办理。

三是对于不相隶属的平行机关来说，使用意见这种公文形式办理往来征询、回复意见事宜的公文更加便捷。过去，不相隶属的平行机关之间往来公文只有函这一种形式，增加了意见这种新的公文形式后，平级机关之间就有关征询意见的回复，在公文标题的处理上更加直接、简洁，而且使用意见，也便于收文方将其与其他函件区分。

四是有关行政管理主体在行政范围内，对没有隶属关系的组织、单位或监管对象提出管理要求、指导业务操作、进行有关提示时，使用意见（或指导意见）这种公文形式比起使用决定、通知等指令性公文更加灵活，富有弹性，且更加人性化，易于让对方接受。

（二）意见的种类

上级机关的意见一般有两种：一种是指令性意见，即上级机关对于重要问题提出的见解，表明了上级机关的态度。对于这种意见，下级机关必须认真对待，对文中提出的处理办法，应结合当地情况予以认真贯彻执行。另一种是指导性意见，即上级机关针对提出的建议，表明上级机关的基本意向。对于这种意见，下级机关在领会上级机关基本意图情况下，可以结合本地、本部门的实际情况，作出实施决策，提出针对性更明确、操作性更强，更有利于解决问题的具体办法，也可以仅将其作为工作参考。

（三）意见的写作

1. 标题

标题一般由发文机关、事由和文种组成。

2. 正文

正文通常由三部分组成：

第一部分：交代发文的原因、目的、依据。

第二部分：主要写意见的具体内容，执行的要求、措施或应注意的事项。

第三部分：提出希望。

3. 落款

落款一般包括发文机关名称、发文时间和印章三部分。

【例文 4－7】

中共中央办公厅关于培育和践行社会主义核心价值观的意见

社会主义核心价值观是社会主义核心价值体系的内核，体现社会主义核心价值体系的根本性质和基本特征，反映社会主义核心价值体系的丰富内涵和实践要求，是社会主义核心价值体系的高度凝练和集中表达。为深入贯彻落实党的十八大和十八届三中全会精神，积极培育和践行社会主义核心价值观，现提出如下意见。

一、培育和践行社会主义核心价值观的重要意义和指导思想

（一）培育和践行社会主义核心价值观，是推进中国特色社会主义伟大事业、实现中华民族伟大复兴中国梦的战略任务。党的十八大提出，倡导富强、民主、文明、和谐，倡导自由、平等、公正、法治，倡导爱国、敬业、诚信、友善，积极培育和践行社会主义核心价值观。这与中国特色社会主义发展要求相契合，与中华优秀传统文化和人类文明优秀成果相承接，是我们党凝聚全党全社会价值共识作出的重要论断。富强、民主、文明、和谐是国家层面的价值目标，自由、平等、公正、法治是社会层面的价值取向，爱国、敬业、诚信、友善是公民个人层面的价值准则，这 24 个字是社会主义核心价值观的基本内容，为培育和践行社会主义核心价值观提供了基本遵循。面对世界范围思想文化交流交融交锋形势下价值观较量的新态势，面对改革开放和发展社会主义市场经济条件下思想意识多元多样多变的新特点，积极培育和践行社会主义核心价值观，对于巩固马克思主义在意识形态领域的指导地位、巩固全党全国人民团结奋斗的共同思想基础，对于促进人的全面发展、引领社会全面进步，对于集聚全面建成小康社会、实现中华民族伟大复兴中国梦的强大正能量，具有重要现实意义和深远历史意义。

（二）培育和践行社会主义核心价值观的指导思想是：高举中国特色社会主义伟大旗帜，以邓小平理论、“三个代表”重要思想、科学发展观为指导，深入学习贯彻党的十八大精神和习近平同志系列讲话精神，紧紧围绕坚持和发展中国特色社会主义这一主题，紧紧围绕实现中华民族伟大复兴中国梦这一目标，紧紧围绕“三个倡导”这一基本内容，注重宣传教育、示范引领、实践养成相统一，注重政策保障、制度规范、法律约束相衔接，使社会主义核心价值观融入人们生产生活和精神世界，激励全体人民为夺取中国特色社会主义新胜利而不懈奋斗。

（三）培育和践行社会主义核心价值观要坚持以下原则：坚持以人为本，尊重群众主体地位，关注人们利益诉求和价值愿望，促进人的全面发展；坚持以理想信念为核心，抓住世界观、人生观、价值观这个总开关，在全社会牢固树立中国特色社会主义共同理想，着力铸牢人们的精神支柱；坚持联系实际，区分层次和对象，加强分类指导，找准与人们思想的共鸣点、与群众利益的交汇点，做到贴近性、对象化、接地气；坚持改进创新，善于运用群众喜闻乐见的方式，搭建群众便于参与的平台，开辟群众乐于参与的渠道，积极推进理念创新、手段创新和基层工作创新，增强工作的吸引力感染力。

二、把培育和践行社会主义核心价值观融入国民教育全过程

（四）培育和践行社会主义核心价值观要从小抓起、从学校抓起。坚持育人为本、德育为先，围绕立德树人的根本任务，把社会主义核心价值观纳入国民教育总体规划，贯穿于基础教育、高等教育、职业技术教育、成人教育各领域，落实到教育教学和管理服务各环节，覆盖到所有学校和受教育者，形成课堂教学、社会实践、校园文化多位一体的育人平台，不断完善中华优秀传统文化教育，形成爱学习、爱劳动、爱祖国活动的有效形式和长效机制，努力培养德智体美全面发展的社会主义建设者和接班人。适应青少年身心特点和成长规律，深化未成年人思想道德建设和大学生思想政治教育，构建大中小学有效衔接的德育课程体系和教材体系，创新中小学德育课和高校思想政治理论课教育教学，推动社会主义核心价值观进教材、进课堂、进学生头脑。完善学校、家庭、社会三结合的教育网络，引导广大家庭和社会各方面主动配合学校教育，以良好的家庭氛围和社会风气巩固学校教育成果，形成家庭、社会与学校携手育人的强大合力。

（五）拓展青少年培育和践行社会主义核心价值观的有效途径。注重发挥社会实践的养成作用，完善实践教育教学体系，开发实践课程和活动课程，加强实践育人基地建设，打造大学生校外实践教育基地、高职实训基地、青少年社会实践活动基地，组织青少年参加力所能及的生产劳动和爱心公益活动、益德益智的科研发明和创新创造活动、形式多样的志愿服务和勤工俭学活动。注重发挥校园文化的熏陶作用，加强学校报刊、广播电视、网络建设，完善校园文化活动设施，重视校园人文环境培育和周边环境整治，建设体现社会主义特点、时代特征、学校特色的校园文化。

（六）建设师德高尚、业务精湛的高素质教师队伍。实施师德师风建设工程，坚持师德为上，完善教师职业道德规范，健全教师任职资格准入制度，将师德表现作为教师考核、聘任和评价的首要内容，形成师德师风建设长效机制。着重抓好学校党政干部和共青团干部，思想品德课、思想政治理论课和哲学社会科学课教师、辅导员和班主任队伍建设。引导广大教师自觉增强教书育人的荣誉感和责任感，学为人师、行为世范，做学生健康成长的指导者和引路人。

三、把培育和践行社会主义核心价值观落实到经济发展实践和社会治理中

（七）确立经济发展目标和发展规划，出台经济社会政策和重大改革措施，开展各项生产经营活动，要遵循社会主义核心价值观要求，做到讲社会责任、讲社会效益，讲守法经营、讲公平竞争、讲诚信守约，形成有利于弘扬社会主义核心价值观的良好政策导向、利益机制和社会环境。

（八）法律法规是推广社会主流价值的重要保证。要把社会主义核心价值观贯彻到依法治国、依法执政、依法行政实践中，落实到立法、执法、司法、普法和依法治理各个方面，用法律的权威来增强人们培育和践行社会主义核心价值观的自觉性。

（九）要把践行社会主义核心价值观作为社会治理的重要内容，融入制度建设和治理工作中，形成科学有效的诉求表达机制、利益协调机制、矛盾调处机制、权益保障机制，最大限度增进社会和谐。

四、加强社会主义核心价值观宣传教育

（十）用社会主义核心价值观引领社会思潮、凝聚社会共识。深入开展中国特色社会主义和中国梦宣传教育，不断增强人们的道路自信、理论自信、制度自信，坚定全社会全面深化改革的意志和决心。

（十一）新闻媒体要发挥传播社会主流价值的主渠道作用。坚持团结稳定、正面宣传为主，牢牢把握正确舆论导向，把社会主义核心价值观贯穿到日常形势宣传、成就宣传、主题宣传、典型宣传、热点引导和舆论监督中，弘扬主旋律，传播正能量，不断巩固壮大积极健康向上的主流思想舆论。

（十二）建设社会主义核心价值观的网上传播阵地。适应互联网快速发展形势，善于运用网络传播规律，把社会主义核心价值观体现到网络宣传、网络文化、网络服务中，用正面声音和先进文化占领网络阵地。

（十三）发挥精神文化产品育人化人的重要功能。一切文化产品、文化服务和文化活动，都要弘扬社会主义核心价值观，传递积极人生追求、高尚思想境界和健康生活情趣。

五、开展涵养社会主义核心价值观的实践活动

（十四）广泛开展道德实践活动。

（十五）深化学雷锋志愿服务活动。大力弘扬雷锋精神。

（十六）深化群众性精神文明创建活动。

（十七）发挥优秀传统文化怡情养志、涵育文明的重要作用。

（十八）发挥重要节庆日传播社会主流价值的独特优势。

（十九）运用公益广告传播社会主流价值、引领文明风尚。

六、加强对培育和践行社会主义核心价值观的组织领导

（二十）各级党委和政府要充分认识培育和践行社会主义核心价值观的重要性，把这项任务摆上重要位置，把握方向，制定政策，营造环境，切实负起政治责任和领导责任。

（二十一）党员、干部要做培育和践行社会主义核心价值观的模范。党员、干部特别是领导干部要在培育和践行社会主义核心价值观方面带好头，以身作则、率先垂范，讲党性、重品行、做表率，为民、务实、清廉，以人格力量感召群众、引领风尚。

（二十二）培育和践行社会主义核心价值观是全社会的共同责任。坚持全党动手、全社会参与，把培育和践行社会主义核心价值观同各领域的行政管理、行业管理和社会管理结合起来，形成齐抓共管的工作格局。

（二十三）把培育和践行社会主义核心价值观的任务落实到基层。城乡基层是培育和践行社会主流价值的重要依托，农村、企业、社区、机关、学校等基层单位要重视社会主义核心价值观的培育和践行，使之融入基层党组织建设、基层政权建设中，融入城乡居民自治中，融入人们生产生活和工作学习中，努力实现全覆盖，推动社会主义核心价值观不断转化为社会群体意识和人们自觉行动。充分发挥工人、农民、知识分子的主力军作用，发挥党员、干部的模范带头作用，发挥青少年的生力军作用，发挥社会公众人物的示范作用，发挥非公有制经济组织和新社会组织从业人员的积极作用，形成人人践行社会主义核心价值观的生动景象。

落款（略）

【简析】

本例文三、四、五、六部分有删减。前言交代了社会主义核心价值观的内涵和发文的目的，第一部分阐述了培育和践行社会主义核心价值观的重要意义、指导思想和要坚持的原则，第二、三、四、五、六部分具体说明怎样培育和践行社会主义核心价值观。内容全面，结构严谨，措施得当。

八、通知

（一）通知的概念

通知适用于批转下级机关的公文、转发上级机关和不相隶属机关的公文、发布规章、传达要求下级机关办理和有关单位需要周知或者共同执行的事项、任免和聘用干部。

通知是使用最多的公文文种，其在公务活动中起着承接上下、联系四方的作用。

（二）通知的种类

1．发布类通知

此类通知的主要作用是将另一个文件印发、转发、批转、发布出去。例如，《中国人民银行转发〈国务院办公厅关于切实解决高校贫困家庭学生困难问题的通知〉的通知》。此种情况下，通知是被印发、转发、批转、发布文件的传播媒介或者窗口，印发、转发、批转、发布的文件是该类公文的核心内容。

2．工作部署类通知

此类通知在公务活动中被广泛使用，其内容包括部署工作、开展活动、提出要求、日常管理等。例如，《江西应用技术职业学院关于实行课程改革的通知》《江西应用技术职业学院关于做好2013年暑期有关工作的通知》等。

3．告知类通知

此类通知的主要作用是告知事项。例如：《江西应用技术职业学院关于启用印章的通知》。此类通知就是告知，不要求收文方具体做什么。

（三）通知的写作

1．标题

通知的标题有三种情况：第一种是由发文机关、事由和文种组成；第二种是由事由和文种组成；第三种是由文种“通知”单独作标题。

2．正文

通知的正文一般由三部分组成。

第一部分：交代发文的缘由、目的、依据、意义等。

第二部分：通知的内容。即上级机关向下级布置的具体工作事项，可分条逐项写。

第三部分：通知的执行要求。陈述执行的具体要求，也可与第二部分结合起来写。

3．落款

落款写明发文机关和发文日期。批转或转发性通知，还要在落款的左下方附注附件名称及份数。

【例文4－8】

江西省人民政府办公厅关于做好普通高等学校毕业生就业工作的通知

赣府厅字〔2013〕96号

各市、县（区）人民政府，省政府各部门：

普通高等学校毕业生（以下简称高校毕业生）就业，关乎经济发展、民生改善、社会稳定。根据《国务院办公厅关于做好2013年全国普通高等学校毕业生就业工作的通知》（国办发〔2013〕35号）精神，结合我省实际，经省政府同意，现就做好高校毕业生就业工作通知如下：

一、全面落实高校毕业生就业创业政策

（一）确保政策落实取得实效。近年来，省委、省政府大力实施就业优先战略，出台了产业发展、就业服务、创业扶持等一系列积极的就业政策，对高校毕业生就业创业起到了促进作用。各地、各有关部门要抓紧对现行政策进行梳理，结合实际，进一步细化和完善，开展高校毕业生就业政策落实情况检查，确保各项政策措施落实到位。

二、拓宽高校毕业生就业渠道

（二）创造更多适合高校毕业生的就业机会。要在我省扩内需、促增长、转方式、调结构过程中，开发更多适合高校毕业生就业的岗位；在安排政府重大投资和建设项目时，要把增加高校毕业生就业岗位作为重要内容，发挥投资对就业的带动作用；在推动科技创新“六个一”工程、省内重大科技专项时，扩大高校毕业生就业规模。引导和鼓励高校毕业生投身现代农业、小城镇建设，扶持农业企业、小城镇吸纳更多高校毕业生就业。

（三）鼓励高校毕业生到中小企业和非公有制单位就业。要为到中小企业和非公有制单位就业的高校毕业生提供档案、户籍、组织关系、社会保险、职称评定、权益保障等方面的管理服务，落实各项扶持政策。对高校毕业生到中小企业就业的，在科研项目经费申请、科研成果或荣誉称号申报等方面，享受与国有企事业单位同类人员同等待遇。对到中小企业和非公有制单位就业，并参加了城镇职工基本养老保险的高校毕业生，今后考录或招聘到国家机关、事业单位、国有企业工作的，其缴费年限可合并计算为连续工龄。对高校毕业生到家庭服务企业就业的，可给予岗位补贴。

（四）引导高校毕业生面向城乡基层就业。要统筹实施“三支一扶计划”“选聘高校毕业生到村任职”“农村义务教育阶段学校教师特设岗位计划”“大学生志愿服务西部计划”等基层服务项目，引导高校毕业生到基层就业。2013年，全省招募2500名高校毕业生参加“三支一扶”；选聘3000名高校毕业生到村任职；招聘3371名教师到农村基层学校任教。定向分配333名医学专科毕业生到乡镇卫生院工作。提供10 000个公益性岗位，安排离校未就业高校毕业生从事人社、财政、民政、残联等基层社会管理和公共服务。开展农业技术推广服务特岗计划试点，落实社会工作专业人才服务“三区”计划。

（五）鼓励高校毕业生应征入伍服义务兵役和继续升学。要健全征集高校毕业生入伍服义务兵役的政策体系和长效机制，做好高校毕业生应征入伍宣传和征集工作，鼓励高校毕业生积极投身国防建设。教育部门要按照国家有关规定，适度扩大相对紧缺和应用性较强学科、专业的招生规模。

（六）支持企业吸纳高校毕业生就业。对招收高校毕业生达到企业现有在职职工总数30%（超过100人的达到15%）以上的中小企业，按规定优先安排扶持中小企业发展资金，并优先提供技术改造贷款贴息。对符合条件的企业在新增岗位中，当年新招用高校毕业生的，按国家规定享受促进就业有关税收优惠政策。对小型微型企业新招用应届高校毕业生，签订1年以上劳动合同，并按时足额缴纳社会保险费的，给予1年社会保险补贴，期限至2014年年底。对劳动密集型小企业当年新招收登记失业的高校毕业生达到企业现有在职职工总数30%（超过100人的达到15%）以上的，可按规定申请最高不超过400万元的小额担保贷款，并享受财政贴息。对企业新招收毕业年度高校毕业生，在6个月内开展岗前就业培训的，按规定给予企业职业培训补贴。

三、鼓励高校毕业生自主创业

（七）落实和完善创业扶持政策。对符合高校毕业生自主创业条件的，可向创业项目所在地的人力资源和社会保障部门所属小额担保贷款经办机构，申请最高不超过10万元的小额担保贷款。对符合二次扶持条件的个人，贷款最高限额不超过30万元。对合伙经营和组织起来创业并经工商管理部门注册登记的，贷款规模最高不超过50万元。上述创业贷款期限为2年，从事当地政府规定微利项目的，可按规定享受财政全额贴息。省本级安排1000万元小额担保贷款基金，专项为高校毕业生创业贷款提供担保，各地要比照省里做法作相应安排。

对符合条件的高校毕业生在毕业年度内从事个体经营的，3年内按每户每年8000元为限额依次扣减其当年实际应缴纳的营业税、城市维护建设税、教育费附加和个人所得税。对已进行就业失业登记并参加社会保险的自主创业高校毕业生，人力资源和社会保障部门可按照灵活就业人员待遇给予社会保险补贴，补贴缴费基数按当地上年度在岗职工平均工资的60%计算，养老保险补贴12%，医疗保险补贴3%，失业保险补贴1%，期限最长不超过3年。

（八）加强创业教育、创业培训和创业服务。要鼓励高校与公共就业人才服务机构合作开展创业培训和实训。从2013年起，将创业培训补贴政策期限从目前的毕业年度调整为毕业学年（自毕业前一年7月1日起的12个月），鼓励有创业意愿的应届高校毕业生参加创业培训，根据其获得创业培训合格证书或创业情况，按规定给予人均1000～1600元的创业培训补贴。

（九）加强创业孵化基地建设。要进一步加大地方财政资金的支持力度，加强创业孵化基地建设，落实各项扶持政策。对基地内高校毕业生创办的入驻企业和个人，及时提供相应服务。对高校毕业生创办的入驻企业、个人在创业孵化基地内发生的物管费、卫生费、房租费、水电费，三年内按季支付每月不超过实际费用50%的补贴。省里重点支持打造5～6个国家级或省级创业孵化示范基地。

四、提高高校毕业生就业能力

（十）支持离校未就业高校毕业生参加见习。要结合当地产业发展需要，选择一批规模较大、有一定实力的企事业单位，作为见习单位，为有见习需求的离校未就业高校毕业生提供见习机会，见习时间为3～6个月，最长不超过1年。见习单位应当合理分担并为见习学员先行垫付不低于所在地最低工资标准的生活费。对见习单位，可按规定给予见习岗位补贴和见习综合保险补贴，见习岗位补贴标准为见习单位所在地最低工资标准的70%。见习岗位补贴和见习综合保险补贴所需资金从当地就业专项资金中安排。

（十一）鼓励高校毕业生参加职业技能培训和鉴定。从2013年起，组织实施“离校未就业高校毕业生技能就业专项活动”，开展就业技能培训和创业培训。对毕业年度内高校毕业生参加职业技能培训的，按规定给予培训补贴。对通过初次职业技能鉴定并取得相应职业资格证书或专项职业能力证书的，按鉴定收费标准的70%给予补助，最低不少于200元/人。省里重点扶持10—15所条件较好、具有适应市场需求工种的高职或技工院校，开展技能就业专项活动。

五、加强高校毕业生就业服务

（十二）开展就业指导和专场招聘。要在高校开设就业指导专题讲座，开展公共就业人才服务进校园活动。支持高校发挥自身优势，实行校企对接，组织开展现场或网络校园招聘活动。各级公共就业人才服务机构要主动加强与高校毕业生就业指导服务机构的衔接，对高校开展的校园招聘活动，纳入公共就业人才服务大型专项活动项目，并给予适当支持。

（十三）实现高校与公共就业人才服务机构信息共享。要加强就业信息公共服务网络平台建设，实现与高校校园网互联互通，并利用多种渠道发布就业信息，为高校毕业生提供公共就业服务。

（十四）提供就业失业登记和公共就业人才服务。省内外高校毕业生，可以在本省行政区域内求职地公共就业人才服务机构进行求职登记和失业登记，免费申领《就业失业登记证》，纳入本地公共就业人才服务范围，并享受相关扶持政策。

六、开展高校毕业生就业帮扶

（十五）实施离校未就业高校毕业生就业促进计划。要综合运用实名制登记、就业援助等各项政策措施和服务手段，力争使每一名有就业意愿的离校未就业高校毕业生，在年底前实现就业或参加到就业准备活动中。各高校要将离校未就业高校毕业生信息在当年9月底前上报给省教育厅和省人力资源和社会保障厅。各级公共就业人才服务机构要开展“一对一”就业帮扶活动，免收离校未就业高校毕业生档案管理费。

（十六）对就业困难高校毕业生进行就业帮扶。从2013年起，对本省普通高等学校学籍且为城乡居民最低生活保障家庭的毕业年度内高校毕业生，发给每人800元一次性求职补贴，所需资金按规定列入就业专项资金支出范围。要高度重视新疆等受援地高校毕业生和少数民族高校毕业生、残疾高校毕业生就业，有针对性地开展帮扶。

七、大力推进就业公平

（十七）深化高校毕业生就业制度改革。要结合本地实际，研究高校毕业生就业制度改革的具体意见，简化高校毕业生就业程序，消除高校毕业生在不同地区之间流动就业的制度性障碍，落实包括专科生在内的高校毕业生在就（创）业地落户政策。

（十八）加强高校毕业生就业市场监管。人力资源和社会保障部门要加大劳动保障监察力度，维护高校毕业生合法权益。加强人力资源市场监管，严厉打击非法职业中介和招聘过程中的各类欺诈行为，及时纠正性别、民族、院校、地域歧视和其他各类就业歧视现象。教育部门要规范签约行为，不得将毕业证书、学位证书发放与高校毕业生签约挂钩。

八、继续深化高等教育体制改革

（十九）推动高等教育更好地适应经济社会发展需要。要合理确定普通教育与职业教育发展规模，促进学科专业结构与市场需求有效对接。教育部门要指导高校加强实践教学，着力培养学生综合素质和实践能力，加强经济社会发展对高校毕业生需求的前瞻性研究，建立健全高校毕业生需求预测和发布制度，完善就业状况的反馈机制，引导高校合理调整专业设置。发改、教育部门要建立高校毕业生就业和重点产业人才供需对接机制，超前部署与重点产业相关专业设置和培养计划。

九、加强高校毕业生就业工作的组织领导

（二十）加强领导，落实责任。各级政府要将促进高校毕业生就业工作列入政绩考核内容，强化目标责任，抓好贯彻落实，切实保障应届高校毕业生就业水平不降低，并力争有所提高。要加强组织领导，充分发挥就业工作领导小组和大学生就业创业联席会议制度作用。各级财政部门要将高校毕业生就业工作经费纳入同级财政预算，保障各项就业服务工作所需经费。各级人力资源和社会保障、教育部门要会同有关部门定期分析就业形势，及时研究解决工作中出现的新情况、新问题。要加强就业创业政策和先进典型宣传，引导高校毕业生树立正确就业观和择业观。

落款（略）

【简析】

例文首先交代了加强高校毕业生就业工作的意义和依据，然后从 9 个方面提出了落实高校毕业生就业工作的措施和要求，每个方面又说明了具体的做法共 20 条。通知的内容涵盖了该项工作的各个层面，缜密周全，措施具体，具有很强的操作性。

九、通报

（一）通报的概念

通报适用于表彰先进、批评错误、传达重要精神和告知重要情况。

（二）通报的种类

按内容性质不同，通报可分为情况通报、表彰通报、批评通报三类。

（三）通报的写作

1. 标题

通报的标题有四种形式：一是由发文机关名称、事由和文种组成；二是由发文机关名称和文种组成；三是由事由和文种组成；四是只由文种“通报”作标题。

2. 正文

正文一般分为五个部分。

第一部分：通报缘由。即用简练的文字概述通报的内容或通报的依据。

第二部分：详细叙述该人该事的基本情况和事实，将事件发生的时间、地点、有关人员、经过、情节、前因后果等陈述清楚。

第三部分：处理意见。即对该人该事的评价或处理意见。

第四部分：经验或教训。即对事件进行分析，总结出相应的经验或教训。

第五部分：提出要求、希望、号召或措施。

3. 落款

署上发通报的单位名称和时间。

【例文4-9】

国家新闻出版广电总局关于给予新疆兵团卫视和四川卫视暂停商业广告播出处理的通报

新广电发〔2014〕4号

各省、自治区、直辖市广播影视局，新疆生产建设兵团广播电视局，中央三台，电影频道节目中心，中国教育电视台：

总局《关于进一步加强卫视频道播出电视购物短片广告管理工作的通知》（广发〔2013〕70号）2014年1月1日正式实施后，全国各级卫视频道执行情况总体良好，电视购物短片广告播出秩序明显好转。但在总局三令五申和多次责令整改的情况下，新疆生产建设兵团广播电视台综合频道（新疆兵团卫视）和四川广播电视台综合频道（四川卫视）仍存在超时播出电视购物短片广告的违规问题。现通报如下：

经查，1月1日，新疆兵团卫视和四川卫视存在播出的电视购物短片广告超过3分钟等问题。经总局多次责令整改，两家卫视频道仍置若罔闻，截至1月6日凌晨仍然违规播出电视购物短片广告。其中，新疆兵团卫视播出的“鬼谷子下山大罐”和“香薰睡眠宝”，四川卫视播出的“中华玉兔登月紫砂壶”，时长均超过20分钟，在全系统和社会上造成了极坏影响，必须严肃处理。

为严肃纪律，根据《广播电视广告播出管理办法》《广播电视播出机构违规处理办法》（试行）及《关于进一步加强卫视频道播出电视购物短片广告管理工作的通知》等有关规定，总局决定：

（一）责令新疆兵团卫视自1月9日零时起至1月24日零时，暂停所有商业广告播出15日，并进行全面清理整顿。

（二）责令四川卫视自1月9日零时起至1月16日零时，暂停所有商业广告播出7日，并进行全面清理整顿。

（三）责成新疆生产建设兵团广播电视局和四川省广播电影电视局，分别对新疆兵团卫视和四川卫视的整改情况进行核查验收，验收结束后，向总局提出书面报告，经总局同意后方可恢复商业广告播放。

望各级广播影视行政部门和播出机构引以为戒，切实做好电视购物短片广告播出的日常监管和审查把关，杜绝此类问题再次发生。

国家新闻出版广电总局

二〇一四年一月七日

【简析】

这是一则批评类通报。首先概述了违规事件的基本情况，继而提出了处理决定，最后提出要求。全文落笔有据，结构规范。

十、报告

（一）报告的概念

报告是向上级机关汇报工作、反映情况、提出建议，或者是答复上级机关的询问时使用的一种公文。

（二）报告的种类

报告是最常用的上行公文，按内容不同，报告可分为工作报告、情况报告、答复报告、建议报告。

1．工作报告

工作报告是向上级汇报、总结常规工作的公文。较全面的工作报告包括四部分内容：

（1）基本情况。概述工作环境、过程和成绩等。

（2）经验总结。这是工作报告的主体部分，具体介绍工作中的经验，并注意用材料来说明经验，做到有理论有事实，增强文章的说服力。

（3）存在的问题。即工作中存在的不足之处。

（4）今后措施。即改进工作的具体打算。

2．情况报告

情况报告一般是用来向上级反映本单位的重大情况的公文。较完整的情况报告由三部分组成：

（1）情况介绍。即陈述事件的整体过程及其结果。

（2）原因分析。即分析事件发生的主客观原因。

（3）责任及处理意见。即明确责任者、负多大责任及相应的处理措施。

3．答复报告

答复报告是下级回答上级的查询或提问的公文。完整的答复报告包括三部分内容：

（1）过程介绍。即说明事件发生的时间、地点、经过、结果等。

（2）原因分析。即分析事件发生的主客观原因。

（3）处理意见。即具体、适当地提出处理意见，以便领导掌握及处理。

4．建议报告

建议报告是下级向上级提出工作建议及要求的公文。完整的建议报告包括三部分内容：

（1）情况介绍。即写明情况、指出问题、简述提出建议的依据和目的。

（2）建议事项。即具体说明建议的内容。

（3）提出希望。建议报告重点是提出建议，不是反映情况，因此，必须处理好情况与建议的关系，说明情况是为提出建议打好基础，建议必须在说明情况的基础上提出。

（三）报告的写作

1．标题

报告的标题由发文机关、事由和文种三部分组成，也可省略发文机关，由事由和文种两部分组成。

2．正文

各种类型的报告在写法上稍有不同，但正文内容基本相同，包括以下五部分：

第一部分：简述情况或问题。

第二部分：总结经验教训或分析原因。报告以反映情况为主，但对情况要有分析，从情况中总结出经验或教训来，行文时要说明看法和意见。

第三部分：存在的问题或责任，工作报告要客观分析存在的问题；情况报告要分清责任。

第四部分：今后的意见或准备采取的措施。

第五部分：结尾。

3. 落款

署上发文机关名称、发文日期和加盖印章。

【例文 4－10】

落实党风廉政建设责任制和推进惩防体系建设工作报告

各位领导、同志们：

今年我区在县委、县纪委的正确领导下，认真贯彻落实中央、省、市、县有关党风廉政建设的指示精神，严格执行党风廉政建设责任制，全力推进惩治和预防腐败体系建设，各项工作都取得了较为明显的成效。下面，我就一年来我区落实党风廉政建设责任制和推进惩防体系建设工作情况汇报如下：

一、主要做法

一是成立了党风廉政建设领导小组，由党工委书记任组长，纪委书记任副组长，各科室负责人为成员，具体工作由党风廉政建设办公室抓落实，形成了一把手亲自抓，分管领导具体抓，各科室齐抓共管、协同作战的良好格局，为切实抓好党风廉政建设提供了组织保证。

二是抓好责任分解。我区始终把贯彻落实党风廉政建设责任制摆上重要议事日程，专门召开会议，研究、部署、分解党风廉政建设工作，始终做到有计划、有部署、有自查、有总结。同时，针对具体的党风廉政建设工作，专门落实了具体主管人、参与人，做到分工明确，责任落实。

三是领导班子成员尤其是主要领导能够带头遵守领导干部廉洁从政的有关规定和单位规章制度。在工作接待、开支等方面能严格执行政策，从不违反相关规定。凡要求干部职工做到的，领导成员首先做到；凡要求干部职工不能做的，领导干部坚决不做。

四是认真落实党风廉政建设责任制。根据县纪委贯彻落实党风廉政建设工作的要求，明确责任主体、责任目标、考核制度和追究办法。强化领导班子特别是一把手的党风廉政建设责任，认真落实“一岗双责”，充分发挥一把手的关键作用，保证各项工作的有效开展。

五是注重源头防范，坚决堵塞漏洞。一年来，我区做到同部署、同落实、同检查，从源头上堵塞产生腐败的漏洞，主要采取了以下措施：一是实行党内监督。领导班子能认真按照党风廉政建设和反腐败工作的要求，但凡重大事情全部交由领导班子会议研究决定，防止个人说了算。同时，将党风廉政建设和反腐败纳入民主生活会的重要议题，进行对照检查，在民主生活会上进行专题汇报，落实整改措施。二是定期自查自纠。结合民主生活会，认真定期自查自纠领导班子和领导干部执行党风廉政建设责任制情况，进一步促进了党风廉政建设责任制的贯彻执行。

六是加强作风建设。从严要求、管理全体干部职工，努力克服庸、懒、散、奢等现象。加强公用车辆的管理，严禁用公车办私事。严格接待标准，严禁用公款大吃大喝。

二、存在主要问题

（一）政治理论学习有待加强

由于我区业务繁忙，加上人手少，任务重，平时忙于工作，在政治理论知识学习方面坚持得不好。

（二）工作制度抓得不够到位

对于部职工开展作风整顿和强化服务意识的教育有待加强，有关规章制度的检查、督促、落实抓得不够细致。

（三）公开工作深度有待延伸

公开工作虽然建立了一些相关的制度，但由于相关制度不太健全，使得公开的深度和广度还显得不足。

三、下一步工作打算

总之，今年以来，工业园区在党风廉政建设、廉洁自律等方面虽然作了一些工作，也取得了一些成效，但对照上级的要求还有差距，今后主要抓好以下几项工作：

（一）强化学习意识

继续在党员干部中开展党风廉政建设为主要内容的党纪教育，继续开展党课教育、警示教育，全面拓宽教育领域，使党员干部时刻保持清醒头脑，提高自律意识。

（二）强化监督意识

要从实际出发，认真贯彻落实党风廉政建设有关规定，严格制度和纪律约束，加大对党员，尤其是领导干部的从政行为，加大廉洁自律各项规章制度的监督力度，强化对党员干部的教育管理。

（三）强化大局意识

增强责任意识，完善考评制度，落实责任追究制度，严格把好责任人自查自评材料，按照量化考核标准的内容，对责任人进行考评，对不落实或不正确履行党风廉政建设责任制有关规定的，严格追究纪律责任。

××市××区人民政府
××××年××月××日

【简析】

这是一份规范的工作报告。主要是具体介绍工作中的经验，并注意用材料来说明经验，做到有理论有事实，增强文章的说服力，存在的问题分析透彻，今后的打算具体明确。

十一、请示

（一）请示的概念

请示是下级机关请求上级机关对某项工作给予指示或批准时所使用的公文。

请求上级机关给予指示的请示，主要应在遇到现有的方针、政策、法规及规定所不曾涉及的新情况、新问题，或政策界限难以把握时使用；请求上级机关予以批准的请示，主要应在遇到超越本机关的职权范围，或本机关有关人员对之看法、意见不是完全一致的问题时使用。另外，某些业务主管部门就带有普遍意义的问题提出看法，希望领导机关将其批转有关单位时，也可以使用请示。

（二）请示的种类

请示是上行文，专门用于下级机关向上级机关请求指示、请求批准事项。根据请示的作用不同，请示可分为请求指示性请示、请求批准事项性请示、请求批转或转发性请示。

1．请求指示性请示

请求指示性请示主要包括两种情况：一是向上级机关询问事项，请求上级机关给予指示，如对有关政策、规定给予明确或者进行解释等。二是在实际工作中，遇到新情况、新问题，需要上级机关进行指示。

2. 请求批准事项性请示

请求批准事项性请示主要用于超出下级机关自行决定的职责范围，需由上级机关决定的事项，或者虽然属于下级机关职责，但上级机关为事先把握情况明确要求下级机关行文请示的事项。

3. 请求批转或转发性请示

请求批转或转发性请示主要包括两种情形：一种是请求上级机关认可和批准其所提出的意见和建议，批转各地政府或各有关部门执行。这种请示涉及的工作事项一般需要各地政府或不相隶属机关支持或执行，而提出请示的机关又没有权力提出要求，所以，请求以上级机关的名义批转或转发，代为部署。另一种是相关情况需要各地政府或不相隶属机关了解或者重视，上级机关转发或者批转力度会更大。因此，请求以上级机关的名义批转或转发，代为通报。

（三）请示的写作

1. 标题

请示的标题由发文机关、事由和文种三部分组成，也可以省略发文机关。

2. 正文

请示的正文包括三个部分：

第一部分：请示缘由。即通过摆事实、讲道理来申明情况，说明请示的依据、背景、目的、缘由等。

第二部分：请示事项。即实事求是地写清拟请上级给予指示、批准的具体内容、要求及理由。

第三部分：结束语。常用“以上意见当否，请批示”“妥否，请批复”“以上请示，请予审批”等习惯用语为结束语。

3. 落款

落款包括发文机关、发文日期和印章三部分内容。

（四）写作请示注意事项

第一，主送机关只能写一个，不能多头请示。如确需请示几个机关，可用抄送的形式。

第二，一文一事，切勿数事并请。

第三，不得抄送下级机关。

第四，请示与报告是两个性质完全不同的文种，其主要区别在于：报告着重陈述情况和意见；请示则着重于提出问题和请求。

【例文 4-11】

关于增拨行政经费的请示

××市人民政府：

根据××市机构编制委员会《关于市粮食局纳入财政预算的通知》（×编〔2011〕51号）的规定，我局自2012年1月1日起纳入市政府全额供给。按照×府〔2008〕83号和

×府办〔2009〕2号文件精神，粮食行政管理部门是地方人民政府主管粮食工作的执法机构。其主要职责是建立健全地方粮食安全预警和应急机制，负责全市粮食总量平衡，规范粮食市流通秩序，负责中央、省、地方三级储备粮仓储、运输、基建的管理，军队粮油计划供应管理和指导，粮食收购许可证资格审核发放工作。

我局2013年正常性业务开支费用共50.71万元，其中：办公费2.25万元，水电费4.7万元，邮电费6.41万元（含数字政府宽频费2.4万元），车辆费用13.16万元，印刷费0.57万元，业务费9.83万元，书报费1.5万元，差旅费4.43万元，会议费0.85万元，培训费0.21万元，其他费用6.8万元（其中驻军慰问0.3万元、安全生产综合治理计生奖1.6万元，现役军人优待金2.5万元，法律顾问费0.8万元，机关工委活动费1.1万元，协会会费0.2万元，公益捐款0.3万元）。而财政预算定额拨给我局业务费20万，加上我局2013年1—12月牧业出租的“非转经”收入15万元，全年业务缺口资金15.71万元。

我局在编人员20人，参照市政府和其他行政单位每人每月1000元的下乡费补贴标准，一年下乡费补贴需24万元，市财政拨款15万元，缺口资金9万元。

以上两项合计，缺口资金为24.71万元。

我局纯属行政管理部门，所有资产物业已进行清产核算并移交市人民政府资产管理办公室管理，除以上牧业出租“非转经”收入外，再没有任何经营收入和行政收费。我局11月、12月难以为继，日常费用和下乡费无法支付，影响了我局正常工作。为使我局正常开展业务，调动干部和职工的工作积极性，进一步完善粮食工作政府负责制，确保我市粮食安全和社会稳定，现恳请市政府予以支持资金24.71万元。

以上请示，妥否，请批复。

××市粮食局

2013年11月20日

【简析】

该请示的第一部分通过摆事实、列数据说明了粮食局的职能、经费的使用情况，充分说明要求增拨经费的理由；第二部分提出请示事项。请示理由充分，方案可行，用语得体，行文规范。

十二、批复

（一）批复的概念

批复是上级机关答复下级机关请示事项的公文。

批复与请示是两相对应配合使用的一组文种。下级机关用请示请求上级机关指示或批准，上级机关用批复传达指示或批准意见。请示的主送机关应是批复的发文机关，批复的主送机关是请示的发文机关。

（二）批复的种类

批复是下行文，专门用于对下级机关来文请示事项的回复。按照回复意见的内容划分，批复大致分成指示性批复和解答性批复两类。

1. 指示性批复

指示性批复有两种情况：一是对于下级机关的请示事项表示同意；二是对下级机关的请示事项持否定态度，或者既有同意的又有否定的。但是，对下级机关的请示不管是

“准”与“驳”，都要向下级机关作出相应的指示，讲清楚肯定或者否定的原因，给出明确的答复意见。

2．解答性批复

解答性批复是针对下级机关的询问事项或请示中涉及的有关问题作出解答，是下级机关处理有关问题的依据和凭证。

当然，在有些批复的内容中，既有对下级机关有关工作的指示，又有就某些问题或者情况作出的解释。

（三）批复的写作

1．标题

批复的标题有以下几种组成形式。

第一种：××机关关于××问题的批复。

第二种：××机关关于××问题给××机关的批复。

第三种：关于××事项给××机关的批复。

2．主送机关

主送机关是与批复相对应的请示的发文机关。

3．正文

批复的正文包括三个部分：

第一部分：引述来文。即说明批复的根据和缘由，明确批复的对象。

第二部分：批复内容。即表明态度，针对请示的内容明确表态，对不同意的事项，应说明理由。有的批复在表明态度之后，还可以提出具体要求。

第三部分：结束语。常用“此复”“特此批复”等体式用语结尾。

4．落款

署发文机关、发文时间及加盖印章。

【例文4－12】

国务院关于西部大开发“十二五”规划的批复

国函〔2012〕8号

发展改革委：

你委《关于报送西部大开发“十二五”规划（修改稿）的请示》（发改西部〔2012〕189号）收悉。现批复如下：

一、原则同意《西部大开发“十二五”规划》（以下简称《规划》），请认真组织实施。

二、《规划》实施要高举中国特色社会主义伟大旗帜，以邓小平理论和“三个代表”重要思想为指导，深入贯彻落实科学发展观，按照中央关于新形势下深入实施西部大开发的战略部署，以科学发展为主题，以加快转变经济发展方式为主线，进一步解放思想、开拓创新，进一步深化改革、扩大开放，进一步加大投入、强化支持。要坚持把深入实施西部大开发战略放在区域发展战略优先位置，充分发挥西部地区特色和优势，促进区域经济良性互动、协调发展，增进民族团结和社会和谐，努力保持经济社会长期持续平稳较快发展，实现地区生产总值和城乡居民收入增速均超过全国平均水平，为实现全面建设小康社会目标打下坚实基础。

要坚持统筹兼顾，真正把当前和长远结合起来，切实抓好重点工作的落实。（一）明确主体功能区，对重点经济区、农产品主产区、重点生态区、资源富集区、沿边开放区和特殊困难地区，实施分类指导。（二）继续把基础设施建设放在优先位置，突出交通和水利两个关键环节，加快构建适度超前、功能配套、安全高效的现代化基础设施体系。（三）加大生态建设和环境保护力度，从源头上扭转生态恶化趋势。加强环境综合治理和节能减排，大力发展循环经济。（四）发展特色优势产业，建设国家能源、资源深加工、装备制造业和战略性新兴产业基地。（五）加快发展现代特色农业，建立有西部特色的农产品生产加工体系，拓宽农民增收渠道，建设农民幸福家园。（六）培育中小城市和特色鲜明的小城镇，提升城镇化的质量和水平。（七）优先发展教育，千方百计扩大就业，推进基本公共服务均等化。增强科技创新能力，建设创新型区域。（八）全面提升对内对外开放水平，不断增强发展动力和活力。

三、西部地区各省（区、市）人民政府要切实做好《规划》确定的主要目标、重点任务与本地区经济社会发展“十二五”规划的衔接，认真分解落实各项任务。要充分发挥市场配置资源的基础性作用，有效引导社会资源，合理配置公共资源，保障《规划》有效实施。东中部地区要积极支持配合做好《规划》实施工作，加强与西部地区的经济合作，进一步提升对口支援、对口帮扶的深度和水平，积极支持东中部地区的企业、人才到西部地区创业发展，进一步形成互惠互利、相互促进的发展格局。

四、国务院有关部门要按照《规划》确定的总体目标和发展重点，在有关专项规划编制、政策措施实施、重点项目安排、体制机制创新等方面给予积极指导和支持。要加强部门之间的沟通协调，深入调查研究，及时总结经验，指导和帮助地方政府切实解决《规划》实施过程中遇到的问题，进一步为西部地区又好又快发展营造良好政策环境。

五、发展改革委要加强综合协调与服务，会同有关部门加强对《规划》实施情况的跟踪分析和监督检查，适时组织开展《规划》实施的中期评估工作。要重视研究新情况，解决新问题，总结新经验，重大问题及时向国务院报告。

深入实施西部大开发战略，是党中央、国务院作出的重大决策，各有关方面要统一思想、坚定信心、开拓创新、扎实工作，努力建设经济繁荣、社会进步、生活安定、民族团结、山川秀美的西部地区，不断开创西部大开发新局面。

国务院

二〇一二年二月十三日

【简析】

该批复的第一部分引述来文，字约文丰。第二部分阐述五点批复意见，态度明确，要求具体。五点批复意见之间具有严密的逻辑关系。

十三、议案

（一）议案的概念

适用于各级人民政府按照法律程序向同级人民代表大会或者人民代表大会常务委员会提请审议事项。

（二）议案的特点

1．议案写作主体的法定性

在行政系统中，只有国务院及地方各级人民政府才能以议案的形式向同级人大及其常委会提请审议事项；国务院各部门、各直属机构和地方各级人民政府的各个工作部门无权提出议案，不能使用议案这一文种。议案的写作主体与行文对象是一对一的，单向的，只用于各级人民政府向同级人民代表大会及其常委会行文。

2．议案内容的特定性

议案的内容必须是属于某级人民代表大会及其常委会职权范围之内的事项或问题。本级人民政府职权范围内可以解决的问题或事项，不应成为议案的内容。这就要求议案的内容必须是带根本性的重大问题或重大事项。

3．议案提出的程序性

提出议案要经过一定的程序。凡属法规性议案，如条例、规定、办法等，一般须由政府职能部门拟稿，经职能部门领导审定后以请示形式报本级人民政府审核，政府办公厅（室）收到请示后转给政府的法制局核稿，法制局根据法律和法规在内容和表达上对其进行规范后提请本级政府负责人审阅，然后提交政府常务会讨论，通过后由政府办公厅（室）以政府名义向人大或其常委会以议案形式提请审议。凡属于人事任免议案，根据中国的实际情况，均先由本级党委常委会讨论通过，然后由本级政府第一负责人以政府首长名义向人大或其常委提请审议。这些程序是必经的，不可逾越。

（三）议案的分类

作为国务院和地方各级人民政府向国家权力机关提请审议的议案，按性质、内容区分，大体可分为以下几种类型：

1．立法案

即国家行政机关在制定行政法规时，提请国家权力机关审议的送审原案，或者请求国家权力机关制定某项法律、法规时所提出的原案。

2．重大事项决议、决定案

即国家行政机关就本行政区域内重大事项，如财政预、决算，发展规划以及政治、经济、文化、教育、科技、卫生、体育等方面工作的重大事项，需要提请国家权力机关进行审议并作出决议、决定的原案。

3．建议案

即国家行政机关关于加强本行政区各级政府机关建设的重要建议的原案。

4．任免案

在人民代表大会闭会期间，国家行政机关就任免国家机关工作人员问题提请国家权力机关审议批准的原案。

5．撤职案

即国家行政机关向国家权力机关提请撤销该国家权力机关选举产生或任命的国家工作人员职务的原案。

6．其他案

即国家行政机关就本行政区域内广大人民群众迫切要求解决的重大问题以及其他事项，提请国家权力机关审议作出决议的原案。

（四）议案的写作

1．标题

标题即案由，一般由发文机关、事由、文种组成，也有以事由加文种或仅以文种作标题的形式。

2．主送机关

国家行政机关议案的主送机关是固定的，即与政府机关同级的人民代表大会及其常委会，写作时应标明“×××人民代表大会”或“×××人大常委会”。

3．正文

正文包括案据、方案、结语三部分。

（1）案据。即提出议案的理由和依据。

（2）方案。即明确议案名称及其形成过程，提出议案中所提问题的解决途径和办法。

（3）结语。常以“请予审议”等祈使语句结束。

4．落款

签署首长职务与姓名。

（五）写作议案时应注意的事项

（1）作者的法定性。议案的作者只能是法定机关和符合法定人数的人民代表。政府机关的各个直属机构和工作部门以及其他组织或个人均无权提出议案，也不能使用议案这一文种。

（2）要依照国家法律规定的职权范围行文。如果该事项的审议权属于同级人民代表大会及其常委会，则必须将其作为议案提出，如果该事项可在政府职权范围内处理，则不必提出议案。

（3）一案一事。一般情况下，一个议案只写一个内容。

（4）议案必须在人民代表大会规定的时间内送交，否则不能列为议案。

（5）议案与提案的区别表现在：议案是依法定程序向国家权力机关提交的专用文种；根据《全国政协提案工作试行条例（草案）》的规定，提案是政协委员向政府部门提出书面意见和建议的专用文种，人大代表的建议、批评、意见不应称为提案，而应按现在的习惯说法简称为建议。

【例文4－13】

国务院关于提请审议《中华人民共和国反不正当竞争法》的议案

全国人民代表大会常务委员会：

为了维护社会主义市场经济秩序，鼓励和保护公平竞争，制止不正当竞争行为，保障经营者的合法权益，国家工商行政管理局经过调查研究，广泛征求意见，草拟了《中华人民共和国反不正当竞争法（草案）》，这个草案业经国务院常务会议讨论通过，现提请审议。

国务院总理：李鹏

一九九三年六月十日

附：《中华人民共和国反不正当竞争法（草案）》（略）

【简析】

例文前四句阐述了案据，说明了提出议案的理由；中间四句明确了议案的主体、名称及形成过程；最后一句是结束语。本议案要素齐全，结构严谨，用词规范。

十四、函

（一）函的概念

函是用于和同级机关、部门或不相隶属的机关、部门之间联系商洽工作，询问和答复问题、请求批准和答复审批事项。

函是商洽性公文，主要适用于平行及不相隶属的机关商洽公务，询问、答复问题等。函的适用范围宽泛、形式灵活、使用方便，具有其他文种不具备的功能，凡不宜或不便使用其他文种行文的，一般都可以用函。总的来说，函可分为以下几种情况：一是向主管某一方面工作的平行行政机关请求批准事项、报告情况、报送材料和办理报备事宜；二是与不相隶属的机关商洽工作、询问事项、征求意见或者提出建议；三是对不相隶属的机关来函的回复，包括批准平行机关、单位请示事项。

（二）函的种类

函有公函、便函之分。公函用来联系较重要的公务，属于正式公文，具有公文体式。便函用来联系一般事务，不属于正式公文，不必编制发文字号，用机关信笺缮写盖印即可。

（三）函的写作

1. 标题

公函的标题一般由发文机关、事由和文种组成，也可以由事由和文种组成。

2. 正文

正文内容包括三个部分：

第一部分：缘由。即依据部分，交代写函的原因、目的、依据。如果是去函，即说明去函之原因；如果是复函，即说明是答复对方某某函件。

第二部分：事项和意见。简明扼要地写清函告的具体内容及自己的看法和处理意见。如果是复函，应针对来函的情况给予明确答复。

第三部分：结束语。常用“特此函告”“特此函复”作结束语。

3. 落款

署发文机关、发文时间及加盖印章。

【例文 4－14】

关于组织开展打击稀土开采、生产、流通环节违法违规行为专项行动的函

工信部联原函〔2013〕344 号

有关省、自治区、直辖市人民政府：

根据《国务院关于促进稀土行业持续健康发展的若干意见》（国发〔2011〕12 号）“地方政府对本地区稀土行业管理负总责”的要求，经稀有金属部际协调机制成员单位研究，自 2013 年 8 月 15 日至 11 月 15 日开展打击稀土开采、生产、流通环节违法违规行为专项行动（专项行动方案见附件）。本次专项行动的责任主体是稀土生产地地方人民政府。请各相关省（区、市）人民政府统一组织相关部门，按照专项行动方案开展工作，并将有关情况函告工业和信息化部。

附件：《打击稀土开采、生产、流通环节违法违规行为专项行动方案》

工业和信息化部　公安部　国土资源部
环境保护部　海关总署　国家税务总局
国家工商行政管理总局　国家安全生产监督管理总局
二〇一三年八月五日

【简析】

例文简明扼要地写清了发文的缘由、根据、程序和内容，并提出了具体明确的执行要求。文约义丰，规范得体。

十五、纪要

（一）纪要的概念

纪要适用于记载和传达会议的情况和议定事项。纪要是一种实录性公文，是在对会议讨论的事项加以归纳、整理的基础上，将其反映出来的公文文种。并非所有的会议都要形成纪要，通常只有大中型会议或比较重要的会议，才要求写纪要。

（二）纪要的特点

（1）纪要的公文格式类似于简报，而与简报不同的是：纪要是正式的公文，是管理和行政的工具，一俟发出，必须执行；而简报是信息载体，只是参考性文字材料。

（2）纪要与其他公文形式不同的是：其他公文是必须印发的，不管行文对象是社会公众，还是特定的群体或个人，而纪要视具体情况可以印发，也可以不印发，只作为内部工作情况的记录留作查考，直接存档。需要印发的纪要，必须发给与会的各方，也可以酌情发给没有参加会议的相关单位阅知或执行。

（3）在印发形式上，纪要可以作为独立的公文印发，也可以作为其他文件的附件随文发出。纪要没有主抄送机关，按照文尾注明的印送范围发送。

（三）纪要的种类

根据纪要的特点和作用不同，纪要可分为以下种类。

1．决议性纪要

决议性纪要是将会议议定的对重要事项的解决办法、对重要问题的看法用决议的形式记录下来的公文。决议性纪要政策性强，带有指导性，要求与会各方或有关单位遵照执行。

2．情况通报性纪要

情况通报性纪要是将会议的有关情况、形成的有关意见告知受文单位，带有宣传性的公文。

3．凭证性纪要

凭证性纪要的作用是将会议形成的意见或认识、议定的事项记录下来，以备查考。这种纪要大多不印发，如研究党务工作、人事问题的纪要，需要严格限制阅知范围的纪要等。

需要说明的是，上述分类只是根据纪要的主要内容、主要作用进行的笼统分类。在实践中，很难对纪要的类别进行准确的划分，决议性纪要、情况通报性纪要的凭证作用是明显存在的，而凭证性纪要记载的当然应是会议议定事项，是会议的决议。

（四）纪要写作的注意事项

1. 拟写纪要应实事求是地记载会议的时间、地点、议题、主持或召集单位、主持人、参加单位等内容，还应在纪要内容的最后列明参加会议人员的姓名，注明与会人员的职务。同时，必须实事求是地记载会议的实际内容，不可以随心所欲地增减或更改内容。无论是多数人的意见还是少数人的意见，也不管会议上是否产生分歧，会议纪要都应客观地记录形成决议的意见。为了保证纪要的客观性，一般应经与会单位会签后定稿。这是纪要作为历史情况的记录与其他公文相比最主要的特点和不同。

2. 拟定纪要还应该注意的是：会议涉及的话题可能比较多，拟写纪要一定要抓住会议的主题，将与主题无关或联系不紧密的内容省略掉。同时，由于参加会议的单位是以个人自由发言的形式介绍情况，发表自己的意见或看法，议定的意见可能比较零散，因此，拟写纪要需要对与会各方的意见、对会议的情况进行整理、归纳、概括，而不应只是被动记录。

（五）纪要的写作

1. 标题

纪要的标题一般由会议名称和文种组成。

2. 正文

纪要的正文可分为三个部分：

第一部分：会议基本情况。即交代会议的时间、地点、议题、议程、与会人员、会议的主要收获、类似会议报道的新闻导语。

第二部分：会议内容纪要。即对会议记录的原始材料进行分类整理，归纳出与会者经过讨论达成一致的内容，列出与会者存在的主要分歧意见等。

第三部分：提出希望或号召。

3. 落款

署上发文机关及日期。

【例文 4－15】

××市文化和广播电影电视局　××市旅游局“文化＋旅游”座谈会纪要

2013 年 4 月 8 日，市文广局与市旅游局召开座谈会，双方围绕如何贯彻落实市委三届九次会议提出的“文化＋旅游”发展模式和“十二五”时期文化产业、旅游业收入翻两番的目标，以做大做强文化产业、旅游产业为重点，就整合文广资源与旅游资源，大力实施文化＋旅游深度合作、长期合作、战略合作进行了广泛座谈。市文广局局长×××、副局长×××、副调研员×××以及××市电视台、××市人民广播电台、市文广局机关、研发中心等相关负责人，市旅游局局长×××、副局长×××、局党组成员、××管理局局长×××、局党组成员、××湖管理局局长×××、副局长×××、纪检组长××，××旅游集团总经理×××及各科室负责人参加了会议。

一、会议对市委市政府提出的“文化＋旅游”的发展模式取得了共识

一致认为，推行“文化＋旅游”的发展模式，对于发展我市文化旅游产业、繁荣文化旅游事业、提升××城市品位、扩大××市影响力具有重要意义，是我市实施“文化

强市”和向生态旅游大市迈进的重大战略部署，是实现××市加快发展、转型发展的内在要求，是改善民生、富民兴市的重要途径，是“灵”与“肉”的关系。文化产业面临着体制改革和产业发展的艰巨任务，旅游产业已进入转型升级的关键时期，实施文化与旅游的深度融合，双方所拥有的资源平台具有黏合性和互补性，必将对我市经济社会加快发展、转型发展起到积极的推动作用。目前，是文化与旅游全面合作的最佳时机，以往双方有着非常好的合作基础，这次双方座谈，共同探索和推行“文化＋旅游”发展模式，十分必要和十分及时，充分反映了双方不谋而合、有谋而合的意愿和合作诚意。

二、会议对如何争取省文化厅、省旅游局的支持进行了探讨

会议提出，为更好地贯彻落实市委市政府提出的“文化强市”“旅游大市”的战略，实现“十二五”时期文化产业、旅游业收入翻两番的目标，双方应紧紧抓住当前文化与旅游发展的有利时机，联合行文呈报省文化厅、省旅游局，将××市列为全省推行“文化＋旅游”的试点城市之一予以打造，以争取省厅（局）在文化和旅游项目、资金等方面的更多更大的支持。

三、会议对“文化＋旅游”战略合作协议条款进行了讨论

会议认为，“文化＋旅游”战略合作协议是一个框架性、纲领性的文本，内容广泛，宗旨明确，机制灵活，原则具体。双方应本着“资源共享、优势互补、平等互利、共同发展”的合作理念，整合红色文化、客家文化、宋城文化、生态文化等优质文化旅游资源，实施强强联手，主动融合、加快融合、深度融合。双方相关部门在这一框架协议书的前提下，可根据合作的项目，制定具体的合作协议或实施细则，开展相关合作活动。会议原则通过了《“文化＋旅游”战略合作协议书》，待双方相关会议分别研究通过后，择日举行战略合作签约仪式，双方建立战略合作伙伴关系，共同打造××市文化旅游发展新格局，推动文化旅游事业产业加快发展、转型发展。

四、会议对近期合作项目进行了交流商讨，达成了初步意见

（一）关于宣传推介与旅游合作项目

××市电视台与旅游有关部门拟于近期合作，在××市电视台经济民生频道黄金强档时段，共同开办大型电视旅游杂志栏目《××市天下游》。栏目将以推介宣传××市旅游资源、人文历史为宗旨，为建设创业、宜居、平安、生态、幸福××市服务。拟开设“魅力××”等10多个小栏目，每周2期，每期25分钟，力争把《××市天下游》栏目打造成××市文化和旅游的平台。同时，在××市人民广播电台、××市电视台相关频率频道适时播放××市旅游公益宣传片，让市民及游客感受到良好的文化旅游城市氛围，并通过公益宣传广告带动商业广告，实现经济效益。该合作项目将由双方的业务部门作进一步的交流，达成一致意见后付诸实施。

（二）关于旅游资源与文博资源项目的融入

由市文广部门管辖的市博物馆、×××故居、宋城墙等文博景区点，全面融入到旅游部门重点打造的精品旅游线路中，一方面有利于文物的保护和利用，另一方面增加旅游项目，开发旅游资源，促进旅游产业发展。同时，文博景区点和旅游景区点实行资源共享，旅游互通，无障碍进入。双方就这一资源项目的融入，要进一步研究，找到找准结合点、切入点，提出具体可操作的方案。

（三）关于演艺与旅游业的融入

双方就演出主题、演出节目、演出场地、演出经费等问题作了积极探讨，交换了意见，提出演艺要与景区发展相符合，通过积极有效的机制加以完善和固定下来，演出节目要突出××市特色，重点打好红色、宋城两张演艺牌，并由双方业务部门作进一步的沟通、交流，达成合作协议。

双方就广告宣传、市场营销、产品开发、景区景点文化元素挖掘与融入、景区文物保护与利用、人才资源互补、组织保障以及双方需要进一步相互支持的问题交换了意见。

出席人：×××、×××、×××、×××、×××、×××、……

××市文化和广播电影电视局

××市旅游局

2013 年 4 月 8 日

【简析】

该纪要首先概述了会议的基本情况；然后归纳出与会者经过讨论取得一致意见。要素齐全，概括性强。

思考与练习

1. 公文写作的特殊性表现在哪些方面？
2. 如何理解“公文”这一概念？
3. 国家行政机关的公文有哪些种类？
4. 实现公文格式标准化的意义表现在哪些方面？
5. 通知有哪些种类？
6. 会议通知有哪些要素？
7. 通告的适用范围是什么？
8. 通告的具体事项之间为什么要具有逻辑性？
9. 如何理解意见的用途及其行文方法？
10. 公告与通告有何区别？
11. 提案与议案有何区别？
12. 会议记录与会议纪要有何区别？
13. 如何理解函的适用范围？
14. 报告与请示、请示与申请有何区别？
15. 通报的正文包括哪些内容？

第五章　经济文书

第一节　经济文书概述

一、经济文书的概念

经济文书是经济应用文的通称，是法人单位或个人在经济活动和经济交往过程中反映经济情况，处理经济事务，研究、解决经济实际问题的一种具有特定格式的专业应用文体。它是应用写作的一个重要分支。

二、经济文书的种类

1. 通用经济文书

通用经济文书是各类机关团体、企事业单位和个人普遍使用的经济文书的统称。它包括经济公务文书、经济事务文书、经济研究文书等。

经济公务文书是机关团体、企事业单位在处理公务时所使用的、具有特定实用价值和一定惯用体式的文书。

经济事务文书是机关团体、企事业单位和个人在经济活动中交流沟通、处理事务时所使用的文书。如经济工作计划、经济工作总结、经济调查报告等。

经济研究文书是人们对经济活动和经济理论进行分析研究、观察探测所获得的经验成果或创新见解的科学记录、总结的书面文字材料。如经济论文、经济工作研究等。

2. 专用经济文书

专用经济文书是指在进行业务管理、生产经营、商贸往来等经济活动中，为处理经济事务、协调经济活动、传递经济信息而经常使用的具有较为固定格式的专用文书。如经济活动中经常出现的招标书，投标书，意向书，协议书，经济合同，经济活动分析报告，经济预、决策报告，可行性研究报告，工商、税务、保险、房地产等经济部门经常使用的各专项报告等。

3. 经济诉讼文书

经济诉讼文书是指在各类诉讼或非诉讼法律事务中，由司法机关或当事人，根据有关法律，按照法定的程序、手续而制作的具有法律效力或法律意义的文书。如经济诉状、经济答辩状、经济公证文书等。

三、经济文书的特点

1. 注重实用，讲究实效

注重实用，讲究实效，就是重视解决实际问题。

2. 材料真实，内容具体明确

经济文书的内容必须“真”。真实是经济文书的生命。

3. 时效性强

如经济预测报告、经济决策报告等，必须适时写出，否则过期作废。

4. 格式比较规范

不少经济文书都有它固定的格式。经济文书的固定格式，是人们在长期的写作交往实践中约定俗成的，写作时必须共同遵守，不能随意更改。

5. 语言平实、简明、准确、精练

经济文书的语言，要做到文约意丰，言简意明，准确，包括判断推理要正确，遣词用语要明确，数据、图表要精确，精练。在写作这类文体的文章时，最忌华而不实；最忌使用拖沓、冗长、繁杂等不着边际的文字。

第二节　招标书

一、招标书概述

（一）招标概述

1. 招标的概念

在工程建设或大宗商品采购等经济活动中，为了寻找理想的承建单位或供货单位，事先由业主或买主把有关工程项目或所需商品的基本要求（如标准、价格、条件、说明等）、基本情况，通过各种媒介和途径向外界公布，然后接待各个承包商或供应商的咨询并发放有关资料和标书，让他们在指定期限内参加投标，通过公平竞争，优秀的承包商或供应商获得该项目的建设资格或供应资格。这就是招标，是当今经济活动中广泛采用的一种方法。

2. 招标的特点

从上述定义中不难看出，招标具有以下特点：

（1）公开性。用招标的方式公开地寻求承包对象或贸易对象，使这些活动置于有关部门和群众的监督之下，可以有效地避免诸如“权钱交易”“暗箱操作”等腐败现象的发生。

（2）公平性。凡参加竞标的单位，能够在相对公平的条件下参与竞争。

（3）竞争性。竞标单位不止一家，故竞标单位之间存在激烈竞争，自身的实力和填写标书的内容与数据成为竞争的唯一武器。

（4）择优性。通过公开、公平、公正的竞争，最终优胜劣汰，业主能够选中理想的合作伙伴。

3．招标的种类

（1）公开招标，又称无限竞争招标。其做法是：凡对这项工程（或贸易）感兴趣者均可参加投标。

（2）选择招标，又称有限竞争招标。其做法是：先进行资格审查，只有具备一定条件者才有资格参加投标。

（3）两阶段招标。其做法是：先进行公开招标，然后进行选择招标。

（4）谈判招标。这是一种没有竞争对象的招标。其做法是：业主直接与承包商或供应商谈条件，从而确立合作关系。

4．招标的一般程序

（1）发布信息。一般通过招标公告或招标邀请通知书向外界发布需求信息及有关要求。

（2）出售标书。业主将自己制作的标书出售给前来投标的投标者，并提供有关咨询服务。

（3）开标。由招标人在规定的日期和地点，邀集所有参与投标者当众启封各个标书，并宣读其内容。

（4）评标。由有关机构对各个标书进行综合考评。

（5）中标。通过评标选出中标者，向中标者发出通知，同时告知其他未中标者。

（6）签订合同。业主（或买主）与中标者签订合同，正式确立合作关系。

（二）招标书的概念

招标书是用于招标活动的书面文件，是通过公开招标的办法聘请其他单位或个人协助办理的告知性文书。

招标书有狭义和广义之分。狭义的招标书特指用于发布招标信息的招标公告（又称招标启事、招标广告等）；广义的招标书泛指在整个招标过程中所涉及的一系列文件。

广义的招标书包含以下几种：招标公告、招标邀请书、招标章程、招标单位要求、投标企业须知、招标技术质量要求书、标书、中标通知书以及其他招标文书。

二、招标书的写作

（一）招标公告的写作

招标公告是招标人发出的招人承包或承购的告示性文书。

招标公告由标题、正文、落款三个部分组成。

1．标题

招标公告的标题应对招标的中心内容进行概括和提炼，主要有以下几种形式：

（1）完全性标题。它由单位、事由和文种组成，如《××集团公司青年路高层住宅建筑工程承包招标公告》。

（2）不完全性标题。它由单位和文种组成，如《××公司招标广告》。

（3）简明性标题。它只写文种，如《招标广告》。

2．正文

招标公告的正文一般由前言和主体两部分组成。

（1）前言。主要交代招标人此次招标的目的、根据、项目名称等。文字应准确精练、简明扼要。

（2）主体。主要包括如下内容：招标方式、招标范围、招标内容、招标程序、招标过程以及其他事项。

3. 落款

在招标公告正文的末尾写明招标单位（或承办招标事项的单位）的名称、招标公告发布的日期，如果是刊发在报纸上，也可不署日期。还要写明招标单位的地址、电话、电报挂号、传真、邮政编码及联系人等，以便投标人与招标人联系。

有的招标公告还带有附件，将一些繁杂的内容，如项目数量、工期、设计勘察资料等作为附件列于文后，或作为另发的招标文件。

【例文5-1】

××市机电设备招标中心招标公告

××市机电设备招标公司受××市地铁公司委托，对下列设备进行公开招标。

欢迎具有本招标项目生产供应能力和法人资格的国内外厂商参加投标，国外投标者须联合中国国内企业共同设计、制造。

一、标书编号：SMEYC-88021

二、招标设备名称：盾构掘进机

1. 主要技术参数：

机型：土压平衡式

隧道衬砌：外径Φ6200 mm　内径Φ5500 mm

2. 数量：7台

三、标书售价：270美元（外国企业和中外合资企业）
　　　　　　　1000元人民币（中国企业）

四、发售标书时间：××××年5月20日至××××年6月20日
　　　　　　　　　每天上午：9：00—11：00
　　　　　　　　　下午：1：30—4：30（星期日除外）

五、发售标书地点：××市机电设备招标公司
　　　　　　　　　中国××市中山东三路18号114室

六、投标地点：××市机电设备招标公司
　　　　　　　中国××市中山东三路8号114室

七、投标截止日期：××××年7月20日上午11时

八、开标地点：另行通知

九、本招标项目要求投标者根据招标文件的规定在××××年6月1日至××××年6月20日期间把概念设计交予招标人后，方可正式参加投标。

十、联系电话：×××××××××　传真：×××××××××

联系人：×××

开户银行：××市建行一支行

账号：×××××××××

××市机电设备招标公司
××××年××月××日

【简析】

这篇招标公告是某招标中心（公司）受某地铁公司委托而发布的，招标中心是专业的招标中介、代理机构，业务熟练。这篇招标公告要言不烦，很简明扼要地交代了本招标项目的主要情况，如标书编号、设备名称、技术参数、标书发售事宜、投标事宜等，信息交代清楚、措辞清楚明了。

（二）招标邀请书的写作

招标邀请书通常用于有限竞争招标或谈判招标方式下，是由招标单位邀请一些具有一定实力的知名企业前来参加投标而发送的信函文件。

较之招标公告，招标邀请书也具有发布信息的功能，其内容与招标公告的内容一样。不同的是，招标公告的发布面更广，属公文体文书；而招标邀请书的发布对象是特定的几个，以书信体行文，标题直书《招标邀请书》，正文有称谓（被邀请单位的名称），开头有对被邀请者的肯定性评价，邀请书的文字更为简洁，语气更恳切。

招标邀请书由以下几个部分组成：

1．标题

其一般形式为《招标邀请书》。

2．称谓

即被邀请对象，如“××省第五建筑工程公司”。

3．正文

用以说明招标目的、内容及具体事项（如果随函另附有“招标广告”，则不必详述具体事项）。

4．落款

落款包括招标单位名称、地址、联系人、联系电话以及发文日期等。

【例文5-2】

招标邀请书

×××××（单位名称）：

××工程，是我部××××年重点建设项目，经请示××同意，采取招标办法进行发包。

贵单位多年来从事××工程建设，施工任务完成得很好。对此，我们表示赞赏。

随函邮寄“××工程施工招标书”一份。如同意，望于××××年××月××日至××月××日光临××（地点）领取投标文件，并请按规定日期参加工程投标。

招标单位：××××

地 址：××××××

联系人：××

电 话：×××××××××

邮 编：××××××

电 传：××××

传 真：×××××××××

×××××

××××年××月××日

【简析】

这篇招标邀请书语言简练，首先，简单介绍了本招标项目的由来；然后，肯定了拟邀请单位的资质和实力，表明了发表人向该单位发出招标邀请的原因；最后，补充交代了有关事项以及联系方式等。由于随邀请通知书附有“××工程施工招标书”，所以本邀请函没有赘述招标的具体事项。

（三）招标章程的写作

招标章程是招标过程中的纲领性文件，用以说明招标的宗旨、范围、要求、做法、程序等基本问题。它对招标人和投标人双方都具有约束作用，使双方在招标过程中有“章”可依、照“章”办事。招标章程由标题、正文、落款三部分组成。

1. 标题

标题一般由单位、事由和文种组成，如《××集团公司××项目招标章程》。

2. 正文

正文一般包括如下内容：

（1）宗旨。用以说明招标的目的和要求。

（2）招标管理。对招标工作的领导机构、办事机构和监督机构作出规定。

（3）招标。说明招标范围及招标方式。

（4）投标。规定投标资格、投标方法及投标要求。

（5）开标。说明开标时间、开标方式及开标程序。

（6）中标。说明中标后的有关事宜。

（7）合同。说明签订合同的依据及有关的问题。

（8）其他。用以规定未尽事宜。

3. 落款

落款应写明招标单位的名称、地址、联系人、电话等内容。

由于招标章程是具有法律效力的文书，故在写作时应注意逻辑严密、表述准确、规定具体、切实可行。

【例文 5－3】

××自行车厂外购、外协件招标章程

一、宗旨

第一条 为了加强企业经营管理，提高产品质量，降低成本，对××牌26寸自行车外购、外协件采取公开招标，特制定本招标章程。

二、招标管理

第二条 由招标单位有关负责人组成领导小组，成立招标办公室，指派专人办理具体工作。

第三条 严格执行招标的规定程序和保密原则，尊重投标单位的合法权益，投标箱在公证员监督下密封，投标函件一律投入密封箱内保存，待开标时开封。

三、招标

第四条 在国内公开招标，采用登报或广告形式，也可用书面通知对方单位前来洽谈。

第五条 招标单位必须向投标单位提供下列资料：（略）

四、投标

第六条 投标条件：凡具有法人资格和具有招标项目的生产能力者（包括资料、设备及相适应的技术条件)，均可投标。

第七条　投标方法：投标单位按照招标要求，向招标单位购买招标文件及有关技术资料，填写招标文件。署名人签名，加盖公章密封，面交或挂号邮寄本厂招标办公室。

第八条　投标函件必须书写清楚，在规定期限内投送，超过截止日期投标者无效。

五、开标

第九条　开标时间：规定在投标截止日期后7～15天内进行。

第十条　开标方式：由招标单位请公证机关公证员、法律顾问、企业主管单位领导，以及自愿参加的投标单位代表见证的情况下开标。

第十一条　开标程序：招标单位负责人主持开标，由公证员按公证程序进行监督。

1. 查验投标箱密封。2. 开箱。3. 清点投标件数。4. 拆封、编号。5. 按招标项目、名称、价格公开唱标，分类登记。6. 评选小组评议，投标单位代表不得参加，由公证员听取评议。以质量优良、价格优惠为主，参考运费和其他条件，各零部件评选1～5户为预选中标单位。7. 单位负责人公布开标结果，宣布预选中标名单。8. 公证员宣读公证书，发表公证，对预选中标予以确认。

六、中标

第十二条　经评定为预选中标者，均为预选中标户。由招标单位发给预选中标通知。约定日期、地点协商谈判。应邀代表携带单位委托书。预选中标单位如在通知的期限内，无承诺反映，即视为弃权。

第十三条　与预选中标户协商谈判后，经依次逐一验证，协商比较，综合分析，以质量、价格、交货期、运输条件最佳者为最后中标单位，发给中标通知书，提出要约。

第十四条　对未中标单位，招标单位不另发通知，但可接受落标单位查询。

七、合同

第十五条　招标单位在选定中标单位后，发给中标单位签约函件，中标单位必须按签订合同的法定手续，如期前来协商；依照经济合同法的规定，签订经济合同，互相信守，违约者必须承担经济、法律责任。

签订经济合同的双方或一方要求公证机关公证的，应申请公证。

八、其他

第十六条　本章程如有与国家政策法令相抵触者，以政策法令为准，本章程未尽事宜，在执行中可补充修正。

××自行车厂招标办公室

×××年××月××日

【简析】

这是一篇招标章程文件，它非常完备而详尽地对该自行车厂的外购、外协件招标事项作出了规定，以便招、投标双方共同遵守；具体包括招标的宗旨、招标管理、招标、投标、开标、中标、合同以及其他事宜等8项内容、16个条款。格式规范、内容完备、规定具体、表述周密，并具有很强的可操作性。

（四）招标单位要求、招标技术质量要求书和招标企业须知的写作

招标单位要求、招标技术质量要求书和招标企业须知都是由招标人制作的，是对招标章程的补充和具体化。

1．招标单位要求

它是招标单位就招标的核心技术部分、投标对象的最佳状况以及招标过程中的一些特殊问题提出要求的文件。

2．招标技术质量要求书

它是针对招标项目提出详细、具体的技术质量要求，是中标后签订合同的重要依据，也是今后项目竣工验收（或货物验收）的重要依据。其特点是专业性强，具体翔实。

3．投标企业须知

它用于详细说明投标程序中投标企业必须了解的一些具体事务性问题和投标企业应遵循的要求。

以上三种文书的写法可参照招标章程，兹不举例。

（五）标书的写作

这里所说的标书是指由招标单位发售的半空白式文件（通常为表格式文件），交由投标人研究、填写。实例可参见本章第三节之投标书。

（六）中标通知书的写作

中标通知书是招标企业通知投标企业中标的消息，并要求其前来签订合同的文书。中标单位根据中标通知书前来与招标单位签订合同，招标活动即告终结。

中标通知书由标题、正文和落款三部分组成。

1．标题

标题写《中标通知书》即可。

2．正文

正文包括称谓（中标单位名称）和主体两部分。主体部分应注明中标的项目名称、标价数目、工期质量要求以及前来签订合同的时间等。

3．落款

落款包括署名、时间以及附注等。

【例文5-4】

中标通知书

××市希望教学设备厂：

贵单位在××市第二中学理化生实验器材及图书馆设施投标中，经评审被定为本次政府采购（标二）中标单位，中标价120 000元（壹拾贰万元整）。接到通知后，望贵单位速到我单位签订合同并办理有关手续。

××市政府采购中心（盖章）

××××年××月××日

【简析】

这是一篇文字式的中标通知书。通知书以非常简洁的文字通知中标单位（××市希望教学设备厂）在什么项目中中标、中标价位是多少，并通知该厂前来办理签订合同等相关手续。其中，用大小写数字强调该厂的中标价位，是对该厂的一个提示，并要求确认，以防止失误或误会。

【例文5-5】

中标通知书

××××建筑安装工程中标通知书		
中标单位		
中标工程项目		
建设单位		
建设地点		
承包方式		
中标条件	1. 中标总造价： 2. 开竣工时间： 3. 工程质量： 4. …………： 5. …………：	
招标单位	（盖章）　年　月　日	
备注	请在接到本中标通知书后____天内，到建设单位签订工程承包合同。	

【简析】

这是一份空白的表格式中标通知书，适合于绝大部分的建筑安装工程类项目。需填写的主要栏目包括：中标单位、建设单位名称及中标工程项目、建设地点、承包方式、中标条件、定标单位以及备注等。其中，与文字式中标通知书类似的是，表格式中标通知书也需要列出中标单位的中标条件，以资提示和确认。

第三节　投标书

一、投标书概述

投标书又称标书、标函，是指投标人根据招标公告以及其他招标文件（如招标单位要求、投标人须知等）的条件和要求而制作的递送给招标单位的文书。它是整个招标活动的中心文书，议标、评标、定标等重要环节的活动都是围绕标书而进行的。对于参加竞标的投标企业来说，能否制作出令招标人满意的标书，是其竞标能否成功的关键。

二、投标书的种类

（一）按投标书的形式分类

按投标书的形式分类，可分为文字式和表格式投标书。其中，表格式投标书的表格格式往往由招标人设计制定，其具体内容则由各竞标单位研究填写。而文字式投标书由投标人根据招标人的条件和要求，以文章的形式将自己的竞标方案表达出来。在实际运用中，表格式投标书更为常用。

（二）按投标书的使用对象分类

按投标书的使用对象不同分类，可分为：①生产经营性投标书，如工程投标书、承包投标书；②科研课题投标书、技术转让投标书；③生活投标书。

三、投标书的写作

（一）文字式投标书的写作

文字式投标书由标题、正文和落款组成。

1. 标题

标题一般由投标项目和文种组成，如《××宿舍建筑工程投标书》，也可以直接以《标书》或《投标书》作为标题。

2. 正文

正文部分由引言和主体组成。

（1）引言。这部分主要用于介绍投标单位的有关情况。例如，单位名称、法人代表、隶属关系、营业执照及资格证书、单位目前人员结构、固定资产、流动资金、设备、技术力量、单位生产经营业绩等。要求简明扼要、突出重点。

（2）主体。这部分主要应根据不同类型的投标书具体写明完成招标文件提出任务的方法、步骤等。例如，工程项目承包投标书主要写标书综合说明，标价，工程质量达到的等级和质量保证、主要安全措施，工程进度安排，主要施工方法和选用的施工设备等。

3. 落款

落款应写明投标人的名称、负责人、投标日期等内容。

（二）表格式投标书的写作

表格式投标书一般由标书封面、表头和正表组成。

1. 标书封面

标书封面包括招标单位名称、投标工程名称和负责人姓名、投标书投送时间等。

2. 表头

包括标题、投标企业及其法人代表签章、填写时间等。

3. 正表

正表应按招标文件的要求写明各有关事项，如工程总标价、总工期、主要材料指标、工程质量标准以及要求招标单位提供的配合条件等。

（三）投标书写作的注意事项

1. 有针对性地认真研究招标文件

招标文件反映了招标单位的招标目的和要求，作为投标者，必须“投其所需”；也要结合招标文件，客观地分析本单位的各项条件，判断有没有能力参加该项目的投标竞争。

2. 有竞争性地明确表达投标意愿

招标、投标活动的显著特点就是竞争性强。因此，投标书的写作要突出本单位的实力、优势和特色，增加中标机会。

3. 要实事求是

对本单位的实力介绍要客观、对项目的分析要透彻、引用的数据要准确、确定的目标要可信、制定的措施要可行，切不可为了增加中标机会而夸大其词，采取欺骗手段。

【例文 5－6】

投标书

工程名称：×××

投标企业：×××公司

企业负责人：×××

一、标书综合说明

据××市××局××建设工程招标管理处××××年××月××日发布的《××广播电视中心办公楼建设安装工程招标公告》，以及××省建筑设计院设计的设计图纸内容，我公司具备承包施工条件，决定对以上工程进行投标。

本公司经历了长期建筑安装工程施工实践，于××××年企业整顿验收合格，××××年经省建委审定为一级建筑安装施工企业，公司现有职工人数×××人。公司具有对液压滑模、全钢架现浇、大弯度钢架、预应力工艺、轻钢骨架、装配式工业厂房等施工能力和经验。具备大型土石方工程，建筑工程和水电安装工程总承包施工能力。

我们决心在此建筑工程中以全面质量管理为核心，严格编制施工组织设计，发挥企业固有优势，保证缩短工期，力争在该项目上创优良、优质工程。

二、工程标价

预算总造价为5500万元，标价在预算总造价的基础上降低1‰，即5.5万元（详见报价表）。

三、建设工期

在接到“中标通知书”后15天进场，做好开工前的一切准备，××××年××月××日正式破土动工，××××年××月××日竣工，总工期为××个日历工作天（详见进度计划）。

四、工程质量

根据图纸要求，保证工程质量达到优良级，保证质量安全的主要措施见“施工组织计划”。

五、合理的施工措施

（一）计划控制。采取总进度计划控制与土石方工程平衡调配和主车间平行，主体交叉流水网络计划控制相结合。

（二）质量控制。制定质量目标，坚持TQC管理方法，建立各单位工程中分部分项工程质量预控网络体系。

（三）健全技术档案，做到技术资料“十二有”，提高施工管理科学性。

（四）安全生产、运用安全“三宝”，搞好安全教育，加强安全检察监督，防范事故于未然。

（五）加强职工队伍思想政治教育，增强劳动纪律，讲究职业道德。

（六）各工种工程，分部分项实行挂牌施工，落实岗位职责，推行栋号承包。

六、建议

建设工程中如有设计变更、材料串换、代用等现象出现，相互间都应本着实事求是的原则处理。

附件：1. 报价表

2. 进度计划

×××公司

××××年××月××日

【简析】

这是一篇文字式的工程建设项目投标书。正文先重复了拟投标的项目，点明投标依据，并表示自己将参加这一工程的竞标；之后概括介绍了本公司的资质、能力和既往业绩等情况，让招标单位对己方建立信心；随后具体阐述了项目标价、建设工期、计划进度等具体措施。对招标书作出了明确的回答。这可以说是投标单位的正式报价单，是评标决标的依据。本投标书还包括了保证工程质量的措施和达到的等级、主要施工方法、安全措施和对招标单位的要求等，是一份写得较完整、较规范的投标书。

【例文 5-7】

表格式投标书

（封面）

投 标 书

项目名称____________________________

投标单位____________________________（盖章）

投标单位负责人______________________

年　　月　　日

（正文）

致：______________________________（招标单位名称）

我公司研究了×××工程的招标文件，同意按设计图纸、技术说明书和合同条件的要求，承担上述工程的施工任务。现提出正式报价如下：

一、总包标价：××××××元（大写）

二、综合单价：×××元/平方米

三、总包标价构成：

工程项目	计量单位	工程数量	标价（元）	占总价（%）

四、工期：

自××××年××月××日开工，至××××年××月××日竣工，总工期××个月。

五、工程质量标准及主要施工技术组织措施：（略）

六、主要材料：

1. 钢材××吨（何种规格应说明）

2. 水泥××吨（何种标号应说明）

3. 木材××立方米（原木或锯材应说明）

七、要求招标（或建设）单位提供的配合条件（略）

投标单位：××公司（公章）

××××年××月××日

附件一

××（单位工程名称）主要部分标价明细表

工程项目	单位	数量	直接费	
			单价	合价
其他				
直接费小计				元
管理费　　%				元
独立费　　%				元
包干系数　　%				元
利润、技术装备费、劳保支出　　%				元
标价合计				元

附件二

××（单位工程名称）主要材料、设备标价明细表

材料、设备名称	单价	数量	预算（元）		标价（元）		差价（元）
			单价	合价	单价	合价	（元）
合计							
材料、设备差价合计（大写）：						元	
说明							

【简析】

这是一篇工程项目空白投标书，投标人按要求逐一填写该表格即可。正文部分要求投标人就项目的名称、进度、计划、工程人工费和材料的种类、数量、价格等，对招标书作出明确的回答。这可以说是投标单位的正式报价单，是评标决标的主要依据。此外，这份投标书的内容还具体写明了工程质量达到的等级、主要工程施工方法以及要求建设单位提供的配合条件等，并附有两张标价明细表，内容完备、一目了然。

第四节 意向书

一、意向书概述

（一）意向书的概念及性质

意向书是国家、单位、企业以及经济实体与个人之间，对某项事务在正式签订条约、达成协议之前，由一方向另一方表明基本态度或提出初步设想的一种具有协商性的应用文书。相对于协议书和合同而言，意向书是当事人各方就某一项目在进入实质性谈判前所形成的表达合作意愿的文书。

（二）意向书的作用

意向书的作用主要有：

1. 意向书能传达“意向”，提请对方注意或供参考，可以约束双方的行动，保证双方的利益。

2. 意向书能反映业务工作上的关系，能为合作双方进行实质性谈判奠定基础，从而保证业务朝着健康有利的方向发展。

3. 意向书是签订合同的先导，可为正式签订协议或合同打下基础。

（三）意向书的特点

1. 协商性

意向书不具法律效力，它是双方初步协商的产物，但具有促使双方进一步协商而签订合同的导向作用。因此，在写作意向书时多用商量的语气，不带强制性。有时还用假设、询问的语气。

2. 灵活性

意向书的文字比较灵活，条款也比较原则，对实质性的关键问题不像合同那样需作出具体、准确的表述，而只表达原则性的意向。

3. 临时性

意向书是协商过程中各方基本观点的记录，一旦达成正式协议，便完成了意向性的使命。意向书不像协议书、合同那样具有法律效力。

二、意向书的种类

（一）按文体格式分

按文体格式分，意向书可分为下列两种类型：

1. 条款式意向书。即采用分条列项式写作的意向书。

2．书信式意向书。即用信函文体写作的意向书。

（二）按内容分

按具体内容分，意向书大致可分为：

（1）合作意向书。

（2）投资意向书。

（3）购房意向书。

（4）招股意向书。

（5）就业意向书。

三、意向书的写作

（一）意向书的格式

意向书由标题、正文和尾部组成。

1．标题

标题常见的形式有两种：一种直接写文种，即《意向书》；另一种由项目名称和文种组成，如《中外企业合营意向书》。

2．正文

正文由导言、主体和结尾三部分组成。

（1）导言。一般写双方单位名称，代表人姓名、身份，洽商时间、地点及因何事项进行了协商，继而用“双方就有关事宜，达成如下意向”一类承上启下的惯用语导出主体部分。

（2）主体。主体部分是意向书的重点内容，一般写双方的意图及初步商谈后达成的倾向性认识和比较认同的事项。多采用分条列项的形式写，各条项的内容要相对完整。

（3）结尾。结尾一般应写明“未尽事宜，在签订正式合同时予以补充”类语，以便留有余地。或注明“本意向书一式两份，作为备忘录，各执一份备查”等内容。

3．尾部

尾部通常注明意向书签订各方单位的名称、签订时间、通信地址、电子邮箱、电话号码等。

（二）意向书的内容

无论采用哪种方式写作意向书，它的基本内容无非是写协议双方的意图以及达成共识的条款。条款的表述无非是在回答“为什么”“做什么”“怎么做”等基本问题。

（三）意向书写作的注意事项

（1）坚持平等互利的原则。应平等相待，既不能迁就对方，也不能把自己的要求无原则地强加给对方。

（2）要忠实地表达各方协商的事项。同时，各条款的内容要合理合法。

（3）表述语言要适应意向书的特点。由于意向书表述的内容比较原则、笼统，需为以后的谈判和正式签订合同留有余地，因而必须注重使用留有余地、富有弹性的语言，不必把关键问题的条款尤其是数字写得太具体、太精确。

【例文5-8】

意 向 书

甲方：××厂

乙方：××公司

甲乙双方于××××年××月××日在×地，对建立合资企业事宜进行了初步协商，达成意向如下：

一、甲、乙两方愿以合资或合作的形式建立合资企业，暂定名为××有限公司。建设期为×年，即从××××—××××年全部建成。双方意向书签订后，即向各方有关上级申请批准，批准的时限为××个月，即××××年××月××日～××××年××月××日完成。然后由××厂办理合资企业开业申请。

二、总投资××万元（人民币），折××万（美元）。××部分投资××万元（折××万美元）；××部分投资××万元（折××万美元）。甲方投资××万元（以工厂现有厂房、水电设施现有设备等折款投入）；乙方投资××万元（以折美元投入，购买设备）。

三、利润分配：各方按投资比例或协商比例分配。

四、合资企业生产能力：（略）

五、合资企业自营出口或委托有关进出口公司代理出口，价格由合资企业定。

六、合资年限为×年，即××××年××月至××××年××月。

七、合资企业其他事宜按《中外合资法》有关规定执行。

八、双方将在各方上级批准后，再行具体协商有关合资事宜。

本意向书一式两份。作为备忘录，各执一份备查。

甲方：××厂	乙方：××公司
代表：	代表：
××××年××月××日	××××年××月××日

【简析】

这份意向书，标题仅由文种构成。导言写双方于何时何地就什么问题达成了合作意向，并导出本文的主体。主体部分写合作的几个主要方面的意向性意见，包括：何时成立企业、双方的投资份额、企业的利润分配、生产能力、销售定价以及合资年限等。这些问题，有的写得比较具体，如对合资企业的成立就规定了较为具体的时间表；对合资的投资总额以及双方的投资比例也作了较为具体的规定；而对企业的生产、销售等问题则写得相对简略。这样的详略处理体现了合作双方的务实精神：对于合资企业的创立写得具体，方能确保合作进展；对于企业成立后的具体运作写得简略，这些问题可在日后的协议书或合同等文件中进一步具体规定。

【例文5-9】

中外企业合营意向书

中国________公司和________国________公司，根据中华人民共和国的有关法律法规，本着平等互利的原则，通过友好协商，同意在中华人民共和国共同投资举办合营企业，特订立本意向书。

第一条　双方如下：

1. 中国________公司（以下简称甲方）是一个按中华人民共和国有关法律设立和存在的企业法人，在中国注册。

法定地址：________。

法定代表：________ 职务：________ 国籍：________。

2. ________公司（以下简称乙方）。

法定地址：________。

法定代表：________ 职务：________ 国籍：________。

第二条　按照中国的合营企业法和其他有关法律和法规，合同双方同意在中国境内________市建立合营公司。

第三条　合营公司的名称为________。

法定地址：________。

第四条　合营公司为中国法人，受中国的法律、法规和有关规章制度的管辖和保护，在遵守中国法律的前提下，从事其一切合法经营活动。

第五条　合营公司的法律形式为有限责任公司，合营公司的责任以其全部资产为限。

第六条　目的。

合营双方希望加强经济合作和技术交流，从事第七条所规定的经营活动……（根据具体情况写），为投资双方带来满意的经济利益。

第七条　合营公司生产和经营范围。（略）

第八条　合营公司生产规模。（略）

第九条　总投资。

合营公司的总投资额为________。

第十条　注册资本。

合营公司的注册资本为________，其中：

甲方________元，占________%；

乙方________元，占________%。

第十一条　双方出资。

1. 甲方：

现金________元

机械设备________元

厂房________元

专有技术________元

工业产权________元

其他________元

共________________元

2. 乙方：

现金________________元

机械设备________________元

厂房________________元

专有技术________________元

工业产权________________元

其他________________元

共________________元

第十二条 合营公司注册资本由各方按其出资比例分________________期缴付，每期缴付的数额如下：(略)

第十三条 经营年限。

合营公司经营年限自营业执照签发之日起________________年。

本意向未尽事宜，由双方在合同中约定。

本意向书由合营各方授权代表于________________年________________月________________日在中国________________签订。

中方：________________　　　　外方：________________

××××年××月××日

【简析】

这是一份中外企业合营意向书，与【例文5-8】性质相似，但这份意向书具有意向书标准示范文本的性质，凡涉及中外企业合营的企业均可拿来作为标准文本使用。这则意向书的前言说明了合作双方签订意向书的法律依据等。主题部分首先单列一个条款，较为详细地介绍合作双方的基本信息；之后，对合营公司的成立、名称、地址、性质、目的、经营范围、规模、投资额、注册资本、出资比例、合作年限等公司存续运作期间将要涉及的主要方面作了一个较为全面的规定。本文的特点是格式规范、内容完备，是标准的示范文本，具有广泛的参考使用价值。

【例文5-10】

联办综合服务公司意向书

××市化工厂（以下简称甲方）和××公司（以下简称乙方）于××××年××月××日在×地就创办联营综合服务公司的问题进行了初步协商。根据双方需要，为更合理地利用双方优势，提高经济效益和社会效益，双方在平等互利的基础上达成如下联营意向：

一、联营综合服务公司在创建之初的生产经营项目主要有二：一是利用甲方在生产过程中产生的废渣、石灰脚料生产煤渣砖；二是代客户运输。

二、甲方提供运输工具载重车数辆给联营企业，按月收取适当的租用费。乙方提供土地一块给联营企业，按月收取适当的租用费。乙方一并提供综合服务公司所需的生产人员。

三、此联营项目投资总额估计十余万元（包括基建、厂房、设备及流动资金）。甲方投资比例约八成，乙方投资比例约二成，实现的利润按投资比例分成。

四、综合服务公司是具有法人资格、实行独立核算、自负盈亏的企业。

五、双方各派代表若干人组成筹建小组，具体负责筹建工作。筹建小组应于明年春完成可行性研究并提交工作方案。

六、有关具体问题双方在进行可行性研究后进一步协商。

七、本意向书一式四份，双方各执两份。

甲方（盖章）：×××　　　　乙方（盖章）：×××
甲方代表（签字）：×××　　　　乙方代表（签字）：×××
××××年××月××日　　　　××××年××月××日

【简析】

这是一份双方联办公司的意向书。标题由项目名称和文种构成。导言部分，写双方单位名称、因何事项进行了“初步协商”和合作的指导思想。一句“……达成如下联营意向”引出主体部分。主体部分采用条文式结构，依次写了联营综合服务公司的经营项目、双方的职责、双方投资比例、公司的性质和经济形式、组建筹建小组及意向书份数等内容。本协议书注重使用留有余地和弹性的语言，如载重车是“数辆”、土地是“一块”、投资比例约“八成”“二成”，各派代表“若干”等，还有“有关具体问题双方在进行可行性研究后进一步协商”，这些都是颇能体现意向书写作特点的语言。

第五节　协议书

一、协议书概述

（一）协议书的概念及性质

协议书是契约文书的一种。协议书是当事人双方（或多方）为了解决或预防纠纷，或确立某种法律关系，实现一定的共同利益、愿望，经过协商而达成一致后签署的书面意见。

（二）协议书的作用

订立协议书，能更好地从制度上乃至法律上，把双方协议所承担的责任固定下来。作为一种能够明确彼此权利与义务、具有约束力的凭证性文书，协议书对当事人双方（或多方）都具有制约性，它能监督双方信守诺言，约束轻率反悔行为，它的作用与合同基本相同。

（三）协议书的特点

1．广泛性

协议书具有使用范围广泛的特点，无论是国内还是国外，无论哪个单位、哪个领域，都有可能用到协议书。它既有政治的，也有经济的；既有文教卫生方面的，也有科学技术方面的。

2. 简约性

协议书的条文，一般来说比较繁多，因而写作各条条文时，文字上应当高度精练，切不可啰唆冗长。写作者必须简明扼要地写清条文内容，以便一目了然，便于记忆和执行。

3. 平等性

协议书是建立在平等协商基础之上的，订立协议的双方（或多方）在法律地位、权利以及义务上都是平等的。

4. 协作性

订立协议书的目的往往就是为了合作完成某一项目，故有大量条文都是体现合作双方（或多方）在权利、义务上的合作关系。

（四）协议书与合同的区别

协议书与合同既有相同的本质属性，又有所区别，它们在具体功能和用法等方面各有特点、各有所宜。总的说来，协议书的内容较为单纯，使用比较广泛，具有一种单纯的宽泛性；而合同则要受合同法等有关法规的制约，使用比较严谨，内容比较具体。

在现实生活中，使用协议书作为经济关系凭证文书的，常见于以下几种情况：

1. 作为正式合同的前奏

有些初次建立的较为复杂的经济关系的双方，需要经过多次谈判、协商，才能对标的、彼此的权利义务、经济责任等作出最后的确切的规定。为了表明合作的意向，肯定初步洽谈的成果，以便于实际工作的展开，就在订立正式合同前先签订协议书。这种协议书是纲要性的，只对某些问题起正式合同前的暂行规定的作用。

2. 作为已订合同的补充或修订

在合同履行过程中，有时发现合同的某些规定欠妥或出现了原先预料不到的影响合同履行的情况，双方经协商同意作局部的补充或修订；有时出现当事人一方不适当履行合同的情况，但是经过双方谈判、协商取得了谅解或对解决办法达成了一致意见，原合同仍可继续执行。在这些情况下，可由双方当事人订立协议书，作为原合同的补充或修订。这种协议书，经双方签章并呈报原合同鉴证机关后，成为原合同的组成部分，与原合同具有同等法律效力。

3. 作为合同

随着改革开放的深入，经济事业日益繁荣、经济关系日趋繁杂。对于经济生活中出现的新事物来说，有些合同关系就缺乏可资参考的法规，合同内容主要靠当事人协商订立，因此称协议书更合适。这种协议书经过充分酝酿，协议的条款也相当完备，签订手续又十分严格，而当事人双方以后也不准备另立合同了，这时的协议书实质上就等同于合同。

需要说明的是，作为合同的协议书只限于经济合同尚未作出明确具体规定的新的合同关系。若经济法规已有明确规定的合同关系，应该依法使用合同，而不要用协议书。

二、协议书的种类

（一）按名称分类

广义的协议书有多种多样的名称，如协议书、议定书、条约、宣言等。

（二）按使用范围分类

协议书有广义和狭义之分。狭义的协议书就称协议书，一般用于国内政治、经济、文教、卫生、科学技术等方面；广义的协议书称为协议文书，多用于国际关系方面，即外交协议文书，具体包括条约、协定、议定书、换文、宣言等。

（三）按内容分类

根据协议书的具体内容，大致可分为政治外交协议书、贸易经济协议书和科教文卫协议书。

三、协议书的写作

（一）协议书的格式

协议书由标题、当事人、协议条款和落款组成。

1. 标题

标题一般由事由和文种组成，如《××××协议书》。

2. 当事人

当事人若是单位，须写全称；如系委托关系，委托单位一般为甲方；如系协作关系，可不分甲乙方。

3. 协议条款（正文）

协议条款是协议书的主体部分，具体地规定双方所议定的各种事项。一般以条款的形式一项一项地列出来。

4. 落款

落款主要包括当事人及监证人的签章、日期、附注项目（如电话、银行账号）等。

（二）协议书的内容

协议书的内容是因事而异的，主要就是双方经协商所议定的有关事项。但一般而言，协议书的内容无非包括以下几项内容：

（1）协议的中心内容、共同任务、标的。

（2）双方各应承担的责任。

（3）双方对工作的技术要求以及享有的权利。

（4）违约责任的追究。

（5）附注事项，如协议书份数、执凭单位及份数、有效期限、其他需要说明的问题等。

（三）协议书写作的要求

在写作协议书时，要注意语言的准确性和周密性，做到意思明确、表述周密、文辞简洁、平实庄重。

【例文5－11】

合作协议书

甲方：北京××大学中药学院学生会

乙方：北京××软件有限公司

经互相了解并友好协商，双方自愿签订如下协议：

1. 甲方的权利及义务：

（1）甲方提供给乙方“北京××大学第六届才艺大赛”的冠名权。

(2) 甲方将对大赛进行全程的DV录制，并在赛后将DV刻成光盘给予乙方。

(3) 甲方为乙方在校园内进行海报宣传（海报由乙方提供）。

(4) 甲方为乙方在校内做宣传，如有改动必须及时通知乙方并经双方协定同意。

(5) 甲方应该认真完成宣传，不得无故取消协议所定内容，并且不得开展有损乙方利益的活动。

2. 乙方的权利及义务：

(1) 乙方为甲方提供“北京××大学第六届才艺大赛”所需奖品。奖品为××公司开发的系列软件，价值1000元以上。

(2) 乙方为甲方提供大赛的彩色节目单500张，背面可印有乙方的宣传资料。

(3) 乙方为甲方提供具有乙方冠名的大赛横幅一条，横幅内容为“××网游杯——北京××大学第六届才艺大赛”。

(4) 乙方需在甲方比赛开始前付清所有赞助物品。

3. 其他事宜：

(1) 比赛当天如遇特殊情况（如会场设备、安全问题），使甲方无法顺利进行活动，甲方不负对乙方的责任。

(2) 如一方没有履行其义务，要对另一方进行赔偿。

(3) 比赛时间为2013年12月23日19：00。

本协议一式两份，甲、乙方各一份，未经双方同意不可任意改动本协议。

甲　方：(签章)	乙　方：(签章)
联系人：×××	联系人：×××
电　话：××××××××	电　话：××××××××

【简析】

这是一份大学生从企业拉赞助进行校园文化活动所签订的协议书。协议书首先有一个简要的前言“经互相了解并友好协商，双方自愿签订如下协议”，之后主要拟写了三大条款，即甲方的权利与义务、乙方的权利与义务、其他事宜。从双方的权利、义务条款可以看出本次合作的主要内容是：乙方××公司赞助甲方大赛奖品、提供彩印节目单和横幅、海报等宣传材料；甲方将大赛冠名权授予乙方，并为乙方进行一些校园内的宣传活动等。对双方的权利义务、合作细节等规定较为具体，文字严谨。

【例文5-12】

入学就业协议书

为了帮助毕业生解决就业问题，解除学生及家长的后顾之忧，××广播电视大学（甲方）与报考××广播电视大学的学生（乙方）签订以下协议。

一、甲方负责对乙方进行面试，要求乙方五官端正，身高符合一定要求，身体健康，无影响就业的疾病。

二、乙方在校期间，必须保证各门功课成绩合格，思想品德鉴定优良，按期获得毕业证书和各专业相应的从业资格证书，严格遵守甲方的各项规章制度，若违反学校的规章制度或违纪违法，其安置就业甲方将不予负责。

三、就业遵循“双向选择”的原则，甲方负责组织召开人才招聘会，让毕业生自主选择适宜的岗位就业。对于在人才招聘会上未找到合适岗位的乙方，甲方负责对不同层次、不同专业的乙方分批推荐到本市、外地企事业单位就业。

四、对于有毒有害、危及人身安全的岗位，甲方不予推荐。甲方安置乙方到用人单位后，跟踪服务一年，在此期间被解雇或不满意现有工作的乙方，由我校重新予以安置；同时在上岗第一年内所产生的劳务纠纷，均由甲方负责与用工单位协商解决。

五、乙方符合就业要求未被安置的，甲方退还全部学费。乙方在用人单位必须维护甲方的形象，若有违法乱纪行为被开除或劝退的，甲方不退还学费，并不再予以安置。

六、若乙方修业期满，愿意在本校继续读专科或本科的，甲方负责按有关规定为乙方办理相关入学手续，《就业协议书》涉及的有关事项继续有效。

本协议一式两份，甲乙双方各执一份。

甲　方：××广播电视大学　　乙　方：学生（签字）
法人代表：校长（签字）　　监护人：家长（签字）
××××年××月××日　　××××年××月××日

【简析】

当前就业形势严峻，某些学校在新生入学时就与学生签订就业协议书，给他们吃下“定心丸”，以吸引他们前来就读。这份协议书共6个条款，其中第1条、第2条主要是校方对学生的要求：不能有影响将来就业的疾病，在校期间要遵纪守法、好好学习；第3条、第4条、第5条是校方对学生的具体承诺，包括如何落实学生的就业、就业后的跟踪服务以及退还学费的情况等。这些条款比较具体实在，能让学生和家长比较放心。第6条是一个补充条款，声明如学生留在本校继续深造，就业协议可继续生效。

【例文5－13】

中华人民共和国政府和多哥共和国政府
关于中国派遣医疗队赴多哥工作的议定书

中华人民共和国政府和多哥共和国政府，为了加强两国之间的友好合作关系，经友好协商，达成协议如下：

第一条　根据多哥共和国政府的要求，中华人民共和国政府同意派遣由二十五人左右组成的中华人民共和国医疗队赴多哥进行工作。

第二条　中华人民共和国医疗队（以下简称医疗队）的任务是与多哥医务人员紧密合作，开展防病治病工作（不包括承担法律责任的医疗工作），并通过医疗实践，或举办短期训练班，交流经验，传授技术，为多哥培养医务人员。

第三条　医疗队以定点的方式进行工作，具体工作地点由中国驻多哥大使馆同多哥政府指定的部门共同商定。

第四条　医疗队在多哥工作期间所需的主要药品和医疗器械，由中国无偿赠送给多哥，但由医疗队直接保管使用。一般常用药品和医疗器械由多哥提供。

第五条　医疗队赴多哥所需的往返旅费，以及在多哥工作期间的工资、伙食费由中国政府负担。医疗队在多哥工作期间所需的住房（包括家具和卧具）、交通工具及交通费用由多哥政府负担。

第六条 医疗队在多哥工作期间，多哥政府负责他们应缴纳的直接税款，并为他们提供执行工作任务的方便条件。

第七条 中国运往多哥供医疗队使用的药品、医疗器械和其他物品（包括医疗队集体和个人的生活用品），多哥政府免收各种税款。

第八条 医疗队人员享有中国政府和多哥政府规定的假日。

第九条 医疗队人员在多哥工作期间应尊重多哥共和国政府的法律和多哥人民的风俗习惯。

第十条 本议定书如有未尽事宜或在执行中发生问题，应由两国政府通过友好协商解决。

本议定书自签字之日起生效，有效期为两年。期满时如双方无异议，本议定书将自动延长两年。

本议定书于一九七八年三月三十一日在洛关签订，共两份，每份都用中文和法文写成，两种文本具有同等效力。

中华人民共和国政府	多哥共和国政府
代　　表	代　　表
中华人民共和国驻多哥	多哥共和国
共和国特命全权大使	外交和合作部长
岳　欣	埃德姆·柯乔
（签字）	（签字）
年　　月　　日	年　　月　　日

【简析】

本议定书是为中国政府向非洲的多哥政府派出医疗队，协助该国改善医疗卫生工作而签订的。其主要内容包括：派出的医疗队的人数、任务、工作方式和地点、所需的药品与器械、日常费用的担负，以及多哥政府应给予中国医疗队何种待遇、中国医疗队在当地应遵守法规、尊重习俗等，规定比较周密、具体，从宏观和微观上都保证了双方合作的顺利展开。

第六节　合　同

一、合同概述

（一）合同的概念及性质

合同是单位之间、个人之间或者单位与个人之间，为了实现一定的目的，依据有关的法律规定，经过平等协商，彼此确认一定的权利与义务，并用书面形式固定下来，作为以后执行和检查的一种凭证。我国《合同法》规定："合同是平等主体的自然人、法人、其他组织之间设立、变更、终止民事权利义务关系的协议。"

（二）合同的法律特征

1. 合同是当事人之间在自愿基础上达成协议，是双方或多方的民事法律行为

首先，合同是建立在自愿基础之上的。其次，合同是一种民事法律行为。再次，合同是双方或多方的民事法律行为。

2. 合同当事人的法律地位平等

合同的各方当事人，不论是公民还是法人，不论其经济实力和所有制形式如何，也不论其在行政上有无上下级隶属关系，法律地位一律平等。各方之间没有上下之分、高低之别。合同当事人之间的法律地位平等和当事人表达意志的自由是相辅相成的，只有当事人的法律地位平等，才能保障当事人自由地表达自己的意志，使合同内容充分体现当事人的意志和经济利益；没有当事人的法律地位平等，当事人也就失去了自由地充分表达自己意愿的可能，也就无所谓合同。

3. 合同所确立的关系是民事法律关系

合同所确立的关系是一种民事法律关系，因此，不发生任何法律后果，不涉及当事人之间权利义务的协议，不是合同；虽能在当事人之间发生权利义务关系，但在当事人之间产生的权利义务关系不是民事法律关系的协议，也不是合同。

（三）签订合同必须遵循的原则

1. 协商一致原则

合同必须经过双方当事人的充分协商，并达成一致意见后方能签订。任何一方都不得采取威胁、欺诈、腐蚀等非法手段把自己的意志强加给对方，迫使对方签订合同。任何组织或个人不得非法干预当事人签订合同。只有在双方当事人自由表达意志的基础上，经过共同的充分协商，这样签订的合同才能成立。

2. 平等互利原则

签订合同的当事人，经济、法律地位平等，均有平等地享受权利和平等地承担义务的责任。一方不能损害他方利益。如果合同显失公平，损害了他方或国家利益，仲裁机关或人民法院可根据具体情况，宣布合同全部或部分无效。

3. 等价交换原则

签订合同的双方（或多方）当事人之间必须进行公平合理的经济协作和有来有往的商品、货币交换，体现等价交换的原则。

（四）合同的作用

合同是各方当事人意见表示一致的合法文书，在经过法定的机关鉴证或公证之后，它具有法律效力，各方当事人都要严格遵守。因而，合同的具体作用就是使签约双方（或多方）的协作关系或商品交换关系得到法律上的保护。俗话说：“空口无凭，立字为据”“白纸黑字，铁证如山”。有了合同，签约者就不得不严格地履行各自的义务，从而也就保证了各方预定经济目标的实现。合同大大减少了对对方可能失信毁约的担忧，这样，签订合同的双方便能有条不紊地安排工作和生产，企业的管理水平也因之得到提高。由此可见，经济合同不仅在发生经济纠纷时可以作为诉讼的凭证，而且在促使双方真诚协作、努力工作、实现管理科学化等方面也能起到积极的作用。

二、合同的种类

合同的种类很多，按当事人的国籍关系分，可分为国内合同和涉外合同；按时间分，可分为长期合同、中期合同和短期合同；按形式分，可分为条文式合同、表格式合同和条文表格结合式合同。此外，还有专门拟写的合同，也有按固定格式填写的合同。随着法制的不断健全，我国实行了合同示范文本制度。所谓合同示范文本，是指合同管理机关和有关业务主管部门，经过法定程序，正式规定了一些合同的文本格式。在实际运用中，签订合同的双方就不必再专门起草、修改、拟订合同，只需依照现成的标准合同格式，填上自己所需的内容即可。合同示范文本的出现，增强了合同文本的规范性、完备性和适用性，也使拟订合同这一工作变得简单、方便、易于操作，并且相对较为安全（可以避免重大疏漏的产生）。

合同的分类，除上述划分法外，在实际运用中主要还是按照合同的内容和业务性质来划分，大致可划分成以下类别：

（一）经济合同

这种合同主要用于经济生活领域，具体又可分为：①货物买卖合同；②建筑工程承包合同；③财产租赁合同；④加工承揽合同；⑤货物运输合同；⑥仓储保管合同；⑦供用电、水、气、热水合同；⑧借款合同；⑨财产保险合同；⑩联营合同等。

（二）技术合同

这种合同主要用于技术服务与贸易，具体又可分为：①技术开发合同；②技术转让合同；③技术咨询合同；④技术服务合同等。

（三）人员聘用合同

这种合同一般由用人单位拟写框架（主要条款），经应聘求职人员审阅同意后生效。

（四）其他合同

其他合同包括文艺演出合同、社会服务合同、图书出版合同等各种形式的合同。

三、合同的写作

（一）合同的格式

合同的种类繁多、内容各异，形式上也各有特点，但其格式却大同小异，一般由标题、立合同方、正文和落款等四部分组成。

1. 标题

合同的标题一般由合同性质和文种名称两部分组成，如《建筑工程承包合同》《借款合同》等；也有的标题还点明单位或标的名称，如《××铁路局货物运输合同》等。

2. 立合同方

在标题下面并列书写订立合同的单位名称或当事人姓名。为了使行文简便，可把签约的一方简称为“甲方”，另一方称作“乙方”，如果有中介方，也要注明。

3. 正文

这是合同的主要部分，一般由前言、双方议定的内容、附注组成。

（1）前言。用于交代签订合同的根据或目的。例如，“××厂与××厂本着进一步加强合作、互惠互利的原则，以有利于扩大生产、提高产品质量、扩大创汇、提高经济效益为目的，经双方协商，一致同意进行联营”。又如，“经甲乙双方协商，特签订本合同”。前言有时可省略。

（2）双方议定的内容。不同的合同有不同的内容，具体将在下文介绍。

（3）附注。附注主要写合同份数、保存单位、附件名称及件数等。例如，“本合同一式三份，甲、乙双方各执一份，公证机关存放一份”。

4. 落款

落款在正文之下，写明签订合同双方单位的全称和代表姓名，并签字盖章，如有主管部门鉴证、公证的部门、机关及代表，并签字盖章。有的合同还在上述各单位之下分别注明地址、电话、联系人、银行账号等内容以方便联络。

（二）合同的内容

合同的内容因文而异，不同种类的合同有不同的主要条款。但从宏观角度看，各类合同的条款可分为通用条款、专用条款和合同某方特约条款三类。

1. 通用条款

通用条款是指各类合同都必须具备的或普遍常用的条款，包括标的、双方的权利和义务、违反合同的惩罚性措施等。

（1）标的。即合同签约双方权利和义务共同指向的对象，或者说签约双方所要处置的事物（如工业产品、农副产品、基建项目等）。

（2）双方的权利和义务。即合同双方各应承担哪些义务，各自享受哪些权益。例如，在货物买卖中，买方的主要权利是得到货物，义务是按时足额交款；卖方的主要权利是得到货款，义务是按时保质保量交货。

（3）违反合同的惩罚性措施。这是确保双方正确履行合同的必要手段。

具体说来，一份经济合同的通用条款主要包含以下几方面的内容：

（1）标的。

（2）数量和质量。数量是确定双方权利和义务大小的标准，是对标的的具体计量，如贷款金额、购买货物数量。质量包括产品的规格、型号、轻重、大小、性能等。在合同中应详尽、准确地标明质量要求及检验、验收方法。有法定标准的用标准，有些产品分等级的，要规定等级。

（3）价款或酬金。这是标的的价值，即取得对方产品，接受对方劳务所支付的代价，它以货币数量单位来表示。

（4）支付办法。规定价款或酬金以何种方式支付、结算。也可以并入“履行合同的期限”部分交代清楚。

（5）履行合同的期限、地点和方式。履行的期限是享有请求权的一方要求对方履行合同的时间规定，是衡量合同是否按时履行的标准；履行的地点是指履行合同义务和接受对方履行义务的地方，它直接关系到履行合同的费用和时间；履行的方式指当事人履行合同的具体方法，不同的合同有不同的规定，如购销合同中，对于交货方式是送货、提货还是代运，合同中都应该规定清楚。

（6）验收办法。规定验收的负责单位、方式、方法等。

（7）违约责任。指合同当事人一方或双方因过错造成合同不能履行或不能完全履行时所承担的经济和法律责任。违约责任是合同不可缺少的最重要的部分，是履行合同的重要保证，是出现矛盾分歧时解决合同纠纷时的可靠依据。要写明制裁措施及违约金、赔偿金的数额等。

2. 专用条款

专用条款是指某类合同特有的条款。例如：

（1）购销合同专用条款。包括包装要求、交货方式、交货地点等。

（2）财产租赁合同专用条款。包括租赁财产的用途、租赁期间财产维修保养的责任等。

（3）建筑、安装工程承包合同专用条款。包括签约双方互相协作的内容、保修期等。

（4）加工承揽合同专用条款。包括承揽方提供原材料的名称、规格、数量、质量、交付日期以及技术资料、图纸的提供办法等。

（5）货物运输合同专用条款（栏目）。包括发站、到站、运距、收货人等。

（6）仓储保管合同专用条款。包括货物的保管方法、出入库手续、损耗标准和损耗处理等。

（7）科技协作合同专用条款。包括协作方式、经费和物资概算、科技成果所有权及其保密、保护等。

（8）借款合同专用条款。包括货款用途、还款资金来源及还款方式、保证条款等。

（9）财产保险合同专用条款。包括联营体管理机构的组成、经营的范围和方式、各方出资的方式、数额、期限、利益分配方案等。

3. 特约条款

合同特约条款是指签约一方特别要求对方允诺的条款。例如，合同中的特约事项、补充条款或其他要求等栏目就属于特约条款。

（三）合同写作的注意事项

1. 内容完备，条款齐全

由于合同的法律效力的严肃性，要求双方在研究、协商和拟写合同时，要考虑周全，力求把可能涉及的各个环节和细节都考虑进去，切不可出现重大疏漏，以免给合同的履行带来麻烦，造成经济损失。例如，在货物买卖合同中，没有对付款的期限作出规定，则可能造成恶意拖欠。

2. 规定具体，表述周密

这是指合同条款在具体写作中要注意语法和逻辑，把事项具体而周密地表现出来。例如，交货地点写“北京”就很不具体，容易发生纠纷。

3. 书写工整，文面整洁

首先，要注意不写错别字；其次，金额、数量等数字应大写；再次，字迹要清楚、工整，不得任意涂改。例如，把“定金”写成“订金”，虽只有一字之差，但两者内涵相去甚远。

【例文 5－14】

石油购销合同

购货单位：________________________，以下简称甲方；

供货单位：________________________，以下简称乙方。

经甲乙双方充分协商，特订立本合同，以便共同遵守。

第一条 产品的名称、品种、规格和质量

1. 产品的名称、品种、规格：______________________________。

2. 产品的技术标准（包括质量要求），按下列第（　　）项执行：

（1）按国家标准执行；

（2）按部颁标准执行；

(3) 由甲乙双方商定技术要求执行。

第二条　产品的数量和计量单位、计量方法

1. 产品的数量：________________________________。

2. 计量单位、计量方法：________________________________。

3. 产品交货数量的正负尾差、合理磅差和在途自然减（增）量规定及计算方法：____。

第三条　产品的包装标准和包装物的供应与回收：________________________。

第四条　产品的交货单位、交货方法、运输方式、到货地点（包括专用线、码头）

1. 产品的交货单位：______________________________________。

2. 交货方法，按下列第（　　）项执行：

(1) 乙方送货；

(2) 乙方代运；

(3) 甲方自提自运。

3. 运输方式：________________________________。

4. 到货地点和接货单位（或接货人）：__________________________。

第五条　产品的交（提）货期限：________________________________

第六条　产品的价格与货款的结算

1. 产品的价格，按下列第（　　）项执行：

(1) 按甲乙双方的商定价格；

(2) 按照订立合同时履行地的市场价格；

(3) 按照国家定价履行。

2. 产品货款的结算：产品的货款、实际支付的运杂费和其他费用的结算，按照中国人民银行结算办法的规定办理。

第七条　验收方法：____

第八条　对产品提出异议的时间和办法

1. 甲方在验收中，如果发现产品的品种、型号、规格、花色和质量不合规定，应一面妥为保管，一面在30天内向乙方提出书面异议：在托收承付期内，甲方有权拒付不符合合同规定部分的货款。甲方怠于通知或者自标的物收到之日起过两年内未通知乙方的，视为产品合乎规定。

2. 甲方因使用、保管、保养不善等造成产品质量下降的，不得提出异议。

3. 乙方在接到需方书面异议后，应在10天内（另有规定或当事人另行商定期限者除外）负责处理，否则，即视为默认甲方提出的异议和处理意见。

第九条　乙方的违约责任

1. 乙方不能交货的，应向甲方偿付不能交货部分货款的__________%的违约金。

2. 乙方所交产品品种、型号、规格、花色、质量不符合规定的，如果甲方同意利用，应当按质论价；如果甲方不能利用的，应根据产品的具体情况，由乙方负责包换或包修，并承担修理、调换或退货而支付的实际费用。

3. 乙方因产品包装不符合合同规定，必须返修或重新包装的，乙方应负责返修或重新包装，并承担支付的费用。甲方不要求返修或重新包装而要求赔偿损失的，乙方应当偿

付甲方该不合格包装物低于合格包装物的价值部分。因包装不符合规定造成货物损坏或灭失的，乙方应当负责赔偿。

4. 乙方逾期交货的，应比照中国人民银行有关延期付款的规定，按逾期交货部分货款计算，向甲方偿付逾期交货的违约金，并承担甲方因此所受的损失费用。

5. 乙方提前交货的产品、多交的产品的品种、型号、规格、花色、质量不符合规定的产品，甲方在代保管期内实际支付的保管、保养等费用以及非因甲方保管不善而发生的损失，应当由乙方承担。

6. 产品错发到货地点或接货人的，乙方除应负责运交合同规定的到货地点或接货人外，还应承担甲方因此多支付的一切实际费用和逾期交货的违约金。

7. 乙方提前交货的，甲方接货后，仍可按合同规定的交货时间付款；合同规定自提的，甲方可拒绝提货。乙方逾期交货的，乙方应在发货前与甲方协商，甲方仍需要的，乙方应照数补交，并负逾期交货责任；甲方不再需要的，应当在接到乙方通知后15天内通知乙方，办理解除合同手续。逾期不答复的，视为同意发货。

第十条 甲方的违约责任

1. 甲方中途退货，应向乙方偿付退货部分货款　　　　　　%的违约金。

2. 甲方未按合同规定的时间和要求提供应交的技术资料或包装物的，除交货日期得顺延外，应比照中国人民银行有关延期付款的规定，按顺延交货部分货款计算，向乙方偿付顺延交货的违约金；如果不能提供的，按中途退货处理。

3. 甲方自提产品未按供方通知的日期或合同规定的日期提货的，应比照中国人民银行有关延期付款的规定，按逾期提货部分货款总值计算，向乙方偿付逾期提货的违约金，并承担乙方实际支付的代为保管、保养的费用。

4. 甲方逾期付款的，应按中国人民银行有关延期付款的规定向乙方偿付逾期付款的违约金。

5. 甲方违反合同规定拒绝接货的，应当承担由此造成的损失和运输部门的罚款。

6. 甲方如错填到货地点或接货人，或对乙方提出错误异议，应承担乙方因此所受的损失。

第十一条 不可抗力

甲乙双方的任何一方由于不可抗力的原因不能履行合同时，应及时向对方通报不能履行或不能完全履行的理由，以减轻可能给对方造成的损失，在取得有关机构证明以后，允许延期履行、部分履行或者不履行合同，并根据情况可部分或全部免予承担违约责任。

第十二条 其他

1. 按本合同规定应该偿付的违约金、赔偿金、保管保养费和各种经济损失的，应当在明确责任后10天内，按银行规定的结算办法付清，否则按逾期付款处理。但任何一方不得自行扣发货物或扣付货款来充抵。

2. 本合同如发生纠纷，当事人双方应当及时协商解决，协商不成时，任何一方均可请业务主管机关调解或者向仲裁委员会申请仲裁，也可以直接向人民法院起诉。

第十三条 本合同自　　　　　　年　　　　　　月　　　　　　日起生效，合同执行期内，甲乙双方均不得随意变更或解除合同。合同如有未尽事宜，须经双方共同协商，作出补充规定，补充规定与合同具有同等效力。

第十四条　本合同正本一式二份，甲乙双方各执一份；合同副本一式　　份，分送甲乙双方的主管部门各留存一份。

购货单位（甲方）：　　　　（公章）　供货单位（乙方）：　　　　（公章）
法定代表人：　　　　（公章）　法定代表人：　　　　（公章）
地址：　　　　地址：
开户银行：　　　　开户银行：
账号：　　　　账号：
电话：　　　　电话：
年　月　日　　　　年　月　日

【简析】

这是一份标准合同示范文本，适用于绝大部分的产品购销经济行为。这种合同是半空白的：框架已经拟好，具体内容则需要根据各次购销行为的具体情况如实填写。合同文本首先列出“立合同方”的有关项目；正文条款主要包括：购销活动所指向的对象（具体又包括对这一对象在数量、质量、规格、款式、标准等方面的要求）、供方的权利与义务、需方的权利与义务、违约责任的追究等。最后还列出了立合同双方的联系方式等信息要求填写。这类合同文本格式规范、结构严谨。

【例文 5－15】

员工试用合同书

甲方：

乙方：

身份证号：

根据国家和本地劳动管理规定以及本公司员工聘用办法，按照甲方关于公司新进各类人员均需试用的精神，双方在平等、自愿的基础上，经协商一致同意签订本试用合同。

一、试用合同期限：

自____年____月____日至____年____月____日止。有效期为____个月。

二、试用岗位根据甲方的工作安排，聘请乙方在________________工作岗位。

三、试用岗位根据双方事先之约定，甲方聘用乙方的月薪为____________元，该项报酬包括所有补贴在内。

四、甲方的基本权利与义务：

1. 甲方的权利。

有权要求乙方遵守国家法律和公司各项规章制度；

有权对乙方违法乱纪和违反公司规定的行为进行处罚；

对试用员工不能胜任工作或不符合录用条件，有权提前解除本合同。

2. 甲方的义务。

为乙方创造良好的工作环境和条件；

按本合同支付给乙方薪金；

对试用期乙方因工伤亡，由甲方负担赔偿。

五、乙方的基本权利和义务：

1. 乙方的权利。

享有国家法律法规赋予的一切公民权利；

享有当地政府规定的就业保障的权利；

享有公司规章制度规定可以享有的福利待遇的权利；

对试用状况不满意，请求辞职的权利。

2. 乙方的义务。

遵守国家法律法规、当地政府规定的公民义务；

遵守公司各项规章制度、行为规范的义务；

维护公司的声誉、利益的义务。

六、甲方的其他权利、义务：

试用期满，若乙方不符合录用条件，甲方有权不再签订正式劳动合同；

对员工有突出表现，甲方可提前结束试用，与乙方签订正式劳动合同；

试用期乙方的医疗费用由甲方承担90%，乙方承担10%；

试用期甲方一般不为乙方办理各项保险手续，如乙方被正式录用，可补办有关险种，从试用期起算；

试用期，乙方请长病假10天、事假等累计超过7天者，试用合同自行解除。

七、乙方的其他权利、义务：

试用期满，有权决定是否签订正式劳动合同；

乙方有突出表现，可以要求甲方奖励；

具有参与公司民主管理、提出合理化建议的权利；

反对和投诉对乙方试用身份不公平的歧视。

八、一般情况下，试用期间乙方岗位不得变更。若需变更，须事先征求乙方的同意。

九、本合同如有未尽事宜，双方本着友好协商原则处理。

十、本合同一式两份，甲、乙双方各执一份，具同等效力，经甲乙双方签章生效。

甲方： 乙方：

法定代表人： 签字：

签约日期： 年 月 日 签约日期： 年 月 日

【简析】

这是一份劳动用工类的标准合同文本，适用于规范用人单位与试用期员工之间的权利义务。合同首先规定了试用期长度、拟试用岗位、试用期待遇等。接着，第4条、第5条两大条规定了双方的基本的权利与义务，这属于比较通用的条款（绝大多数的公司与试用期员工都遵循的一些最基本的权利与义务条款）；第6条、第7条则是“专用条款”，比较详细地约定了双方的一些具体的权利与义务关系。最后，合同还对违约责任的追究以及合同文本的数量和效力等作了说明。

【例文 5-16】

民间借贷合同

出借方：________________ 住所：________________

借款方：________________ 住所：________________

合同签订地：________________

双方为借款事宜，经协商达成如下协议：

(1) 借款数额：出借方于________年________月________日借给借款方人民币元（金额大写）______。

(2) 借款期限：自________年________月________日至________年________月________日。

借款利息：双方约定借款利息为________%（注：利息不得超过同期银行贷款利息的4倍）。

(3) 违约责任：借款方应当按照约定的期限返还借款本息，借款方未按照约定的期限返还借款本息，出借方可以要求借款人按日加付本息的万分之________的违约金。

(4) 本合同自出借方提供借款之日起效。

出借方：____________（签章） 借款方：____________（签章）

______年______月______日 ______年______月______日

【简析】

这是一份比较简单的民间借款合同，与银行贷款等的合同相比，其内容比较单纯，主要是注明借款的数额、还款的期限、应支付的利息、违约的追究等事项。合同虽不复杂，但内容还是完备的。在实际生活中，即便是熟人相互借贷，也应该放得下面子、不惧麻烦签订这样的合同，以避免不必要的纠纷和损失。

【例文 5-17】

家庭居室装修装饰合同

委托人：____________________

本人身份证号码：________________

受托方：____________________

从业人员上岗证书号码：____________________（适用于个体装饰人员）

委托人与受托方根据《中华人民共和国合同法》与国家建设部发布的《家庭居室装修管理试行办法》的规定，本着平等互利的原则，特订立本合同。

一、家庭居室装修的间数、面积、装饰装修的项目、方式、规格、质量要求以及质量验收方式：____________________________。

二、装饰装修工程的开工、完工时间：____________________。

三、工程保修的内容、期限：____________________。

四、装修工程价格及支付的方式、时间：____________________。

五、合同变更和解除的条件：____________________。

六、违约责任及解决纠纷的途径：____________________。

七、本合同自双方签字、签章时（或公证时）起生效。

委托人：______________（签章） 受托方：______________（签章）
住所地址：______________ 住所地址：______________
邮编：______________ 邮编：______________
联系电话：______________ 联系电话：______________
_____年____月____日 _____年____月____日

【简析】

这是一份家居装修合同的标准文本。随着人民居住水平的改善，家庭居室装修已成为众多家庭要面对的问题。在良莠不齐的家装行业，存在着一些欺诈、陷阱，在装修工程开始之前与装修公司或个人签订合同是十分必要的。这份合同为我们提供了一个框架，提示我们在签订这类合同时应对哪些问题作出具体而明确的约定，具有较高的参考价值。

【例文 5－18】

××市白蚁防治所治蚁工程合同

委托单位：××市公房处（以下简称甲方）

承治单位：××市白蚁防治所（以下简称乙方）

为了使国家和人民的财产免遭白蚁的危害，并保障人民居住安全，经双方协议，签订防治白蚁合同如下：

一、乙方采用科学方法，根据白蚁的生活习性施药，防治结合，消灭白蚁并防止其再生。

二、防治白蚁勘查施工范围：××市公房处所辖×××路 16 号二栋一门一楼两家。

三、本合同工程费：×千×佰元整。乙方第一次施工完毕，甲方一次付清。

四、合同期壹年。由××××年 3 月 31 日起至××××年 3 月 31 日止。每年定期复查两次。第一次复查××××年 9 月 1 日。第二次复查××××年 3 月 1 日。

五、合同期内，在乙方承治的范围里再次发生白蚁危害，甲方通知乙方灭治，不加收费。

六、其他要求：合同期内，在乙方承治范围里再次发生白蚁危害，甲方通知乙方，乙方拖延不治，由此造成的损失由乙方负责赔偿。因甲方通知不及时而造成的损失，由甲方负责。

七、本合同一式五份，甲方二份，乙方三份，双方盖章生效。

甲方：××市公房处（公章） 乙方：××市白蚁防治所（公章）
代表：××× 代表：×××
地址： 地址：
电话： 电话：
年 月 日 年 月 日

【简析】

与前面的标准合同示范文本相比，这份以及下面一份合同都属于专门草拟的合同。不过，这类专门草拟的合同一般是由其中一方事先起草好了的“半成品”，待签约的另一方过目并表示没有异议之后正式签署具体内容。这份合同是由某白蚁防治所起草的，共 7 个条款。第 1 条、第 2 条属于“标的”，它规定了双方签约所为何事；第 3 条是对劳动报酬的约定；第 4 条、第 5 条规定了乙方在合同有效期内防治白蚁工作的具体义务；第 6 条约定了产生纠纷后对双方责任的认定；第 7 条说明了合同文本的数量和效力。

【例文 5-19】

著作权转让合同

甲方：北京××科技发展有限责任公司

乙方：×××

产品名称：《×××》光盘。

产品背景：本光盘系由甲方研制开发的《×××》系列商用光盘之一，已由××出版社出版。

第一条 经双方友好协商，甲方同意出让，乙方同意受让《×××》光盘的著作权，现达成本协议。

第二条 甲方保证拥有本产品的著作权。

第三条 转让金额为人民币×××万元整。

第四条 付款方式：

1. 首付×××万元，于 CD-R 交付之日一次性付清。
2. 第二次付×××万元，于××××年××月××日前一次性付清。
3. 第三次付×××万元，于××××年××月××日前一次性付清。

第五条 甲方权利和义务：

1. 在合同有效期内，未经乙方同意，甲方不得将产品著作权转让第三方或授予第三方代理销售权。
2. 甲方对上述产品仍保留署名权。
3. 甲方有获取著作权转让金的权利。
4. 甲方有权从乙方处按零售价××折进货销售本产品。
5. 在合同生效之日起××日内，甲方应提供本产品的 CD-R。

第六条 乙方权利和义务：

1. 乙方对上述产品有署名权。
2. 乙方有按时支付转让金的义务。
3. 成品盘制作完成后，乙方应拨出少量赠送盘，其中提供给出版社样品盘××片，提供给甲方样品盘××片。

第七条 甲方同意乙方自行对本产品内容和版本进行修改。但甲方保留署名权和产品标题名称。

第八条 违约条款：

1. 甲方逾期××日交付本产品的 CD-R，乙方有权解除本合同，并向甲方要求赔偿损失。
2. 根据上述第四条各项，乙方如延期付款，按每日千分之三向甲方支付延期付款补偿金。如该项付款超过 20 日，乙方仍未付款，甲方有权解除本合同。并可自由使用著作权，不再受本合同之约束。已收取的款项不再退回，且对于乙方已生产出的成品盘有权按基本成本价格回收。

第九条 双方因合同的解释或履行发生争议，由双方协商解决，协商不成，诉讼解决。

第十条 本合同自双方签字之日起生效。

著作权转让生效以最后一笔转让费结清之日为准。

第十一条 本合同一式两份，双方各持一份。

甲　方：北京××科技发展有限责任公司（公章）　　乙　方：×××（公章）

代　表：×××　　代　表：×××

××××年××月××日　　××××年××月××日

【简析】

这份合同是由甲方（北京××科技发展有限责任公司）拟定的，适用于甲方在出版某光盘制品时，将自己所拥有的著作权出让给乙方。随着著作权的转让，甲乙双方的权利义务关系也发生了一些变化。本合同就是要对双方这些权利与义务作出具体而明确的规定，以保护知识产权，维护双方的利益。合同详尽地规定了转让金额、付款方式、甲方权利和义务、乙方权利和义务、违约条款、争议的解决以及合同的生效等问题。其内容具体完备，表述周密严谨，能有效避免各类纠纷的产生。

思考与练习

1. 什么是招标？招标在现代经济生活中有哪些积极作用？
2. 招标有哪些主要种类？
3. 一个完整的招标过程主要包括哪几个主要环节？
4. 什么是招标章程？它的主要内容有哪些？
5. 制作投标书应注意哪些问题？
6. 什么是意向书？它有何作用？
7. 与协议书或合同相比较，意向书有什么特点？
8. 写作意向书应注意哪些问题？
9. 协议书的作用和主要特点有哪些？
10. 协议书与合同有哪些区别与联系？
11. 签订合同必须遵循哪些主要原则？
12. 合同的通用条款一般包含哪几项内容？
13. 在写作格式上合同由哪几部分组成？
14. 写作合同应注意哪些主要问题？

第六章 法律文书

第一节 法律文书概述

一、法律文书的概念

法律文书是指在司法程序中，司法、公正、仲裁机关处理各类普通诉讼案件和特殊诉讼案件时使用或制作的以及案件当事人、律师自书或代书的具有法律效力或法律意义的文书的总称。

二、法律文书的分类

由于公检法部门职能不同，诉讼各阶段要解决的问题性质多样，要求不一，内容有繁有简，因此，法律文书的种类很多。如果按制作主体可分为司法文书和诉讼文书；如果按性质和内容可分为刑事诉讼类文书、民事诉讼类文书、行政诉讼类文书。此外，法律文书还有其他分类的原则，本文不作介绍。

司法文书是由公安机关、人民检察院、人民法院按照法律所规定的诉讼制作的具有法律效力的文书。诉讼文书是诉讼当事人向公安机关、人民检察院、人民法院提出诉讼请求的一种法律文书。两者的区别主要在于：司法文书是由司法机关制作的，一经制定即具有法律效力；而诉讼文书则是由诉讼当事人制作的，在司法机关认可或采证之后，才具有法律效力。

诉讼文书分为两类：诉讼文书、非诉讼法律文书。

公检法等国家机关使用的法律文书本文不作介绍，本文站在非国家机关的角度，介绍诉讼文书和非诉讼法律文书的写作。

三、法律文书的基本特点

（一）格式的规范性

法律文书最明显的表面特征在于它的固定化，体现在文书的结构、用语、条理等方面。各类文书有各自的特定格式。

（二）内容的合法性

法律文书不同于一般的文书，不论是在实体问题的处理方面，还是在程序问题的行使方面，都必须依法制作，充分体现出它的法律性来，程序法和实体法是法律文书立意的最根本依据。而这种法律性应集中体现在“以事实为根据，以法律为准绳”的基本原则上。

（三）执行的强制性

法律文书是推动诉讼程序的重要因素，每一份法律文书都针对特定的问题，对于待定的诉讼阶段具有法定的约束力。法律文书生效后必须坚决执行，这是法律高度集中统一的本质表现。

（四）时间的及时性

诉讼的及时原则是体现程序公正的重要原则，要做到司法公正，离不开及时性原则的贯彻实施。及时地执行法律文书的法律效力，也是对司法公正的重要保证。

（五）用语的客观性

司法最本质的属性在于中立、公正、客观。法律文书必须用准确的语言客观地表述案件事实，而不允许有任何个人感情因素或过于文学化的华丽辞藻修饰所要表达的内容。

第二节　诉讼文书

一、诉讼文书的概念

诉讼文书是指涉及诉讼程序的，由国家机关和个人制作的具有法律效力和意义的文书。包括由国家司法机关在整个诉讼过程中制作和使用的文书，以及由诉讼当事人制作的诉状。

诉讼文书的写作对诉讼的结果将起到很大的作用。本节将介绍起诉状、上诉状、申诉状、答辩状、申请执行书、财产保全书、辩护词、代理词等诉讼文书的写作。

二、诉讼文书的作用

诉讼文书的主要作用：

（一）是进入诉讼程序的基本标志

要进入诉讼程序，司法机关都要首先对案件进行审查，而审查的就是起诉书、上诉书等书面信息。

（二）是诉讼活动的重要组成部分

诉讼活动本质上是处理刑事、民事或行政案件的活动，其中的起诉、应诉、上诉、判决以及执行，都离不开相应的诉讼文书。

（三）是诉讼活动的公正性、合法性的记录

通过诉讼文书真实地记录了从起诉直到判决做出及执行的全过程。

（四）能显示出诉讼活动的严肃和法律的尊严

诉讼文书的制作能显示当事人、司法人员对诉讼的重视。

三、诉讼文书的写作

（一）起诉状

1. 起诉状的概念

起诉状，是指起诉人向人民法院提出诉讼请求时所提交的有事实、有理由的书面材料。

2. 起诉状的种类

起诉状包括刑事诉状（这里指刑事自诉状）、民事诉状（其中包括刑事附带民事诉状）和行政诉状三种。

3. 起诉状的写作

（1）民事起诉状的写作。现分述如下：

第一，民事起诉状的格式、内容及写法。

民事起诉状由首部、诉状请求、事实与理由、尾部四部分组成。

其一，首部依次写明下列事项：

第一部分 文书标题。在文书顶部居中写“民事起诉状”。

第二部分 原告的身份事项。依次写明原告的姓名、性别、年龄、民族、籍贯、职业、工作单位和住址。原告如属企业事业单位、机关、团体，应写明它们的单位全称和所在地址，在下一行写法定代表人的姓名、职务和电话号码。如原告有委托代理人，还需要加写委托代理人的姓名、年龄、职务和与被代理人的关系；委托代理人如系律师，则只写律师姓名和工作单位，没有诉讼代理人的此栏不写。

第三部分 被告身份事项。公民作为被告的写法同原告栏目内容一样，可参照。法人是被告的，只写被告单位全称、所在地址和电话号码。

如果原告和被告不止一人，应分别写明其各自的身份情况。如果对方当事人为两人以上，应当分清其所承担的责任的主次，将主要被告列在前面，然后依责任大小排列。如有第三人，也应分别写明身份事项，写法亦如上。

其二，诉状请求又称请求事项。要求用简明扼要的文字写请求法院解决的民事权益争议问题。如要求解决损害赔偿、追索劳动报酬、债务清偿、履行合同以及要求与被告离婚、给付赡养费、继承遗产等。若请求有两项以上，可分款列出。

其三，事实与理由。这部分是起诉状的核心，必须集中力量写好。事实与理由是原告提出诉讼请求的材料来源，也是人民法院裁决权益纠纷的重要依据。

事实部分，主要应写明被告侵权行为的具体经过和当事人双方权益争执的具体内容，要求具体写明被告侵权行为或当事人双方发生争议的时间、地点、人物、原因、结果等要素，将纠纷的过程如实反映出来。叙述事实应注意把被告侵权行为所造成的后果和应承担的责任反映明确，将当事人双方争议的焦点写清楚，以便人民法院能全面了解事态真相，分清责任的大小，从而依法判处。

继事实叙述之后，还应列举相应证据，说明事实是属实的。证据包括物证、书证、证人、证人证言等。同时还要写明证据的来源，证人的姓名、住址，以便于人民法院核实证据。

理由部分包括以下内容：一是分析纠纷的性质，确定被告的行为属侵权行为或违法行为，以分清是非；二是分析被告行为造成的后果，指明其应承担的民事责任；三是分析权利义务关系，论说提出诉讼请求的合理性、合法性；四是引用相关的法律条文，为起诉确立法律依据。之后，还要写明“为此，特向贵院起诉，请依法判决”字样。

其四，尾部。应分两行写明致送法院单位，即第一行空两格位置写“此致”，第二行顶格写“××人民法院”，其右下角由具状人签名或盖章，并注明具状的日期。如系律师代书的，在日期之下还应写明代书人的姓名、工作单位及职务。附项部分应写明本状副本的份数及提交证据的名称、份数。

第二，民事起诉状的写作要求。

其一，民事起诉状重点应叙述好纠纷的事实。因为事实是人民法院据以判明是非责任的重要依据。从目前存在的问题来看，在诉状写作过程中尤其要注意如下四点：

一要详略得当，不要重点不明。通晓写作之道的人大都懂得围绕着中心选材这一基本常识，诉状的制作亦应如此。写诉状最忌讳抓不住中心，该说的不说，不该说的却不厌其烦，喋喋不休，作节外生枝、漫无边际的无谓表述。

二要具体明确，不要含糊不清。叙述纠纷的事实在抓住争议的要害问题后，必须用事实说话，将纠纷的具体经过一一写明，因为事实是诉讼请求赖以成立的依据，事实叙述得具体、充分，可以使办案人员准确地把握案件情况，以辨明所提请求的合法性。写诉状陈述案情特别反对言之无物、空话满篇，用抽象空洞的词语来取代具体的事实。

三要客观求实，不要歪曲真相。当事人陈述案情必须实事求是，尊重客观事实，如实反映案件的本来面目，绝不能随意夸大、缩小，歪曲甚至捏造事实，这是当事人进行诉讼、写诉状的基本要求。

四要语言文明，不要恶语伤人。当事人因民事争议而引起诉讼，此时双方往往积怨很深，因而书写诉状时要注意语言文明，平心静气地列举事实，表明主张，晓之以理，不要使用刺激性的词语，更不能用谩骂的语言对对方进行人身攻击和人格污辱，实践中有些当事人写诉状时往往不注意这一点，如有份诉状中写道：“这个笑里藏刀、人面兽心的中山狼，一贯善于玩弄假善人的伎俩。”语言的刻薄乃至粗俗，只能反映一个人文化水平、思想水平的低下，绝不能为胜诉带来丝毫有利因素，写诉状强调的是摆事实、讲道理，以理服人，污言秽语、肆意伤人不仅无助于纠纷的解决，而且会产生副作用。

其二，说理要充分，坚持以理服人。要使自己的诉讼请求得以成立，就必须加强理由的论证力及针对性。通过剖析事实，列举证据，分析证据，从不同的角度、不同的方面去论证原告提起诉讼的合理性、合法性。这样才能区分责任，明确权利义务的关系，使诉讼具有说服力量。

其三，诉讼请求要具体、明确，切实可行。诉讼请求是具状人诉讼所要达到的目的，内容虽不多，但却异常重要，必须写得具体、明确。如离婚状，不能仅写“请法院依法判决我与某某离婚”一项内容，因为一旦婚姻关系解除，随之而来，必定要涉及子女抚养、财产分割等方面问题，所以在请求事项中还必须将这些内容写入。又如索要赡养费、抚养费案中，不仅应具体写明索要的数额、期限、给付方法等，同时，还应提得合情合理，切实可行。如果索要的赡养费、抚养费远远超出了对方经济负担的能力，则不合理，法院是不会根据不合理的请求作出判决的。

【例文 6－1】

民事起诉状

（公民提起民事诉讼用）

原告：李洋，男，15 岁，汉族，北京市人，学生，住北京市海淀区中关村大街××号。

法定代理人：李斌，男，40 岁，汉族，北京市人，个体工商户，住北京市海淀区中关村大街××号。

委托代理人：张××，北京××律师事务所律师。

被告：王××，男，40 岁，汉族，北京市人，住北京市海淀区知春路××号。

诉讼请求

1. 判令被告赔偿医疗费、生活补助费 1 万元。
2. 判令被告赔偿误工补助费 2000 元。
3. 判令被告赔偿精神损失费 1 万元。
4. 本案的诉讼费由被告承担。

事实与理由

2013 年 10 月 23 日下午 4：00 左右，李洋在下课回家的路上，路经王××所住的居民楼，楼上三楼王××家的一个花盆突然落下将其砸伤。正途经此处的市政府干部赵××遇见此事，便向附近居民刘××借了一辆摩托车，送李洋去医院。由于赵××对刘××的车不熟悉，车速较慢，虽最终将李洋送往医院，但因抢救不及时，留下后遗症，经鉴定为头部被撞击、失血过多、耽搁时间过长所致。

根据《中华人民共和国民法通则》第 126 条规定，王××应当对其所管理的花盆坠落致人受伤承担民事责任；根据《中华人民共和国民法通则》第 119 条和最高人民法院《关于贯彻执行〈中华人民共和国民法通则〉若干问题的意见（试行）》第 144 条、第 145 条，最高人民法院《关于确定民事侵权精神损害赔偿责任若干问题的解释》第 1 条的规定，被告应当承担原告因此支付的医疗费、生活补助费 1 万元，原告父母护理原告的误工补助费 2000 元；以及精神损失费 1 万元。根据《民事诉讼法》的有关规定，特向贵院提起民事诉讼，请求保护原告的合法权益。

证据和证据来源，证人姓名和住址

1. 李洋就诊的医院病历
2. 证人赵××，住北京市海淀区××号
3. 证人刘××，住北京市海淀区××号

此致

北京市海淀区人民法院

附：1. 本诉状副本 1 份

2. 书证 1 份

3. 证人证言 2 份

起诉人：李洋

法定代理人：李斌

二〇一四年一月二日

【简析】

本诉状当事人的身份事项齐全；诉讼请求明确具体；事实叙述清楚，当事人双方的法律关系明确、理由充分，写明了法律依据；文字简明扼要。且附证据。

（2）刑事自诉状的写作。现分述如下：

第一，刑事自诉状的概念。

刑事自诉状是刑事案件的自诉人或其法定代理人根据事实和法律向人民法院控告被告人侵犯自身权益，要求追究其刑事责任的书状。根据刑事诉讼法的规定，刑事自诉案件是指只有告诉才处理或其他不需要进行侦查的轻微刑事案件。它包括下列范围：伤害案、侮辱案、诽谤案、重婚案、暴力干涉婚姻案、破坏现役军人婚姻案、虐待案、遗弃案等。刑事自诉人是指直接向人民法院提起刑事诉讼的人，被起诉的一方称被告人。刑事案件的自诉人向人民法院起诉，可以自己书写自诉状，也可以由他的法定代理人或委托诉讼代理人代写自诉状。

第二，刑事自诉状的格式、内容及写法。

刑事自诉状由首部、案由和诉讼请求、事实与理由、尾部组成。

其一，首部。首部应写明下列各项：

第一部分　标题。写明“刑事自诉状”字样。

第二部分　自诉人身份概况。写明自诉人的姓名、性别、年龄、民族、籍贯、职业、工作单位及住址。

第三部分　被告人的身份概况。写法同自诉人栏，可参照。如果自诉人或被告人不止一人，应分别写明其身份概况。

其二，案由和诉讼请求。这一部分主要写明所控的被告人罪名和要求人民法院依法判决的请求事项。如遗弃案，可写“被告人某某犯遗弃罪，请依法追究其刑事责任”。诽谤案，可写“被告人某某犯诽谤罪，请依法追究其刑事责任”。

案由和诉讼请求是刑事自诉状的主体。因之确定罪名，务求准确、规范，文字表述也要简洁明了，一语道明即可。

其三，事实与理由。这部分是刑事自诉状的中心环节。包括犯罪事实和起诉的理由两个方面，应分开段落来写。犯罪事实应当写清被告人所犯罪行的具体经过，将犯罪的时间、地点、动机、目的、手段、情节、后果等要素明确交代出来。对于具有因果关系的案件要特别注意将犯罪的前因后果交代清楚，以便供法院调查核实，正确判明案情。此外，在叙述犯罪事实时还要列举有关证据（如证人、证言、书证、物证等），写明证据的来源及证人的姓名、住址、职业，以供法院核实对证。证据可以在叙述中列举，也可以在写完事实之后一并列举。理由部分主要应根据被告人的罪行对其行为进行分析认定，写明被告人的犯罪行为使被害人受到什么损害，已构成什么性质的犯罪，触犯了什么法律条文，提出请求人民法院依法追究刑事责任的事实依据和法律依据。

其四，尾部。

第一部分　写明致送法院的单位名称，分两行写“此致”“某某人民法院”。

第二部分　右下方由自诉人署名或盖章，并注明具状的年、月、日。

第三部分　附项。写明下列事项：本状副本份数，物证几件，书证几份。

第三，刑事自诉状的写作要求。

书写刑事自诉状要求：第一要真实合法。真实是叙述有罪事实必须符合案情的原貌，做到客观，不走样。合法，是指制作刑事自诉状必须严格依照法律的规定，有充分的法律依据，指控被告人犯有何罪，必须符合该罪的犯罪特征，否则，就不能提起自诉。第二要严格区分罪与非罪的界限。叙述犯罪事实所使用的材料，须是构成犯罪的内容，属于道德品质、思想意识、生活作风等问题和轻微违法行为，不要写入，以免徒劳。

【例文6-2】

刑事自诉状

自诉人：张××，女，28岁，汉族，××市××区人，××区××厂职工，住××市××区东北关43号楼2单元8号。

被告人：王××，男，29岁，汉族，××市××区人，××市工商管理局干部，住××市工商管理局家属院3号楼208室。

案由与诉讼请求

被告人王××犯重婚罪。请求人民法院依照《中华人民共和国刑法》第258条之规定，追究王××的刑事责任。

事实与理由

我与被告人王××通过朋友介绍相识，1992年建立恋爱关系，并于1996年国庆节结婚，婚后感情较好，1998年3月生一女。

1998年9月，王××被调到××市工商管理局工作，不久即隐瞒已有妻女的事实与该局干部刘××（女，25岁）恋爱。为了达到与刘××结婚的目的，王××多次在他的来信中编造谎言欺骗我，说“离了婚，就可以在局里分配到职工住房，等分到房后再复婚，这样才有机会让我和他待在一起”“局里选拔培养后备干部，必须是未婚的，我们离婚只是为了应付局里，等事过去后再复婚”，等等。1999年4月，我到××市工商管理局找王××协商，恰好王××被局里派到外地出差。经向其同事了解，证实王××所说纯属谎言。同年7月8日，王××回来休假，我对其编造谎言进行欺骗一事给予批评。王××见我识破其诡计，竟然恼羞成怒，对我拳打脚踢，致使我身上多处受伤。此后，王××不再来信，也不给付女儿的抚养费用。

据了解，王××于××××年6月利用非法手段，骗得单位结婚登记介绍信，并与刘××在××市××街道办事处正式办理了结婚登记手续。

综上所述，被告人王××为了达到与他人非法再婚的目的，用谎言欺骗，被识破后又不择手段，骗得单位结婚登记介绍信，并与刘××登记结婚。王××的行为已经触犯了《中华人民共和国刑法》第258条之规定，构成重婚罪，应当依法追究其刑事责任。为此，特向贵院起诉，请依法惩处。

此致

××市××区人民法院

附：本自诉状副本1份

自诉人：张××

××××年××月××日

【简析】

本诉状符合自诉案件的范围，而且格式规范，符合要求，在叙述事实与理由时，语言精练，条理清楚，详细叙述案件经过，能使法官弄清案情的来龙去脉。列举法律事实和法律条文，明确提出诉讼请求。

（3）行政起诉状的写作。现分述如下：

行政起诉状的写法大体与民事起诉状的写法相同。但根据行政诉讼自身的特点，行政起诉状的写作也有一些特殊要求，下面简单地介绍一下：

第一，首部。首部应写明下列事项：

第一部分　标题。写明“行政起诉状”字样。

第二部分　原告的身份情况。

第三部分　被告的情况，即写明被告机关的全称及地址。

第二，正文。应写明原告请求的事项及依据的事实和理由。

其一，行政起诉状的请求事项。根据行政案件的特点，诉讼请求主要有违法撤销、请求作为、请求变更和损害赔偿等几种，原告可以针对自己不服被告具体行政行为的情况，分别提出不同的诉讼请求。

其二，行政诉讼中的事实与理由，同样是起诉状的核心部分。事实部分要写明行政争议的焦点，着重写明被告及其工作人员侵犯原告合法权益的事实经过、原因及其后果。理由部分应根据不同的案情而有所侧重。例如，对于被告侵犯原告人身权和财产权的案件，要着重论述被告实施的具体行为所依据的事实是不真实的，或者所适用的法律是错误的，或者违反了法定的程序；或者被告纯属超越职权、滥用职权的行为；或者该行政处罚决定过重，显失公平等。又如，对于被告不履行法定职责或拖延履行法定职责的案件，要重点论述依据有关法律规定，原告应当享有的请求权，被告应当履行的职责及期限，从而阐明被告的过错及其应当承担的责任。

第三，尾部。写明受诉人民法院名称，具状人签名或盖章，注明具状年、月、日。附项部分写明本状副本份数，提交有关证据的名称、份数。

【例文 6－3】

行政起诉状

原告：×××，男，34 岁，汉族，××大学教师，住上海市××区××街××号，邮政编码：200040 联系电话：×××××××××××。

被告：上海市迅达出租车股份有限公司，住所地：上海市××区×××路××号，邮政编码：200070 联系电话：×××－××××××××

案由：上海市迅达出租车股份有限公司拒不履行法定职责。

诉讼请求：

一、判令被告向原告公开赔礼道歉并进行经济赔偿。

二、判令被告依法对所属司机（车号：沪××××××）伤害原告的恶劣行为作出处罚。

事实与理由：

原告于 2013 年 2 月 11 日早 7：30 分在平安小区南门叫了一辆迅达出租汽车公司所属白色轿车（车号：沪××××××），并对司机讲到小区内拿行李去飞机场。车到我住处的楼下，我下车去拿行李，出租车司机说需留下押金，我于是掏出100元钱给他。我拿了三包放在车上，还要上楼去拿一包行李时，出租车司机不耐烦地大声催促，说我耽误了他的时间。待我把最后一包行李放在后座时，出租车司机大声连说“走、走”，我赶快从右后座上车，当我还没有坐在座位上时，出租车猛地开动，我从后座摔在地上，造成我额头摔破（缝合5针），右手骨折，浑身是血。

这件事发生以后，被告千方百计地推脱责任，甚至说我是自己拿行李时摔倒，我的伤情与出租车司机无关。现在距事情发生已有半年的时间，被告对原告未进行任何经济赔偿，也未作出任何口头或书面有关赔偿的答复。

根据《上海市出租汽车管理条例》的有关内容，被告没有履行其所应负有的责任，给原告造成了很大的伤害。依据《行政诉讼法》《民法通则》《消费者权益保护法》的有关规定，向人民法院提起诉讼，请求人民法院公断。

此致

静安区人民法院

起诉人：×××

××××年××月××日

附：本诉状副本1份，书证3份

【简析】

本起诉状格式规范，叙述事实条理清楚，证据附件齐全，在摆事实时客观全面。

（4）刑事附带民事诉状的写作。现分述如下：

第一，刑事附带民事诉状的概念。

刑事附带民事诉状是刑事案件的被害人向人民法院控诉被告人犯罪行为的同时，要求一并解决因犯罪行为造成的民事损害予以赔偿的书面请求。

我国刑事诉讼法规定：被害人由于被告人的犯罪行为而遭受物质损失的，在刑事诉讼过程中，有权提起附带民事诉讼。公诉案件和自诉案件均可提起附带民事诉讼。

第二，刑事附带民事诉状的格式、内容及写法。

其一，首部。这部分应依次写明下列事项：

第一部分　标题。在文书篇首标明“刑事附带民事诉状”字样。

第二部分　当事人身份事项。按原告、被告的先后顺序依次写明其姓名、性别、民族、籍贯、工作单位、住址等项内容。

其二，诉讼请求。这部分提出依法予以民事赔偿的请求。如是自诉案而附带民事诉讼一同提起的，还应提出依法追究被告刑事责任的请求。赔偿请求应具体明确，如：“要求被告人赔偿将我致伤的住院费、误工费、护理费、车船费共计7800元。”

其三，事实与理由。事实与理由是刑事附带民事诉状写作的重点，应从犯罪的时间、动机、目的、手段、情节及导致的后果等诸要素方面组织文字，将被告人的犯罪经过及犯罪行为造成的民事赔偿侵权行为，层次清晰、有条不紊地叙述出来。叙述过程中需要举证的，还应列出有关证人、证言、书证、物证等证据，以增强其可靠性。

理由部分在用“综上所述事实，具状人认为”一语提起之后，用简明扼要的文字对犯罪事实进行文字概括，说明其行为已触犯的刑法条款，构成何罪，并阐明应予民事赔偿的事实根据及法律依据，最后写明“为此，特向贵院具状起诉，请依法判决”。

其四，尾部。分两行写明致送单位名称，“此致”“某某人民法院”，右下角由具状人署名，注明具状日期。

【例文 6-4】

刑事附带民事诉状

刑事附带民事诉讼原告人：张永贵（系死者张治军之父），男，生于 1962 年 10 月 20 日，汉族，初中文化，农民，住××区××镇××村 130 号。

刑事附带民事诉讼原告人：李开秀（系死者张治军之母），女，生于 1965 年 3 月 4 日，汉族，小学文化，农民，住址同上。

刑事附带民事诉讼被告：××市××运输有限责任公司（以下简称××公司）。

法定代表人：赵涛，该公司经理。

刑事附带民事诉讼被告人：刘月国，男，生于 1974 年 10 月 18 日，住××区××乡××村 8 组，系山东 Y×××××福田牌运输型拖拉机驾驶员，因涉嫌交通肇事罪现被羁押在××区看守所。

第三人：中国人民财产保险股份有限公司××支公司（简称人保××支公司）。

法定代表人：徐×，该公司经理。

案由：道路交通事故损害赔偿

请求目的：

1. 依照刑法第一百三十三条之规定依法从重追究被告人刘月国犯交通肇事罪的刑事责任。

2. 判令被告、被告人共同赔偿因交通肇事致原告人张永贵、李开秀之子张治军死亡的死亡赔偿金 187 002 元（9350.1 元/年×20 年），丧葬费 8926 元（17 852÷12×6），处理事故的交通费 1000 元，误工费 1500 元，此项合共同赔偿计：198 428 元。并相互承担连带赔偿责任。

3. 判决上列被告赔偿原告精神抚慰金 5 万元。

4. 判决第三人人保××支公司将山东 Y×××××车辆的保险金在责任限额范围内赔付给上列原告人。

事实与理由

2013 年 8 月 20 日上午 7 时 15 分许，被告人刘月国驾驶××公司所有的山东 Y×××××号运输型拖拉机，从××区××乡×村载预制板十五张到××乡××村，当车行至××区××路 11 km + 200 m 处时，由于操作不当，所驾车辆制动不良，车辆侧翻，致路边行人两死一伤，造成重大车损人亡交通事故，其中死者之一张治军乃二原告人之子。该次事故经××区公安分局交通警察大队第（2013）00062 号认定书认定被告人刘月国承担本次交通事故的全部责任，行人张治军不负责任。现被告人刘月国交通肇事一案，已经××区公安分局侦查终结，已由××区人民检察院提起公诉。被告人交通肇事的犯罪事实和情节以及造成的危害后果，××区人民检察院公诉书中有详细的叙述，这里不再重复。

同时经查，山东Y×××××号运输拖拉机系被告人刘月国2012年5月购买后于2012年11月17日变更过户到××公司，登记产权为公有，车主是××公司。刘月国并与××公司签订货运汽车联合经营合同，由××公司于2013年5月14日至2014年5月14日在第三人人保××支公司投保车辆保险，保额限额为250 000元。

综上所述：被告人刘月国无视国家道路安全法规，病车上路且操作不当，因此造成新被录取的大学生张治军，命归黄泉，同时造成其他死伤，其交通肇事行为已构成犯罪。其犯罪行为，不仅给国家和社会造成人才损失，而且给原告人家庭造成了物质损失和精神损失。根据《中华人民共和国刑事诉讼法》第七十七条第一款规定："被害人由于被告人的犯罪行为而遭受物质损失的，在刑事诉讼过程中有权提起附带民事诉讼。"以及相关法律规定，现原告人依法提起附带民事诉讼，请求人民法院一并审理。

此致

××区人民法院

原告人：张永贵

李开秀

二〇一三年十月九日

【简析】

这份刑事附带民事诉状，格式规范，诉讼请求明确，事实也叙述清楚，理由充分，文字通顺。但民事诉讼请求不够具体，而且缺人证、书证。

（5）反诉状的写作。现分述如下：

第一，反诉状的概念。

根据我国刑事诉讼法和民事诉讼法规定，刑事自诉案件的被告人或民事案件的被告人在诉讼过程中认为自诉人或原告侵犯了其合法权益，有权针对自诉人、原告的起诉提起反诉。反诉状就是原告起诉后，被告人于同一诉讼程序再对原告予以起诉所写的书状。

依法提起反诉，是法律赋予被告人的特定权利，通过制作反诉状，提出反诉请求，可以使人民法院正确了解被告人的反诉看法及主张，全面把握案情，有助于公正、合理地处理好案件，切实维护当事人的合法权益。

第二，反诉状的格式、内容及写法。

其一，首部。这部分应按顺序写明下列事件：

第一部分　文书标题。在文书顶端居中写"反诉状"字样。

第二部分　反诉人与被反诉人身份事项。

其二，反诉请求。要求用精练而明了的文字列出反诉人提出反诉的请求。如果反诉请求事项较多，可分项一一写明。

其三，事实与理由。这是反诉状的主体部分。根据时间、地点、起因、演变过程及导致的后果诸要素，将行为、经过有条理地叙述清楚。由于反诉是针对本诉而起诉的，所以反诉事实也就是本诉的事实，但是反诉状中叙述的事实却不能与起诉状所写的事实完全一致。这是因为原告与被告在事实认定上认识完全不同，尽管是同一争议情节，但双方都认为对方侵犯了自己的合法权益，故反诉事实中应着重写明反诉人认为正确可以成立的事实，从而去支持自己反诉的请求，对抗原告的诉讼请求，达到抵消、吞并本诉，使其失去作用的目的。

理由部分应论述提起反诉的合理性及合法性，指明被反诉人侵权行为的非法性，然后引用有关法律条文，为反诉确立法律依据，文末用“为此，特提出反诉，请依法判决”结尾。

其四，尾部。这部分应写明下列四点：①证据和证据来源，证人姓名和住址。依次写明证据的名称及件数，从何处收集而来，及提供证据人的情况，以供法院查核。②写明致送单位的名称。分两行写：“此致”“某某人民法院”。③左下角注明反诉状份数。④右下方注明反诉人署名，并注明制作文书日期。

【例文 6-5】

反诉状

反诉人（本诉被告人）：陈××，男，60 岁，汉族，××县××镇人，住××镇65 号。

被反诉人（本诉原告人）：赵××，男，30 岁，汉族，××县××镇中学教师，住镇中学内。

被反诉人（本诉原告人）：肖××，女，25 岁，汉族，住××县××镇中学宿舍。

反诉请求：

为赵××、肖××诉干涉婚姻自由一案，反诉殴打致伤，请依法惩处并给予赔偿。

事实与理由：

赵××、肖××诉我干涉婚姻自由，纯系颠倒是非，混淆黑白，诉我殴伤肖××一事也是颠倒是非。事实真相是：赵××与肖××自由恋爱结婚，是他们之间的事。我没有干涉，也无权干涉。至于乡亲们议论赵、肖时，我仅仅看了他们二人一眼，并没有说话，更没有谩骂他们。但肖××首先对我吐痰，并骂我是“老贼”“老不死”“不是好东西”等。由于肖无故骂我，我问道：“你怎么骂人?”肖说：“骂你又怎样!”接着赵也跟着骂我，并以拳猛击我的胸部。我慌忙用扁担自卫。肖抢去扁担打我背部、左脚。我被打倒在地下，口吐鲜血。幸好杨××、高××把我扶起。还有几个小孩在场看到。他们把我送到卫生所医治。经检查，诊断为胸部肋骨骨折、肺挫伤，背和腿青肿，花去医药费 1500 余元。现有医疗诊断书、药费收据等可资证。

赵××、肖××诉我干涉他们的婚姻自由，纯系诬告。他们二人殴打我，谩骂我，故意伤害我身体，构成伤害罪。为此，特提起反诉，请予合并审理，依法惩办赵××、肖××，并要求赔偿医疗费和误工损失 3000 元。

此致

××县人民法院

附：1. 本反诉状副本 2 份；

2. ××卫生所诊断书 1 件；

3. 药费收据 1 件。

反诉人：陈××

2013 年 8 月 20 日

代书人：××律师事务所律师××

【简析】

本案的反诉事实同是本诉事实，所以反诉成立，并且提出反诉的事实与理由充足有力，足以对抗本诉，反诉状格式符合要求，文句尚为通顺。其不足之处在于没有附上证人、证言。

（二）上诉状

1. 上诉状的概念

上诉状，是诉讼当事人或他们的法定代理人对地方各级人民法院作出的第一审未生效的判决、裁定，在法定期限内声明不服，要求上一级人民法院进行审理，并依法提出撤销或变更原审裁判的书面请求。上诉状既是上诉人声明上诉的一种诉讼文书，又是第二审人民法院开始上诉程序的书面依据。上诉状的特点在于，它是上诉人针对第一审人民法院的裁判提出全部或部分的意见，并请求更改原审裁判，以维护自己的合法权益的书面请求。

2. 上诉状的种类

上诉状包括刑事上诉状、刑事附带民事上诉状、民事上诉状和行政上诉状四种。下面着重介绍刑事上诉状和民事上诉状的写作。行政上诉状基本与民事上诉状相同，不另叙述。

3. 上诉状的写作

（1）刑事上诉状的写作。现分述如下：

我国刑事诉讼法规定，当事人或者他们的法定代理人不服地方各级人民法院第一审的判决、裁定，有权用书状或者口头向上一级人民法院上诉。被告人的辩护人和近亲属经被告人同意，可以提出上诉。

刑事上诉状是第二审人民法院受理案件进行审理的依据。上诉状的提起，能够引起第二审人民法院对一审裁判进行全面细致的审查。这样，有利于保证审判工作质量，防止冤假错案的发生，也有利于保护刑事案件当事人的合法权益，这就是刑事上诉状的主要作用。

第一，刑事上诉状的格式、内容及写法。

刑事上诉状主要由首部、上诉请求、上诉理由、尾部及附项四部分组成。

其一，首部。这部分应写明下列事项：

第一部分　文书标题。写明“刑事上诉状”字样。

第二部分　上诉人身份事项。写明上诉人的姓名、性别、年龄、民族、籍贯、工作单位、职业及地址。

第三部分　如果是自诉案件则须写明被上诉人身份概况，内容同上诉人该项，可参照。如果是公诉案件则不写此项。

第四部分　案由。写明不服原审判决（或裁定）的事由。具体写法如下：“上诉人因××（罪名）一案，不服××人民法院××××年××月××日×字第×号刑事判决（或裁定），现提出上诉。上诉的请求和理由如下。”

其二，上诉请求。这部分主要写明上诉人不服原审判决（部分或全部），要求二审法院撤销、变更原审裁判（部分或全部）或请求重新审理的要求。写时，可以从以下几个方面提出相应请求：

一是从事实方面，指出事实认定错误、不清楚、有出入、有遗漏，或者认定的事实并不存在。

二是从定性、判处方面，指出刑事案件确定罪名错误，量刑畸轻畸重。

三是从适用法律方面，指出裁判所依据的法律条文引用不当。

四是从诉讼程序方面，指出原审办案过程中，违反了诉讼程序或有贪赃枉法、徇私舞弊之行为。

其三，上诉理由。这部分主要针对原审裁判的错误，阐明上诉的理由，驳斥一审的错误裁判。论述理由可以从以下几个方面相应提出：

一是针对原审裁判认定事实不清，提出纠正或否定的事实依据和证据。

二是针对原审裁判定性的不准或适用法律不当，提出纠正或否定的事实依据和法律依据。

三是针对原审裁判量刑的失当，提出纠正的法律依据和事实。

四是针对原审裁判在程序上的错误，提出纠正的法律依据。这部分内容写完后，可用如下文字结尾“……为此，特向贵院提起上诉，请依法撤销原判（或裁定），予以改判（或重新审理）”。

其四，尾部及附项。这部分应在理由之下，分两行写明“此致”“××人民法院”。其右下角由上诉人签名盖章，注明具状年、月、日。

最后写明附项。依次写明：

一是本状副本几份；

二是证据材料几份。

第二，刑事上诉状写作的要求。

其一，阐明上诉理由要抓住主要的、关键性问题，无论是摆事实、讲道理，还是援引法律依据，都要有的放矢，紧密围绕上诉人不服的原判错误去写，避免不分主次地平行罗列材料，将无关紧要的细枝末节写入。

其二，恰当地运用一定的反驳方法，从具体案件的实际出发，抓住一审裁判的错误，进行有理、有力、有据的驳斥。反驳充分、中肯有力，上诉请求才易成立。

其三，提出上诉请求，内容要明确，不可含糊其词，模棱两可。文字要概括、简练，不要拖泥带水，繁冗不堪。

其四，严格掌握上诉期限，即刑事上诉状必须在一审判决次日起10日内，一审裁定次日起5日内提出。

【例文6-6】

刑事上诉状

上诉人：陈××，男，34岁，汉族，××市平安区人，平安区供销社干部，住平安区和平路20号。

上诉人（一审被告人）因收受贿赂一案，不服平安区人民法院（99）平法刑字第60号判决，提出上诉，请求：

1. 撤销平安区人民法院1999年5月25日第60号刑事判决；

2. 宣告上诉人陈××无罪。

上诉理由：

1. 原审判决书认定我“身为国家干部，不务正业，利用职务之便推销商品”是没有根据的。我帮助推销商品，一没有打着供销社干部的旗号，二没有利用工作关系，三没有利用自己的身份、手中的权力强求任何一方出售或购买商品，与自己的职务没有任何联系。只不过是利用业余时间，传递商品供销的信息，以中间人的身份介绍双方业务，促成双方成交，与《刑法》第一百八十五条关于利用职务之便收受贿赂之规定明显不符。根据最高人民法院、最高人民检察院《关于当前打击经济犯罪具体应用法律问题的解答》(试行)中规定：国家工作人员没有利用职务之便而为他人推销、购买物资，联系业务，以“酬劳费”等名义索取、收受财物的，不应定受贿罪，而属于行政处罚的范围。

2. 上诉人帮助××公司推销了大批积压棉布，一方面为平安区街道××公司的地毯找到了销路，加快了上述公司的资金周转，提高了经济效益；另一方面也满足了买方的需要。我们现在缺乏有效的交易市场，流通渠道不畅，商品信息交流不发达，我的活动客观上对商品经济活动有利。上诉人并没有索取“酬劳费”，帮助推销商品，对公司有利，一般都有奖励措施。上诉人接受“酬劳费”，虽然是错误的，但根据“两院”《解答》的精神，只是一般违反党政机关工作人员工作纪律的行为，可由所在单位给予行政处理，不应以受贿定罪。

3. 一审判决书对上诉人的行为适用全国人大常委会《关于严惩严重破坏经济的犯罪的决定》显属不当。适用这一《决定》是以犯罪为前提。上诉人的行为并不构成受贿罪，自然不能比照受贿罪论处。

综上所述，特提出前列上诉请求。鉴于上诉人已在本案宣判之前被捕，实属无罪受押，恳请二审法院尽快依法作出无罪的终审裁判。

此致

××市中级人民法院

附：本上诉状副本两份

上诉人（一审被告人）：陈××

××××年××月××日

【简析】

这是一篇写得不错的刑事上诉状。除了格式规范，文字概括简练，不拖泥带水外，更主要的是抓住了一审在认定事实行为性质及适用法律上的错误，进行了有理、有力、有据的驳斥，反驳充分、中肯，从而使无罪的主张能站住脚。

（2）民事上诉状的写作。现分述如下：

如同刑事上诉状一样，民事上诉状也是二审法院受理案件进行审理的依据。通过民事上诉状对原审错误裁判的提出，可以使二审人民法院正确行使审理上诉状的职权，纠正一审民事裁判可能发生的错误，从而维护上诉方当事人合法权益的实现。

第一，民事上诉状的格式、内容及写法。

民事上诉状由首部、上诉请求、上诉理由和尾部组成。

其一，首部。这部分应写明下列内容：

第一部分　标题。写明“民事上诉状”字样。

第二部分　上诉人身份概况。写明上诉人的姓名、性别、年龄、民族、籍贯、职业及住址。上诉人是法人的，写明单位全称，所在地址及法定代表人的姓名、职务和电话号码。列明上诉人在原审中的地位。上诉人如有诉讼代理人，也应写明其情况，写法可参照民事起诉状该项。

第三部分 被诉人身份概况。写法同上诉人身份概况。

第四部分 案由。写法与刑事上诉状相同，如写“上诉人因××纠纷一案不服××人民法院××××年××月××日民初字第×号民事判决，现提起上诉”。

其二，上诉请求。这部分主要应写明上诉人认为原审判决（裁定）有何错误或不当，要求二审法院撤销、变更原审裁判或请求重新审判的要求。上诉请求应针对下列情况提出：

一是原审裁判认定的事实不清，证据不足。

二是原审裁判适用的法律不当，理由不充分。

三是原审裁判违反了诉讼程序等。

其三，上诉理由。主要阐明上诉人不服原审裁判事项的具体道理，运用事实和法律予以驳斥，具体可从以下几方面来阐述：

一是针对原审裁判认定事实出现明显错误，提出纠正或否定的事实和证据。

二是针对原审裁判对是非的判断、责任的区分出现的重大偏差，提出自己的理由及意见。

三是针对原审裁判适用法律不当及诉讼程序上的错误，提出予以纠正的法律依据。理由写完后，下面还应写明：“为此，特向贵院上诉，请依法撤销（或变更）原判决（裁定），予以改判（或重新审理）。”

其四，尾部。分两行写明“此致”“××人民法院”，左下角写出附项：“本上诉状副本几份”，右下角由上诉人签名，注明具状日期。

第二，民事上诉状写作的要求。

其一，阐述上诉理由应有针对性。上诉人不服一审裁判，必须针对所归纳的论点进行针锋相对的反驳，原审裁判哪一部分有错误，就针对哪一部分提出上诉的理由；全部错，就提出全部否定的理由，针对性强，才能一语破的。

其二，阐述上诉理由要摆事实、讲道理，以理服人。上诉人在提出不服原审判决认定事项后，必须进行深入、具体、透彻的分析，上诉有理有据、理由充分才能服人，引起上诉法院的重视。

其三，阐述上诉理由应注意反驳的条理性。做到层次分明、眉目清晰、章法有序。原审裁判如果只有一个方面的错误，则应按照反驳的逻辑顺序，运用驳论点、驳论据、驳论证的方法，有条理地将内容阐释清楚；如果有几个方面的错误，则应用序码分条分项地针对原审论点将驳斥的内容逐一表述出来，避免出现将几个问题纠葛在一起，致使头绪繁杂，含混不清的情况。

其四，民事上诉状的提起必须遵守法定的上诉期限，即在一审判决书送达的次日起15日内，一审裁决书送达的次日起10日内提出，逾期即丧失了上诉权。

【例文6－7】

民事上诉状

上诉人（原审被告）：李××，女，34岁，××市人，住××市××区××路×号。

被上诉人（原审原告）：郭××，男，38岁，××市人，住址同上。

上诉人因婚姻纠纷一案不服××市××区人民法院×民初字第24号民事判决，现提起上诉。

理由：

原判决认为：双方婚姻由父母包办，并无感情基础，婚后不久，双方因家庭琐事，不断争吵。近年来，女方毫无根据地怀疑男方心有别恋，经常到男方工作单位吵闹，影响工作，双方感情日益破裂，男方迁居单位宿舍，分居已两年。现男方提出离婚，调解无效。经调查，证实双方感情已完全破裂，无法和好，因此判决离婚。

上诉人认为原审判决认定的事实和理由是不正确的。我与被上诉人的结婚，虽然由双方父母做主，但订婚后，不断约见，彼此印象都好。结婚时，被上诉人欢天喜地，绝无异议，有亲友可证。这怎么能认定无感情基础呢？父母做主，必然无情，这是形而上学，不能成立。我们结婚12年，生了两个孩子，家庭和睦。只是由于近几年来被上诉人在经济上和生活上对上诉人和子女照顾不够，时有争吵。但就争吵的内容说，毕竟是"家庭琐事"，原审判决也作此认定。因琐事而判决离婚，于法无据。至于去对方单位反映问题，是为了和好，原审据此作为判离理由，未免武断。至于上诉人认为被上诉人心有别恋，也不是原判中所说的"毫无根据"。早在三年前，上诉人已发现被上诉人与王××关系暧昧，后经多方了解，并有周围同志及邻居证实，他们的关系确已超出正常的范围；特别是被上诉人对我的态度，用心显见。去单位反映，既是为了家庭，也是为了被上诉人不致越陷越深，铸成大错。原审不查究竟，得出了错误的判断。

上诉请求：

根据上述，只要被上诉人出于至诚，放弃错误思想，改善夫妻关系，我们的感情是完全可以恢复和好的。我有缺点，也愿改正。为了家庭和子女幸福，请求撤销原判，不准离婚。

此致

××市中级人民法院

上诉人：李××（盖章）

2013年8月18日

【简析】

本上诉状文字不长，却使人感到句句掷地有声，很有说服力，逻辑性很强，令人信服。对一审判决认定的问题，逐一针对批驳，进行了深入、透彻的分析，层次分明，做到了上诉有理有据。

（三）申诉状

1. 申诉状的概念

申诉状，是指刑事、民事诉讼和行政诉讼中的当事人或其法定代理人，被害人及其家属或其他公民对已经发生法律效力的判决、裁定不服，向人民法院或人民检察院提出申请复查的书面请求。

申诉权是公民在诉讼中的一项基本权利。人民法院的判决、裁定一经生效，必须严格执行，以维护法律的严肃性及稳定性。但是，如果诉讼当事人发现已生效的判决、裁定仍确有错误，可以行使国家赋予的申诉权，用申诉状的形式向人民法院或人民检察院提出复查纠正的要求。人民法院如果认为申诉有理，应当及时作出判决，或将案件提交审判委员会讨论；向人民检察院申诉的刑事案件，检察院如果认为申诉有理，应当按审判监督程序向人民法院抗诉。可见，申诉状是人民法院决定是否引起审判监督程序的重要参考材料，是再审案件的来源之一。申诉状是人民法院和人民检察院发现错案的一个重要途径。由申诉而决定再审，可以有效地防止冤假错案的发生，从诉讼程序上切实保障、维护申诉人的合法权益。

2. 申诉状的格式、内容及写法

（1）首部。这部分写明以下几项内容：

第一部分 标题。文书顶端写明“民事申诉状”或“刑事申诉状”字样。

第二部分 申诉人身份情况。写明申诉人的姓名、性别、年龄、民族、籍贯、职业及住址。如系刑事案件的在押申诉人，应写明现押处所。如果是被告的辩护人、近亲属或其他公民申诉的，应写明申诉人姓名、职业，同被告人的关系，并加写被告人的身份概况。如果是民事、行政案件的当事人申诉的，还应将对方当事人的身份概况写明。

第三部分 申诉案由。按下面规范文字表述：“申诉人×××对××人民法院××××年××月××日（×）字第×号刑（民）事判决（裁定）提出申诉。”

（2）请求事项。这部分应简明扼要地提出对原裁判定罪处理或对某项民事、经济、行政实体裁决项目要求予以撤销、变更的意见，以供人民法院或检察院审查时考虑。

（3）事实与理由。首先，叙述原判认定的事实。应突出、集中地将原审裁判认定的主要情节反映出来，有影响的次要情节也应列出。原审裁判认定正确之处，应予承认、肯定。原审裁判认定不当之处应用事实予以说明。本案如经多次判决，应按最后一次判决认定的事实写，因为这种事实是最后一次判决的根据。

其次，阐明申诉理由。这是申诉状的关键部分，应针对原审裁判在认定事实、定性、适用法律、执行诉讼程序或对民事、行政案件处理不公等错误的地方，加以有理有据的申辩和反驳，通过摆事实、讲道理，指明其错误所在，论证申诉的正确性、合法性。

（4）尾部。这部分应写明以下几项内容：

第一部分 分两行写明申诉状所递交的单位。即写“此致”“××人民法院”或“此致”“××人民检察院”。

第二部分 写明附件名称和份数。

第三部分 由申诉人署名盖章，并注明具状日期。

【例文6-8】

刑事申诉状

申诉人：陈迟，男，34岁，汉族，××市人，××县中学教员，住××县××中学。

申诉人因胡××过失杀人一案，不服××县人民法院2013年××月××日刑字第×号刑事判决，提出申诉。

请求事项：原判定性不当，重罪轻判，要求重新审判，依法惩处。

事实与理由：

我儿陈××，现年8岁，于2013年10月30日下午3时在自家门口玩耍，不料对面二楼胡××持重型气枪，向下面行人瞄准射击，一枪击中我儿头部，子弹从右太阳穴进入，当即死亡。此案经××县人民检察院提起公诉，××县人民法院审理，以过失杀人罪判决被告人胡××有期徒刑3年。我作为被害人家长，对此判决不服，曾于宣判时向县人民检察院提出不服判决的理由和意见，要求人民检察院提出抗诉。但县人民检察院未予采纳。现判决已经生效，我作为被害人家长，根据刑事诉讼法的规定，提出申诉。理由如下：

××县人民法院认定被告人胡××犯有过失杀人罪，以未成年应从轻判处为由，判处胡犯3年徒刑是错误的。首先，被告胡××现年已20岁，只因他随父母从农村迁回城市时，为了上学少报了3岁。这是他平时流露出来的，可向原下放的农村调查。其次，本案定性不准，应为故意伤害致人死亡。被告人胡××一贯游手好闲，不爱劳动，不肯就业，受其父母溺爱，不加管束，经常持枪东游西荡，随意以行人为目标，射击取乐。附近群众，均有意见。本案虽非被告人故意杀人，但以伤害他人取乐，应属故意伤害致人死亡。这从被告人平时的一贯表现和在法庭上的恶劣态度即可佐证。如审判长多次发问，对造成死亡事件，应负什么责任时，被告拒不回答，但已承认"是故意对准开枪闹着玩的"。竟对准我孩子头部开枪，就这么个"闹着玩"？实属故意伤害无疑。原判定性为"过失杀人"，是不准确的。定罪不准，引用法律不当，轻纵了罪犯。应根据《刑法》第一百三十四条规定定罪量刑，故意伤害他人身体，致人死亡的应判处7年以上有期徒刑。为此，特提出申诉，请求改判，判处被告人胡××应负的刑事责任，以儆效尤。

此致

××地区中级人民法院

附：××县人民法院（2013）×刑字第×号刑事判决书1份（复印件）

申诉人：陈迟

××××年××月××日

【简析】

本刑事申诉状写得较好。刑事被害人及法定代理人对刑事部分的原审判决不服，不能提起上诉，只能通过申诉由检察院决定抗诉或法院决定再审。本申诉状抓住了原判认定被告是未成年人和"过失杀人"两个要害，进行了驳斥，实际原审被告是"间接故意杀人"，而且被告本人在庭审中也承认"故意对准开枪闹着玩"，寥寥数语，清楚地指出原审认定的事实的错误。

（四）答辩状

1. 答辩状的概念

答辩状是指在诉讼活动中，被告人或被反诉人一方针对原告、自诉人或上诉人的起诉、自诉、上诉状内容进行答复和辩解的诉讼文书。

答辩状是在两种情况下提出来的：一是原告向一审法院起诉后，被告就起诉状提出答辩；二是一审审结后，一方不服，提起上诉，被上诉人就上诉状提出答辩。上述两种情况，都说明被告或被上诉人已经应诉，所以答辩本身就是一种应诉的法律行为，这是法律赋予被告、被诉方应有的诉讼权利。在诉讼活动中正确使用答辩状，既有利于人民法院全面地审理案件，避免偏听一面之词，又有利于维护一方当事人的合法权益。

2. 答辩状的格式、内容及写法

答辩状由首部、答辩理由和请求、尾部三部分组成。

（1）首部。这部分应写明下列各项：

第一部分 标题。写明"刑事答辩状""民事答辩状"或"行政答辩状"等字样。

第二部分 答辩人的身份概况。写明答辩人的姓名、性别、年龄、民族、籍贯、职业和住址。如系法人答辩，写法与民事起诉状该项内容一样，可参照。

第三部分 答辩案由。写明对何人起诉或对上诉的何案提出答辩。其写法如下："因×××诉我××（案由）一案，提出答辩如下。"亦可采用如下写法："你院××××年××

月××日字第×号送达的诉状副本通知书及诉状副本我已收到。现遵嘱提出如下答辩。”

（2）答辩理由和请求。答辩理由是答辩状的重要组成部分。答辩人在答辩理由中要明确回答原告人、上诉人的诉讼请求，具体阐明自己对案件的主张和看法。答复的内容有两种情况：

一是承认诉讼请求。即被告对原告所提出的请求愿意接受，这种情况在辩状中较为少见。更多的情况是被告人在答辩中承认诉讼请求是附有条件的，或往往只承认部分诉讼请求。

二是反驳诉讼请求。即被告在答辩中提出充分的理由和证据，从事实、法律、程序等方面反驳原告或上诉人的请求，也可以否定原告或上诉人所提出的证据。答辩状根据不同案件有不同的答辩内容。

提出理由后，有的还应写明答辩请求，即要求法院维护答辩人权益的意见，也有的在理由中即已体现，应据情而定。

接着，应该列举出有关证据，写明证据来源和证人姓名、住址，以供人民法院审理使用。

说理时，要针对起诉状、自诉状和上诉书所提出的诉讼请求进行有针对性的答复和反驳，避免答非所问、文不对题的情况出现。

（3）尾部。这部分应写明下列内容：

第一部分　答辩状致送的人民法院单位名称。分两行写“此致”“××人民法院”。

第二部分　左下角写明附项：本答辩状副本份数。

第三部分　右下角由答辩人签名盖章，并注明具状日期。

【例文6-9】

民事答辩状

答辩人：李春天，女，52岁，汉族，××市人，市手表厂工人，现住××市××区文化路18号。

因原告刘××诉我继承纠纷一案，提出答辩如下：

1. 我对公婆尽了主要的赡养义务，依法有权继承遗产。原告在起诉书中诬我对公婆未尽赡养义务，长期婆媳不和，事实恰恰相反。我自1970年嫁到刘家，1981年后丈夫、公公相继谢世。家人去世，我的精神受到严重打击，眼见婆婆年老体弱，小姑刘××尚小，我不忍置老少于不顾，一直未改嫁。此后三口之家全靠我料理，关系很融洽。1984年年底原告出嫁，也是我一手操办。多年来，我与婆婆相依为命，对婆婆照顾周到，我守寡伴在婆婆身边，给了她极大的安慰，从未发生大的争执。家里的主要家务由我料理，房屋也是我请人修缮。由于我有工作要上班，婆婆有时主动干点家务也是正常的。2013年婆婆去世，我一人料理后事，原告在起诉状中诬告我只顾自己快活，要婆婆为我操持家务，以此证明我未尽赡养义务，实属居心叵测。倒是原告未对自己的母亲尽应尽的义务，长大结婚都是我与婆婆一手操办，婚后专顾经营自己的小家庭，对其母亲的生老病死漠不关心，人一死就吵着要房子，是十分不道德的。根据我国《继承法》第12条的规定，丧偶儿媳对公公、婆婆尽了主要赡养义务的，应作为第一顺序继承人。我有权继承公婆的房产。

2. 关于遗产的分割，原告在起诉前曾要求房屋由她继承，我可以继续住在东屋，对此我坚决反对。我与原告同属第一顺序继承人，但在考虑继承份额时，应根据权利义务一致的原则，考虑继承人对死者有生前所尽的义务。我负担全部赡养责任，尽了应尽的义务，理所当然应继承较大的份额，我要求继承堂屋与东屋（86 m^2）。

总之，第一，原告父兄死后，我担负了养家的重担；第二，我对婆婆尽了全部赡养义务；第三，我负责对房屋进行了必要的修缮。请人民法院查明事实，并根据《继承法》第12条规定之精神和权利义务一致的原则，对我的继承权加以确认和保护，并驳回原告的无理请求。

此致

××区人民法院

答辩人：李春天

××××年××月××日

【简析】

本民事答辩状写得简练流畅，针对原告的指控一一进行了有力的反驳，充分有理，从事实、法律等方面反驳了原告的诉讼请求。

（五）申请执行书

1. 申请执行书的概念

根据我国民事诉讼法的有关规定，败诉一方的当事人如果不履行或拒绝履行已经生效的民事（含经济）、行政判决书，裁定书，民事调解书中有关财产实体决定，胜诉方当事人有权向人民法院提出执行的请求。仲裁机构发生法律效力的裁决，公证机关已依法赋予了强制执行效力的债权文书，一方当事人如不履行或拒绝履行，另一方当事人也有权向人民法院提出申请执行的请求。申请执行书就是该请求在书面上的体现形式。

2. 申请执行书的格式、内容及写法

申请执行书由标题、申请执行人及被申请执行人的自然情况、申请理由及申请执行的具体要求、尾部四部分组成。

（1）标题。在文书顶端标明“申请执行书”字样。

（2）申请执行人及被申请执行人的自然情况。按先后顺序分别写明双方的姓名、性别、年龄、籍贯、住址。如系法人，写法可参照民事起诉状该项内容。

（3）申请理由及申请执行的具体要求。这是申请执行书的主体部分，主要应写明以下几个要点：

第一，交代纠纷的案由，即申请执行人与被申请执行人曾发生过何种纠纷。

第二，说明此案的审理解决情况，即经何法院、何仲裁机构或何公证单位何时作出何种具有给付性质的判决（裁定）、裁决或决定，如给付医疗费用、给付房租、给付货款、腾出房屋等。

第三，简述被申请执行人拒不履行判决（裁定）、裁决或赋予公证效力债权文书决定的基本情况。同时还须写清被申请执行人的现有经济状况和财产所在地，以便人民法院确定其偿还能力和采取相应的民事强制措施。

第四，写明申请执行人要求执行的具体请求及执行的方法。具体请求是指执行的标的。若执行标的不止一项，应分别写明。执行的方法是指对标的的强制执行所采用的具体措施，如冻结财产、强行拍卖、钱款强行从银行划拨等，这些都应书写明确。

（4）尾部。写明致送单位名称，分两行写出“此致”“××人民法院”。底下由申请执行人签章，如申请执行人系法人，下方应由法定代表人签章。最后注明申请日期。

【例文 6-10】

申请执行书

申请执行人：王××，男，65岁，汉族，××市人，退休工人，住本市××街×号，电话：×××××××××。

被申请执行人：王利平，男，30岁，汉族，××市人，本市第三中学教师，住该中学内，电话：×××××××××。

请求事项：请执行赡养费每月50元。

申请理由：

申请人王××于去年×月诉王利平赡养一案，业经贵院（2013）法民字第××号民事判决，责令王利平每月付给我赡养费50元。在判决后的半年内，王利平按月付赡养费不误，但自今年1月以来，其强调物价上涨，生活困难，已经3个月没有付赡养费。他所谓“物价上涨，生活困难”就不执行判决，难道物价上涨只影响到他的生活而不影响到我的生活吗？显然这不成为理由。我年纪这么大，更需要注意生活安定，衣食充足，才好安度晚年。为此，特提出申请，要求每月从本市三中发给王利平的工资中扣除50元给我，并要求补足已欠三个月的赡养费共150元。请法院依法执行。

此致

××市人民法院

附：××市人民法院（2013）法民字第××号民事判决书1份。

申请人：王××（章）

××××年××月××日

【简析】

本申请执行书写明了申请执行的法律依据，被执行人的执行情况，批驳了被执行人不执行的理由，并且指明了要从被执行人的每月工资中予以扣除的执行方案，这样就便于法院执行，而且这种执行很有保障，所以本例文很符合申请执行书的要求。

（六）财产保全申请书

1. 财产保全申请书的概念

财产保全是指人民法院在案件受理前或诉讼过程中对当事人的财产或争议的标的所采取的查封、扣押、冻结或法律规定的其他方法的强制措施。财产保全分为诉前保全和诉讼保全两类。

财产保全申请书是指申请人要求人民法院对争议的财产采取保全措施时所提交的书面请求。在民事诉讼活动开始前，当出现了紧急情况或诉讼进行中，负有给付义务的一方当事人出现或可能出现转移、出卖、隐匿、毁损财物的行为，使判决不能执行或难以执行时，主张权利的当事人可以提出财产保全申请，由人民法院及时作出保全裁定。

2. 财产保全申请书的格式、内容及写法

财产保全申请书由首部、请求事项、事实与理由、尾部四部分组成。

（1）首部。这部分写明下列事项：

第一，标题。在文书顶端居中标出：“财产保全申请书”字样。

第二，申请人与被申请人的自然情况。依次写明各方的姓名、性别、出生年月、民族、籍贯、职业、工作单位、职务和住址。如系法人按民事起诉状该项内容写。

（2）请求事项。要求用简洁的文字写出请求人民法院采取保全的具体措施。

（3）事实与理由。事实与理由是请求事项赖以成立的依据，是申请书的重要内容。由于财产保全是解决民事诉讼活动中具体环节上的问题，并不涉及案件争议的实体问题，因而财产保全申请书的事实与理由应简明扼要，将纠纷发生、发展变化的过程概要写清即可，不必像起诉状那样写得具体、翔实。

（4）尾部。这部分写明下面三项内容：

第一，致送单位的名称。分两行写“此致”“××人民法院”。

第二，附项。应具体写明要求查封、扣押的财产所在地，要求冻结的钱款的开户银行及银行账号等，为人民法院采取保全措施提供方便。

第三，右下角申请人署名，并注明申请日期。

【例文6-11】

诉前财产保全申请书

申请人：××果品供应站，地址：××市××路××号。

法定代表人：张××，××果品供应站经理，电话：×××××××××。

被申请人：××食品有限责任公司，地址：××市××街××号。

法定代表人：刘×，××食品有限责任公司经理。

请求事项：请依法对××食品有限责任公司开户银行存款108200元予以冻结。

事实与理由：申请人与被申请人于2013年5月8日签订了一份购销20000公斤富士苹果的合同。双方约定：供方于6月20日前将20000公斤富士苹果送至××食品有限责任公司住地，需方于6月30日前将货款全部付清。合同履行中，被申请人公然违约，在收到全部货物后，以种种不能成立的理由拒付货款，一拖再拖，申请人在索款无望的情况下，决定诉讼解决。据了解，被申请人已获知申请人起诉意向，有将其银行钱款转移、逃避审判的可能，为了维护申请人的合法权利不受侵犯，特依照《中华人民共和国民事诉讼法》第93条第1款之规定，向贵院提出诉前财产保全申请。

此致

××人民法院

附：××食品有限责任公司　××银行××支行　开户银行账号：81000368。

申请人：××果品供应站

2014年1月8日

【简析】

在本案中，申请诉前财产保全很有必要，否则会使判决难以执行。这份财产保全申请书对事实叙述清楚，提出保全的理由讲得充分，语言简练、流畅，值得借鉴。其缺点在于：缺诉前保全担保内容。

（七）撤诉申请书

1. 撤诉申请书的概念

撤诉申请书是指在诉讼程序中，原告或上诉人为取消已向法院提出的诉讼而递交的书面请求。

在民事诉讼过程中，由于当事人的自行和解或其他某种特定原因而提出撤诉，是当事人自愿原则的充分体现，也是法律赋予当事人的诉讼权利，申请撤诉经人民法院裁定准许后，案件即行终结。

2. 撤诉申请书的格式、内容及写法

撤诉申请书与财产保全申请书通用一个格式。

（1）首部。先标出“撤诉申请书”字样的标题。下行分别写明申请人与对方申请人的自然情况，写法与财产保全申请书该项相同，可参考。

（2）请求事项。这部分主要应写明申请人提出撤诉的目的要求。写法上要直截了当、简短明了。

（3）事实与理由。这部分主要应阐明撤诉的理由，如因何原因已自行和解或原告的思想发生了变化，不愿再继续诉讼或由于其他某些原因等。撤诉的理由不必写得过于具体，只要能够成立，说清即可。

（4）尾部。写明致送的单位名称。分两行写“此致”“××人民法院”。右下角由撤诉申请人署名，并注明制作日期。

3. 撤诉申请书写作的要求

（1）提出撤诉，主张权利只能由原告或上诉人行使，除此之外，其他有关当事人一律不能申请。

（2）撤诉申请必须在诉讼开始之后、法院宣判之前提出。

（3）文字要简练、明了。阐述申请撤诉的理由要合情、合理、合法。如当事人有违反法律的行为需要依法处理而申请撤诉的，人民法院可以不准撤诉。

【例文 6－12】

撤诉申请书

申请人：王××，男，42岁，汉族，××市人，××电器公司工程师。

对方申请人：刘××，女，38岁，汉族，××市人，××大酒店职员。

请求事项：因情况变化，申请人（原告）请求撤诉，请人民法院予以准许。

事实与理由：我与对方申请人刘××离婚一案，起诉后，由于刘××向我承认了错误，并表示了悔改之心，故已取得我的谅解，无须再进行诉讼，特提出撤诉请求。

此致

××区人民法院

申请人：王××

2013年9月8日

【简析】

这份撤诉申请书短小精悍，撤诉请求明确，理由也合理，可供参考。

（八）*辩护词*

1. 辩护词的概念

辩护词，是被告人及其辩护人在诉讼过程中根据事实和法律所提出有利于被告人的材料和意见，部分地或全部地对控诉的内容进行申诉、辩解、反驳控诉，以证明被告人无罪、罪轻，或者提出应当减轻，甚至免除刑事责任的文书。

根据《刑事诉讼法》规定，被告人除自己行使辩护权外，还可以委托律师、社会团体或者被告所在单位推荐的或经人民法院许可的公民，以及被告人的近亲属、监护人为自己辩护。

2. 辩护词的格式、内容及写法

辩护词由序言、辩护理由、结论三部分组成。

(1) 序言。包括下列五项内容：

第一，标题。标明“×××（姓名）××案的辩护词”。

第二，称谓语。顶格写：“审判长、陪审员”，或“审判长、审判员”，表明是在向法庭审理人员申述。

第三，写明辩护人出庭进行辩护的法律依据和责任。这项内容属开场白，主要是交代辩护权的行使情况。应根据不同的辩护类型来决定其不同写法。例如，“我是被告的近亲属，根据我国法律的有关规定，被告人除自己可以行使辩护权外，被告人的近亲属也可以出庭为被告人辩护。今天，我以被告人×××（姓名）的辩护人的身份出庭为被告辩护”。

第四，简要说明辩护人开庭前所做的主要工作，如查阅案卷，了解案情，会见被告人，进行必要的查访，与被告人通信，与家属谈话，研究起诉书，听取法庭调查等。

第五，表明对本案的基本观点。主要包括以下范围：或认为被告无罪；或认为被告人罪轻；或认为被告人应当减轻处罚；或认为被告人应当免除其刑事责任。

(2) 辩护理由。这部分是辩护词的核心部分，必须全力写好。辩护理由可以从以下几个方面提出：

第一，事实辩护。事实是确定罪名成立的基础。辩护人如发现起诉书中认定的事实不清或与实际情况不符，可以运用调查取证后所掌握的新的事实，加以论证和反驳，从而达到为被告人辩护的目的。

第二，证据辩护。证据是定案的关键。辩护人如果认为起诉书指控的犯罪事实证据不足，证据自相矛盾或间接证据无法形成证据链条，可以据此予以反驳，使之指控不能成立。

第三，无罪辩护。运用充分的事实及法律依据说明其行为属于正当防卫，意外事故，情节显著轻微等，从而达到辩护的目的。

第四，罪名辩护。公诉机关如果定性失准，混淆了相近易混的罪名概念，辩护人可以此为辩护方向，运用犯罪构成理论进行分析论证，指明其错误所在。

第五，罪轻、免刑辩护。辩护人通过开庭前的阅卷及调查，如发现被告人具有从轻或减轻、免除刑事处罚的情节，如自首、中止犯罪、从犯、认罪态度好、未达到法定刑事责任年龄等，以此为重点，指明其具备的从轻或减轻、免予刑事处罚的情节。

第六，适用法律辩护。法律依据是定罪量刑的法定原则及标尺。如果起诉书适用法律出现了错误而影响到对案件的定性、量刑，辩护人可据此辩驳，指明本案应适用的法律依据是什么，从而达到减轻被告人罪责之目的。

此外，还有诸如案件管辖、诉讼主体、诉讼时效之辩等，应根据具体情况确定辩护理由的内容。

(3) 结论。这部分是辩护论点的总结，首先，应对辩护理由作一概括小结；然后，提出对被告人从轻、减轻、免除刑事责任或宣告无罪的意见；最后，使用适当的结束语表示发言的完结。

辩护词的理由要从实际出发，多方面考虑，制作辩护词时要注意的是，辩护人在刑事案件辩护中所追求的是公正判决，而不是单纯有利于被告人的判决，要把保证国家法律的正确实施和维护当事人的合法权益有机地结合起来，以充分发挥辩护词的作用。

【例文 6－13】

未成年人盗窃案辩护词

审判长、审判员：

根据国务院《法律援助条例》的规定，××县法律援助中心经被告人陈某和其监护人的同意，指派我们担任被告人陈某的辩护人，依法出席本案的审判活动。开庭前辩护人认真地研究了××县人民检察院×检刑诉〔2013〕178 号起诉书，详细地查阅了本案全部卷宗材料，并依法会见了被告人陈某。现辩护人结合今天的庭审情况，发表辩护意见如下：

今天，处于花季年龄的被告人陈某，本应当坐在明亮的教室聆听老师的教诲，但却因为自己的无知和愚昧，站在了刑事审判的被告席。我们相信，参加诉讼的每一个人都和他的家长一样，感到格外的心痛。我们既为他的犯罪感到愤慨，更为他的未来感到担忧，因为今天的审判关系到他的终身。严格依照我国有关未成年人保护的法律法规和政策审理本案，既是对他的惩罚，也是对他的挽救。辩护人认为，××县人民检察院指控被告人陈某犯盗窃罪定性准确、犯罪事实清楚、证据确凿充分，但根据本案事实，从教育为主、惩罚为辅的原则出发，对被告人陈某应当予以减轻或免除刑事处罚。理由如下：

一、被告人陈某具有从轻、减轻或免除处罚的法定情节

第一，被告人陈某犯罪时，尚不足十八周岁，根据《刑法》第十七条第三款规定，应当从轻或减轻处罚。

第二，被告人陈某在犯罪后能够主动投案，并在侦察、起诉、审理中始终如实地供述自己的犯罪行为，根据《刑法》第六十七条规定，已构成了自首。

二、根据法庭调查显现的事实，被告人陈某的犯罪情节是较为轻微的

首先，从被告人陈某的主观恶性及所实施的客观行为来看，被告人只是为了满足其上网玩耍的欲望，实施了秘密窃取少量财物的行为，其主观上既没有窃取更多财物的想法，更没有暴力抢劫的念头；其次，我省盗窃罪的追诉限额为 800 元，而被告人所窃取的三个充电器经价格评估价值仅为 1020 元，从造成的社会危害结果看相对较小；再次，被告人仅从这次盗窃中分得 200 元，收益较少。所有这些都表明，被告人陈某的犯罪情节轻微，社会危害性不大，主观恶性小，依法应当减轻或免除处罚。

三、综合以上情节，辩护人认为，根据我国对未成年人保护的法律法规和刑事法律政策，对被告人陈某应当处以缓刑或者免除处罚

本案作为一个未成年人犯罪案件，发生的社会背景和原因是令人深思的。被告人陈某本身的主观因素当然是第一位的，但是，家庭、社会的因素也是促成本案的不可忽视的原因。法庭调查中表明，被告人陈某长期脱离家长、学校的管束，经常逗留于网吧，包括这次盗窃的赃物所卖来的钱也是用于上网。正是因为家长及其社会角色的不到位，正是因为许多法定的社会责任的落空，才使当前青少年犯罪成为社会的一个突出问题。公平地说，这种社会的责任让孩子们来承担，是有失法律的公正的。只有对未成年人犯实行减轻或免除处罚，才能体现社会正义和法律的公允。

对未成年人犯罪实行预防和教育为主的原则，也是我国的一贯方针。我国《未成年人

保护法》第三十八条规定："对违法犯罪的未成年人，实行教育、感化、挽救的方针、坚持教育为主、惩罚为辅的原则。"1992年，中华人民共和国最高人民法院副院长林准在未成年人犯罪的预防、审判和矫治国际研讨会上所做的《中国审理未成年人刑事案件的司法制度》报告向全世界昭示，我国在对未成年人犯罪的刑事审判中，坚持以教育为主，惩罚为辅的原则，"尽可能把对未成年犯罪的人身自由的限制保持在最低限度"。最高人民检察院在《关于认真开展未成年人犯罪案件检察工作的通知》中规定："在办理未成年人犯罪案件中，一是要注意正确运用法律、政策，划清罪与非罪的界限，坚持可捕可不捕的不捕，可诉可不诉的不诉的方针；二是要坚持教育为主，惩罚为辅的原则，有针对性地做好教育、感化、挽救工作，促使未成年人犯悔罪伏法；三是要对犯罪情节较轻的初犯、偶犯以及对被教唆而犯罪的未成年人犯，可以依法免除处罚。对于犯罪情节较重，但确有悔改表现的，也应依法从轻处理，可以提请人民法院减轻或免除处罚。"《最高人民法院关于办理未成年人刑事案件适用法律的若干问题的解释》第三条第一款第三项"缓刑的适用"中规定："对于被判处拘役、三年以下有期徒刑的未成年罪犯，犯罪后有悔罪表现，家庭有监护条件或者社会帮教措施能够落实，认为适用缓刑确实不致再危害社会的，应当适用缓刑。"可见，对未成年人犯的刑事处罚能轻则轻，能减则减，能免则免，最大限度地降低对未成年人犯限制人身自由的程度，是我国对未成年人犯审判的一项重要原则。鉴于本案被告人陈某在犯罪活动中，主观恶性小，对社会造成的危害较小，且犯罪时不满十八周岁，属未成年人，犯罪后主动投案自首，且被告人的父母及外祖父积极退赃，均表示愿意尽监护职责，因此辩护人认为，应当对被告人陈某处以缓刑或免除刑事处罚。

以上意见望合议庭合议时予以充分考虑。

谢谢！

辩护人：王××　张××
××法律援助中心律师
××××年××月××日

【简析】

本辩护词是针对未成年人犯罪的辩护词。辩护词中充分考虑到未成年犯罪的特征，从家庭、心理方面的原因分析犯罪原因，理由中本着坚持教育为主，惩罚为辅的原则充分论证了被告在犯罪活动中，主观恶性小，对社会造成的危害较小，且犯罪时不满十八周岁，属未成年人，犯罪后主动投案自首，悔罪程度高。本辩护词立足案情，结合法条和《未成年人保护法》的立法精神，分析在情在理。

（九）代理词

1. 代理词的概念

代理词是民事当事人委托的诉讼代理人为维护被代理人的合法权益，在法庭辩论阶段所作的综合性发言。

代理词的发表，既可以起到维护被代理人合法权益的作用，也有助于法庭全面了解案情，公正、合理地处理好案件。

2. 代理词的格式、内容及写法

有的代理词在开庭前先拟就发言稿，也有的只拟就提纲。因其属于即席发言，因而写法比较灵活。主要由序言、代理意见和结束语三部分组成，其写法与辩护词大体相同。

（1）序言。写明下列四项内容：

第一，标题。写明“代理词”字样。

第二，称呼语。顶格写“审判长、审判员”。

第三，申明代理人的合法身份。例如，“本人作为××市××律师事务所律师，根据《民事诉讼法》的有关规定，接受以上委托人的委托，作为原告一方的委托代理人出庭参加诉讼”。

第四，说明出庭前作了哪些准备工作，如查阅案卷、走访当事人等，而后用“现根据事实和法律提出如下几点代理意见”引出正文。

（2）代理意见。这是代理词的主体部分，主要是发表代理意见，运用事实及法律阐述，证明所提观点的正确性及合法性。代理意见一般是分成几个小论点，分段阐述，主要内容有：

第一，陈述纠纷的事实经过，指明对方侵权行为的违法性，运用证据，驳斥其错误所在。

第二，结合案情，对当事人争议的焦点进行分析；从而分清是非，区分正误，辨明责任。

第三，明确双方当事人的权利义务关系，并力求使其统一，促成双方的彼此谅解。

第四，提出要求解决纠纷的意见和要求，供法庭调解或判决参考。

制作时应根据具体情况和不同的案情，来决定该阐述或重点阐述的内容。

（3）结束语。对发言作小结，明确代理意见的中心思想，同时对本案如何处理，向法庭提出意见和要求。结束语必须与前两部分内容相一致，前后呼应，浑然一体。然后写明“我的发言完了，谢谢！”最后，写明代理人的工作单位、职务及姓名，并注明写作日期。

【例文6－14】

代 理 词

审判长、审判员：

根据《民事诉讼法》第五十八条，我受××律师事务所的委派，担任××的诉讼代理人，出席今天的法庭审理。在审理之前我认真仔细地查阅了本案的卷宗、材料，并进行了必要的调查，现结合本案事实，依照法律发表如下代理意见：

原告陈××与被告刘××于2012年3月经人介绍认识，同年6月6日登记结婚。从恋爱到结婚仅仅3个月的时间，这本身就是一种草率的做法；相互没有更多深刻的了解，只凭外表上的“好感”便匆匆结合，在这种基础上建立起来的婚姻关系是不牢固的，可以说，这个家庭悲剧是双方草率结合的必然结果。

由于婚姻基础不牢固，婚后双方没有建立起真挚的感情，所以家庭一直处于不稳定状态。应该明确指出的是：对此案，被告应负主要责任。首先，婚后，被告不是对原告在生活上给予照顾关心，而是很快地就暴露出许多坏习气，对原告歧视、虐待；经常因一点小事就对原告打骂，侵犯原告的人身权利；甚至对原告捂嘴、掐脖子，威胁原告的生命安全。虽然原告一再地忍让、原谅，可是被告终无悔改的表现，可见被告粗暴野蛮已成习性，难以纠正。其次，在生活习惯上，被告追求的是腐朽的生活方式，经常看黄色录像，两个人的兴趣爱好，以至思想水平是截然不同的。再者，被告对婚姻家庭感情不专一，婚外乱搞两性关系，追求刺激，并曾因此被行政处罚，其单位也给予了行政处理。像这样一个思想作风恶劣、道德品质败坏的人，他对婚姻家庭怎么会有真正的感情？为此，原告无法忍受这种非人的生活，提出与被告离婚的诉讼是完全可以理解的，应该受到法律的保护。婚姻应当建立在爱情的基础上，而且也只有维持有爱情的婚姻才是道德的。考察原告和被告婚姻关系的建立、发展的全部过程，我认为：原、被告草率结合，基础不牢；双方的兴趣爱好不同，性格脾气不投；加之被告婚外求欢，追求腐朽的生活方式，品德败坏，在家庭生活中夫权思想严重，不能平等地对待妻子；虽然经过单位的多次教育，仍不改悔，且变本加厉。这样的婚姻关系实际上早已死亡了。

为了使原告早日摆脱这种痛苦的生活，希望法庭依据《婚姻法》的有关规定，解除原、被告的婚姻关系！

代理人：李××

2013年6月18日

【简析】

这份代理词写得较好。作者从原、被告双方的婚姻基础、婚后的婚姻家庭生活、以后双方婚姻感情的发展趋势几个方面论证了双方婚姻关系实际已破裂，并无和好可能。特别是在婚姻破裂原因上，分清了是非与责任。但说双方草率结合是导致家庭悲剧的必然结果，未免太武断了，因为存在“先结婚后恋爱”的事实。

第三节　非诉讼法律文书

一、非诉讼法律文书的概念

非诉讼法律文书是适用于诉讼以外其他法律事务的法律文书。

二、非诉讼法律文书的种类

由于非诉讼事件所涉及的范围广泛，因而法律事务文书的种类就比较多。例如，遗嘱、分单、授权委托书、赠与书、协议书、消费者投诉状、申请复议书、法律意见书、上访材料、公司章程等。

三、非诉讼法律文书的写作

本节就公民与法人在民事活动中最常用的法律事务文书的写法作一些介绍。

（一）分单

1. 分单的概念

分单又称分产契约，是指共有财产、私有财产所有人之间进行分割、划分出自己份额的协议。

分单的达成必须符合双方或多方的意愿，是双方或多方协商一致的产物，未经任何一方同意，分产契约就不能成立。

2. 分单的格式、内容及写法

（1）首部。写明以下几点：

第一，标题。在文书顶端居中标明“分单”或“分产契约”字样。

第二，立契约人各方的身份情况。按照立约人排列的主次顺序分别写明各自姓名、年龄及相互关系。

第三，分产的原因及所分财产情况。这项内容要求简要地交代清楚分产的主要原因、分产人的基本现状。同时，将拥有财产的名称、份数及人民币金额一并写明，以便作为分割的依据。

（2）财产的具体分配方案。用分项标号的方式按照主次顺序依次写明各方应分得的财产名称及数量金额。如果分割的财产较多，还应列出清单，分别说明。

（3）尾部。继分配方案之后，另起一段写明："以上各款，立契约人完全同意，今后永无争执。"以示合法。而后立约人、见证人分别签名盖章，并写明本分单一式几份，各方应执的份数。注出立约时间。日期之下再注明代书人。

【例文 6－15】

分　单

立契约人：张××，女，70 岁，系下列立约人赵武、李梅、赵强之母，赵文之祖母。

赵武，男，48 岁，张之长子。

李梅，女，45 岁；张之二儿媳。

赵强，男，52 岁，张之养子。

赵文，男，18 岁，张之孙子。

张××之夫赵××于 2008 年 5 月 9 日因病去世，生前未留下遗嘱。现遗有房屋两间（坐落于××市××街××号），赵、张夫妻关系存续期间积蓄有人民币 120 万元，均存在张的名下，另有彩色电视机、冰箱、家具、生活用品等什物。赵××生前欠他人借款 10 万元。张××考虑到家庭实际情况，决定分割家庭财产。为做到合理合法，不伤和气，一次割清，永无争执，张××特委托××律师事务所律师王××代书并见证，在征得各继承人认可同意的基础上，依照继承法，共同达成分产契约如下：

一、房屋一间（东厢房）、彩色电视机、冰箱、家具及生活用品等什物，银行存款人民币 66 万元，全部归赵之配偶张××所有。

二、张、赵之长子赵武为残疾人，一直未婚随张生活，考虑到实际情况，分得房屋一间（西厢房），人民币 11 万元。

三、张、赵之二儿媳李梅，对两位老人尽了赡养义务，张心甚慰，按第一顺序继承分得人民币 11 万元。

四、张之养子赵强，符合第一顺序继承人条件，分得现金 11 万元。

五、张之孙赵文，父母双亡，应代位继承，分得现金 11 万元。

六、赵××生前债务 10 万元，从 120 万元中支出。

以上各条，立契约人完全同意。立约之时，律师在场，今后永无争执。

立契约人：张××（签字）手印
赵　武（签字）手印
李　梅（签字）手印
赵　强（签字）手印
赵　文（签字）手印

见证人：××律师事务所律师王××

2013 年 8 月 10 日

本契约一式 6 份，立契约人各执一份，律师入卷一份。

【简析】

这份分单依照我国《继承法》的规定，对私有财产进行了合理分割，符合法律精神。立契约人的法律关系清楚，财产与债务清楚，分割既符合法律规定，又贯彻了根据实际情况，予以合理照顾的原则，因而财产分割得公平、合理、合法。没有留下后遗症。

（二）民事代理授权委托书

1. 民事代理授权委托书的概念

授权委托书是指当事人把代理权授予委托代理人的证明文书。

在人们日常生活、工作交往中，某些公民或法人团体由于一些特殊原因不便参加民事活动时，可以委托他人进行代理，使其合法权益得以实现，授权委托书就是委托代理人接受被代理人代理权限的合法依据，它对于便利民事流通具有重要作用。

2. 民事代理委托书的格式、内容及写法

（1）标题。在文书上端标出“委托书”或“授权委托书”字样。

（2）委托人与受托人的姓名、性别、年龄、职务、现住址。如果委托人是法人，则应写明法人的全称、地址。

（3）委托事项。这部分一定要写得明确、具体。应当注意的是，在民事代理中，代理人受托的事项必须是具有法律意义，能够产生一定法律后果的民事行为，如代理接受继承、履行债务、代为办理纳税、法人登记、专利申请、代为买卖、租赁、借贷、承揽等。但是，我国《民法通则》第六十三条第三款明确规定：“依照法律规定或者按照双方当事人约定，应当由本人实施的民事法律行为，不得代理。”如具有人身性质的遗嘱、收养子女、婚姻登记等法律行为，以及具有人身性质的债务的履行，如为报社撰写文章、预约为音乐会演奏等，不能通过代理进行。

（4）委托的权限范围。这部分是代理人实施代理行为有效的依据，必须写清楚。

（5）委托期限。这部分是授权委托书的必备内容。

（6）落款。委托人应在授权委托书上签字盖章，委托人是法人的，应由法定代表人签字盖章并加盖公章，然后写明委托的日期。

根据法律规定或委托人与受托人之间的协议，授权委托书需经公证方为有效的，还应办理公证，以确保委托行为的真实性、合法性。

【例文 6－16】

民事代理授权委托书

委托人××市××商业大厦于 2013 年 10 月 13 日聘请××市××律师事务所律师李××为我商业大厦常年法律顾问，特授权李××律师，今后凡与我商业大厦有关的一切法律事务均由李××一人负责处理。

委托人：××市××商业大厦

法定代表人：罗××，××商业大厦总经理

受托人：××市××律师事务所律师：李××

2013 年 10 月 1 日

【简析】

这份民事代理授权委托书虽然只有一句话，但委托书的基本要素齐全。写得简洁、明了，授权内容清楚，可供参考。

（三）复议申请书

1. 复议申请书的概念

复议申请书是指被处罚人不服行政机关的具体行政行为，依照行政复议法，在法律规定的期限内，向有管辖权的行政机关申请复议时所写的书面请求。

2. 复议申请书的格式、内容及写法

（1）首部。按顺序写明下列事项：

第一，标题。在文书顶端居中标出“复议申请书”字样。

第二，申请人基本情况。依次写明姓名、性别、年龄、职业和住址，申请人如系法人或其他组织的，应写明其单位的全称、所在地址、电话号码，同时加写其法定代表人身份事项。申请人如有委托代理人，还应在申请人身份事项之下将其概况写明。

第三，被申请人的基本情况。列出实施行政处罚的行政机关的全称。

第四，案由和复议要求。写明“申请人不服被申请人××××年××月××日作出的《关于×××的处罚决定》，现申请复议。申请复议的要求：一、……二、……三、……”。

（2）正文。包括事实和理由两部分。事实部分主要叙述行政纠纷的发展过程，将时间、地点、纠纷起因、发展演变过程及后果等要素交代清楚，并列举有关的证据材料，为阐述理由打下基础。理由部分应针对原处罚决定在认定事实及适用法律上出现的错误、超越或滥用职权的行为，以致作出不公正的处罚结果等进行充分的批驳，通过摆事实、讲道理，论证原处罚决定的错误实质，说明提出复议请求的合理性与合法性。最后写明“为此，特向×××申请复议，望作出公正裁决，维护我（单位）的合法权益”。

（3）尾部。应写明下列事项：

第一，分两行写明致达单位，“此致”“××××”。

第二，右下方由申请人签章，说明写作日期。

第三，左下角写明附项。注明本申请书副本几份及有关证据材料的名称和份数。

【例文6-17】

复议申请书

申请人：××商贸有限公司

地址：××市××区××路×号

法定代表人：李××

联系电话：×××××××××

委托代理人：×××

被申请人：××市×××区国家税务局

法定代表人：×××

请求：责令被申请人退还金税卡，发还发票，赔偿违法行政导致的申请人直接经济损失。

事实与理由：

被申请人于2013年5月对我公司进行纳税评估并提出评估处理建议，因与被申请人的评估建议存在较大分歧，我公司递交了对评估建议的陈述材料，在等待结果期间，被申请人未下达任何文书，未预先通知我公司就于2013年9月10日收缴了我公司的金税卡，停售我公司的增值税专用发票，导致我公司无法对外开具增值税发票，造成我公司合同违约，产生直接经济损失。

对此，我公司认为：

我公司不存在违法行为，未违反增值税专用发票管理办法的规定，被申请人未出具任何文书，而擅自收走我公司的金税卡，严重违反《税收征收管理法》、国务院令362号《税收征管法实施细则》、《发票管理办法》之规定。

依据《国家赔偿法》第四条的规定，被申请人应对收缴金税卡之日起、退还金税卡之日止给我公司造成的全部直接经济损失×××××元给予赔偿。

为此请求贵局依法受理和处理，撤销被申请人的行政行为，以维护申请人的合法权利。

附申请书副本一份

书证五份

致

××市国家税务局

申请人：××商贸有限公司

××××年××月××日

【简析】

这份行政复议申请书简明扼要地陈述申请复议的行政决定，即××市××区国家税务局收缴××商贸有限公司的金税卡，停售××公司的增值税专用发票不符合法律规定的事实。并举出证据，证明××市××区国家税务局的处罚决定不合法，应对××商贸有限公司的经济损失作出赔偿。理由明确、理由充分，可供参考。

（四）消费者投诉状

1. 消费者投诉状的概念

消费者投诉状是指在商品流通领域中，消费者因购买了假冒伪劣产品，其合法权益受到侵害，而向消费者协会投诉，要求予以解决处理时所提出的书面请求。

在当今的商品流通领域中，伪劣、冒牌商品的大量涌现，不仅严重阻碍了社会主义市场经济秩序正常、健康地发展，损害了国家、企业的名誉，而且也侵害了消费者的利益，使其蒙受人格或经济上的损失。

因消费发生了纠纷，消费者可以行使投诉权，由律师代书或自行书写消费者投诉状，向当地消费者协会递交。在投诉状中通过叙述侵权的事实及证据，阐明投诉的理由及法律依据，提出投诉的请求，可以引起消费者协会的充分重视，正确把握案情，以及做好下一步的调查、核实、取证、索赔工作，制裁商品流通中的违法行为，维护消费者的合法权益。

2. 消费者投诉状的格式、内容及写法

（1）文书标题。写明“消费者投诉状”字样。

（2）投诉人和被投诉人的基本情况。在投诉人栏目中，应具体写清投诉人的姓名、性别、年龄、详细住址、电话号码。在被投诉人栏目中，应写明被投诉人姓名（或单位名称）、地址。如可能，亦需提供电话号码。

（3）投诉请求。该项要求用简明扼要的文字写明投诉人投诉要求达到的目的。

（4）事实根据和理由。这部分是投诉状的主体部分，应具体写明投诉纠纷的主要情节及投诉人对此所持的看法和主张，写投诉情节时需要围绕投诉人在什么时间、什么地点、因购买什么商品与被投诉人发生了什么争议，争议的焦点是什么等要素进行具体叙述。

投诉情节写完之后，还要阐明投诉理由，即用一段结论性的文字，对事实及证据进行分析，指出投诉人要求维护自己被侵害利益的合法性及对方侵权行为的非法性。如有可能，在理由末端还可列举《民法通则》相应条款及地方政府颁布的市场管理规则，消费者权益保护法等有关法律、法规、条例作为投诉的法律依据。

（5）投诉的证据。证据是证明伪劣商品成立的最有力见证。如果证据类别较多，可用分项式方法写，分别列出，最后写明证据附件附后。

（6）尾部。分两行写明“此致”“××消费者协会”。最后在其右下方由投诉人签章，注明投诉日期。

【例文6－18】

投诉状

投诉人：王××，男，53岁，住××市××路××学院×号楼×号，联系电话：×××××××××。

被诉人：××市××百货股份有限公司，地址： ××市××大街×号，联系电话：×××××××××。

投诉请求：要求××百货股份有限公司退换投诉人购买的质量不合格产品——××电冰箱一台，并保证换回的冰箱质量不出问题。

事实与理由：

2013年8月28日，我在××百货股份有限公司的下属分店××商行（不具备法人资格）购得××产地的××电冰箱一台，单价为2150元。购回后开机运行了约6个小时，即出现啪啪乱响之声，之后启动之声就由强变弱，1小时后，冰箱便再也不启动。此时，我立刻打电话给商行要求派人查看，商行陈经理答复说，现人手紧张，过两天再派人来。第三天，我心急如焚，骑自行车赶到商行，再三陈述，请求立即派人查看，商行才派了一位姓赵的师傅前往。检查之后，赵声称电冰箱压缩机质量没问题，压缩机停运的原因是由于电压过高，烧毁了里边的线圈，是用户的责任。我当即与他理论，如果是电压问题，为什么别人家的冰箱都没有问题，没有烧坏，独独毁坏了我家的呢？赵理亏，搪塞说那你去找领导吧！之后，我又数次前往商行，要求退换冰箱，但其领导竟避而不见，下面人员又向上推诿，至今解决无望。为了保护消费者的合法权益不受侵犯，特向贵会投诉，请依法出面调查核实，辨清责任，退换不合格的劣质冰箱，并保证换回的冰箱质量合格。

此致

××市××区消费者协会

投诉人：王××（章）

2013年9月8日

【简析】

这份投诉状的事实叙述清楚，具体过程写得完整，从而为投诉提供了有力的依据，文字精练，格式规范。其不足之处在于：在事实之后未阐明投诉的理由。

思考与练习

1. 法律文书的主要特点？诉讼文书的作用主要表现在哪些方面？
2. 民事起诉状的格式是怎样的？写作要求是什么？
3. 刑事自诉状的事实与理由部分有什么写作要求？
4. 刑事上诉状的上诉理由应如何提出？
5. 民事上诉状写作的要求是什么？
6. 什么是答辩状？答辩状的格式是怎样的？写作要求是什么？
7. 什么是辩护词？其辩护理由可以从哪儿方面提出？
8. 什么是法律事务文书？具体有哪些种类？
9. 分单和民事授权委托书各有什么写作要求？
10. 在什么情况下应当提出财产保全申请？

第七章 传播文书

第一节 传播文书概述

传播，是指社会信息的传递或社会信息系统的运行。信息是传播的内容。现代社会的竞争最终归结于信息资源的占有上。信息作为一种财富、一种资源，其传播的渠道随着社会的发展而发生着变化，然而，作为存储、交流信息基本手段的传播文书，无疑会受到现代社会各行各业的关注。甚至可以这样说，未来社会是信息和知识经济占主导的时代，信息传播及传播文书正以其迅猛发展的势头彰显出它的重要性。

一、传播文书的概念和特点

（一）传播文书的概念

传播文书是指借助各种媒介，为扩大政府机构、企事业单位、个人、商品或某一事件的影响而使用的宣传应用文体，它的主要任务是针对社会和经济活动中的不同事实向公众和特定对象进行宣传、教育、鼓动、引导、解释、说明、介绍。传播文书是适应社会发展需要而产生的一种新型应用文体。

传播文书反映了各部门、各地区、各领域最近发生的新情况、新动态，并传递着最新的信息。随着信息时代的来临，传播成为人与人之间、组织与组织之间、族群与族群之间联系沟通的最好桥梁。离开了传播，公众无从了解组织，组织也无从了解公众。如果我们把社会组织看作主体，把公众看作客体，传播就是二者之间相互联系的纽带和桥梁。组织与公众的沟通，在很大程度上依靠信息的传播，组织与公众之间的误解乃至冲突，也往往是由于信息不畅造成的。因此，组织要在公众心中树立良好的印象，获得广泛理解、合作与支持，就必须积极宣传自己，传递与本组织有关的新情况、新政策、新产品、新动向，多从正面传播有利于组织的信息。综上所述，学会写传播文书是信息时代每个人必须具备的基本素质之一。

（二）传播文书的特点

1．公开性

传播文书的目的就是使文书中的内容——相关的人、事、物、理等为公众所知，这就带来了传播文书的第一个特点——公开性。它体现了传播者的主观意愿。传播文书的公开性表现在通过负责任的对外宣传达到一定的社会目的，收到一定的社会效益。一般来说，传播文书公开的范围越广，了解的人越多，影响也就越大。

2．真实性

真实是传播文书写作的生命和基本的写作原则。例如广告的内容一定要“真实、健康、清晰、明白”才能取得消费者的信赖，才能激发购买欲望；商品说明书所反映的材料必须真实、可靠，对事物的介绍必须实事求是，符合实际情况；消息等新闻的写作则必须反映事情的本原，用事实说话，离开了事实，新闻就失去了根本。因此，内容真实、信息可靠的传播文书才能提供有用信息和参考依据，才能发挥应有的作用。

3．简明性

用简洁明了、符合读者理解的文字宣传社会经济文化各方面的人、事、物、理是传播文书的又一个特点。当今时代，无论信息量还是信息媒介的增长都是呈几何数字的，所以通常被人们称为“信息爆炸”的时代。在此背景之下，受到经济和其他因素的制约，传播文书的篇幅总是很有限的，而且冗余、过量的信息也难免成为受众的负担。因此，传播文书讲究内容精练、简明通俗，以使受众很快了解传播重点，获得主要信息内容，并使他们的记忆方式由无意识转化为有意识，这样才能发挥传播文书的宣传、教育、引导作用。

4．时效性

所谓时效性，是指迅速及时的报道、传播和反映，这是传播文书的又一个特点。传播文书是用以配合一定时期的任务和活动的，那么，就需要对经济活动中的新人、新事、新情况、新问题、新经验等予以及时的捕捉与把握，并迅速地予以反映才能使其宣传、教育、引导等作用得以发挥。可见，传播文书是十分强调短期效应的，应该在最短的时间内搜集资料、撰写文稿、编印传递，最好能做到第一时间反应、第一时间了解、第一时间掌握。

5．文学性

传播文书的语言灵活，不同于公文写作，可以通过生动的情节和多样化的表达方式来反映客观事实或陈述自己的观点主张，使之更加具有亲和力、感染力，这样才能抓住读者的心。

二、传播文书的种类和作用

（一）种类

传播文书的种类很多，本书重点介绍以下 10 种，即：消息、通讯、特写、简报、海报、演讲稿、解说词、启事、广告、产品说明书等。按传播文书的内容可划分为如下几类：

1．事项类传播文书

事项类传播文书是各级机关、组织、团体、个人为了配合一段时期内的任务或工作而开展的专项宣传文书。这类文书借助各种媒体如电视、网络、广播、报纸或路牌路标、街头海报等形式传递信息。这类文书可包括简报、海报、启事、声明、标语等。

2. 商品类传播文书

商品类传播文书是各类企业及个人为了树立企业形象、进行产品促销和推广而使用的文书。这类文书可包括广告和商品说明书等。广告以营利为目的，是传播商品信息的重要手段。产品说明书，也叫作“商品说明书”或“使用说明书”。它是关于商品的构造、性能、规格、用途、使用方法、维修保养等情况的文字说明。

3. 新闻类传播文书

新闻是对新近发生的、有一定社会意义的、重要且能引起读者广泛兴趣的事实所给予的及时而又迅速的报道。新闻有广义和狭义之分，广义的新闻包括消息、通讯、特写、调查报告、新闻评论等；狭义的新闻专指消息，是指对新近发生的有社会意义并引起公众兴趣的事实的简短客观的报道。

4. 宣讲类传播文书

宣讲，是指面向特定受众宣传或讲解观点主张或事物特征。主要包括演讲稿和解说词。演讲稿是在某种特定的场合面向公众进行的宣传活动，具有很强的煽动性或感染力；解说词主要用于文物陈列、书画展览、样本说明、产品展销、参观导游、影剧解说、人物介绍等场合，对事物或人物进行介绍，使读者、观众或听众进一步了解人物或事物的特征及本质，了解事物的历史、现状或趋势，了解事物蕴含的意义及价值。

（二）作用

1. 信息传递作用

传播文书与其他类别的应用文体的最根本不同点在于它为公众提供信息传递服务。虽然随着时间的推进，信息传递的渠道有很多，但是传播文书依然是主要渠道之一。传播文书通过搜集、交换、分析等方法获得重要情况，传播渠道的畅通和快捷能赢得时间并取得最大的经济价值。

2. 宣传引导作用

传播文书是应用文书的一种，所以宣传和引导依然是它的功用之一。例如新闻，通过对社会事务的及时报道，宣传了党和国家的方针政策、路线纲领，对大众有鼓舞作用。

3. 咨询服务作用

传播文书不仅为信息的需求者、接受者提供全新的知识，起到宣传引导的作用，它还可以在机关、企事业单位、个人之间互通信息的有无，拓宽人们的视野，为人们的工作、生活和重大决策提供参考和依据，成为启发行动的指南，使人们从容面对社会中的新情况，实现工作和人生的科学规划和管理。

三、传播文书的写作

传播文书的写作必须符合下列基本原则：

（一）内容的真实性原则

真实对于传播文书的价值具有“一票否决权”，这就要求撰写者从实际中找问题，反映客观存在。同时，在撰写的时候，要保证言之有物，忌华而不实、空发议论、似是而非。

（二）表现的文学性原则

传播文书虽然不能等同于文学作品，但它需要引起读者注意，调动他们阅读的积极性，来感染他们，以此达到宣传的目的。这就要求传播文书也要采用修辞手法和表达方式，以较为文学化的手段来修饰语言，使之更生动传神。

第二节 消 息

一、消息概述

（一）消息的概念

消息是新闻文体的主要形式之一，是传播媒体向社会输出新鲜的有社会意义的信息的重要载体，也是社会公众获取新闻的主要来源。

消息以简洁的文字迅速传播新近发生的事实和将要发生的事实。消息的本源是事实，而且是新近发生的重要事实。然而，新近发生的事情，未必都是消息，只有重要的、有社会意义的、公众应知、欲知而未知的事实才是消息。

（二）消息的特点

消息必须讲究时效性，即必须及时报道新近发生的事实，而不是过去发生的事实，因此它的特点可以用“实、快、新、短”四个字概括。

1. 实

实是指它的内容必须是事实，真实可信。

2. 快

快是指报道与事实的发生、发现之间的时差最短。

3. 新

新是指消息报道的事实都是新鲜的，是最近发生或发现的。

4. 短

短是指用简洁、概括的文字，把事实要点表达出来。短是消息的鲜明特色，也是社会生活所需。只有稿件篇幅短，传播媒介才能大量报道，读者才能了解更多信息。

二、消息的种类

按通常的分法，可以将消息分为以下四类：

1. 动态消息

动态消息是迅速及时地反映国内外政治、经济、文化、体育、科技、军事、外交、金融、人物等各方面的新发展、新变化、新情况、新气象的报道。

2. 综合消息

它是将不同地区、不同部门、不同行业中发生的具有共性的新闻事实集中归纳起来，围绕一个中心视点或中心思想进行鸟瞰式的报道。

3. 经验消息

它又称典型报道，是将某地区、某部门在执行党的方针政策时所取得的成功的新鲜经验，通过报刊的介绍，用以指导面上工作的报道。经验消息一定要有针对性、有说服力。作者一定要抓准典型，从中引出规律，这样才会产生指导意义。

4. 述评消息

它是在报道客观事物发展变化的同时，夹带写一些作者对所报道事物的看法、认识和评论的报道。它的特点是夹叙夹议，使读者能从中得到启迪。

三、消息的写作

一般来讲，消息由标题、导语、主体、结尾和背景组成。但不同类型的消息，根据不同主题的需要，有各种不同的写法，不一定五部分俱全。下面介绍几种消息的写作。

（一）动态消息的写作

这种消息大致可以分为三种：

第一种，对已发生的独立事件的报道，整篇消息就是对事件高度集中的概括。

第二种，对连续性事件中一个阶段的报道。许多这样的动态消息连起来，就是一个事件发展的完整过程。

第三种，对将要发生的事件的报道。

动态消息一般由标题、导语、主体、结尾和背景材料组成。

1. 标题

消息的标题要求能够概括、揭示消息的主要事实，以此吸引读者，因此，它与一般文章的标题相比显得更重要，形式也更为多样化。

通常动态消息采用由正题、引题和副题组成单一型的或复合型的标题。

正题又称主题、母题，它突出消息中最主要的事实或中心思想。

引题又称肩题、眉题，它用于交代事件背景、说明原因、烘托气氛、引出主题、揭示意义。

副题又称子题、辅题，它常用以补充交代事实，或说明事件的结果，有时也用来说明正题的来由或依据。

消息的标题有四种组合方式：

第一种，完全式。即由正题、引题和副题组成。例如：

（引题）四架飞机，一辆汽车攻击世贸中心、五角大楼、国会山、戴维营

（正题）恐怖分子袭击美国

（副题）江泽民当夜致电布什向美国政府和人民表示深切慰问，向死难者家属表示哀悼

江泽民对我在美工作人员、留学人员、旅美华侨和在美港澳同胞的安全深表关心

第二种，引主式。即由正题和引题组成。例如：

（引题）为实现科技文献资源共建共享

（正题）我国构筑虚拟国家科技图书文献中心

第三种，主副式。即由主题和副题组成。例如：

（正题）中国县乡大换届

（副题）《学习时报》评论说：“动作之大，意义之远，影响之深为历次罕见。”

第四种，主题式。例如：

（正题）大学生就业预期普遍偏高

2. 导语

导语位于消息的开头部分，一般由最新鲜、最主要的事实或者依托新闻事实的精辟议论组成。它的作用有两个：一是用简洁的语言把消息基本的、核心的内容告诉读者，使读者首先获得一个总体印象。二是能把读者牢牢地吸引住，使他们有兴趣往下看，欲罢不能。请看下面一则导语：

英勇的人民解放军21日已有大约30万渡过长江。

这则导语高度概括凝练，语言铿锵有力，有一种势不可挡的气概。人物、时间、事件交代得很清楚，读者通过这则导语似乎感觉到浩浩荡荡的人民军队正在连续不断地渡过长江天堑，直捣蒋家王朝。

导语的写法很多，常见的有以下几种：

第一种，叙述式。即用摘要或概述的方法，把消息中最新鲜、最主要的事实简明扼要、开门见山地写在消息的最前面。例如：

法新社的一则动态消息《忙中出错》的导语：

国际奥委会今天向俄罗斯总统费拉基米尔·普京致歉，因为他们在信中将总统的名字弄错了。

法新社盐湖城2月22日电

第二种，提问式。即不直接叙述消息的内容，而是先提出问题，然后简要回答，或者在下文中作回答。采用这样写法，能引起读者的关注和思索。例如：

谁是木星的最早发现者？中国科学院自然科学史研究所副研究员泽宗认为，是我国战国时期的天文学家甘德。

《科技新闻佳作选》新闻出版社

第三种，结论式。即在导语中对某个问题、某项工作等作出肯定的结论。肯定的形式可以是多种多样的，如因果式、否定式、肯定式等。例如：

“我用生命担保，《绞刑架下的报告》的确是伏契克在狱中所著”“伏契克是英雄的共产党人”。一位当年在关押伏契克的盖世太保监狱服务的捷克看守雅罗斯拉夫·霍拉最近这样强调指出。

新华社布拉格8月26日电

第四种，描写式。即对消息的重要事实或其中一个有意义的侧面作简洁朴素而有特色的描写，以形成气氛，引人入胜。例如：

听说上海一东一西镶有两块玉，西边是块“汉白玉”，即波光粼粼的淀山湖；东边是块“祖母绿”，那就是满园覆翠的“森林公园”。

《文汇报》8月26日

3. 主体

主体是消息的主干，所占文字最多，位于导语之后，结尾之前。这部分内容或阐述导语所揭示的主题思想，或回答导语提出的问题，或补充导语中没提到的内容。

主体大致有两种结构：

第一种，以时间为顺序。即纵式结构，以时间为序安排材料，即开始怎样、如何发展、结果怎样。

第二种，依据事物的内部联系。即根据主次、因果等逻辑关系，或先重后轻，或有点有面，或并列安排结构层次。

4. 结尾

好的结尾可以起到深化主题、发人深省、耐人寻味的作用，但如果已将事实交代清楚，可不必加结尾。正像美国作家马克·吐温所说的：“故事一讲完，文章即结束。”这是我们在写作新闻结尾时特别要注意的。

常见的结尾方式有：总领全文、提示主旨、展望未来、抒发情怀等。

5. 背景材料

背景材料是指与新闻事件发生的历史条件和环境有关的材料。它有如下作用：

第一，延伸思路，深化主题。如果我们把新闻事件看作是一个在特定时间和空间中存在着的“点”，那么这个“点”必须有它引人注目的魅力，否则不能成为新闻题材。但是，如果完全局限在这个“点”上，就缺乏纵深的空间感，限制了人的思路。

第二，注释解说，帮助理解。消息的内容可能会涉及一些普通人不懂的知识，如果不作注释，就会给读者造成阅读的障碍。

第三，丰富内容，增加趣味。有了背景材料，消息所涵盖的内容就要比单一的事实报道丰富。另外，有些背景材料本身就具有较强的趣味性，这也可以增强作品的可读性。

新闻中使用的背景材料，常见的有以下几种：

第一种，说明性的背景材料，如政治背景、地理环境、历史演变、思想状况、物质条件等。例如：

> 桑兰去年7月在友好运动会上意外受伤后，没有失去康复的信心。她说：“尽管医生说我重新站起来的可能性不大，但我绝不放弃希望，绝不相信我会永远瘫痪。”
>
> **新华社纽约1999年1月1日电**

这个背景材料把身残志坚，永不向命运低头的桑兰的性格特征写出来了，这就是她为什么受到邀请，同纽约市长一起在时代广场按下1999年倒计时灯球电钮的原因。

第二种，注释性的背景材料，如人物的出身、性格特点，以及名词术语、技术问题等。例如：

> 这里就是瑞典考古学家贝格曼于1934年夏天在新疆罗布泊地区找到的“有一千口棺材”的古墓葬，被世界考古学界认为是楼兰探险史、西域探险史上最神秘难解的古迹。
>
> **新华社乌鲁木齐2001年1月5日电**

这个背景材料把小河遗址5号墓地被发现的历史意义揭示出来，使消息收到了神秘而又清晰可辨、明白易懂的效果。

需要说明的是，背景不是新闻的独立部分，它可以放在导语之后，也可以穿插在主体之间，还可以放在结尾部分。

（二）综合消息的写作

综合新闻是围绕一个主题，综合报道一个单位、系统中全局性的主要新闻事实的报道。它的特点是既有面上的情况，又有点上的事例。面上的材料要概括得全面、完整、简练，符合事物的本来面目；点上的材料要有代表性、有特点，能进一步说明面上的问题。

【例文7－1】

“天体大十字”预言宣告破产

新华社北京1999年8月18日电 世界各地的天文学家证实，8月18日没有发生特殊的天文现象，更没有发生地球毁灭这样的大劫难。世界各地的人们像往常那样度过了平静的一天，“天体大十字”这一“末世论”预言宣告破产。

400多年前，法国的诺查丹玛斯写了一本名叫《大预言》的书，其中提到1999年地球将出现大劫难。到了20世纪70年代，日本人五岛勉对本书进行了解释，说在1999年8

月 18 日太阳、月亮和九大行星将组成一个十字架的形状，并称这种“恐怖大十字”将给地球带来毁灭性灾难。

法国里昂天文台专家鲁特利对本社记者说，他不知道有 8 月 18 日“天体大十字”一说，在与里昂天文台的其他专家共同核对过行星位置排列后说，8 月 18 日，太阳系行星位置排列不但没有组成所谓的“大十字”，而且根本没有出现任何特殊的排列。

在五岛勉的家乡日本，18 日是一个极其平凡的日子，没有重大的天灾人祸。当地新闻界和老百姓根本没有把五岛勉的预言当回事儿。日本国家天文台宣传部部长渡边润一副教授在接受本社记者采访时说：“18 日这一天，九大行星的排列并没有构成十字架的形状。即使九大行星排列成十字架形，也不会对地球产生什么影响。它们对地球的引力远不及月球对地球的引力。‘天体大十字’预言没有任何科学根据。”

【简析】

该例文是新华社记者在 1999 年 8 月 18 日采访了伦敦、巴黎、东京等世界各地的天文学家和普通百姓后，收集了大量材料，经过精心选材，写出的一篇精品综合消息。

第一段是导语段，这则新闻的导语高度概括了全世界的情况：“世界各地的人们像往常那样度过了平静的一天。”

第二段是背景介绍，说明早在 400 多年前就有人作出 1999 年将要出现大灾难的荒诞预言，现代人的灾难说不过是拾其余唾而已。

第三段、第四段通过对法国里昂天文台专家鲁特利和日本国家天文台宣传部部长渡边润一副教授的采访揭示了“预言”的荒谬性。

（三）经验消息的写作

经验消息是一种导向性很强的报道。它通过对一些地区、单位、人物、事件的采访、调查、剖析，找出同等事物中具有代表性和普遍性意义的经验、教训，或指导工作、教育读者，或暴露弊端、警示社会。

【例文 7－2】

以房养老，走在囧途

最近“以房养老”的呼声很高。在政府部门，民政部已经将“以房养老”纳入下一阶段工作的引导方向之一；在民间，“以房养老”也受到一小部分“丁克族”的欢迎，但多数老人则因为心有疑虑而反对。

近日在成都，被媒体称为“以房养老第一人”的钟大爷，在与当地社区管理机构签订“由社区出钱出力帮钟大爷养老送终，大爷百年之后，把自己的房子赠送给社区”的协议。协议履行两年后又反悔，更是一石激起千层浪，让人们对以房养老政策的推行与前景表示忧心忡忡。

政策措施如何推行

记者从民政部门了解到，我国 60 岁以上老人有约 1.94 亿人，2050 年将突破 3 亿人。这意味着 4 个人中几乎就有一位老人，养老压力可想而知。

民政部一位不愿透露姓名的人士表示：“以房养老”是针对城镇老年人口的政策设计，目前不完善之处和落实的现实阻力有目共睹，但为应对日益严峻的养老压力，“以房养老”政策的推行应该提速。有关各方应从成都钟大爷签订协议又后悔的事件上找一找目前“以房养老”模式的不足，及时修正和补漏，只有“以房养老”的政策体系和配套措施都完善起来，才能有真正推行的可能。

北师大房地产研究中心主任董××日前发长微博称，“以房养老”模式在国外获得一定的成功，但根本不适合我国。我国是实行土地公有制，城市建设用地实行两权分离制度，房屋所有者不拥有房屋下面的土地所有权，只拥有40年到70年的使用权，这与西方发达国家业主对土地拥有私有产权完全不一样，虽然《物权法》称土地使用年限到期能自动续期，可怎么续、续多少年？还要补缴多少费？现在都没有说法。所以一些临近使用期限的房屋，银行根本不可能接受“倒按揭”，很多人年轻时买了房子到年老时，房子的使用年限也快到期了，银行和倒按揭公司、保险公司都不可能接受。社会制度的风险会严重影响这种养老模式的运行。还有评估价格是否合理，业主是否能接受问题，并且房价上涨因素的不确定性也比较大。

北京大学经济学院教授吕××表示，目前的养老保险制度确实会让一部分人日后养老支付能力不足，在支付能力不足时如何保证养老？怎样提供更好的养老服务？考验政府和社会机构的管理能力，推行“以房养老”的初衷是好的，但实践中，“以房养老”机构的信用确实是个大问题。目前，我国市场上还缺少成熟、专业化的商业机构来开展这一业务，机构和客户之间很难建立良好的信任关系。加上一些地方曾出现和老年人正式签约之前，机构将老人的房产提前出售，使老年人权利受损的事件，凡此种种都令不少老年人望而却步。所以解决不好支付能力和养老服务两大核心问题，“以房养老”终会因为政策和现实的不合脚而止步不前。

如何让老人放心

有乐观者表示，“以房养老”虽然难成为养老的主要方式，但随着中国“未富先老”，可挖掘的潜力很大。改善传统的养老模式，问题的关键不在于密集、仓促地出台模糊政策，“以房养老”更需要制定配套措施，并且从房产评估到寿命预估，再到纠纷仲裁、风险分担等，都需加以严格而细致的调查研究、讨论验证，让制度具体可行，尽可能堵住各种漏洞，防范各种风险。

所谓的“以房养老”，应该是一种养老品质提升式的养老，如果像钟大爷那样，将房子反向抵押出去了，反而每个月的养老钱多不了多少，生活质量和过去差不多，这样的“以房养老”就没有什么意义。

北京大学经济学院教授萧××认为：“以房养老”必须严格界定权利边界。比如，抵押了老人的房子，不应该干预老人的其他财产和收入。像成都钟大爷的例子，当地社区大包大揽，为了避免以后不“亏本”，竟然直接支配和限制钟老汉的“拆迁补偿款”，担心老人的积蓄不够安葬费，连老人买件衣服也要受社区管理人员的审核把关，这已经侵犯了“以房养老”者的权利和支配其他合法财产的自由。

钟大爷事件给地方提了个醒。“以房养老”囿于养老模式的特殊性，多体现在孤寡老人身上，这就要求今后的“以房养老”政策和制度，必须充分考虑到老人的亲情补偿问题。“以房养老”模式不应该是冷冰冰的金钱与房产的交易，应该更接近于家庭养老的一种模式，如何完善渐行渐近的“以房养老”政策，有关方面必须完善细节。“以房养老”模式也不是可以“什么都管”的模式，是完全支配孤寡老人的一切财务、干涉正常开支？还是严格按法律责任办理？应该有补充性的制度规定支撑。有关方面和涉及房产抵押的机构，不应将“以房养老”当成“不赔钱”的买卖，这也应该在后续政策设计中得到体现。

（中国经济新闻网—中国经济时报，2014年2月25日）

【简析】

这条经验消息报道了我国当前人口老龄化背景下一个重大的社会课题——以房养老。

众所周知，随着我国人口老龄化趋势日益严峻，如何科学有效地实施社会化养老已成为一个重大课题。“以房养老”是近年来出现的一个大胆探索举措，但随着近来媒体对“以房养老第一人”钟大爷“反悔”的报道，一石激起千层浪，让这个话题重新进入人们的视野。该消息以社会最新热点为报道对象，结合近年来我国对此问题的有关探索实践，初步分析了“以房养老”的有关问题和经验。报道主要采用“引用权威部门专家意见”的方式展开，对此问题有了较好的回答，能给人以新的启迪、新的思路。

（四）述评消息的写作

述评消息是一种以报道事实为基础，边述边议、夹叙夹议的报道。它通过对事件的分析评议揭示事件的意义，起到指导一般的作用。通常表现为两种趋向：一种是综合新闻材料，适当加以分析、评论；另一种是抓住某一新闻事件或事件中的某一片断，给予评论。从评论方式看，有的是作者直接议论，有的是把观点、评论附注于对事实材料的报道中，写作时以实带虚、虚实结合、就事论理、以理服人。

述评消息既可以由记者（作者）出面评论，也可以让新闻中的人物站出来作评论，有时还可以引用报刊文章或以观察家、评论家的名义进行评论。西方通讯社经常针对一些重大的国际时事问题或在重要时刻（如年初、节日）发表述评消息。

【例文 7－3】

“打车神器”成“安全杀手”　不能只顾“抢钱”忘了安全

××网编辑程×2 月 24 日报道：今天凌晨，网友@菲报道发微博称：“出租车师傅开车时，五台手机一路上各种叫，单子诚可贵，生命价更高啊。”而日前也有媒体报道称：“太原市两天共发生 106 起涉及出租车的交通事故，出租车司机因分心使用打车软件，成为事故集中骤增的主要原因。”

利益的驱动，车祸立马上升。随着马年春节期间“嘀嘀”“快的”之间“补贴大战”不断升级，“打车免费”“一天多挣上百元”让越来越多的出租车司机和市民选择使用打车软件，甚至出现为了多赚补贴，不少出租车司机驾驶台前都摆着两台以上的手机。

出租司机孙先生就算了一笔账，如果每天都使用两款打车软件，一天可以给司机带来 100 元的额外收入，一个月按照 25 个工作日来算，每月就能多挣 2500 块钱。因此，越来越多的司机加入了使用打车软件的行列，但暴露出的问题也与日俱增。

可设想一下，坐在出租车上，看见司机一面开车，一面听打车软件响个不停，司机不时瞄下屏幕，不时还用手在屏幕上按按划划，突然，一辆大客车擦车而过，或者司机来个急刹车，坐在车上的我们，会是一种什么心情？

俗话说：“一心不可二用”。一心二用，事故骤增。人命关天，不可小看。试问：究竟是出租车司机赚钱重要，还是司机和乘客的安全重要？一旦出了车祸，后果如何？其得失如何？那是可想而知的。

微博认证为××分局民警的“开心小警察”就说，手机打车软件的确给年轻人的生活带来了便利，但是由于缺乏有效的市场监督管理机制，软件正在慢慢地成为影响交通安全隐患的潜在杀手，××市出租行业多年积累的口碑将不复存在。而有网友甚至呼吁，为保安全，取消打车软件。

笔者认为，目前的形势下，整治打车软件势在必行。首先，司机师傅自身不能因逞一时赚钱之快，忽视自己和乘客的人身安全。碰碰擦擦是小，生命安全是大。其次，因操作手机抢单等行为，具有相对隐蔽的特点，交警不大容易看到，给交警处罚带了一定的困难。因此，要尽快出台相应的管理机制，如惩治酒驾一般，推出严厉的处罚细则，从立法上进行完善，还市民一个安全的打车环境。

（××网 2014 年 2 月 24 日）

【简析】

这则述评消息报道了时下某些出租车司机为了多快好省地揽活，在行车过程中滥用打车软件增加营运收益的行为。报道以网友所发微博暴露出来的问题为切入点，对此类行为进行了更详细的描述，与此同时，作者又通过“俗话说”“开心小警察”“笔者认为”三个层面，对此现象发表了自己的看法。由于事实报道清楚，评述客观公正，所以有着较好的说服力，预计能让有关部门和广大群众对此类现象引起应有的重视。

第三节　通　讯

一、通讯概述

（一）通讯的概念

通讯是运用叙述、描写、抒情、议论等多种手段，具体、生动、形象地反映新闻事件或典型人物的一种新闻报道形式。它是记叙文的一种，是报纸、广播电台、通讯社常用的文体。

（二）通讯的特点

1．新闻性

通讯的新闻性包括内容的真实性和新闻的时效性两方面。内容的真实性要求所报道的人和事必须是真人真事，不能有任何虚构。通讯的时效性虽然比不上消息，但也有一定的要求。

2．叙述的直接性

通讯的写作一般以开门见山和顺叙的形式为主，但也不排除采用倒叙、插叙、夹叙夹议等表现手法。通讯与记叙文的写作一样，包括时间、地点、人物、事件（开端、发展、结局）四要素。

3．描写的直观性

描写的直观性要求注重对人物动作、形象和场景进行直接而具体的描述，但不能有过多的形容或雕琢。描写的直观性具体表现在如下几个方面：对记者亲眼目睹的现场进行如实描写；对事后采访到的事件情景进行再现式描写；以记者出场形式对记者见闻进行直观描写。

4．议论和抒情的实在性

通讯中的议论和抒情常常是结合在一起的，不少文字既是抒情，又是议论。议论和抒情的实在性表现在：议论一般是在叙事的基础上，紧密结合事实，作画龙点睛之笔；抒情通常也是紧密结合事实，用简短精练的语言表达个人的观点和感情。

5．对话的实录性

通讯写作中，经常使用对话形式。对话的实录性要求通讯中对话写作应不加修饰地记录对话。具体而言，就是直接引用新闻人物的原话，突出真实感、现场感；在选择新闻人物的原话时，要突出人物语言的个性特点。

（三）通讯的种类

常用的通讯有如下五种：人物通讯、事件通讯、工作通讯、概貌通讯、小通讯。

二、通讯的写作

通讯的结构和消息大体相同，但通讯的标题很少用副题，多数通讯只有正题。它的标题跟一般记叙文的标题比较接近，可以直接揭示新闻事实，也可以曲笔达意。在写法上，通讯的标题可实可虚、可直可曲、可长可短、可庄可谐，没有定规，作者可以充分发挥自己的创造性。有些通讯的标题由正题和副题组成。

通讯的导语往往演化为序（在题头之下就是序），序往往要交代事件的起因、缘由，或人物的概貌、事件的概况；也有的通讯没有序，直接进入主体的描述。

对于通讯的主体部分来说，比较短的可不分小节；比较长的则可根据内容的需要分为相对独立的若干小节，各节用数字标示，有些通讯的各小节还列出小标题，以突出本部分的内容或主题。

下面分别介绍常见的五种通讯的写作。

（一）人物通讯

1．人物通讯的概念

人物通讯是写人物的通讯，是用通讯的笔触写的人物报道。人物通讯是报刊、广播、电视中常见的，影响广泛而深刻的一种新闻体裁。

人物通讯所写的人，都是在社会上具有特殊影响的人，他们的精神、观念、业绩对群众有着特殊的教育意义；即使是反面人物，其经历、言行也对社会有特殊的认识作用。

2．人物通讯写作的要求

人物通讯的重点是写人物。写人物有两种方法：一种是全面记叙人物的事迹，如《县委书记的好榜样——焦裕禄》；一种是只通过人物的一两个侧面来表现其思想心态。那么，如何才能写好人物通讯呢？

第一，选择典型人物。这是人物通讯写作的关键。选择典型人物要看其言行、事迹、思想风貌是否具有时代的特征，能不能体现历史的进程，能不能体现社会发展的方向。

第二，注意表现人物性格的特异点。特异点是小说写作常用的刻画人物的方法。但是，小说写作有时把人物的性格夸张到远离常态的地步，虽然能给人留下深刻印象，但毕竟有违真实原则。人物通讯，要注意捕捉人物不同于常人的性格特异点，但不能夸张失实。例如，人物通讯所描写的数学家陈景润的“痴”和“迂”，就给读者以深刻印象。

第三，在矛盾冲突中写人。人物性格只有在激烈的矛盾冲突中才能充分显现出来。写人物通讯也一样，往往是把人物置于风口浪尖，才能突现出其深层本色。这种矛盾冲突多在人物与自然、人物与落后势力和陈腐观念、人物与自身弱点等关系上展开的。

第四，运用典型事例写人。以事写人，这是人物通讯常用的方法。写事首先要写典型的事例。所谓典型事例，就是有代表性的，足以表现人物思想面貌的事例。较之一般事例，典型事例能起到以一当十、以少胜多的作用。

第五，借景写人。利用景物写人，是我国的传统写作手法之一。使用这种方法，能使人物形象更鲜明、可感。

第六，借他人之口刻画人。例如，《领导干部的楷模——孔繁森》一文，多次借藏族同胞之口对孔繁森的形象进行渲染。特别是在孔繁森因公殉职后，人们噙着泪水表达悼念，对刻画孔繁森的形象起了重要作用。

【例文 7-4】

奄拉鹰山新愚公

——张福全义务植树 35 载绿化荒山 800 亩

料峭春寒在胶东半岛奄拉鹰山上尚未完全消退，一位白发苍苍的老人就顶风冒寒，没白没黑地在山上开始了新年度的植树造林工作。

这位现年 79 岁，名叫张福全的二等乙级伤残军人，一等功臣，已坚持义务绿化荒山 35 年。他用辛勤的劳动，把昔日光秃秃的 800 亩荒山，变成森林覆盖率达 90% 的“花果山”，人们称他是“奄拉鹰山新愚公”。

1965 年，张福全主动向村里提出义务绿化奄拉鹰山。从此，便以大山为家，和树木做伴，风雨无阻，早出晚归地劳作于这座山上。每到冬时农闲或开春植树时节，他还把老伴、儿女叫上山植树造林，由于山上道路崎岖，山石嶙峋，加上每日翻山越岭的劳作，他每两个月就要穿坏一双胶鞋。有人做过计算，他 35 年来所走的山路总和能绕地球四周半，他以这种愚公移山的精神，日复一日、年复一年地咬定荒山，绿化不止，在 800 亩荒山上种植了板栗、杨树、水杉、橡树、松树等 10 多种树木。目前，除不能植树的巨石、石崖外，山上其余地方已全部绿化。在 35 年里，他心中唯有绿化，生活甘居清贫，除了每年领取政府发的 1000 多元伤残优抚金外，从未向村里要过一点报酬。

时下，已年近 80 高龄的张福全老人仍在造林不止，有人问他图个啥，他说：“为了给祖国留下一片绿荫，为了给子孙后代留下一座宝山。”

（《××每日电讯》××××年××月××日）

【简析】

这是一篇先进人物事迹通讯，读后令人十分感动。一个年近 80 岁的老人几十年如一日，坚持不懈，无怨无悔地绿化荒山，他图个啥？该通讯以张福全老人自己的话点出主旨：“为了给祖国留下一片绿荫，为了给子孙后代留下一座宝山。”古人说的“卒章显志”，指的就是这个。

作为一名一等功臣、二等乙级伤残军人，他完全有资格、有理由在晚年尽享清福，然而他却选择了绿化故乡荒山这件“吃力不讨好”的事，而且一干就是 35 年。该通讯很好地描写了他造林绿化的艰辛，“风雨无阻，早出晚归”“每两个月就要穿坏一双胶鞋”，“所走的山路总和能绕地球四周半”。凭着这种当代愚公坚韧不拔的意志，他终于把昔日的 800 亩荒山变成了“花果山”。

人物通讯就是要对人物的事迹进行直接而具体的描摹，而不能有过多的形容和雕琢。这篇通讯很好地做到了这一点。

（二）事件通讯

1. 事件通讯的概念

事件通讯是详细报道社会上发生的新闻事件的通讯。这种通讯重在记叙和再现新闻事件发生、发展的相对完整的过程，显示事件的内在逻辑和社会意义。

事件通讯要以赞扬社会主义时代的新人、新思想、新风尚为主，同时也可以揭露存在的实际问题，以引起人们的重视。

2. 事件通讯的格式

事件通讯由于要具体形象地反映人和事，因而没有固定的格式。它既可以按时间顺序、事实发生发展的顺序或者作者对报道事件认识发展的顺序来安排层次，也可以按事物的性质分类，或以空间转换为标志来安排层次，还可以将时间顺序和空间转换穿插起来写。

3. 事件通讯写作的要求

事件通讯要准确写出某一事件的发生缘由、开端、发展、高潮和结果的全过程，让读者了解事件的来龙去脉。在写作时，要处理好写人与叙事的关系，即以叙事为主，以写人为辅，写人为写事服务。事件通讯的结构较为灵活，可以顺叙，可以倒叙，也可以插叙和补叙。在表达方法上，为增强文章的生动性和形象性，除了记叙之外，还可以综合运用描写、议论等手法。

【例文7-5】

××市农民粮卖菜价

“种瓜得瓜，种豆得豆。”大豆、玉米和豌豆都是农村的土粗杂粮，许多农民用来养猪喂鸡，市场上每斤也只能卖到5角多钱。但××市××镇××村的农民，却根据市场的需要，把它们种成了“时鲜蔬菜”，每斤卖到了5元多的肉价钱。

××镇地势高而平坦，像个“小高原”，人均有近1亩的水田，是××市的粮仓。但近几年来，由于粮食价格下滑，许多农民压着粮食换不成钱，人均纯收入只有1800多元。从前年开始，××市利用这里地势高、气温低的特点，调整传统的粮食种植结构，发展优质稻谷、糯玉米、菜玉米和菜大豆，使种植农民的收入有了显著提高。尝到甜头的农民，开始用全新的眼光经营新型“粮食经济”。××村一社的杨××家，过去也常种玉米，但由于玉米品种老化、种植技术落后，种出的玉米既不好吃，又卖不出好价钱，只能当作饲料养猪喂鸡。去年在镇政府的动员下，他购买了新品种的菜玉米种子，将家里的2亩多山地全部铺上了地膜，提前半个月就下了种。菜玉米长势喜人，到6月底，其他玉米正在抽缨灌浆，而杨××的菜玉米已经上市了。

杨××说，当时城里许多餐馆都来抢货，每斤玉米棒子卖到了2元多钱，如果折算成玉米籽，每斤值5元多，“比市场上的猪肉价还要硬梆呢!”

“脑子变一变，效益翻几番”，××镇农民的这本“生意经”，让长期以种粮为生的农民大开眼界。据了解，去年××村共种了300多亩菜玉米，平均每户将近1亩，仅此一项户均收入约2000元。而在整个××市，把粮食当成蔬菜经营的农民越来越多，糯玉米、菜玉米、菜大豆、大豆和菜豌豆等菜用粮食作物的种植面积直线上升，去年达到了1万多亩。

××市农业局长杨××将此称为“过程经济”，而把传统农业戏称为“结果经济”。他说，在市场经济下，过程比结果更重要。传统农业看重的是结果，种瓜只能得瓜，种豆只能得豆，使用市场经济的眼光看，你会发现在粮食生长的过程中，可能蕴藏着比粮食更值钱的其他东西，把这些东西开发出来，就可以“种豆得菜”，附加值就会成倍增长，粮食就会增收。杨局长举了个例子：1亩豌豆的产量不超过400斤，按“结果经济”操作，最多能卖400元；而1亩豌豆却能连续生产2500斤豌豆尖，按每斤1元计算，1亩产值就达2500多元，是收获的豌豆籽的6倍多。

（《××每日电讯》××××年××月××日）

【简析】

事件通讯要着重反映现实生活中发生的典型事件，以写事为主，写出事件的发展过程，揭示典型事件的深刻意义。这篇事件通讯很好地做到了这一点。千方百计让农民富起来，这是党的既定政策。还是这些山、这些田、这些人，可是，“脑子变一变，效益翻几番”，观念的转变，种植结构的调整，新技术、新品种的引进，使得××市××镇的农民打开了致富的大门，粮食卖出菜价，在大力建设社会主义新农村的今天，这篇事件通讯无疑具有启示意义。

（三）工作通讯

1. 工作通讯的概念

工作通讯是通过报道和分析当前实际工作中的经验、问题、教训等，从中找出某些带有规律性的东西，以此指导、推动实际工作进展的通讯形式。

比起一般的新闻报道来，工作通讯除了报道新闻信息外，还担负着宣传党的各项方针政策及指导实际工作的任务。也就是说，工作通讯是将新闻性与指导性融于一体的。所以，工作通讯一般都带有一定的理论色彩，是调查与研究的产物，有一定的思想深度，但是，它又不同于政策性文件，不具有指令性。它是通过总结经验、探讨问题，从思想认识上给人以启发和诱导。

2. 工作通讯的种类

工作通讯主要有报道型工作通讯和研究型工作通讯两种。

第一，报道型工作通讯。报道型工作通讯主要是向受众报道工作中的新鲜经验，或涉及政治、经济、文化等重要问题。

第二，研究型工作通讯。研究型工作通讯重点在于探讨问题的成因，研究解决问题的办法。一般是针对涉及全局性、有普遍意义的问题提出解决的办法。

3. 工作通讯的格式

工作通讯一般由开头、主体、结尾三部分组成。

第一，开头。工作通讯的开头通常要概述事件的基本情况，简要介绍人物、交代中心思想或提出问题等。概述部分一般不设小标题。

第二，主体。工作通讯的主体是通讯的主要内容，由于通讯的内容较多、篇幅较长，主体部分常常划分层次，并冠以小标题。

第三，结尾。工作通讯的结尾，可对事件作一小结，作一画龙点睛式的评论，也可以展望前程，描绘远景，发出号召，给人以希望和鼓舞。

4. 工作通讯写作的要求

工作通讯写作的要求主要表现在：

第一，要抓住主题。要注意选择那些在贯彻执行国家方针、政策中遇到的问题，以及人民群众普遍关心的问题作为工作通讯的主题，把着眼点放在推动工作的开展上。

第二，要用事实说话。要选择典型事实，突出重点问题，多角度、多方面地选取材料，证明观点；否则，所谓的经验、结论就只能是空中楼阁了。

第三，要找出解决问题的出路和办法。不仅仅是暴露问题的工作通讯要提出解决问题的方法，报道成功经验的工作通讯同样如此。事实上，对成功经验的肯定，本身就是为同类单位或企业提供可资借鉴的方法。

第四，生动活泼可读性强。这是通讯写作的共同要求。也许工作通讯在情节上不如事件通讯和人物通讯那样引人入胜，但绝不能因此就认为工作通讯不需要生动活泼。缺乏文学性，不能吸引读者的工作通讯，不能算成功的作品。

【例文7-6】

城市养狗为何屡禁不止

狗患不除居民不宁

夏日的都市，狗患显得尤为突出。在街心公园散步的居民，常被随处可见的狗屎狗尿熏得兴趣索然；熟睡的人们也时时被窗外恼人的狗叫声吵得不得安宁；便道中间，一只凶恶的狼狗往那里一趴，过往行人被迫纷纷绕行。一位编辑到作者家去取稿，正准备起身告辞，冷不防被主人宠爱的狐狸狗咬伤了胳膊，他为此打了七八针疫苗。但听医生说，咬伤上肢，对神经系统的潜在威胁将比下肢更大。北京××地区一过路妇女忽然被一只狗扑上来咬伤了乳房，尽管狗主人一再道歉，并赔偿医药费1000多元，但据说，狂犬病的潜伏期少则十几天，多则几十年，一旦发病，死亡率100%，将来有何隐患，谁又能说清?

防疫站也因近年不断增长的狗患增加了工作量和紧张度。伴随着狗的大量出现，被咬伤前来打针的人也相应增加。各区防疫站都指定了几个定点医院同时负责注射，这些医院须24小时有人值班，一旦有人被咬伤，就得马上治疗。但是那些疫苗供应不足、医疗条件差的地区，问题就更严重。

还令防疫站的工作人员紧张的一件事是：过去被人们认为不带毒或带毒较少的小狗，现在发现有的毒性甚至比大狗还要强；那种看似温顺的观赏狗，其带毒也并不比狼狗、豺狗少。

提起狗患，民警也是一言难尽。每年，他们都要会同街道办事处、环卫部门搞几次灭犬活动。仅今年1月至4月，北京市某区分局即灭犬1244只。但是狗似乎越打越多，望着与日俱增的对狗的“投诉信”，他们苦闷地说：“民警毕竟不是打狗队。”日常工作已经够繁忙的了，何时才能摆脱狗患的困扰?

“爱犬族”的乐忧所系

养犬者在人们印象中似乎多是些有身份的人，实际不尽然，简言之，可谓物质上、时间上的高消费者。

物质上的高消费者，买价格昂贵的纯种名狗，有的一只达几万元；狗食品也追求高档，蛋糕、火腿肠、鱼片等，还伴以加工精致的宠物食品，散装的每斤也需七八元或十几元；定期给狗注射的进口疫苗每支60～80元，有的甚至几百元；与之配套的狗衣服、牵狗绳、梳毛刷，多是进口的高档货。

时间上的高消费者较为复杂，有闲居在家的“贵妇人”，有赚足了钱后坐家“吃利”者，也有离退休老人。在狗医院里，最多见的是一排排带狗去输液的人，给狗输一瓶药一般得两个小时，加上等候医生检查、开药，一般要花费半天至一天，而狗主人丝毫没有

“上班族”们看病时的那种焦急神态，且大多数是中青年夫妇俩一同陪狗看病，有的人手机铃声响了起来，拿起手机交谈的，也多是狗的病情。

客观地讲，狗的主人有一部分是为了炫耀身份，也有不少是寻求慰藉。有中年、老年丧偶的人，精神苦闷，便与狗为伴；有人闲居在家，无所事事，也以养狗为乐；有的老人，白天儿孙上班、上学，自己在家寂寞，有“体贴”者便送狗上门。在宠狗医院的聚集，成了狗主人的一大乐趣，狗的主人似乎在这里找到了浓浓的人情味，彼此间都似熟人，有人说：“人到普通医院看病，什么时候见到这么好态度的医生?”

但是，在这片小天地里，人们似乎很少想到，养狗会给小天地外的人带来什么呢?

养狗为何禁不住

提起狗患，群众自然把目光集中到对此负有责任的管理者身上。大家说，谁家有狗，街道最清楚，可就是不敢惹他们。而各区公安分局、派出所的民警更有自己的苦衷。一方面，缺少可操作的章法。他们说：“如果有一个像禁放爆竹那样的严厉规定，我们也绝不会手软。”1986年1月，北京市政府颁布了《北京市养犬管理暂行办法（修订)》，但时至今日，过去不曾预料到的新情况在不断出现，原来只有廉价的狼狗、豺狗，对这种狗，现在仍是见一只打一只；而如今，几千元、几万元一只的狗大量出现，是否都一概打死?1986年的文件对于违章养犬者的处罚一般在5元以上、50元以下，且执行中，1年的罚款也不超过2次，犬出户伤人的，也只处以10元以上、100元以下的罚款，如此轻的处罚，对于许多富有的养犬者显然失去了约束力。另一方面，民警的顾虑是怕伤害了群众情绪。对于那些珍贵的名犬，民警硬去打，狗的主人有的跪下哀求，有的干脆伏在狗身上，表示若要打死狗就先打死他，有的人在旁责怪打狗是破坏生态平衡，弄得民警也很为难。

此外，外部环境也是造成狗患不绝的重要因素。一些单位为了赚钱，无形中对养狗起到鼓励作用：比如有的出版单位大量出版各种介绍观赏狗的画册、书籍；有的企业大力开发宠物食品，动物“尿不湿”，狗浴液等产品；有的商店专辟了宠物食品专柜；创办宠物医院，销售宠物用品也成为一些高校、动植物检疫机构创收的主要手段。

学者的呼吁

针对养狗问题，北京市社科院历史研究所研究员×××说：“我认为要对养狗者进行尊重他人权利的教育，一些人时常牵着狗逛商场、大街等公共场所，搞得周围人惊恐不安，他却旁若无人；还有人利用特权，托人从千里之外为自己的儿子捎狗，狗可以一同进软卧车厢，一路上，狗要洗澡、吃火腿肠，到站后还有专车来接，其他旅客的安全和休息，狗主人根本不会考虑。因此，对他们灌输道德意识十分必要，同时要制定可行的限制措施，光简单说不许养，这不实际。”

北京大学社会学系副主任×××说：“我对养狗一向持反对态度，因为狗对环境有害无益，既传染疾病，又有碍卫生，而现在给人的印象是，养狗的人越来越多，出来管的人越来越少。有人带狗‘打的’，人坐在司机旁边，狗坐在后座，完全不考虑其他乘客的利益。再这样下去，我担心会出大问题，尤其狗咬伤人引起的纠纷就很容易酿成灾祸。因此，尽快立法，以进行有效管理十分必要。”

但愿学者的呼吁能在禁止城市养狗的地方法规的执行过程中，逐渐变成人们期待的现实。

（《××日报》）

【简析】

这是一篇篇幅较长的工作通讯，共分四个部分，每一部分都用小标题标示，全文基本上是按“提出问题，分析问题，解决问题”的思路行文。第一部分首先把问题的尖锐性提出来，都市的狗患已给居民生活带来严重影响。第二、第三部分分析狗患屡禁不绝的原因。这原因是多方面的，既有“爱犬族”的原因，也有商家的推波助澜，更有立法的滞后。原因分析得透彻、中肯，这就为解决问题创造了条件。第四部分以学者的呼吁强调了立法的刻不容缓，这是解决犬害的根本之道。作者有的放矢，有感而发，写得切合实际，能给读者启发和教育，对工作有指导作用。

（四）概貌通讯

1. 概貌通讯的概念

概貌通讯又称风貌通讯，是以反映社会生活、风土人情、自然风光和日新月异的建设成就为主的报道。尤其是改革开放所带来的变化，又为这类通讯增加了新的内容。概貌通讯与事件通讯不同，它不是围绕一个人物或一个中心事件来写，也不要求写一件事发生、发展的完整过程；而是围绕主题，集中描写各方面的风貌和特色。优秀的概貌通讯仿佛是时代的风俗画，渗透着时代的气息，跳动着时代的脉搏，甚至能从中听出时代前进的脚步声。

在表达方式上，概貌通讯往往运用具体事例来叙述和描写一个地区、一条路线、一个单位、一个点、一个面的风貌变化，展现时代的步伐和人们思想境界的变化。一般采取“巡礼”“纪行”“散记”等形式。

2. 概貌通讯的特点

概貌通讯的特点主要表现在：

第一，概貌通讯涉及面广，它不但有令人向往的各地风光的报道，也有各种知识的介绍。作者既可以写亲眼所见、亲耳所闻的新气象、新变化，也可以抒发自己对生活的感受。

第二，事实要有新意。概貌通讯要有新闻性，所叙事实要使受众有新鲜感。如何突出这个“新”字？主要是用对比衬托的手法，这种对比通常是从多方面进行的，在对比的两面中，旧的一面只是给新的一面起陪衬作用，只是表明面貌变化的起点，是为了突出新貌，反映时代的变迁。

3. 概貌通讯的格式

概貌通讯主要由标题和正文组成。

第一，标题。标题比较灵活，但一般要突出“风貌状况”方面的内容。

第二，正文。正文要求围绕主题，但不要求围绕一个人物或一个中心事件，最好涉及各方面风貌和特色。

4. 概貌通讯写作的要求

概貌通讯写作的要求主要表现在：

第一，抓住特点，体现变化，写出新意。事物总是在不断发展变化的，在改革开放的年代更是一日千里，日新月异。写概貌通讯就要抓住事物变化的特点，反映事物的本质。

第二，点面结合，反映全貌。反映事物的风貌，一般不需要写全过程，可以用典型事例加上概括叙述来反映全貌，也可以用精彩的片断来反映全貌。

第三，人事结合，情景交融。概貌通讯同其他通讯一样离不开人物形象。人物是让风貌展开的主人，有了人物，风貌才“活”得起来。可见，有人、有事、有情、有景，四者有机地结合在一起，正是写概貌通讯必不可少的。

【例文 7－7】

飘荡在庭州大地的绿绸——滨湖河

这是茶马古道上的一颗明珠——昌吉，这是环绕明珠的一条绸带——滨湖河。伴着舒缓的脚步，我走进了滨湖河，这里绿草如茵，花红柳绿；这里亭台水榭，鸟语花香；这里就是集昌吉蓝脉、绿脉、文脉为和谐一体的滨湖河文化景观带。

滨湖河自西南向北流经昌吉市，市区段长7.6千米，平均宽度35米，附近居住着1万多户居民。滨湖河原来是一条拟建穿城而过的人工河，其引水源头为三屯河东干渠水，改建前它的功能仅是泄洪、排洪，加其位置处在昌吉市区新旧城交界处，居民的生活垃圾及污水等将河道填塞得又满又脏，是昌吉市有名的污水渠。

××××年，昌吉市政府提出关于“城市群战略”，也就是现在新型城镇化战略，战略提出要将滨湖河河水引入城，××××年，昌吉市建委正式决定对滨湖河进行改造，发动全市单位的义务工进行开挖河道，全面改造滨湖河的生态环境，恢复河流景观，充分发挥水资源的综合效益；将滨湖河打造成为集泄洪、排洪、旅游娱乐、城市景观、弘扬地域文化和自然保护等多项功能的生态园，为昌吉市的经济建设服务。

漫步在这条美丽的“绿绸”上，贯穿了昌吉市的滨湖河风景线便一一映入眼帘。这条美丽的风景线自南向北分为丰畅园、金畅园、润畅园、鸿畅园和暮畅园五个园区，并将金、木、水、火、土五元素寓于其中，并各有特色。例如，其中丰畅园以大面积的绿化见长，金畅园则是以金属建筑物为建设特色。沿着滨湖河漫步，共有各色厅廊50多座，浮雕墙、雕塑、书法和碑刻130余处，休闲小广场约30个。这五个园区都有其独特的景观特色，每一个园区都能带给我们不一样的享受。

滨湖河的改造，使这里旧貌换新装，同样也使得昌吉市楼市变得骤然紧俏，拉动了当地的房地产经济的发展。××××年，依河开发的××房产以每亩15万的价格，在滨湖河沿岸开发起了房产，当时滨湖河改造工程还未竣工，××的房价是每平方米1500元，在当时的市民看来，交通不便、离市区远、风景不好等因素都让他们对这儿的楼盘望而止步。××××年，滨湖河改造工程修至××，很多园区也建造完毕，使得当时的滨湖河的土地每亩涨至130万，××的房价也涨到了每平方米2700元，截止到××××年，××的房价已涨到3700元每平方米。现在的××房产一期已全部售完，开始建造的二期工程××，每平方米4500元大家仍在争相预购。

漫步滨湖河边，真的很难想象这里曾经是个污水横流、垃圾遍地的水沟。现如今，滨湖河的建设也不仅拉动了昌吉市的经济发展，也为将昌吉打造成休闲、文化、娱乐为一体的特色城市提供了平台。这条跃动的绿绸将长久地飘荡在昌吉这片沃土上。

【简析】

这篇通讯以城市的某一条景观河流为报道对象，重在反映其旧貌新颜。文章开头先以凝练的语句描述当前滨湖河的美丽，接着开始介绍它的地理位置等状况，并侧重强调改造前该区域的脏、乱、差局面，为后文较为详细的报道湖滨河的改造打下了基础。接着，对改造后的滨湖河新貌作了更细致的描述，同时反映了环境改善后对地方房地产市场的助推作用，赞赏之情溢于言表。

（五）小通讯

小通讯又称小故事。它反映现实生活中的一个片断，通常表现一人一事，线索单一而有故事情节，短小精悍，生动活泼。小通讯不能写得人物繁多、场面太大、枝节横生，否则就会失去“小”的特点。它篇幅虽短小，但以小见大，能从小事情、小片断中反映出大道理、大形势。

【例文 7-8】

孩子心中的税法

鲜红的太阳，高大的房屋，茂密的大树，玩耍的儿童，组成一幅美好的图画。刚刚绘完画的六岁小朋友吴×说，如果人人都遵守税法，依法纳税，整个国家就是一个快乐的大家园。

昨天，××市国税局、地税局在省政府礼堂前举行的“少儿百米长卷书画”活动，拉开了“税收与未来”宣传月活动的序幕。和吴×一样，150 多名小朋友把自己对税法的理解描绘在两条长达百米的白绢上。孩子是纯真的，懂得“依法纳税光荣，依法纳税国家就会富强”的道理。他们用自由的小鸟，飞驰的汽车，腾飞的巨龙和明月、高楼、绿树，在白绢上描绘着祖国美好的明天。王××则用一手遒劲飘逸的漂亮书法表达了对税法的认识：“税收托起共和国。”

孩子是无邪的，心田中深深地印上了偷税逃税可耻的观念。五岁半的孙××把逃税者画成在大树上吞噬绿叶的肥虫。年仅五岁的王××说：“将来我要盖一个好大好大的厂房，赚好多好多的钱，那时我一分钱的税也不会少交。”

看着孩子们的书法和绘画，××市国税局局长朱××说，依法治税是一项长期工作，宣传税收知识也要从娃娃抓起。

（《××每日电讯》××××年××月××日）

【简析】

这篇小通讯篇幅虽不长，但以小见大，能从小中说明大道理。依法纳税，这是每个公民应尽的义务。孩子的心灵是一张白纸，应从小就向他们灌输正确的观念，这样他们长大后才能成为一个好公民，这篇小通讯很好地说明了这个道理。

第四节　特　写

一、特写概述

（一）特写的概念

特写，最初是电影艺术中的一个术语，本意是指电影中突出地拍摄人的面部或其他局部，一个物品或其局部的镜头。特写镜头呈现在银幕上，可以造成强烈和清晰的视觉形象，得到突出和强调的效果。

特写作为一种新闻报道文体，是指通过多种表现手法，对人或物作具有强烈视觉及情感效果的着力刻画，使其产生立体感，从而更集中、更突出地表现新闻事实和主题的一种新闻体裁。

（二）特写的特点

特写的特点主要有三点：

1. 现场感

特写在报道新闻事实时，特别强调用描写手法去再现报道对象。通过精心的描绘、渲染气氛，使其达到情景交融，使人如临其境、如闻其声、如见其人。

2. 局部化

特写就是要对报道的某些局部作突出的、重点的描绘，而不是面面俱到的泛泛之笔。从时间上来说，局部化意味着对生活片断的截取。它不是去展示事件发展的前前后后，而是选取那些最具包括性的片断，动中取静，以静写动，让人们通过一个典型的镜头、一个画面，获得对其前后经过的了解。从空间上来说，局部化意味着选取那些最有特征、最富表现力的细节。抓住这些局部作重点描述，能于细微之处见精神。

3. 可视性

特写由于借鉴了影视手法，将对象镜头化，所以能产生很强的可视性，人们常把它称为“视觉新闻”。通过文字的描绘，让读者转换为可视感，关键在于描写必须写形传神。这个“神”，就是报道对象的个性，它的特色，它的本质特征。不抓住这些，即使用大量的笔墨去描绘一些外在东西，简单地追求形似，也是无法产生电视报道的视觉效果的，不能以“神似”取胜。

二、特写的种类

按报道对象不同，特写分为人物特写和事件特写两类。

（一）人物特写

人物特写以写人为中心，要求绘声绘色地再现人物的某种行为或行动，并透视其思想境界；或者是通过对人物活动的展示，揭示人物活动的社会环境，以此来解释人物行为的时代依据，折射出整个时代的特征。

（二）事件特写

事件特写重在写事，写具有新闻价值的典型新事，要通过典型新事表现出崇高精神、良好风气。比起其他报道形式来，特写在事件的再现上有着不可替代的优势，最能产生画面般的可视感。

三、特写的写作

1. 加强描写的生动性

特写是一种描绘性的新闻报道，写作中应以生动、准确而富有动作感、立体感的描写为基础。要做到这一点，要求记者在描绘中能准确抓住对象的关键点，并成功地表现这个关键点。加强描写的生动性，还要努力把握对象的神韵和动感，以加强特写的可视性。

2. 力求特写的透视力

特写是描绘性的报道，但不是为描绘而描绘。优秀的特写不仅要再现报道对象，而且要帮助读者以观察家的眼光去观察社会。例如，特写《经济学家赶集》即是这方面的范例。记者对薛暮桥赶集的描述具体形象、生动活泼。他先是“兴致勃勃地挤进人群，东瞧西看，问这问那”。见到卖鲜鱼的，他也买一条，一边付钱一边还说：“看来还是两个市场好。”买完鱼，又买了擀面杖，还花了三分钱买了一个早就想买而买不着的挖耳勺。从这些描述中可以看出，农副市场是繁华热闹的，货物是琳琅满目的。在国营市场买不到的东西这里可以买到。写经济学家薛暮桥对市场的肯定、支持，实际上宣传了农副市场的作用。

3. 注意情景交融，在生动的描绘中着上作者的感情色彩

注意情景交融，这是描写尤其是场景描写中常用的手法。情景交融，即记者的主观情感与报道对象情感的沟通。记者在思想感情上要与人民群众息息相通，爱人民之所爱，恨人民之所恨，感情充沛，爱憎分明。特写要以生动的画面去感染读者，记者自己不动感情是不行的。例如，记者阎吾在1949年4月23日于长江前线写的一篇特写《我军横渡长江情景》，全文洋溢着我军战士横渡长江的战斗激情和胜利的喜悦，这与记者本身的感情冲动是分不开的。他回忆当时的采访情况时说：“我为这历史大进军的雄伟场面所激动，胸中充满着豪情壮志……我心里热乎乎的……我一定要把这个历史镜头报道给中国人民，报道给全世界人民。”所以，好的特写不但能造成强烈的可视效果，更重要的是能撼动读者的心灵。

四、特写与消息、通讯的区别

特写与消息的区别主要表现在：消息往往择要报道新闻事件的全过程；而特写不表现全貌，多为横向发展，只抓住新闻事件中富有特征的片断浓墨重彩地展开。例如，写一场排球赛，消息写球赛的全过程，特写则写一个精彩场面。消息以叙述事实取胜；特写以描写见长，它调动一切手段烘托、渲染并细致刻画。

特写与通讯的区别主要表现在：通讯展示的是新闻的纵断面；而特写则是充分地展示新闻事实的横断面。特写比通讯的内容容量要小些，体式亦较通讯要单纯、简略些。通讯写人可以纵横伸展笔墨，要有一定的完整性，写事则写出事件发生与发展的过程；而特写写人往往只取其生活瞬间的片断，不求完整全面，写事也只截取某些横断面，不要求事件在时间和空间的延续上反映事件的全貌。

【例文7-9】

张虹1分钟改变历史 赵英刚激动哽咽失语

“内道，张虹，中国。”索契冬奥会女子速滑1000米第七组比赛前，现场播报员高声念出中国选手张虹的名字。看台上穿着中国队队服的黄色身影沸腾起来。

“外道，克里斯蒂娜·内比斯特，加拿大，奥运会冠军。”全场观众一阵掌声。

张虹仿佛没有听见任何动静，她俯下身，专注望着洁白的冰面。

两天前的500米比赛也是在这条冰道，张虹与温哥华冬奥会亚军、德国老将珍妮·沃尔夫同分一组。初次征战冬奥会的生涩，与名将同战一条赛道的些许忙乱，让她与奖牌擦肩而过。那场比赛张虹输得心不甘情不愿，个性爽利的东北姑娘心里憋了一口气。

站在1000米比赛起跑线，张虹回想起带了她6年的教练冯庆波的话：“拿块奖牌回来!”

“啪!”发令枪响起，张虹如离弦之箭冲了出去，100米，200米，400米……冰面在脚下迅速滑过，她始终将内比斯特甩在身后。现场大屏幕上快速跳动的数字很快定格：1分14秒02，比奥运会纪录仅仅相差0.19秒。全场掌声雷动。这一时间比前面所有人都快了3秒。当时谁也没想到，这是一个改变历史的时刻。

张虹很开心，却没有忘形，后面还有11组22名选手，她们当中高手如云，谁能预料最终的结果？

时间一分一分过去，每一组选手踏上冰面，都让张虹的心里揪一下。进行到最后三组时，她的心提到了嗓子眼。

荷兰的四块奥运金牌得主埃·乌斯特，1分14秒69。

美国的世界纪录保持者布·博韦，1分15秒47。

韩国的索契500米冠军李相花，1分15秒94。

张虹赢了！她高举鲜艳的五星红旗环绕全场，现场所有的中国人又笑又叫又跳。

国家体育总局副局长肖天称赞这是“中国冬季项目重大的历史性突破”，已届退休年龄的速滑部长肖华小姑娘般把耳朵凑过来“偷听”。冬季运动管理中心主任赵英刚激动得哽咽失语。为中国实现冬奥奖牌突破的叶乔波红了眼眶。

短短的1分多钟，结束了中国速滑人艰难而漫长的等待，实现了苦苦追寻34年的金牌梦。

“我已经实现了我最大的目标。”张虹从领奖台走下来后说，但直到这时，金牌仿佛还是一个不真实的梦。

（××网2014年2月14日）

【简析】

这是一篇人物特写，报道了2014年索契冬奥会女子速度滑冰1000米比赛金牌得主，中国运动员张虹夺冠的瞬间。该特写具有极强的现场感，将比赛过程中的气氛、细节渲染得如临其境，同时兼顾了人物特写的一些特点：对人物的神情、动作、心理、话语等都作了画龙点睛的描述，给人留下深刻印象。

【例文7－10】

中国政府恢复对香港行使主权

新华社北京7月1日电 1997年7月1日零时，在香港会议展览中心举行的中英香港政权交接仪式上，英国米字旗刚刚落下，中国的五星红旗徐徐升起，中国政府向全世界宣布恢复对香港行使主权。

仪式上易旗的过程不到两分钟，它标志着英国在香港实行了一个半世纪的殖民统治的终结。

中国国家主席江泽民，国务院总理李鹏，英国王储查尔斯王子，首相布莱尔，同中英两国政府代表团其他成员一起参加了这一历史盛典。

江泽民主席在交接仪式上讲话时说：香港回归祖国标志着“香港的发展从此进入了一个崭新的时代”“香港回归后，中国政府将坚定不移地推进‘一国两制’、‘港人治港’、高度自治的基本方针，保持香港原有的社会、经济制度和生活方式不变，法律基本不变”。

40多个国家和地区，30多个国际组织和地区性组织的代表，各国驻港总领事，海外华侨及华人代表以及香港社会各界人士应邀出席了通过电视向全球直播的仪式。

在仪式举行的同时，中国人民解放军驻港部队先头部队同英军驻港部队在军营里举行防务交接仪式；中华人民共和国外交部驻香港特别行政区特派员公署大厦升起了五星红旗；海关职员和警察等纪律部队成员的领章、肩章图案上的英国皇家标志，立即被香港特别行政区的象征——紫荆花所取代。

香港自古就是中国的领土。英国强迫中国清朝政府分别于1842年、1860年和1898年签订了三个不平等条约，侵占了整个香港地区。1984 年，中英两国政府签署了关于香港问题的联合声明，宣布中国政府将于 1997 年 7 月 1 日恢复对香港行使主权。

整个中国为百年国耻得以洗雪而沸腾，各地张灯结彩举行各种庆祝活动成了中国人民自信心和自豪感的大展示。男女老幼都以各自喜欢的方式庆祝中华民族这一世纪盛事。许多人彻夜不眠地收看电视直播节目。

在首都北京，10 万群众的联欢活动把天安门广场变成了一片欢腾的海洋。当距 7 月 1 日零时还有 10 秒钟时，人们面对倒计时牌，有节奏地高喊："10、9、8……"当倒计时牌上的显示锁定在"0"时，鼓声喧天，欢声雷动，10 里以外都能听到。

在东莞市虎门镇，人们用五彩缤纷的焰火告慰民族英雄林则徐和在鸦片战争中牺牲的先烈们。林则徐在中国是一位家喻户晓的民族英雄，他因主持了 1839 年虎门销烟奋起抗英而受到敬仰。

林则徐的五世孙凌青在接受记者采访时说："香港回归这一历史性事件无疑将大大激发我们这一代的爱国主义热情，而当今爱国主义的最好体现就是在共产党的领导下推进中国的改革开放和现代化建设。"

这一盛事受到国际社会的普遍赞扬。联合国秘书长安南早些时候曾说："所有人都会从（这一事件）中获益，不论是香港人，还是中国内地人，或是世界其他国家和地区的人。"

多次民意测验表明，香港 600 多万同胞对未来充满信心。香港特别行政区首任行政长官董建华说："7 月 1 日，与其说是香港一个历史的终结，不如说是一个新纪元的开始。香港以骄人的成绩跨入 21 世纪。"

（《××日报》1997 年 7 月 1 日）

【简析】

这篇事件特写再现了 1997 年 7 月 1 日香港正式回到祖国怀抱的精彩场面。

首先，本文作者按"以我为主"的原则有选择地写了参与盛典的方方面面，对中英双方交接仪式作了全面而又重点突出的报道。

接着，作者采用点面结合的方法，叙写了祖国各地的庆祝盛况。特写一般要在新闻事件中找到最能体现事件新闻价值的细节和场面，然后将其放大，不仅要把细节的细微之处交代清楚，而且要把细节中的一幅幅画面生动地展现出来。如文中写道："整个中国为百年国耻得以洗雪而沸腾，各地张灯结彩举行各种庆祝活动成了中国人民自信心和自豪感的大展示……许多人彻夜不眠地收看电视直播节目。""当距 7 月 1 日零时还有 10 秒钟时，人们面对倒计时牌，有节奏地高喊：'10、9、8……'"本文又通过东莞市的虎门镇、林则徐的五世孙凌青的讲话等细节和场面，把香港回归的热烈场面写得既全面又重点突出，真切形象地再现了新闻事件的动态和氛围，使读者有身临其境之感。

第五节 简 报

一、简报概述

（一）简报的概念

简报是党政机关、社会团体、企事业单位内部用于汇报工作、反映问题、沟通情况、指导工作、交流经验、传递信息的一种简短的有一定新闻性质的文字材料。

简报因各自使用的侧重点不同，有的称简讯，有的称工作通讯，也有的称情况反映、情况交流、信息快报、内部参考等。尽管名称各不相同，但其性质和作用是基本一致的，都属于简报文体。它的基本功能就是简要、明白、及时地汇报交流情况。

（二）简报的作用

1．便于领导机关掌握情况，指导工作

按照实际情况来决定工作方针，这是一切领导者所应有的工作方法。领导机关通过简报掌握了基层、下级机关的各种情况和问题，他们就会“情况明、决心大、方法对”，并通过本级的简报，通报下级情况、传达有关指示、介绍典型经验，起到上通下联、推动工作的作用。

2．向上汇报工作，争取指导帮助

基层、下级机关编写简报的目的之一是向上级机关汇报工作、反映情况、提供信息，使上级机关了解他们工作的情况、存在的问题、创造的经验、涌现的典型，以便根据实际情况采取措施，有问题的给予帮助解决，有经验、典型的给予表扬推广。

3．促进单位之间的交流

简报除了上送下发外，还可以送发平级的兄弟单位和相关单位。通过简报，单位之间可以交换情况、互通信息、交流经验、取长补短。

二、简报的种类

简报的种类繁多：如按出刊日期分，有定期的与不定期的；如按用途分，有反映情况、报道动态、提供信息与交流经验的。这里，我们按照反映内容的不同，将简报分为工作简报、专题简报、会议简报三大类型。

（一）工作简报

工作简报，又称情况简报，是反映本部门、本系统各方面工作情况和问题的简报。这种简报与本部门、本系统的工作结合紧密，或者简明扼要地报告其掌管范围内重大问题的处理；或者报告工作中的重要情况；或者反映经济社会发展中的新人、新事、新气象、新动态；或者反映工作中的经验、介绍做法、说明成绩；或者揭露问题、分析矛盾，并提出解决问题的办法。

（二）专题简报

专题简报是将某项专门工作的动态、进展、经验、问题等向上级部门汇报，或向有关部门通报情况，或下发所属基层单位借以推动工作的简报。这种简报报道的事件集中，都是围绕某一项专门工作或中心工作来编写的。

（三）会议简报

会议简报是专门报道、交流有关重要会议内容、筹备和进展情况，反映与会者意见和建议的简报。会议简报分为综合简报和进程简报两种。前者是整个会议只编一期简报，在会议后期发送；后者是整个会议编发多期简报（一般重大的、时间较长的会议都发进程简报），即每个阶段编发一期，有时天天编发，以供与会者阅读、互通情报、交流思想经验。

三、简报的写作

简报的文稿种类繁杂，写法各异，无法一一介绍。现仅将一般的简报写作归类介绍：

1. 新闻式简报的写作

简报与新闻（消息）在内容与要求上有许多相似之处，在结构和写法上也比较接近。因此，简报文稿常常采用新闻的写法。它一般由导语、主体和结尾组成。

（1）导语。导语即文稿开头的第一句话或第一段。它的任务是简明扼要地揭示简报的核心内容，引导读者阅读全文。简报的导语比新闻的导语体式少一些，常见的有叙述式导语、提问式导语、结论式导语等。

（2）主体。主体是文稿的主干部分，一般紧承导语，将导语提出的中心内容用充足、具体、典型的材料充分展开，或者将导语中提出的问题分层次具体地回答清楚。主体可以叙述取得的成绩、分析成绩取得的原因，也可以介绍具体做法、取得的效果或提出存在的问题等。

简报主体部分因内容多、篇幅长，结构安排应条理清楚，一般采用纵式和横式两种结构方式。纵式是指按照事物发生、发展的时间顺序来安排材料进行叙述。如果所写内容是一个问题、一个事件时，就采用这种结构方式叙述。这种方式，可以使简报线索清楚、脉络分明，但要注意精选材料、突出重点，切忌平铺直叙、啰唆冗长。横式是指按事物的逻辑顺序来安排材料进行叙述。如果所写的内容涉及面广，需要集中各方意见，多角度阐述才能证实问题、说明意义，则采用这种结构方式。

（3）结尾。简报的结尾有以下几种写作方式：

第一，自然结尾。即主体部分写完了就戛然而止，不再画蛇添足。

第二，写一段简明扼要、概括全文内容或点明主题的话语作结束语。

第三，根据主体内容指出事物发展的趋势、方向，或者提出希望、号召。

2. 综合式简报的写作

动笔之前，首先要全面了解情况、把握全局，对众多材料进行综合分析，提炼出主题；然后根据主题分析材料、事件的主次；最后方能动笔。

综合式简报的开头和结尾与新闻式简报相同，但主干部分的结构却不一样。综合式简报采用横式写法，紧紧围绕主题，点面结合，既有详尽的典型事例，又有较大篇幅的概况，这样，简报所反映的问题就生动、全面。

3. 专题式简报的写作

专题式简报是就一个典型进行较为详细的介绍，内容单纯、主题明确、篇幅简短。写这种简报的关键在于选准典型。

4. 进程式简报的写作

进程式简报即一系列文稿、一组文章，每一篇文章只写报道对象的一个阶段，或者一个侧面情况，一系列稿件完成后就能反映报道对象的全过程或全貌。反映大型会议，或某项中心工作开展的简报，多采用这种写法。

四、简报的格式

简报有较为一致的格式，一般由报头、正文、报尾组成。

1. 报头

简报的报头在第一页的上方，约占整页的1/3。上端居中几个醒目的大字写简报的名称，如“××工作简报”“××会议简报”“××动态”或“情况反映”等。名称下面是简报编号（期数），有一年一编号的，也有统编下来的。编号左下侧是编发单位的名称，右侧写本期简报印发的日期。报头左上角写提醒事项，如“内部刊物、注意保存”或“机密”等。为了醒目，要用红色粗横线把报头和正文隔开，请看下面两个报头样式。

一般简报报头样式

内部刊物
注意保存

××工作简报
第×期

××办公室　　××××年××月××日

会议简报报头样式

机密
0212

××××会议简报
（第×期）

××××会议秘书处　　××××年××月××日

2．正文

正文部分的写作，分为三种情况：

（1）分标题或标号的写法。凡涉及面较广，如几个问题、几种情况、几点体会，均可采用此种写法。具体行文步骤是：

第一步，大致介绍总体情况。

第二步：分列小标题一段一段写。每个小标题说明一个问题，或一点体会，一种情况。每一段的内容都要照应小标题，也可只标号不标题。各段之间的关系要注意逻辑性，如果是平行关系，要考虑先主后次；如果是前后关系或因果关系，则应按时间顺序写。

（2）新闻报道式的写法。这种写法适合于交流情况的简报。它以新闻报道的形式作为开端。全文以倒金字塔式的结构组织材料。按各个材料重要程度的递减顺序依次排列，先主后次，先整体后局部，先概括后具体等。具体行文步骤为：

第一步：总体情况简介。

第二步：分别叙述主要情况、主要事实。

第三步：其他材料的补充。通常是选取个别典型的例子或典型的细节，与第二步构成点与面、概括与具体的结合。这部分内容不要过多，要注意典型性，做到以小见大。

（3）文件转发式的写法。为了推动某项工作的开展，或为介绍他人经验，可以通过转发的形式把有关的材料登在简报上。这种简报实际上是由两部分组成：前面是编者的按语，后面是转发的文稿。

按语要写得简明扼要，根据实际情况而定，可以是强调所转发的文稿的重要意义，或者是说明其参考价值。

对于被转发的文稿，编者可以根据需要作必要的文字处理（如个别字句的修改，删去一些不太重要的内容等），编后应注明转发文稿原载什么刊物及期号。如有删节，也应注明“本刊略有删节”字样。

3. 报尾

报尾位于简报最后一页下方，在两条平行横线内注明简报发放范围和印发份数。简报报尾样式：

抄送：×××，×××。

发：×××，×××。　　　　　　　　　　　　　　　　（共印××份）

【例文7－11】

文化工作简报

第×期

××省文化厅办公室　　　　　　　　　　　　　　　××××年××月××日

在首届中国曲艺节上我省三曲目享誉津门

近日，首届中国曲艺节在天津举行，全国共有20多个省市的代表队表演了100多个节目，我省的西河大鼓《东英会》、京东大鼓《傻子相亲》和评书《考御史》三曲目享誉津门，受到广泛好评。

天津号称北方曲艺之乡，拥有一大批口味甚高的曲艺迷。而在这次首届中国曲艺节上，更汇集了全国的曲艺精英。头一次经历这种大阵势的我省中青年演员毫不怯场，信心百倍，以精湛的表演在强手如林的津门曲艺坛上赢得了众人的交口称赞。24岁的青年女演员李×在演唱西河大鼓《东英会》的第一句时，就以浓郁的韵味、圆润甜美的唱腔引发了观众的喝彩，全场为之一震。近10分钟的演出，响起了7次掌声。谢幕时掌声更烈，李×只好返场，以飨观众。青年女演员张××演讲评书《考御史》时，一上场便以新型戏曲演员的精神气质迎来"碰头彩"。当她说到颇见功夫的绕口令段落时，观众报以热烈的掌声。她幽默、风趣的表演，给剧场带来一次小高潮。中年演员王××这次更是叫响津门，他演唱的京东大鼓《傻子相亲》只有短短8分钟，观众就有8次热烈的鼓掌称赞。谢幕时观众不依不饶，逼着返场。演出结束后，四川、湖北、辽宁等省代表队纷纷派员来投师学艺。××矿务局观摩的同志连看他两场演出，觉得学得还不行，索性花330元钱买了一台收录机，找到王××，把他的演唱全部录下来。

在这次首届中国曲艺节全部正式展演的曲目中，传统保留曲目占了三分之二，而我省代表队展演的曲目则是反映现实生活的新曲目占三分之二。特别是直接反映改革成就、讴歌四化建设，并为观众所认可的西河大鼓《东英会》，简直成了这次曲艺节目的凤毛麟角。

参加这次曲艺节的各界人士一致认为，别看××代表队年轻，可是在演出曲目的主题筛选上、演出的时代气息上以及演出的基本功上，都有相当深厚的功底和独特的魅力，是一支大有希望的新军。

抄送：省委书记、副书记、常委、秘书长；省长、副省长、秘书长；省委宣传部部长、副部长；各市（地、州）人民政府、省委办公厅，省政府办公厅、省人大教科文卫委、省政协文教卫委；省委宣传部文艺处

发：省直文化系统各单位；厅机关各处（室）

（印150份）

【简析】

这是一种新闻报道式的工作简报。报头、报尾按简报格式制作，正文内容则按新闻报道形式编写。

这种写法适合于交流情况的简报，与新闻一样，全文以倒金字塔式的结构组织材料，先整体后局部、先概括后具体。第一自然段是总体情况介绍；第二自然段是分别叙述具体的主要情况，是第一段的具体化；第三、第四自然段则是其他材料的补充，很好地达到了简要、明白、及时地汇报交流情况的效果。

【例文7－12】

××××职业学院保持共产党员先进性教育简报

第×期

院先进性教育活动领导小组办公室编　　××××年××月××日

我院召开深入推进学习培训工作会议

3月5日上午，学院保持共产党员先进性教育活动领导小组在办公楼二楼会议室召开会议，研究布置把第一阶段学习引向深入的有关工作，会议由党委书记×××主持，纪委书记×××进行了传达布置，学院保持党员先进性教育活动领导小组全体成员和各支部书记出席了会议。

会上，纪委书记××首先传达了省委、省国土资源厅党组关于第一批先进性教育单位深入推进学习培训工作的通知精神，对进一步深入推进学院的学习培训工作进行了部署。要求做好九项工作：一是各支部要进一步组织好集中学习、交流和讨论，确保集中学习和培训达到40小时；二是先教办组织安排好辅导报告3～5次，搞好集中学习培训；三是在学习《党章》、开展先进性标准讨论的基础上，制定学院党员先进性标准和对每个不同岗位党员的具体要求；四是党委、各党支部要分别召开各类座谈会，广泛征求意见；五是各党支部设立信息员，加强宣传报道工作，搞好上下沟通；六是各党支部要完善教育活动档案资料工作，搞好活动记录，并及时归档；七是先教活动要结合学院实际，有创新，有特点；八是有关部门做好毕业生党员档案的转迁工作；九是做到边学边查边改，使活动取得实效。

最后，党委书记××强调要进一步提高对学习动员阶段深入推进的认识。他说：我院先教活动第一阶段工作正在扎实有序地进行，但离上级要求还有距离，还要进一步继续深入有效推进。要戒骄戒躁，认真组织好集中学习，防止和克服表面化、一般化。他说××书记布置的九项工作是切合学院实际的，一定要认真组织，切实抓紧抓好。同时他还要求认真做好学院的安全稳定工作，努力创建和谐稳定的校园环境。

【简析】

这是一系列专题简报中的一篇，该简报是围绕一项专门工作——保持共产党员先进性教育活动来编写的。简报的主体是把纪委书记对学习培训的具体部署作了较详尽的说明，分成九项，条理十分清晰，先进性教育活动的内容一目了然，且符合学校的特点。起到交流情况、提供信息的作用。

【例文7-13】

××县第××届人民代表大会第四次会议简报

第×期

大会秘书处　　　　　　　　　　　　　　　××××年××月××日

代表相聚　同绘宏伟蓝图
民主决策　再创辉煌业绩

改革春风催开百花争妍，开放巨潮激荡千帆竞发，带着过去一年丰收的喜悦，代表们齐聚在庄严的人民礼堂，拉开了××县第××届人民代表大会第四次会议的帷幕。

大会执行主席×××主持了大会开幕式。列席这次会议的有县级领导，县属各部委室局的同志、地区指导组的同志，驻县省八届人大代表、部分县级离退休干部和老红军。出席县政协四次会议的全体同志列席了会议。

会上，代表们认真听取了代县长×××做的《政府工作报告（草案）》，县计委主任×××做的《××县××××年国民经济和社会发展计划执行情况及××××年计划（草案）的报告》、县财政局局长×××做的《××县××××年财政预算执行情况和××××年财政预算（草案）的报告》。代县长×××在政府工作报告中总结回顾了过去一年的政府工作，提出了××××年政府工作的目标和必须抓好六个方面的工作。他说：过去的一年，在地委、行署、县委的领导下，在县人大、政协的监督、支持下，按照县人民代表大会及其常委会的各项决议、决定，组织和带领全县百万人民，坚持党的基本路线，进一步解放思想，抓住机遇，加大改革开放力度，加快经济建设步伐，较好地完成了县第××届人大三次会议审议通过的各项政府工作任务，圆满实现了“十一五”计划的奋斗目标，经济建设和社会事业进入了持续、快速、健康发展的新阶段。对××××年政府工作的目标任务，他提出了国民经济和社会发展的几个主要指标：实现国民生产总值15.2亿元，比上一年增长13%，农业总产值7.59亿元，增长4%以上，工业总产值16.43亿元，增长27%，乡镇企业总产值33亿元，增长50%以上，财政收入6300万元，同口径增长10%。为实现上述目标，×××县长提出了××××年政府工作必须认真抓好的六个方面工作：（1）以稳粮增收为重点，推动农村经济全面发展；（2）以提高效益为导向，加快我县改革开放步伐；（3）以增大投入为保证，大力加强重点项目建设；（4）以科教兴县为龙头，促进各项事业协调发展；（5）以维护稳定为前提，加强民主法制建设和廉政建设。

《计划》《财政》两个报告，分别就××××年国民经济和社会发展计划执行情况，财政预算执行情况向代表们作了汇报，并提出了新一年的目标和实现目标的主要措施。

会议是在热烈、祥和的气氛下进行的。代表们精神饱满，认真听取报告，表现了高度的使命感和责任感。

【简析】

这是一篇会议简报，是在××县人大会议开幕的当天写成的。导语部分对会议的召开时间、与会人员作了介绍，符合会议简报的通常写法。主体部分采用横式结构，按事物的逻辑顺序（主次顺序）来安排材料进行叙述。代县长的《政府工作报告（草案）》的内容是叙述的重点，简报用了许多材料和数据对《报告》的要点作了阐述，使与会者与相关人员能了解报告的精神，以便交流思想、经验，把会开好。对《计划》和《财政》则写得较为简略，符合主次分明的要求，结尾部分只有两句话，点明了会场气氛和与会代表的态度，不枝不蔓，干净利落地结束了全文。

第六节 海 报

一、海报概述

海报是向广大人民群众报道或介绍有关戏剧、电影、体育比赛、文艺演出、报告会等方面消息的一种实用文体。就写作目的来说，它和广告相似，以鼓动人们参与为目的；不同的是，海报多是为了公益事业而制作的，是一种宣传广告。

海报多张贴在剧院、电影院、街头、宣传栏等公共场所，范围有限，有效时间较短，一般没有必要登报或在电台广播。海报多数都加以美术设计，使之醒目、美观。

二、海报的种类

海报的种类较多，根据海报的内容，可分为戏剧海报、电影海报、文艺活动海报、体育比赛海报、报告会海报等；根据海报的形式，可分为文字海报和美术海报两种。

三、海报的格式

海报的写作没有固定的格式。一般是先在纸的上方居中写上“海报”两字，字要稍大些，下面写明是什么活动，然后写清举行活动的时间、地点、参加方式。如果是售票或发票，还要写明买票、领票的时间、地点；如果是文化、体育表演，则要注明表演单位。

海报由标题、正文和结尾组成。

（一）标题

标题的位置可根据排版设计随意摆放，有以下几种形式：第一，用文种作标题。有的海报标题只写“海报”两字。第二，用内容作标题。第三，用主办单位的名称作标题。

（二）正文

海报的正文要用简洁的文字写清楚活动的内容、时间、地点、参加方式等。主要有以下几种形式：

1．一段式

一段式海报的内容简单，通常只用三言两语，一段成文。

例如：××月××日下午×时，我校和××大学足球队在本校大操场举行友谊比赛，欢迎踊跃观赛。

2．项目排列式

项目排列式海报的内容稍多，可分项目，分项排列成文。

例如：特邀××学院××教授　主讲：沟通

××讲座形式：视频为主，辅以讲解

时间：××××年××月××日至××日，每晚×时至×时

地点：××报告厅

入场办法：××月××日起在本馆门口处售票，每票××元。

3．附加标语式

附加标语式海报在正文首或正文末加上排列整齐的标语，起到画龙点睛和渲染吸引作用，但写作时要遵守真实的原则，不能哗众取宠。

（三）结尾

结尾写明主办单位和海报制作时间等。有的结尾还加上一些吸引人的口号，如“售完即止，勿失良机!”之类。

四、海报的写作

（一）语言简明

海报的语言要简明扼要，有很强的宣传性、号召性和鼓动性，能引起公众的极大兴趣，但又要注意实事求是。

（二）图文并茂

海报在形式上要尽量活跃些，如可用红纸书写，强化效果，达到吸引公众眼球和积极参与的目的。

下面具体介绍几种海报的写作。

【例文 7－14】

××省京剧团演出

五场古代神话剧

白 蛇 传

时间：8 月 12—16 日

每晚：7：30

地点：××剧场

票价：前座 80 元，中座 60 元，后座 40 元

12 日下午 1 时起售团体与个人票

【简析】

这则戏剧海报写明了演出起止时间，并注明了各类票价，以剧团名称作海报标题。这类海报有时可对剧目作简单介绍，以吸引观众。

【例文 7－15】

彩色立体宽银幕故事片

独此一家　　欢欢笑笑　　机会难得

画面鲜明逼真　　人如身临其境

时间：9 月 15 日至 20 日

地点：××影城

票价：60 元

【简析】

这则海报写明了影片名、放映起止时间和地点，并注明了票价。

【例文 7-16】

影 讯

明天晚上 7 时整在校大礼堂放映国产彩色故事片《××月亮》，届时欢迎广大师生观看。

××大学团委

2013 年 6 月 20 日

【简析】

这则海报写明了影片名、放映时间和地点，因为是公演，写上“欢迎……观看”字样。落款写明海报的制作单位和时间，标题为“影讯”字样，也可写为“电影消息”。

【例文 7-17】

周末舞会

为活跃教职工的业余文化生活，增进友谊，学校工会将于本周末晚上在校大礼堂三楼舞厅举办周末舞会，欢迎广大教职员工踊跃参加。

时间：7：30—10：00

××学校工会

2013 年 9 月 19 日

【简析】

这则海报除写明活动项目、时间、地点外，还写明了活动目的。

【例文 7-18】

球 讯

今天下午 4 点整，我校和××校男子篮球队将在本校球场举行友谊赛，欢迎大家前来观看助兴。

××学校体育组

2013 年 10 月 20 日

【简析】

这则体育比赛海报写得简洁明了，比赛内容、时间、地点及参赛对象一目了然。

【例文 7-19】

海 报

为了提高广大同学的写作水平，特邀请××大学著名教授×××来我校举办“文学与写作”讲座，欢迎大家踊跃参加。

时间：11 月 20 日下午 2：30

地点：本校大礼堂

××学校团委

2013 年 11 月 20 日

【简析】

这则海报写明了报告会的内容、时间、地点及活动目的，并且直接用“海报”作标题。

在写作以上各类海报时，应注意以下事项：

（1）内容要真实，切不可张冠李戴，文不对题；可以适当地运用一些鼓动性的词语，以吸引观众，但不可夸张失实。

（2）在文字上要力求简洁明了，行文直截了当，不可啰唆冗长，拐弯抹角。

（3）可以根据内容的需要，配上象征性的图案或图像，色彩和构图要突出、醒目、新颖，手法明快。

第七节 演讲稿

一、演讲稿概述

（一）演讲的概念和特点

所谓演讲，是指人们出于种种主观和客观的需要，在某种特定的场合面向公众进行的宣传活动。它包括讲话和演说两种形式。前者具有平实性、汇报性和表态性的特征；后者则追求艺术性、鼓励性和感染力。不管是讲话还是演说，实际上都包含“演”和“讲”两个基本要素。其中，“讲”是主要部分，即通过有声语言传达信息；“演”即“表演”，是态度和姿态的表演，即通过无声的形体语言（如手势、动作、表情等）强化有声语言的效果。只有“讲”和“演”结合，才能产生更大的效果。

（二）演讲稿的概念和作用

演讲稿又称演说词，是在演讲时所使用的书面文稿。一场成功的演讲，首先需要有一篇精彩的演讲稿。演讲稿的优劣，在很大程度上决定了演讲的成败。

演讲稿在演讲中可发挥如下作用：

1．整理思路

演讲最忌信马由缰、无目的地纵横驰骋、东拉西扯、言不及义。而写作演讲稿，可使演讲者在拟写的过程中根据演讲的目的与主题要求，整理演讲的逻辑思路，以保证演讲自始至终有的放矢，紧扣主题。

2．推敲构式

要通过演讲达到引人入胜的现场效果，这就不能不对演讲稿的篇章与语言结构作认真推敲。首先看结构是否精巧地突出了重点，其次看语言构式（陈述、疑问、反诘、对偶、排比等）运用是否精当……这些都需要在演讲稿中外化定型。

3．临场有据

有了精心拟写的比较满意的演讲稿，又做了事先演习，走上讲台就会胸有成竹、信心十足，获得较好的临场效果。即使偶有疏漏，也可以凭手稿提示而从容掠过，不着痕迹。当然，演讲应当以脱稿为好，捧稿照读终难有好的效果。

4．控制时限

演讲一般有时间限制，倘若信口倾吐，就很难控制时间。而通过讲稿事先测读，则能保证在一定时限内完成演讲任务。

（三）演讲稿的特点

1. 针对性

演讲稿的针对性体现在两个方面：首先，演讲稿的内容要有针对性，因为演讲稿是为某项特定的宣传任务而撰写的。其次，演讲还要看对象，针对不同的对象应有不同的演讲内容与形式。要尽量结合听众的实际情况讲他们感兴趣的事，并尊重他们、信任他们，最忌讳随心所欲、自以为是，要注意缩短与听众的距离。

2. 情感性

我国著名诗人白居易说："动人心者，莫先于情。"美国作家韦拉凯瑟说："热情是每个艺术家的秘诀，而每位演讲家都应当是一位艺术家。这是一个公开的秘诀，十分有效。"可见，演讲者要把火热的激情洋溢在演讲词里，抒发在声调中，这样才能感染人、打动人。

例如，《最后一次的讲演》中，闻一多在演讲的开头就质问："李先生究竟犯了什么罪？竟遭此毒手！"正义的质问必然会引起听众的共鸣。接着又质问："他只不过用笔，用嘴，写出了、说出了千万人民心中压着的话，大家有笔有嘴有理讲啊，为什么要打要杀……"这就在共鸣的基础上再加上一把火，引起群情激愤。然后进一步质问："而且偷偷摸摸的杀！"这才是火上加油，使听众怒火中烧。

3. 传声性

演讲的本质是将无声的书面语言转化为有声的口头语言。因而，演讲稿也就必须适应这一要求，做到句子简短，句式要变化，语言要明白，声调要起伏，语气要自然，用词要通俗。只有这样，才能使文稿讲起来上口，听起来入耳，取得良好的效果。

4. 鼓动性

鼓动，就是用声调、词句、姿态激发听众的情绪，使他们行动起来，这是演讲的目的。除了运用各种修辞手法增强演讲词的鼓动性外，更有效的方法是演讲者对于自己的论题、主张以及对自己的听众，有一种休戚相关的真挚感情，用自己心灵的呼声去冲击别人的心灵。

例如，《最后一次的讲演》的结尾是："我们要准备像李先生一样，前脚跨出大门，后脚就不准备再跨进大门。"这句气势磅礴的话，表现了革命者无所畏惧的精神、视死如归的信念，使得听众精神振奋，鼓舞人们去进行斗争。

二、演讲稿的种类

演讲稿的分类方法众多，主要有以下几种：

（1）以用途分类。可分为竞选演讲稿、就职演讲稿、欢迎演讲稿、告别演讲稿、学术演讲稿等。

（2）以地点分类。可分为街头演讲稿、广场演讲稿、厅堂演讲稿、墓前演讲稿等。

（3）以保密性分类。可分为秘密演讲稿、公开演讲稿等。

（4）以准备情况分类。可分为有备演讲稿、即兴演讲稿等。

（5）以内容分类。可分为政治演讲稿、经济演讲稿、社会生活演讲稿、文化演讲稿等。

（6）以主题分类。可分为专题演讲稿、自由演讲稿等。

（7）以表达方式分类。可分为叙述型演讲稿、议论型演讲稿、抒情型演讲稿等。

现对常见的几种演讲稿作一说明。

1. 命题演讲稿

命题演讲稿是根据组织者或主办者统一命题拟写的，要切合命题的主旨。例如，《理想与现实》《做跨世纪的合格大学生》等。

2. 自由演讲稿

自由演讲稿往往是在某一引人注目的主题集会，在竞相热烈畅吐心曲的场合里应用的。这类演讲稿往往是即兴之词，内容自由奔放，可以不受字数限制，以意达情，情随笔到。但也须注意一定的情境和题旨。例如，新年晚会演说就应突出“辞旧、迎新”的意思。

3. 专题演讲稿

专题演讲稿是指在社会生活及科学文化领域中，就某一专门或特殊的问题发表自己的主张与见解的演讲稿。例如，某班通过民主选举，选出了新的班长，新班长发表就职演说的内容大致可安排如下：①就职谦辞；②自信胜任；③分析本班现状（优缺点），提出施政纲领；④以决心、自励、号召作结束语。

三、演讲稿的写作

（一）演讲稿的格式和写法

演讲稿由标题、开头、主体和结尾组成。

1. 标题

演讲稿的标题与普通作文的标题基本相似，如《到祖国最需要的地方去》《毕业前所想到的》等。有时演讲稿的标题也使用正题加副题的双行标题形式，如《未来与现在——写在毕业之前》。

2. 开头

一次演讲是否成功，关键之一在于开始的一两分钟内是否吸引听众。为此，演讲稿一定要十分重视开头的写作，力争使开头像“凤头”那样精美，像磁铁那样吸引人。常见的开头方式有以下几种：

（1）开门见山，提出主旨。采用这种方式，一开始就清楚明白地把演讲的思想观点展示在听众面前，产生“直截了当”的畅快感。例如，斯大林在一次党代会上的演讲是这样开头的：

> 同志们：我们共产党人是具有特种性格的人，我们是由特殊材料制成的。

（2）提出发人深省，引人入胜的问题。采用这种方式，使听者兴味骤增，迫切地想知道演讲者是怎么回答的。例如，《用知识开拓美好的未来》的开头：

> 年轻的朋友，如果在你面前，同时有金钱、爱情、名誉、知识，你准备选择哪一种呢？

（3）引名人名言切入正题，或对名言进行翻新。采用这种方式，用名言切题，使读者产生亲切感，并增添了理性色彩。例如，《有志者未必成》的开头：

> 人们常用“有志者事竟成”来勉励他人或自己，事实却未必如此。

（4）以故事、寓言、笑话开头。采用这种方式，容易引起听众的兴趣，并使听众循着故事思考一些问题。例如，《不做改变社会风气的“局外人”》的开头：

> 前天的《××晚报》披露了这么一件事：××中学教师于××在大街上勇斗窃贼，被歹徒连捅六刀后倒在血泊中。当时有几百名群众围观了这一场面，但就是没有一个人站出来与于××并肩作战！而更令人心寒的是：歹徒扬长而去之后，围观者居然没有一个人站

出来把于××送往医院抢救。于是，一个见义勇为的人民教师，就这样倒在血泊一个多小时，终因失血过多而永远不能再站起来了！

（5）以展示的实物（如画页、照片等）为话题引出讲题。采用这种方式，同样能使听众产生强烈的兴趣。

3．主体

一篇演讲稿是否内容充实、论证严密，主要是看主体部分写得如何。因此，演讲者要充分运用各种论据，调动各种论证方法，有条不紊地、巧妙地证明中心论点，突出主题。同时还应注意，由于主体部分内容较多，故特别需要讲究结构层次，以使读者能把握演讲者的思路，领会所讲的内容。

主体部分的写作，主要有以下两种类型：

（1）议论型。这种演讲词是以议论的笔法说理，构成演讲词的基本框架。议论型演讲词可以分为三种形态：①递进式。即提出论题后，或按由浅入深、由现象到本质的过程分析；或按由感性认识到理性认识、由片面到全面的层层递进的过程拟写。②并列式。即从几方面并列地展开论证，说明一个问题。③比较式。即采用同类类比或正反对比的材料进行论证。通过相近的或相反的材料的佐证，更容易使听众理解演讲者的观点。

（2）记叙型。这种演讲词是以记叙事物发展过程和人物思想变化过程作为主体，通过叙述故事感染听众。例如《我愿做一支燃烧的蜡烛》一文，主要写主人公为什么选择教师这个职业的过程：残酷事实激发的愿望——进入××师范后的困惑——乡村小学的震动——其他教师的感染——无比坚决的信心。全篇叙述个人真实经历和真实情感，因而真挚感人。在记叙型演讲词中，具体有以时间为序、以空间为序和以因果关系为序三种写法。

4．结尾

古人以“豹尾”来形容文章的结尾要刚劲有力。演讲稿的结尾也不例外，在演讲快结束时，应该有一个有力的结尾，使听众受到鼓舞，充满希望。常见的结尾方法有如下几种：

（1）总结全文。这种结尾方法就是把演讲的主要内容或中心思想加以概括，以使要点突出，听众印象深刻。

（2）提出希望，发出号召。这是一种鼓动性结尾，用祈使句直接动员听众，产生鼓动性。

（3）展望未来。这也是一种鼓动性结尾，用充满激情的句子展望胜利、展示希望，使听众受到感染。

（二）演讲稿写作的要求

1．了解对象，有针对性

如前所述，演讲一定要看场合，看对象。只有了解受众对象，针对受众对象的特点与要求，在演讲词中渗入既紧扣主题又反映听众心灵呼声的内容，采取受众对象喜闻乐见的演讲形式，才能使演讲产生更佳的效果。例如，李××在写以青年为主要听众的演讲稿时，就将“青年是我师，我是青年友”作为口头禅，在讲稿中时时处处注意与他们平等相待，以诚相见，打成一片，做到“如师如友，亦师亦友”。

2．语言通俗、生动

写演讲稿和写文章不尽相同。写文章，主要是给人看的，演讲稿则是给人听的。看起来顺眼的文章，听起来未必顺耳；看起来明白的词句，听起来未必清晰易懂。书面语言和口头语言是有所区别的。演讲稿如果写得过于书面化，讲究文采华丽，不一定能让人听懂、记住。因此，演讲稿的语言要口语化、通俗化，要讲明白话。这不仅仅是因为声音具有稍纵即逝，不能重听的特征，也是因为演讲要让人听懂并引起共鸣之故。加里宁说："话一出来，要能激动人们，引起人们赞成或反对，它才会发生极大的效力。"此外，演讲稿还要在明白如话的基础上，努力做到语言精练、准确，富于概括力。这就要求在演讲稿中选用一些美言、真言、忠言，只要听众能够记住一两句或几句掷地有声的话，也就基本掌握了演讲的主要精神了。

3. 主题鲜明

说话、写文章均应有一个鲜明的主题。作为宣传鼓动性很强的演讲稿，更应有鲜明的主题，赞成什么、反对什么，要旗帜鲜明。在命题演讲中，演讲稿一般不太会偏离主题；但在自由演讲或专题演讲中，则特别需要注意时时刻刻围绕主题开展演讲，切不可东拉西扯、海阔天空。在自由演讲或专题演讲中，可按演讲目的和听众的实际情况，确定一个鲜明的主旨，然后去阐述它、论证它。

4. 事例感人

演讲，作为一种宣传、鼓动、教育性很强的方式，一定要以理服人、以情感人。然而，道理是较为抽象的，感情是较为内在的，要使道理形象化、具体化，要使情感外化可感，就必须借助于材料——尤其是具有故事性的事例。

"巧妇难为无米之炊。"没有材料，就无法写出内容充实的演讲稿。我们常说某某演讲空洞、贫乏，就是指该演讲没有充实的材料、没有实际的内容，只有一些空洞的口号、无力的说教。演讲稿的材料可以有如下几种：①事实材料；②理论材料；③历史材料；④现实材料；⑤正面材料；⑥反面材料；⑦趣闻材料；⑧虚化材料等。在这些材料中，"事例"的作用尤为明显。卡耐基说："平淡的演讲若能有富含人情趣味的故事，必然更能引人入胜，演讲者应只讲述少数重点，然后以具体的事例作为引证，这样构建讲演的方法，一定会吸引听众的注意。"作为初学演讲或上台不多的普通人来说，卡耐基所教的方法，不失为一把"金钥匙"。

【例文 7-20】

开学典礼演讲稿

尊敬的领导、老师，亲爱的同学们：

很荣幸，能在这个美丽的季节和你们相聚在绿茵如画的经贸院，和你们一起分享收获的喜悦。

我们很是激动，能够凭着自己的努力从激烈的竞争中脱颖而出；我们很是骄傲，能够在全国涉外经济最高学府继续深造。五十年来，××大学在"博学、诚信、求索、笃行"校训的指导下，逐渐成为一所在国内外享有较高知名度的大学。五十年来，她送走了一批又一批的学子，为祖国培养了数以万计的经贸人才，在各自的岗位上成为国家的栋梁。迈进新一年，两校合并后，经贸院正发生着巨大的变化：装扮后的经贸院如西子般的美丽，五十年的文化积淀喷薄出新的生命，改革后的经贸院焕发着青春的气息……这一切，都深深地吸引着我们，激励着我们。

我相信，我们在座的大多数人都曾经过"导航""起航""领航"的指引，都曾品尝过昼夜苦读的艰辛，甚至曾经徘徊在放弃的边缘，最终战胜了彷徨与挫折，稳稳地踏上这片沃土！这里有我们渴求的书林瀚海，有我们企盼的学界鸿儒，更有我们向往的开拓进取、勇于创新之精神！

大浪淘沙，方显真金本色；暴雨冲过，更见青松巍峨！经过考研磨炼的我们，经过工作磨砺的我们，更加成熟、稳重而自信。如今，在这研究生新的起点上，我们心中更是充满了期待：期待着更多的机遇与挑战，期待着结交各方英才，期待着更为硕果累累的三年，在未来的三年里，我们要努力巩固知识结构，钻研理论内涵，丰富实践经验，在以后更为激烈的竞争中乘风破浪，展现经贸之子的风采！

谢谢大家！

【简析】

这是某校开学典礼上一位学生代表的演讲稿。在开学典礼上，领导和老师的发言通常着眼于祝贺大家跨入新学府、开始新的学习生活，鼓励大家在校期间认真学习、全面发展等；而学生代表的发言通常是“表决心”，即代表广大同学表达在校期间要努力取得好成绩的决心。这篇演讲稿也表达了决心，但它又不是一味地喊口号。演讲首先以“我们很是激动，能够凭着自己的努力从激烈的竞争中脱颖而出，我们很是骄傲，能够在全国涉外经济最高学府继续深造”来激发新生们的喜悦之情和自豪感，引起大家的共鸣。接着，文章又结合学校的办学特色和光荣历史，进一步激励在座的新生们珍惜难得的学习机会，争取更大成绩。最后，文章具体提出了在校攻读硕士学位期间应“努力巩固知识结构，钻研理论内涵，丰富实践经验”，切合研究生们的实际情况。

【例文 7－21】

学生会干部竞选演讲稿

各位代表：

大家好！首先感谢大家的支持与学校提供这次机会，使我能参与竞选，一展自己的抱负。今天我来参与竞选的目的只有一个：一切为大家，能为大家谋利益。我自信在同学们的帮助下，能胜任这项工作，正由于这种内驱力，当我走向这个讲台的时候，我感到信心百倍。

我认为自己很适合担任学生会主席。首先我热爱我的工作，算上小学的话，十年学生干部“工龄”已不算短了，这使我有了相当的管理经验、领导能力。活泼开朗、兴趣广泛的我积极参加并组织开展各项活动，在活动中尽情施展自己的唱歌、跳舞、弹钢琴及演讲的才能，取得了如演讲比赛第一，英语朗诵、阅读竞赛第一等好成绩，激励着我不断向前；主持也是我不懈的追求，从主持高一入学军训联欢会到主持××电视台节目，及后来的首届英语节，大大小小的活动参加了不少，是××这方热土给我提供了机会，使我如鱼得水，不断锻炼、充实着自己。此外，在活动过程中，我在学习上也丝毫没有松懈，成绩现已跻身年级前茅，我认为我有着足够的时间和精力在学习之余开展活动。

JP2 假如我当选，我将进一步加强自身修养，努力提高和完善自身的素质，我将时时要求自己“待人正直、公正办事”，要求自己“严于律己、宽以待人”；要求自己“乐于助人、尊老爱幼”等，总之，我要力争让学生会主席的职责与个人的思想品格同时到位。

假如我就任此届学生会主席，我要做的第一件事就是召集我的“内阁部长们”举行第一次“全体内阁会议”，全面听取他们的意见与建议，下放权力，实行承包责任制。我们将自始至终地遵循“一切为大家”的原则。在就职期间，我们将在有限的条件下，办好我们自己的电视台、广播站，建立必要的管理制度，设立师生信箱。我们将定期举行各种形式的体育友谊比赛，让爱好体育的英雄有用武之地。爱好文艺的，校艺术团在欢迎你，我们将举办自己的艺术节，中秋、圣诞大联欢。如有条件来个校园形象大使活动也不错，还有书画会、文学社、中学生论坛、社会实践（包括大家感兴趣的郊游活动）……总之，我们每个人都能在学生会找到自己的位置，我们的课余生活能够丰富多彩！我们将与风华正茂的同学们一起，指点江山，发出我们青春的呼喊！我们将努力使学生会成为学校领导与学生之间的一座沟通心灵的桥梁，成为师生之间的纽带，成为有所作为的名副其实的存在！

既然是花，我就要开放；既然是树，我就要长成栋梁；既然是石头，我就要去铺出大路；既然是学生会主席，我就要成为一名出色的领航员！

各位代表，你们所期望的学生会主席，不正是敢想、敢说、敢做的人么？我十分愿意做你们所期待的公仆。你们握着选票的手还会犹豫吗？谢谢大家的信任！

【简析】

这是一篇结构严谨、中规中矩的竞选演讲稿。首先，开门见山地提出了自己参加演讲的目的——一切为大家，能为大家谋利益，并在演讲一开始就展现了演讲者高度的自信心，这个开头对听众具有较强的吸引力。接着，作者较为详细地阐述了自己竞选学生会主席的若干具体理由，能以事实为依据，较有说服力。随后，作者谈了自己如果当选将有什么打算，一是严于律己，进一步加强自身修养，让学生会主席的职责与个人的思想品格同时到位；二是如何使学生会的各项工作开创新局面。这两个方面的表态能较好地取信于听众，获得他们的支持。最后，演讲以一段排比和比喻作结束语，产生了较强的煽动性。

【例文7-22】

让青春飞扬

时常听别人哼唱，自己也时常哼唱着姜育恒的那首《再回首》，唯独对“曾经在幽幽暗暗反反复复中追问，才知道平平淡淡从从容容才是真”这一句不愿认同。“孤独王子”唱得未免太超然了——一生反复追问，就只得出了平淡是真的结论。

平平淡淡才是真，说到底不就是自甘平庸、自甘无为吗？曾几何时，我们这些带着中学彩色梦想走进大学校门的莘莘学子也在高喊着：平平淡淡是最真。且有人认为，只要“与世无争，恬淡一生”便可无忧无虑地生存，颇有要把老庄的“无为”思想发扬光大之势。是什么使我们丰富的校园生活减退了缤纷的色彩呢？又是什么使我们真实的熔浆凝固，不再有来自内心深处的热血沸腾？是因为我们没有走进梦想中的象牙塔？是因为我们未走出自我困惑的地带？还是因为我们的心真的不再年轻，确实把一切都看得平淡了呢？不！都不是！主宰世界的是你，放弃世界的仍然是你。

生活得最好的人，不是寿命最长的人，而是最能感受生活的人。除了你没有走进理想的大学，除了你没有把握住一次几乎成功的爱情，除了你心中那份虚荣与倨傲，你对生活究竟有多少正确的感受？生活究竟给过你多少真正的重荷与不平呢？没有！只因为在当代的中国，在我们这个文盲、半文盲数以亿计的国度里，大学生既被社会过高地期待，也过高地期待着社会，只因为我们不能正确地估计自己，也不能正确认识社会。那种求平淡的心态，仍是不思进取的借口。于是，你曾经也想要有所作为，却不知道从何做起，跟着感觉走，在各种诱惑面前远离本真状态，被泥沙俱下的时代大潮裹挟着四处漂流。当你疲倦地走过无数个三百六十五里路，你才发现留在身后的除了那份平淡，什么也没有。

不再回头的，不只是那古老的辰光，也不只是那些夜晚的星群和月亮，还有我们的青春在流逝着。四年，我们有幸拥有这四年，但多少人的四年已一去不复返；更还有多少人在为能拥有这四年而埋头于题海和各种各样的模拟考试中呢？当初我们从他们这种状况中走出来，走进许多人梦寐以求的大学，难道就是为了追求“平平淡淡才是真”吗？

在我们四年的每个日子里，倾注了亲人的多少关怀和温暖，他们流淌着辛勤的血汗，默默地支持着子女的选择，他们唯一的希望就是我们能自己走好自己的人生之路。还有，在许许多多的眸子里时时刻刻地流露着对我们的期待，期待我们能用知识建构大脑、用我们的手去为人们描写更美的生活。在亲人面前，在那些关注我们的人的面前，我们又有什么理由去认为“平平淡淡才是真”呢？难道我们付出我们的金色年华，挥洒着父母的血汗仅仅是为了换取这份平平淡淡吗？仅仅是为了换取一张各科都过了60分的毕业证吗？小到为了每个家庭的付出，大到为了那如水流逝的时光，我们怎么就可以轻易认同“平平淡淡才是真”呢？

最欣赏把撒哈拉沙漠变成人们心中的绿洲的三毛，也最欣赏她的一句话：即使不成功，也不至于成为空白。成功女神并不垂青所有的人，但所有参与、尝试过的人，即使没有成功，他们的世界也不是一份平淡，不是一片空白。记得有一天和班上几个新近参加美术班学习的女生谈起了她们学习美术以后的感觉和收获。她们告诉我：并没有什么大飞跃，但确实已学会了怎样用心去观察一个事物。也许她们永远成不了画家，但是我赞叹她们的这份参与意识和尝试勇气。

说到这里有人会说：我的确平凡得很，无一技之长，不会唱不会跳，更不会吟诗作画，注定这四年就这么平淡了。世上只有一个天才贝多芬，也只有一个神童莫扎特，更多的人是通过尝试，通过毅力化平淡为辉煌的。毅力在效果上有时能同天才相比。俗语说，能登上金字塔的生物只有两种：鹰和蜗牛。虽然我们不能人人都像雄鹰一样一飞冲天，但我们至少可以像蜗牛那样凭着自己的耐力默默前行。

不要再为落叶伤感，为春雨掉泪；也不要满不在乎地挥退夏日的艳阳，让残冬的雪来装饰自己的面纱；岁月可使皮肤起皱，而失去热情，则使灵魂起皱。

拿出我们尝试的勇气，拿出我们青春的热情，大学四年毕业时，再回首，我们没有平淡、遗憾的青春。让我们的青春飞扬吧！

【简析】

这篇演讲稿具有高远而富有现实意义的立意，演讲者对现实热点问题独到而精辟的见解，层层递进、逻辑严密的论证都是本文的亮点，最引人注目的是它扑面而来的青春气息和极富哲理的语言风格。首先，演讲者选择了一个极具时代气息的青年人关心的热门话题，入题是从一首青年人喜爱的流行歌曲的歌词开始，通过包含情感的分析，批驳了一种无为的消极人生观，鼓励青年朋友们树立起积极向上的人生观和生活态度，全篇洋溢着浓郁的青春气息，给人昂扬向上的蓬勃感。其次，演讲是一门语言的艺术，这篇演讲稿时时处处闪现着精彩而富有哲理的语言，这些哲理性的语言使整个演讲具有了一种思辨的色彩，给整个演讲稿赋予了活的灵魂。演讲人在其作品中还大量运用了诗一般的语言，给听众一个美好的意境，这些语言是那么地让人熟悉和感到亲切，使我们当代大学生觉得不应该具有伤感的情怀和观念，而应重新点燃热情之火，积极向上地面对生活。演讲稿中还大量使用排比句式和正反式的对问，加快了文章的节奏感，增强了文章的气势和说服力。

【例文 7－23】

弱者，你的名字不是女人

“女人啊，你的名字是弱者！”多少年来，莎士比亚的这句名言几乎成了颠扑不破的真理。

不是吗？君不见，中国延续了3000多年的奴隶社会和封建社会里，女人完全变成了男人的附属品和摆设。“女子无才便是德”——这是当时社会对女子的要求；三从四德——这是女人一生下来便要受的束缚；一夫多妻制——这是天经地义的。在这样的社会环境中，女人的聪明才智受到了压抑和摧残。纵然有一些会吟诗作词的才女，那也不过是男人世界的一点点缀而已。弱者，当然就成了女性的代名词。

不仅是中国的女性如此，就是在印度、日本这些国家，女性也同样摆脱不了这种悲惨的命运。而且更令人气愤的是，在当今的印度，女性还在受着骇人听闻的摧残。我记得去年在某家报刊上，披露了一位年轻的印度妇女被迫与死去的丈夫一起火化的消息。当时我大大地吃了一惊，想不到当代女性的地位还如此低下。我真想大喝一声：弱者，你的名字难道就永远是女性吗?!

女人原本是一株高昂挺拔的大树，是和男人平起平坐的强者。但不知从何时起，这棵大树在逐渐地退化。千百年过去了，我的眼前已没有了那一棵伟岸的大树，只见一根攀援而上的青藤。难道这就是我们女性吗？我愕然了。

但是，我们女性不会永远做那根攀援的青藤的。

时间在飞速地流逝，人类跨入了21世纪，女性从社会的重压下和自卑心理中苏醒了过来，她们拨开了笼罩在女性身上和心灵上的层层乌云，看到了自尊、自强、自信——这一女性崛起的灿烂之光。

那被称为弱者的女性正在顽强地站立起来。在短短的几十年中，涌现出了无数杰出的女科学家、女政治家、女企业家……妇女解放运动方兴未艾，女人和弱者之间的距离正在逐渐地拉开。同学们都知道撒切尔夫人吧？这位威震全球的铁娘子，连续三次就任英国首相，在短短的十几年中，把英国经济从崩溃的边缘拉了回来，并且有了大幅度的增长。仅此一点，就该让那些堂堂须眉汗颜，更不用说她翩翩的风度，让人叹服的谈吐。在她身上何尝能见到半点弱者的痕迹？

据某个资料统计，在苏联科学家中，40%是女性；高级科学家中，48%是女性；清华大学82—84届毕业的370名女生，成绩与男生平分秋色！我们欣喜地看到，女性已经不再是那根攀援而上的青藤了，她们恢复了自尊、自强、自信，又变成了一棵枝叶繁茂、华盖葱茏的参天大树！

现在，女性的聪明才智正在各个地区、各个行业起着不可低估的作用；在向21世纪进发的大军中，她们也是一支引人注目的主力军！

女人啊，你的名字不是弱者！这才应该成为一句永恒的真理！

【简析】

这篇演讲稿采用“先抑后扬”的写法。文章首先引用了莎士比亚名剧《哈姆雷特》中的名言，接着又罗列了一些典型的事例和数据，指出女性长期以来一直处于弱势地位；在此基础上，作者发出了“弱者，你的名字难道就永远是女性吗”的疑问，质疑女性是否已经成为攀援大树的青藤。随后，作者笔锋一转，郑重提出了“我们女性不会永远做那根攀援的青藤的”的演讲主题。然后，文章列出新的事实和有说服力的数据来论证自己这一观点，具有较强的说服力。最后，作者照应开头引用的莎士比亚名句，大声疾呼“女人啊，你的名字不是弱者！这才应该成为一句永恒的真理!”，强有力地结束了全篇演讲。

【例文 7－24】

我有一个梦

马丁·路德·金

（一九六三年八月廿八日，于林肯纪念堂阶梯上的讲演）

一百年前，一位伟大的美国人签署了《独立宣言》，我们今天正站在他的纪念堂前。这份重要的法令如同灯塔为千百万被不公不义之火所吞噬的黑奴带来了盼望。它的到来如同快乐的黎明战胜了漫漫长夜的煎熬。

但是一百年过去了，我们却必须面对悲惨的事实，因为黑人仍然没有自由。一百年过去了，黑人们依然在种族隔离的镣铐和种族歧视的锁链中过着悲惨的生活。一百年过去了，黑人被孤立于物质繁华之辽阔海洋中的荒岛上。一百年过去了，黑人仍然潦倒于美国社会的角落，感到他们被放逐于自己的家园。所以今天我们才来到这里，要把这骇人听闻的现状公之于众。

就某种意义来说，我们来到我们国家的首都是为了要兑现一张支票。当我们共和国的缔造者写下宪法和《独立宣言》上庄严的文句时，他们已经签署了每一个美国人都有权承继的支票簿。这份票据的承诺是对所有人（是的，黑人和白人）的生命、自由以及寻求幸福的不可剥夺之权利的保证书。

今天，显而易见的是美国在她有色人种的公民中没有履行这份承诺。美国未能兑现这份神圣的契约，而是给了黑人一张被退回的无效支票，上面标示着“资金不足”。但我们决不相信公义的银行会破产。我们决不相信在这个国度伟大机遇的宝库中会资金不足。所以我们来兑现这张支票——一张将为我们带来宝贵的自由和公义之保障的支票。我们来到这个神圣的所在更是要提醒美国：这是个艰难与危机的时刻。现在不是缓和情绪或服用渐进主义的镇静剂的时候。现在正是时候，是从黑暗与荒凉的种族主义幽谷中崛起进到充满阳光的种族平等的大道上的时候。现在正是时候，是向所有上帝的儿女打开机会大门的时候。现在正是时候，是将我们的国家从种族不平等的流沙中迁到弟兄和睦相处的磐石上的时候。

如果国家忽视这紧急的时刻或者低估了黑人的决心，那对她将会是毁灭性的。如果自由与平等的清爽秋日不来，黑人合理的哀怨的酷暑将不会过去。一九六三年不是一个结束，而是一个开始。如果国家依然我行我素，那些希望黑人需要宣泄一番然后就会满足的人将大失所望。在黑人得到公民权之前，美国既不会安宁也不会平静。抗争的风暴将继续震动我们国家的根基直到正义显现的光明之日。

然而我必须提醒大家，我们正站在通往正义之殿的门槛前。在获得我们公正地位的过程中我们决不可以采取不正当的手段。不要为了满足对自由的渴望而去饮用暴力与仇恨的鸩。

我们必须永远在自重与自约的高尚境界中进行我们的奋斗。我们决不允许我们创造性的主张退化成为身体上的暴力。我们应该不断升华到用灵魂力量对付肉体力量的至高境界。我们不应因卷入黑人社区内不同凡响的新抗争而从此不信任所有的白人，对于很多我们的白人兄弟，正如今天这里同样在场的白人兄弟所证明的，他们已经发现他们的命运与我们的命运系结在一起了，而他们的自由与我们的自由更是不可分割，休戚相关。我们不能单独行动。当我们行动的时候，我们将要立定心志勇往直前。我们不能回头。有人质问那些献身于民权的志愿者“什么时候你们才能满意”。我们决不会满意，只要我们的民众，在经过艰难的旅途跋涉之后没有权利在公路边的旅店或市中心的宾馆住宿。我们决不会满意，只要黑人基本的活动范围局限于从一个狭小的贫困居住区搬到一个较大的。我们决不能满意，只要在密西西比州的黑人还没有投票选举的权利；而在纽约的黑人仍然认为他们与选举权毫不相干。不……决不……我们不能满意，我们决不能满意，直到有一天“公平如大水滚滚，公义如江河滔滔”。

我并没有忽视到我们中间的一些人，他们历尽艰难困苦来到这里。你们有些人是刚刚从狭窄的单人牢房里出来的。有些人来自那些为了追求自由而被逼迫的风暴和警察暴行之狂风所蹂躏的地区。你们历经了这空前的磨难而成为斗士。继续战斗吧，要深信：这不该有的患难必然会过去。

回到密西西比去，回到亚拉巴马去，回到乔治亚去，回到南卡罗来纳去，回到路易斯安那，回到北方城市中的贫民区和种族隔离区去，要知晓有一天这样的情景能够并且一定会转变，让我们不要驻足于绝望的幽谷。

今天我要告诉你，我的朋友们，尽管面对这个艰难与无望的时刻，我仍有一个梦。这个梦深深地源自美利坚之梦。

我有一个梦，那就是有一天这个国家会兴起将“我们拥有这不证自明的真理：人人被造而平等”之信念的本意彰显于世。

我有一个梦，那就是有一天在乔治亚州的红色丘陵上，奴隶的后代与奴隶主的后代将会环坐在兄弟相爱的桌前。

我有一个梦，有朝一日甚至连密西西比州，这个如今仍在不公和压迫的酷热中的沙漠之州，会转化成自由与公义的绿洲。

我有一个梦，我的四个孩子有一天会生活在这样一个国家：不是根据他们的肤色而是根据他们的品德与性格来评判他们。

我有一个梦，就在今天！

我有一个梦，有朝一日在亚拉巴马州——尽管州长的喉舌们不久前还在对联邦法令出尔反尔，拒绝执行——将变成一个美好的所在，在那里黑人的孩子们与白人的孩子们会手牵手走在一起情同手足。

我有一个梦，就在今天！

我有一个梦，有一天“一切山洼都要填满，大小山冈都要削平，高高低低的要改为平坦，崎崎岖岖的必成为平原。耶和华的荣耀必然显现，凡有血气的，必一同看见”。

这是我们的盼望。这就是令我回到南方的信念。因着这个信心我们将砍倒压抑盼望的巨石，就是那绝望之山岭。因着这个信心我们会将我们国家中那不和谐的吵闹转化成兄弟相爱的美妙乐曲。伴着这样的信心我们将在一起工作，一起祷告，一起奋斗，一起下监，为了自由站在一起，深知有一天我们终将自由。

那一天将是所有上帝的儿女以全新的意义歌唱的一天：“我的家园，你的居所，自由的美地，我歌唱。这是我们祖先安息之所，是清教徒自豪的所在；从每一处山麓，让自由之声传遍。”

如果美利坚要成为一个伟大的国度这歌中的美景必须实现。所以，让自由之声从新汉普郡的大山之顶响起；让自由之声从新约克郡的山脉间响起；让自由之声从宾夕法尼亚州阿莱干尼高地响起。

让自由之声从科罗拉多白雪皑皑的落基山上响起！

让自由之声从加利福尼亚婀娜的群山间响起！

但是不仅如此，还要让自由之声自乔治亚州的大石山上响起！

让自由之声从田纳西州的眺望山上响起！

让自由之声从密西西比州的每一座山、每个丘陵上响起。从每一处山麓，让自由之声响彻。

当我们使自由之声响彻之时，当我们使这声音响彻每一个村落每一个乡镇，从每一个省和每一个城市，我们就可以加速这一天的到来：那时所有上帝的儿女，黑人和白人，犹太人和外邦人，基督徒和天主教徒，将手牵手地同唱那首古老的黑人灵歌，“自由了！自由了！感谢全能的上帝，最后我们终于自由了！”

【简析】

马丁·路德·金是战后美国黑人运动的著名领袖。这篇演说就是他在1963年8月28日美国黑人向着首都华盛顿进军，并在象征着美国民主和自由的林肯纪念堂举行的和平大会上的讲话。这是一篇以说服、鼓动广大群众争取自由为目的的演说。全篇多处运用了比喻和排比的修辞手法，不仅增强了文章的气势，而且使文章更生动。演讲起来娓娓动人，便能打动听众，达到预期的目的。他把美国政府比作“支票”的签字者，把每个美国公民比成“支票”的合法继承人，并就“支票”的性质，“支票”的作用，以及“签字人”如何拒签这张“支票”，“继承人”应该如何兑现这张“支票”，一一写来，淋漓酣畅，具有极强的修辞力量和感染力量，使听众易于接受，而且由被动的接受变为主动的接受。文章中也显露出了作者爱憎分明的感情。他一方面辛辣地抨击了美国政府对黑人公民的种种不平待遇；另一方面又述说了黑人们在这个白人的社会里所遭受的种种苦难和歧视。他像一位慈母的手，抚摸安慰着所有黑人的心，对他们，他是怜悯而慈爱的。然后他又说道：“坚信总有一天，这一切不合理的现实，会彻底改变，所以，我们不必陷入绝望的深渊。”他坚定了大家的信心。最后，用一连串“我有一个梦……”的排比道出自己的希望。每一句中无不流露出作者深切的感情和殷切的期盼。特别是联系到自身，希望他的四个孩子将生活在一个不再以肤色深浅，而是以品格为论人准绳的国家里，流露出了脉脉深情。这一切都深深地打动了听众的心。

【例文7-25】

葛底斯堡演说

林　肯

87年以前，我们的先辈们在这个大陆上创立了一个新国家，它孕育于自由之中，奉行一切人生来平等的原则。

现在我们正从事一场伟大的内战，以考验这个国家，或者说以考验任何一个孕育于自由和奉行上述原则的国家是否能够长久存在下去。

我们在这个战争中的一个伟大战场上集会。烈士们为使这个国家能够生存下去而献出了自己的生命，我们在此集会是为了把这个战场的一部分奉献给他们作为最后的安息之所。我们这样做是完全应该而且非常恰当的。

但是，从更广泛的意义上来说，这块土地我们不能够奉献，我们不能够圣化，我们不能够神化。曾在这里战斗过的勇士们，活着的和去世的，已经把这块土地神圣化了，这远不是我们微薄的力量所能增减的。

全世界将很少注意到，也不会长期记起我们今天在这里所说的话，但全世界永远不会忘记勇士们在这里做过的事。

毋宁说，倒是我们这些还活着的人，应该在这里把自己奉献于勇士们已经如此崇高地向前推进但尚未完成的事业。倒是我们应该在这里把自己奉献于仍然留在我们面前的伟大任务，以便使我们在这些光荣的死者身上汲取更多的献身精神，来完成那种他们已经完全彻底为之献身的事业；以便使我们在这里下定最大的决心，不让这些死者白白牺牲；以便国家在上帝福佑下得到自由的新生，并且使这个民有、民治、民享的政府永世长存。

【简析】

林肯的葛底斯堡演说是美国文学中最漂亮、最富有诗意的文章之一。林肯的这篇演说是演说史上著名的篇章，其思想的深刻，行文的严谨，语言的洗练，确实是不愧彪炳青史的大手笔。通篇演讲不到三分钟。演说的场合是国葬典礼，所以演说的主调是凭吊国殇，赞美那些作出最后牺牲的人以及他们为之献身的理想。其中“政府应为民有、民治、民享”的名言被人们广为传颂。整篇演说言虽尽而意无穷。演说思想深刻，行文严谨，语言洗练，朴素中显优雅，行文完美无疵，是世界演说史上的珍品。

第八节　解说词

一、解说词概述

（一）解说词的概念

解说词是对事物或人物进行解释说明的一种应用文体。在文物陈列、书画展览、样本说明、产品展销、参观导游、影剧解说、人物介绍等场合都需要运用解说词。它通过说明、诠释、叙述、描写、抒情以及讨论等表达方式或说明方法，对事物或人物进行介绍，使读者、观众或听众进一步了解人物或事物的特征及本质，了解事物的历史、现状或趋势，了解事物蕴含的意义及价值，从而更好地做到“给人以知”。

（二）解说词的特点

1. 对象性

解说词是为特定对象服务的。因此，写解说词必须紧紧配合实物或图像进行，针对实物或图像遣词造句、写话编文。或进行叙述，或进行描写，或进行诠释，或旁征博引，都必须与所解说的实物或图像有必然的内在联系。

【例文7－26】

校运会入场式班级解说词

伴着雄壮的运动员进行曲，踏着金秋的鼓点，迎面走来的是信息工程专业1801班的方阵。他们迈着整齐的步伐走过来了，脸上充满了自信。这是一个由56名同学组成的大集体，正像中华民族56个民族一样团结友爱。是的，这是一个团结进取的集体，刚进校一个多月，他们在军训、篮球赛、广播操比赛以及学习纪律、宿舍卫生检查等方面就取得了优异的成绩。他们决心在这次校运会上团结拼搏，争创一流！

【简析】

这是一篇运动会的现场解说，首先，对正在入场的队伍方阵进行描述；其次，对这个方阵进行介绍，补充现场所见之外的信息；最后，对参赛方阵的参赛决心、任务目标进行介绍。此外，在运动会上，由于一个方阵入场所需要的时间比较短暂，所以要控制解说词的字数。

2. 音乐性

解说词是供讲解人（如导游、解说员、播音员等）讲解用的。而讲解是一门融声、乐于一体的艺术，声即讲解员的口齿清晰、声音洪亮悦耳；乐则是指解说词要富有节奏韵律，有音乐感，这样讲解起来抑扬顿挫、委婉动听，才能收到良好的宣传效果。因此，在撰写解说词时，要力求语言悦耳动听、朗朗上口，富于音乐性。例如《东方风来满眼春》中的一段：

1 月 19 日上午 8 时许，在深圳火车站月台上，几位省、部负责人和其他迎候的人们，在来回踱步，互相交谈，他们正以兴奋而激动的心情等待着……

来了！远处传来马达的轰鸣声。接着一列长长的火车徐徐进站。时钟正指向 9 时整，列车停在月台旁边。

一节车厢门打开，车站服务人员敏捷地把一块铺着红色地毯的长条木板放在车厢门口。

不一会儿，邓小平同志出现了！人们的目光和闪光灯束都一齐投在这位领一代风骚的伟人身上。

……

这段解说词，以短句为主，多用口语化词语，节奏明快，令观众无不心潮涌动、思绪滚滚。

又如，纪录片《敬爱的周总理永垂不朽》的解说词系经典之作。请看下面一段：

灵车队，万众心相随。哭别总理心欲碎，八亿神州泪纷飞。

红旗低垂，新华门前洒满泪。日理万机的总理啊，您今晚几时回？

敬爱的总理啊，您怎么走得这样急？有多少问题等着您解决，有多少事情等着您处理！总理啊，您怎么走得这样急！

这段解说词句子长短错落有致，词尾合辙押韵，读起来气韵回环往复，朗朗上口，引起听众无限的遐思，触动听众无限的哀思。

3. 有序性

解说词是按照实物陈列的顺序、画面推移的顺序、镜头转换的顺序或乐曲旋律变化的顺序等来安排段落层次的。因此，解说词的结构要有章法，要线索清楚、井然有序。例如导游词《黄山》中的一段：

黄山到处都生长着松树，它们长在峰顶，长在悬崖峭壁，长在深壑幽谷，郁郁葱葱，生机勃勃。千百年来，它们就是这样从岩石中迸裂出来，根儿深深扎进岩石缝，不怕贫瘠干旱，不怕风雷雨雪，潇潇洒洒，铁骨铮铮。你能说不奇吗？其次是，黄山松还奇在它那特有的天然造型。从总体来说，黄山松的针叶短粗稠密，叶色浓绿，枝干曲生，树冠扁平，显出一种朴实、稳健、雄浑的气势，而每一处松树，每一株松树，在长相、姿容、气韵上，又各不相同，都有一种奇特的美。人们根据它们不同的形态和神韵，分别给它们起了贴切自然而又典雅有趣的名字，如迎客松、黑虎松、卧龙松、龙爪松、探海松、团结松等。

这段解说词围绕黄山松的“奇”展开有序的解说，先是说黄山松生长地点和环境令人称奇；接着介绍黄山松生长形态具有一种奇特的美。整篇介绍内容丰富、线索清晰、井然有序。

4. 灵活性

解说对象的多样性决定了解说词形式的多样化，也决定了解说词的灵活性。例如，对于科技成果或产品进行解说，可采用平实的语言作介绍；对于人物事迹、建筑成就、社会活动等新闻性图片以及影视的解说，可采用新闻的评述性写作形式；对于山河风光、文物古迹、艺术作品的介绍，可采用散文的形式来解说。请看《钳形电流表》和《洲际导弹的自述》的两段解说词：

钳形电流表

这种蟹钳形结构的电表由电流互感器和交流电流表组成。互感器铁芯是可以开合的钳形。测量电流时将截流导线握入钳中，无须开断被测电路，即可读出电流，但测量准确度较差。

洲际导弹的自述

我锥形的脑袋里装的是核弹，人称弹头。接近目标时，弹头同身体分离，冲向并炸毁目标。身体呈细长圆柱形，由发动机、制导系统和弹体结构三部分组成。有时弹体末端还有几片尾翼，在飞行时起稳定作用。

发动机使我在空中一边飞行，一边加速，越飞越快。我自己带有氧化剂，能保证发动机在真空中也可以燃烧工作，直到推进烧完为止。

制导系统是我的大脑和神经中枢，它指挥我沿着规定的路线飞向目标。弹体结构把身体各部分联结成一个整体。

上述两段解说词，虽都是解说科学事物，但所采用的形式、手法大有差别。前者是平实性的解说；后者有较强的文艺性。

（三）解说词的作用

由于解说词主要用于文物陈列、书画展览、产品展销、参观导游、影剧解说等场合，故其作用主要体现在补充视觉和补充听觉两方面。

1. 补充视觉

在文物陈列、书画展览、参观游览等活动中，参观者目睹实物或画像，获得了一定的认识。但光“看”还远远不够，为了让观众了解实物和图像的更多信息，可以使用解说词来补充，使参观者获得更丰富的信息。例如，我们参观武则天时代留下的文物“无字碑”，如果仅仅是看这么一块“石头”，会有很多问题惑而不解，从而觉得索然无味。如果此时有导游对我们进行解说，告诉我们“无字碑”的由来、趣闻、意义等，游客则能得到真正的游览之乐。

2. 补充听觉

在欣赏广播剧、音乐时，听众主要依靠的是听觉。在这种情况下，只有依靠解说词，听众才能更有效地了解事物的发生、发展、背景，收到如临其境的效果。例如，在欣赏

《梁祝》时，如果有解说词提示听众：这里是江南三月、鸟语花香；这里是柳桥相逢、互诉平生；这里是共读嬉戏、焚香结拜；这里是长亭送别、难舍难分；这里是英台抗婚、山伯殉情……则可以调动听众的想象力，正确地欣赏作品。否则，很多人可能感到作品不知所云。

二、解说词的种类

解说词的分类方式主要有以下几种：

（一）按写作对象分类

按写作对象分类，解说词可分为文物古迹解说词、风景园林解说词、重点建筑解说词、专题展览解说词、产品展销解说词、标本解说词、电影解说词、电视节目解说词、广播剧解说词、音乐解说词等。

（二）按写作特点分类

按写作特点分类，解说词可分为说明型解说词和文学型解说词。其中，说明型解说词的主要特征是平实性。它通过诠释和说明，客观地介绍事物的特点、功用、结构、本质等内容，一般不加入文学色彩。文学型解说词的主要特征是具有较强的文艺性。它通过对事物的着意描绘、充分抒发情感来感染观众、听众或读者，并使用比喻、夸张、反复、排比等修辞手法，使解说词形象生动、感染力强。

三、解说词的写作

（一）解说词的结构

解说词的内容因对象而异，并无一定规定。但每一篇解说词的基本内容还是大致相同的，不外乎与该事物有关的时间、位置、组成、过程、特征、作用、联系等方面。

1. 时间

解说词应根据事物发生、发展、演变过程的状态，将所经历的时间准确地标注出来，使观众或听众能确切地把握解说对象的时间脉络。

2. 位置

解说词中必须讲清楚解说对象的空间位置，这样才容易使人了解该对象存在于何处。

3. 特征

对解说对象的特征解说得越透彻，就越能强化人们对事物的印象。例如，介绍一座古塔，就应让人知道该塔的特征，否则可能会被认为与其他的古塔无异。

4. 作用

解说词应当让听众、观众知道解说对象有什么样的作用，从而了解其价值。这种作用可以是直接作用、间接作用、历史作用或现实作用。

5. 联系

了解与解说对象有关的其他某些方面（或事物），可以对被解说对象加以补充、验证，使读者、听众获得对该事物的更完整的印象。例如，在导游解说中，仅仅解说某名胜古迹本身的一些情况还不够，如能补充一些相关的神话、传说、典故、轶闻等，就更能使游客了解该名胜古迹。

（二）解说词写作的要求

1. 了解解说对象，抓住事物特征

要想取得良好的解说效果，首要的任务是“解说清楚”，让人不折不扣地知道你说的是什么，这就必须深入了解解说对象。

2. 把握事物条理，注意层次

解说词也要当成文章来写，而写文章必须讲究条理、层次分明，最忌东拉西扯、语无伦次。根据解说对象的不同关系，解说的顺序就不同，主要有以下几种：

（1）解说有并列关系的事物，要注意空间顺序，或从上到下，或从前到后，或从左到右，或从外到内，或从远到近。

（2）解说有先后关系的事物，要注意时间顺序或运行（操作）程序。

（3）解说关系复杂的事物，要注意逻辑顺序，可按由主到次、由简到繁、由因到果的顺序解说。

3. 追求简洁通俗，增强解说效果

解说词的效果体现在易看、易懂、易讲、易听。因此，解说词要尽可能简明扼要，尽可能通俗和口语化。

4. 运用各种手法，激发读者兴趣

为使读者（即游客、参观者、听众或阅读者等）对被解说的事物更感兴趣，解说词的写法应灵活多变，可以使用多种表达方式、多种修辞手法，也可以采用不同的表现形式。

【例文 7－27】

第××届世界客属恳亲大会（中国赣州）电视形象宣传片解说词

客家摇篮——赣州

长江之南，赣水之源，武夷山脉，罗霄山脉和南岭群峰的簇拥之中，有一片美丽神奇的土地，这就是今天世界上客家人居住人口最多和居住最集中的城市，客家摇篮——赣州。

从赣水之源到汀江两岸，从粤东大地到阳光和海水拥抱着的五湖四海，山挽着山，水牵着水，心连着心，生活着几千万华夏子孙，龙的传人。他们就是客家人！

客家人是一个在离乱和迁徙，碰撞和融合中孕育的民系。历经岁月的磨炼，这个民系对民族的忠诚，文化的底脉，远祖的荣光和先辈千年万里的辗转历程在心中永远保持着几分格外的厚重。届复一届的恳亲会不老的主题是追根寻源，共叙乡情。

在赣州三万九千多平方公里的大家园里，客家人超过90%；总数大约800万。

赣州是孕育客家民系的摇篮。秦始皇派五十万大军镇守南粤五岭，开辟了汉民沿赣水南迁的先导路线；西晋永嘉之乱，北民南迁的浪潮前锋已经溯赣江之源来到赣南山区，他们在群山环抱的河谷盆地之间休养生息，拉开了孕育客家民系的序幕；盛唐梅关驿道的开凿与赣水相连成为千百年来中国南北交通的大动脉；晚唐黄巢之乱中赣江抚河水道成为避乱的人们南迁的重要通道；两宋年间，赣江航运的繁荣让赣州成为中国三十六个重要的经济城市之一，文化繁荣昌盛，人口与年俱增；在宋元之交的动乱中，大批客家人告别赣水，东越武夷，南跨五岭，进入闽西粤东发展壮大，民主革命先行者孙中山先生的远祖正是由中原迁到赣州宁都，再迁往福建汀州河田，广东紫金、增城，然后到了香山，走过了一条典型的客家迁徙之路；明末清初，大批客家人又相继从福建广东返迁故土再辟家园。

赣江，江西的母亲河，客家人的母亲河！

客家先民南迁纪念坛期待您揭开大鼎的红绸，赣水的波涛期待您掠去历史的烟云。

高山之巅，客家人会用纯情柔美的歌儿欢迎您。有山必住客，无客不唱歌，飘荡着原野的芬芳，赣南客家山歌是高山之泉泡制的一杯原汁原味的香茗。

大河之畔，客家人会用诙谐幽默的采茶戏欢迎您。平地有好水，高山有好花，赣南采茶戏是客家人数百年乡土生活辛勤勾兑的陈酿，是世代人表露真情实感的艺术奇葩！

明月之下，客家人会用热情奔放的各色灯彩欢迎您。添人添喜，添灯添彩，赣南客家灯彩是先祖初到异地照亮夜空的星河，是今天拉近距离点燃生活的希望！

围屋之内，客家人会用醇香的汤皮和米酒欢迎您。围屋是赣南客家人聚族而居的特有建筑，融宗、祠、堡为一体，严谨的对称布局是传统社会大一统文化理念的传承，墙高壁厚的防御功能又是顺势而为的实用主义的体现。每一碗美酒，盛满的都是整个围屋的乡情！

走进客家摇篮，走进的是一种文化。

文化浸染在风砂水势和山峦万象之中，赣州是中国民间风水文化的渊源之地，杨筠松在这里收徒授艺，将唐朝皇室专有堪舆之术带到客家社会，成为风水地理“形势派”的开山鼻祖，几百年后，他的传人廖均卿又再度为明朝的皇室踏勘了十三陵。

文化铭刻在砖石和门楣上。赣州是影响中国千年的理学渊薮之地。

周敦颐在这里写下《爱莲说》，创立他的道学；王阳明在这里传播他“心外无物”“心外无理”的心学。道学和心学都是理学不同的发展阶段。

理学主张存天理、灭人欲，却泯灭不了客家人追求自由幸福，向往光明正义的天性。

被誉为东方莎士比亚的大剧作家汤显祖被贬岭南，路经赣州大余，以当地一段柔美凄丽的爱情故事为蓝本，创作了一出不朽名剧《牡丹亭》。

客家人素有爱国爱乡，以民族振兴为己任的精神传统。20世纪二三十年代之交，中国共产党领导的革命武装开创了以赣南闽西为核心的中央革命根据地。以瑞金为中心建立了中华苏维埃共和国临时中央政府；举世瞩目的万里长征从这里迈出第一步；苏区模范县兴国走出了54位共和国将军，赣州十万多名客家儿女为共和国的开创洒下了火红的热血。

走进客家摇篮，走进的是一种精神的殿堂。

大自然偏爱赣州，赐予赣州关山秀水，也赐予赣州丰富的资源，这里是世界钨都，稀土王国，是中国最适宜橙类水果种植的地区之一，拥有良好的气候条件和生态环境。

客家人珍爱赣州，他们用勤劳和智慧改善了基础设施条件。昔日艰难的迁徙之路现在已经拓展成连接世界的坦途。创造出历史的人们也在创造着未来。今天的××是一片开放的热土。

“对接长珠闽，建设新赣州”是新一代客家人的胸襟，赣州将凭借沟通南北，纵横东西的要冲优势，努力与中国发展最具活力的长江三角洲、珠江三角洲和闽东南三角洲实现全面对接。

两年前，在印尼雅加达，赣州吸引了全世界客家人的目光；一年前，在中原郑州，赣州承载全世界客家人的厚望。金秋迎盛会，四海聚乡情。赣州期待着第××届世界客属恳亲大会，期待四海宾朋相聚赣江源，共叙摇篮情、客家亲！

【简析】

本文是在江西赣州召开第××届世界客属恳亲大会前，当地电视台制作的形象宣传片的解说词。整个宣传片的长度只有约 12 分钟，要在这么短的时间内比较全面、深入地介绍作为“客家摇篮”赣州的方方面面实属不易。全文文采华美、语言简洁、结构合理、内容丰富。文章首先介绍了赣州的地理位置和人口等基本信息，接着用高度概括的语句论证了赣州的“客家摇篮”地位；之后，文章用“高山之巅”“大河之畔”“明月之下”“围屋之内”四个排比段落，高度浓缩地展示了赣南客家的风土人情；再次，文章又介绍了赣南客家的风水文化、理学文化以及《牡丹亭》等值得骄傲的文化；之后还揭示了赣南客家人的精神，并指出赣南客家人将秉承传统、创造未来；最后，文章表达了赣南人民期待四海宾朋相聚赣江源，共叙摇篮情、客家亲的诚挚愿望。

【例文 7－28】

概说三清山

各位游客：

你们好！

欢迎来到风景秀丽的三清山，首先我给大家介绍一下三清山的概况：

三清山位于江西东北部玉山和德兴交界处。主峰玉京峰海拔 1817 米，雄踞于怀玉山脉群峰之上。三清山因玉京、玉华、玉虚三峰峻拔，犹如道教所尊崇的玉清（元始天尊）、上清（灵宝道君）、太清（太上老君）三神列座其巅，并有古建筑三清宫而得名。

三清山地处亚热带气候区，却具有高山气候的特征，七月份平均气温 21.8℃，年降水量平均 2000 mm 左右。

三清山四季景色绮丽秀美。融融春日，杜鹃怒放，百花争艳；春夏之交，流泉飞瀑，云雾缭绕；三伏盛夏，浓荫蔽日，凉爽宜人；仲秋前后，千峰竞秀，层林尽染；三九严寒，冰花玉枝，银装素裹，宛如琉璃仙界。

三清山风景名胜区旅游资源丰富，规模宏伟，种类齐全，景点众多，景区面积达 220 多平方公里，中心景区 71 平方公里，共分三清宫、梯云岭、三洞口、玉灵观、西华台、石鼓岭和玉京峰七个景区。三清山东险西奇、北秀南绝，兼具“泰山之雄伟、华山之峻峭、衡山之烟云、匡庐之飞瀑”的特点，奇峰异石、云雾佛光、苍松古树、峡谷溶洞、溪泉飞瀑、古代建筑、石雕石刻各具特色，惟妙惟肖，形态逼真。

接下来，我们就一处处游览以上的景点吧。

【简析】

这是一篇“游前导游词”，即在旅游正式开始前，导游对将要参观游览的景点进行整体介绍，以使游客获得对景点的大致印象，并激发他们游览观光的兴致。这篇三清山概说，主要介绍了三清山的位置、高度、得名由来、气候、景点构成、景点特色等情况，介绍非常全面。同时，解说又有所侧重，主要对三清山“四季景色绮丽秀美”以及“东险西奇、北秀南绝”，兼具“泰山之雄伟、华山之峻峭、衡山之烟云、匡庐之飞瀑”等方面进行了渲染，能有效地激发游客的游兴。

【例文 7－29】

《独领风骚——诗人毛泽东》解说词

第一集：宏程心路

1973 年，刚刚大病一场的毛泽东，已经整整八十岁了。

这年夏天，他用已经有些枯涩的情思，写了平生最后一首诗。

这年冬天，他让身边的工作人员把自己一生的全部诗词作品，重新抄写了一遍。抄完后，他一一核对，对其中的一些词句做些修改。然后让工作人员又抄写一遍，抄完后，又再次核对。

他似乎很想为后人留下一套完整的诗词定稿，又好像是在进行一次艺术上的自我总结。数量并不太多的七十来首诗词，正是毛泽东播撒在坎坷心路上的心灵花朵。

作为诗人，毛泽东是政治家诗人。

作为政治家，毛泽东是诗人政治家。

作为诗人，毛泽东是自信的。

四十多岁的时候，在陕北峰峦起伏的黄土高原上，他便举起套着灰色棉袄袖子的右手，指着自己对一个来访的美国记者说了这样一句——

“谁说我们这里没有创造性的诗人？这里就有。”

1910年，即将出外求学的毛泽东，临行前改写了日本一个叫月性的和尚写的言志诗，夹在了父亲每天必看的账簿里——

“孩儿立志出乡关，学不成名誓不还。埋骨何须桑梓地，人生无处不青山。”

离开韶山冲的毛泽东，到了长沙。到了北京。到了上海。到了广州。到了武汉。到了瑞金。到了遵义。到了延安。

直到1937年，人们才惊讶地发现，长期在山沟里，在马背上战斗的毛泽东，竟然还会写诗。

人们更为惊讶的是，正是毛泽东那不平凡的人生经历和丰富的人格素养，造就了别具一格的诗风，使典雅高古的旧体诗词和中国革命的历史风云紧紧地融合在了一起。

一个叫埃德加·斯诺的美国记者，让整个世界都知道了毛泽东不仅是一位卓越的革命家和军事家，还是一位诗人。

真正让世人领略毛泽东风骚独步的事件，发生在1945年的重庆。

那年，毛泽东在抗日战争刚刚取得胜利的时候，到重庆谈判。他把1936年写的《沁园春·雪》透露了出来，结果引起一场轩然大波。

当时在重庆的美国记者斯特朗曾评述说：“毛泽东写的这首诗震惊了重庆文坛，那些文化人以为他是一个从西北来的土宣传家，而看到的却是一个在哲学和文学方面都远远超过他们的人。”

诗人只是毛泽东诸多身份中并不那么重要的一种。

他有更多更大的历史使命，他有太多太大的事情要做。

正是在和人民一道创造历史的进程中，毛泽东也创造了只能属于他的诗。

这是一部史诗，真切地写照了在中国革命洪流中昂扬进取的人格精神，形象地反映了中国建设进程中的壮阔场面。

毛泽东一生奋斗，所以他一生有诗。他的革命的一生，同时也自然地成为了伟大的政治家诗人的一生。

【简析】

这是电视系列专题片《独领风骚——诗人毛泽东》第一集的解说词。作为整个专题片的开篇之作，《宏程心路》主要是突出毛泽东的诗人地位，揭示毛泽东作为一个诗人的心路历程。本集具有高屋建瓴、统领全局的作用。为此，这篇解说词采用倒叙的写法，先写了1973年毛泽东80岁时“写了平生最后一首诗”的有关情况，令人感慨主席的诗作成就和不平凡的诗人身份；随后，回忆了毛泽东从1910年开始诗歌创作、1937年令世人惊讶毛泽东还会写诗、1945年重庆谈判独领风骚三个诗歌创作的主要阶段，并用凝练的华美之词赞颂了毛泽东诗词的独特魅力。整个解说词气势宏大、辞藻华丽，富于感染力。

【例文7－30】

电影《敬爱的周恩来总理永垂不朽》解说词（节选）

1976年1月8日9时57分，伟大的无产阶级革命家、杰出的共产主义战士周恩来同志的心脏停止了跳动。中共中央、人大常委会、国务院以极其沉痛的心情发出讣告。全党全军全国各族人民都为失去了敬爱的总理而感到深切的悲痛。

群山肃立，江河挥泪，辽阔的祖国大地沉浸在巨大的悲痛中。

敬爱的周总理和我们永别了。中国无产阶级失去了伟大的战士，中国人民失去了敬爱的好总理。

周恩来同志忠于党、忠于人民，为了贯彻执行毛泽东主席的无产阶级革命路线，争取中国人民解放事业和共产主义事业的胜利，无私地贡献了自己毕生的精力。敬爱的总理啊，您为人民、为革命立下的丰功伟绩，将千秋万代铭刻在亿万人民的心上。

……

总理爱人民，人民爱总理。总理和人民同甘苦，人民和总理心连心。在这万分悲痛的日子里，全国的工人、农民、人民解放军指战员以及各界各族群众，是多么渴望再一次亲眼看看总理，来和敬爱的总理最后告别。

……

敬爱的周总理，您立场坚定，爱憎分明；您横眉冷对千夫指，俯首甘为孺子牛。阶级敌人怕您、恨您、陷害您，我们亿万人民对您更亲、更爱、更崇敬。

周总理啊，周总理，全国人民都在哀悼您，都在呼唤您，都在想念您，八亿双眼睛都想看一看您，八亿颗心啊，都在为您哭泣。人们手捧讣告热泪流，千言万语涌心头，哀思无限，难以诉说。

从首都到边疆，从北国到南方，从工厂、矿山到农村、营房，人民的眼泪流成了河。敬爱的总理啊，八亿人民都在您身旁。

敬爱的周总理，您为祖国山河添光辉，您为中华儿女振声威，您不朽的业绩永世长存，您光辉的名字永垂青史。

敬爱的周总理，您在惊涛骇浪中度过了78年，您把整个生命献给了壮丽的共产主义事业。您是伟大的马克思列宁主义者。

……

当首都人民得知周恩来同志的遗体于1月11日火化的时候，再也抑制不住积压在心中的哀伤。人们走出家门，来到灵车将要经过的道路两旁，久久地肃立着，久久地等待着，忘记了时间，忘记了饥寒。多少人从清晨到傍晚，一直等待着，等待着……

泪水模糊了我们的双眼，灵车隔断了我们的视线。敬爱的周总理啊！我们多么想再看一看您，再看一看您哪！

周总理啊，您在天安门前停一步吧！在这里，您和我们一起度过多少个胜利的节日。此时此刻，您爽朗的笑声还回响在我们耳边，您炯炯的目光还在亲切地看着我们。敬爱的周总理，我们多么想念您，我们多么需要您！

灵车队，万众心相随。哭别总理心欲碎，八亿神州泪纷飞。

红旗低垂，新华门前洒满泪。日理万机的总理啊，您今晚几时回？

敬爱的总理啊，您怎么走得这么急？有多少问题等着您去解决。有多少事情等着您去处理，总理啊，您怎么走得这么急！

长夜无言，天地同悲。只见灵车去，不见总理归……

敬爱的总理啊！您光辉的生命将和祖国山河一样万古长青，您永远和工人一起劳动，和农民一起耕耘，和战士一起站岗、放哨，您永远活在亿万人民心中。

……

【简析】

感情真挚、情真意切是这篇解说词的主要特色，也是这篇解说词得以成功的关键所在。作者怀着对周恩来总理无限敬仰和热爱的深情、怀着对总理逝世无比悲痛的真情写下了这篇解说词，从而给读者以强烈的震撼和感染。另外，从写作技法上来说，这篇解说词也颇有可取：全文采用第二人称（“您”）来写作，采用“呼告”的修辞手法，能有效地表达人民对总理的无限热爱和无比痛悼；文章还使用排比句式和段落，反复表达思想感情，产生了很强的感染力；文章还善于对环境和景物进行渲染，寓情于景、情景交融，进一步加强了解说的感染力。

【例文 7－31】

《新青年》编辑部导游解说

陈独秀在北京被捕获释后，于1920年初来到上海，寓居在法租界环龙路老渔阳里二号（今南昌路一百弄二号）。这是一幢一楼一底普通的里弄石库门房子，这幢房子，原来是柏文蔚的。柏文蔚又名柏烈武，辛亥革命后，孙中山曾派他当过安徽都督。

这幢房子的楼上厢房是陈独秀的卧室，房间里放着一张书桌，一只红木的衣橱，靠墙的书架上排满了书籍，一张大铜床挂着白色帐子，当时，陈独秀是大学教授身份，因此房间的摆设较为考究。楼下客堂则是待客和举行会议的地方。由于陈独秀居住在这里，这幢房子也就成了由陈独秀主编的《新青年》的编辑部。

1920年春，共产国际代表魏金斯等经李大钊介绍到上海会见陈独秀，商讨建立中国共产党的问题。1920年8月左右，陈独秀、李达、李汉俊、陈望道等人在这里建立了中国共产党上海发起组。党的上海发起组经常在这里开会，讨论党的工作和工人运动等问题。1920年11月7日，党的上海发起组创办了《共产党》月刊，第一、二两期，就是李达住在这里的一间亭子间里编辑的。1920年12月，陈独秀前往广州担任教育行政委员会的委员长。临时中央书记的职务由李汉俊担任。《新青年》的编辑工作由陈望道担任。陈望道在这一段时间里也住在编辑部内。

1921年7月，在中国共产党第一次全国代表大会上，陈独秀被选为中央局书记。9月，陈独秀回到上海，仍寓居在老渔阳里二号，从此，这里就成了中央局的机关。陈独秀、李达、张国焘三人经常在这里聚会，讨论工作。中国共产党上海支部的沈雁冰、杨明斋、邵力子、陈望道、张国焘等每星期有两次在这里开会：一次是讨论发展党员，发展工人运动，加强党员的马克思主义学习等问题；一次是学习会，学习和讨论马克思主义的理论。

1921 年冬，《新青年》编辑部突然遭到法租界巡捕的查抄，陈独秀和其妻高君曼以及在场的包惠僧、杨明斋、柯庆施等都被拘押。后来，经孙中山、马林等人的努力，陈独秀等人很快被保释；并以《新青年》杂志有“过激言论”“妨害治安”，罚款五千元而结案。自遭这次搜查后，党中央就另租房子作为中央局各部的秘密办公地点。陈独秀出狱后，曾继续居住在这里。在 1922 年 4 月，他离开了这里，以化名在南成都路租屋居住一个月以后，又搬到他处。从此，陈独秀的寓所就成为党内很少人知道的秘密地点。

【简析】

一般说来，对名人故居或革命旧址进行解说，仅仅解说眼前所能见到的建筑物或陈列品是远远不够的，应补充介绍与此处故居、旧址相关的故事、传说或历史等。这篇解说词的解说对象是《新青年》编辑部旧址，解说围绕旧址，主要介绍的是与此相关的一段中共党史，给游客（或读者）以丰富的历史知识，能起到爱国主义和革命传统教育的作用。

第八节 启 事

一、启事概述

（一）启事的概念

启事的本意是公开陈述事情，“启”是告知、陈述的意思，“事”指事情。启事是机关团体、企事业单位或个人向社会公众陈述事宜、告知音讯、请求协助时所使用的告知性应用文。

启事一般张贴在公共场所或刊登在报纸上，也有的在广播、电视中播出。

启事内容要周到完整，语言要具体明确、中肯礼貌。如果内容多，还应分条说明。

（二）启事的特点

1. 内容的广泛性

启事可以用于开业、庆典、单位成立、招生、招聘、商标的使用与更换等多种事宜。

2. 告知的回应性

启事不同于只是向社会“告知”的声明，它要求通过告知得到社会上广泛的回应，以解决自己的某件公务事宜。

3. 参与的自主性

启事不具有强制性和约束力。启事的对象有参与的自主性，可以参与或不参与。

4. 传播的新闻性

启事通过张贴、登报、广播、电视等各种新闻媒体公开传播消息，对社会公众来说，是广告性消息，具有新闻性质。

二、启事的种类

根据启事的用途和目的，可分为寻人启事、寻物启事、招领启事、征订启事、开业启事、招聘启事、更名启事、庆典启事、租赁启事等种类。

三、启事的格式

启事由标题、正文和落款等组成。

（一）标题

在第一行居中位置用比正文大的字号写上文种；或说明事项内容和文种，如写上“招聘启事”“征稿启事”等字样；或写明单位名称、内容和文种，如《××科技开发总公司开业启事》。

（二）正文

一般要求在第二行空两格写正文。启事内容一般包括目的、意义、内容、形式、要求等项目。正文因启事所说明的事项不同而有差异，总的要求是把要说明的事情写得条理清楚、简明扼要。

正文后可以写上“此启”或“特此启事”的结束语。

（三）落款

在正文后偏正右边，写上启事单位名称，如“××公司”“××人”。单位名称如已写入标题，后边就不必再写了。然后将联系人、联系地址和方式、电话号码、邮政编码以及其他有关事项写清楚，最后写上年、月、日。

四、常用启事的写作

（一）寻物、寻人启事

寻物、寻人启事是机关团体、企事业单位或个人公开向社会申明寻找丢失物品或寻找、查询有关人员时所使用的一种应用文。这种启事由标题、正文和落款三部分组成。

1. 标题

标题由事由和文种组成，如写上“寻物启事”“寻人启事”等字样，也有的标题直接写上文种名称《启事》。

2. 正文

正文主要包括两项内容：如为寻物启事，要简明、准确地介绍丢失物品的时间、地点、名称、数量、特征等项内容，失物的特征要写得详细、具体，其中包括物品的形状、质地、色彩、记号等；如为寻人启事，要根据寻找的对象的情况来写。例如，对走失人员，要交代走失的原因、时间、地点及体貌特征、服饰特点等；对查询对象，则要写明查询的原因、查询的具体内容，并提供已知的情况和线索。之后，要向受文者交代清楚联系方式及酬谢事宜等，一般分项写在正文下面左方空白处。

正文部分必须准确、具体、详细。

3. 落款

署上启事人的姓名、日期。

【例文 7－32】

寻人启事

张三，男，2岁。身高大约90厘米，大眼睛，光头（脑后有一小撮头发），耳后有一黑痣，于6月5日上午10:30左右在市百货大楼一楼走失，走失时穿红色T恤、绿色长裤，双手均戴有银手镯，南昌口音。有知情或收留者，请与市××厂财务科张××联系，电话××××××××，手机×××××××××××，必有重谢！

张××

××××年××月××日

【简析】

这则寻人启事详细地将被寻找人的姓名、性别、年龄、身高、体貌特征、口音、衣着等交代清楚，有助于别人辨认。最后留下联系方式，方便联系。

【例文7－33】

寻物启事

本人于4月2日在城南乘公共汽车时不慎将身份证、工作证遗失，有拾到者请交地委审计局陈××，定有酬谢。电话×××××××。

启事人：陈××

××××年××月××日

【简析】

这则寻物启事将丢失物品名称、时间、地点交代清楚，同时留下联系方式供拾物者联系，最后说明酬谢诚意。

（二）招领启事

招领启事是捡到财物者或收留了走失者的单位或个人公开寻找失主时所使用的应用文。

招领启事由标题、正文和落款组成。

1．标题

标题一般为《招领启事》，如果是收留了走失者，标题应直接写《启事》。

2．正文

正文应写明启事的具体内容：一是捡到财物的有关情况，包括时间、地点、财物的名称和概貌；如果是收留了走失的人，还应介绍其具体特征，如相貌、口音、衣着、大概年龄、生理特征等。二是说明联系的具体方式。

注意事项：

（1）正文部分只能写财物的概貌，而不能具体写清数量、规格、特征等。有关具体内容必须等失主认领时进行核对，如是贵重物品，还应让失主出具身份证明。

（2）如果是收留了走失的人，则必须写明其具体特征，以便其亲人得到准确的信息。

3．落款

署上启事人的姓名、日期。

【例文7－34】

招领启事

本社于3月4日上午拾得一个皮包，内有手表、人民币若干元，望失主前来认领。

××旅行社

××××年××月××日

【例文 7－35】

启 事

6 月 5 日晚，本人于文化宫车站旁收留一名无亲人携带的男孩，身高约 90 厘米，2 岁左右，光头（脑后有一小撮头发），耳后有一醒目黑痣，穿绿色长裤、红色 T 恤，双手均戴有银色手镯，望其家长及亲人迅速与本人联系。地址：××××，电话：××××××××。

×××

××××年××月××日

【简析】

前一则招领财物的启事，将拾到财物的名称、时间、地点等交代清楚，希望失主前来认领。后一则招领走失人的启事，将收留走失人的时间、地点以及走失人的相貌、年龄、生理特征等交代清楚，并留下联系方式，以便其亲人得到准确信息，并前来认领。

（三）征订启事

征订启事是新闻出版、发行单位向机关单位、个人征订报纸、杂志、书籍时所使用的应用文。

征订启事由标题、正文和落款组成。

1. 标题

征订启事的标题可灵活多样，如“欢迎订阅”“征订启事”等字样。

2. 正文

报纸、杂志的征订启事要写明报纸、杂志的性质、宗旨、特点、栏目及刊号、价格、征订的具体办法等，结尾部分写清详细地址。

书籍的征订启事，首先，要有作者简介、内容提要、艺术特点及对书籍的简要评价等文字；其次，写明价格、订购办法和详细地址等。

3. 落款

写明征订单位、日期。

【例文 7－36】

欢迎订阅

《新少年》为纪念创刊四周年特编印增刊两册，甲本精选四年来刊出的关于儿童教育的评论，乙本精选四年来刊出的关于儿童教育的重大新闻。增刊选篇精致、装帧豪华。

增刊为非卖品，购者只付成本费，甲本 10 元，乙本 12 元（包括邮资），该书已出版，款到发书。

本社还装订了××××年全年合订本，价格 40 元（包括邮资）。

欲购者请在汇款单上说明所需书刊及数量。

订购书款请寄：××省××市××大道××号儿童发展研究院内《新少年》周刊社。

邮编：××××××

《新少年》周刊社

××××年××月××日

【简析】

这则征订启事内容较多，采用分段书写。首先介绍所订阅书籍的内容、特点，然后介绍价格、出版情况，最后写明订阅方法。条理清楚，语言简明扼要。

（四）征文启事

征文启事是报纸、杂志编辑部及文化教育事业单位或其他单位为了纪念重大节日、重要活动向社会征稿时所使用的应用文。

征文启事由标题、正文和落款组成。

1. 标题

征文启事的标题常有两种形式：一种是只写“征文启事”字样；另一种是由事由或征文专题的名称和“征文启事”字样组成，如《“××杯”报告文学大奖赛征文启事》。

2. 正文

正文一般由征文的目的或意义，征文内容、形式、评选办法、设奖情况、注意事项等部分组成。

3. 落款

写明征文的单位名称、日期。

【例文 7－37】

关于为黄帝陵征集祭文的启事

黄帝是我们中华民族的人文始祖，位于××省××县的黄帝陵是中华儿女景仰的圣地。公祭黄帝陵是中华民族传统的祭祀大典，已延续两千余年。为了进一步弘扬中华民族优秀历史文化，振奋民族精神，激励爱国热情，满足海内外炎黄子孙表达崇敬始祖、爱我中华、告慰列祖列宗的崇高感情的需要，搞好一年一度的公祭黄帝陵典礼和整修黄帝陵工程，经××省人民政府同意，决定为黄帝陵征集祭文。

祭文内容要求体现中华文化博大精深、源远流长的历史，富有时代感。文体形式不限，提倡写白话文。

征文时间截至××××年××月底。对所应征祭文将组织专家进行评审，对其中优秀佳作将给予奖励，并汇编成册正式出版发行；对优秀佳作中的精品将按整修黄帝陵规划勒石刻碑永久保留在黄帝陵碑廊。

应征祭文请署上撰写人姓名、职业、联系地址、邮编。

征文请寄：××省整修黄帝陵工作办公室

地址：××省××市西北二路一号

邮编：×××××× 电话：（×××）××××××××

欢迎海内外各界人士踊跃参加征文活动。

××清明公祭轩辕黄帝陵筹备工作委员会

××省整修黄帝陵工作办公室

××××年××月××日

【简析】

这则征文启事将征文的目的或意义，征文内容、形式、评选办法、注意事项等交代清楚，同时留下联系方式，以便应征者参加征文。落款由两个合作单位联署。

（五）开业启事

开业启事是企业或服务、娱乐等行业在开始营业前，向社会各界告知开业消息时使用的应用文。

开业启事由标题、正文、落款组成。

1. 标题

开业启事的标题有三种形式：一种是直接写“开业启事”字样；一种是由单位名称和“开业启事”字样组成，如《×××公司开业启事》；一种是用修辞方式，如《中西饮食文化的最新结合——××烧烤城六月十八日隆重开业》。

2. 正文

正文一般写明开业企业的名称、开业时间、开业地点、经营范围、规格、特点及其他有关事宜。

3. 落款

落款写明开业单位名称、时间。

有的开业启事落款部分附有祝贺单位名称。

【例文7-38】

××大厦开业启事

××大厦装饰工程已顺利完工，百货商场、餐饮旅馆定于八月一日正式开业，欢迎各界人士光临。

××大厦

××××年××月××日

【简析】

这则开业启事标题由单位名称和“开业启事”字样组成，正文交代了开业行业、时间。语言简洁明了，格式规范完整。

（六）招生启事

招生启事是学校等文化教育单位公开向社会招收新生时所使用的应用文。

招生启事由标题和正文组成。

1. 标题

招生启事的标题形式较多，不论采用何种形式，必须突出几点：一是醒目；二是尽量反映正文内容。

2. 正文

正文内容主要包括招生目的、专业、人数、生源、报名条件、时间、地点、应携带的证件、需办手续、费用及考试事宜、待遇等。新成立的学校还应简要介绍学校的性质、办学规模、师资规模、师资水平、专业设置等情况。正文部分条件较多，一般采用分条列项书写，令人一目了然。

【例文7-39】

中国作家协会鲁迅文学院

××级文学创作班招生

鲁迅文学院是中国作家协会培养作家的高等学府，由著名作家丁玲先生创建，其历史可以追溯到延安鲁艺时代。中国当代作家邓友梅、蒋子龙、莫言、刘震云、毕淑敏等曾就学于此，鲁院函授班已有××年历史，学员逾6万人。为满足广大文学爱好者的愿望，培养跨世纪文学人才，本院决定继续举办“文学创作班（函授）”。学制1年（××××年

××月至××月），结业颁发本院证书。

一、课程设置

文学基本理论、小说创作、散文创作、文艺美学、其他艺术鉴赏、中外文学史及流派、学员作品分析。

二、教材

以教学性刊物《文泽》（双月刊）为主，全年70万字，主要栏目：名家论坛、本院讲座、谈艺录、佳作赏析、中外文坛眺望、学员作品分析（以发表作品为主）、学员论坛、创作动态等（教材不分专业）。

三、招生对象及方法

1．甲班。有一定写作基础，欲求突破者，本班将择优录取并由专家进行辅导。

2．乙班。爱好文学，欲提高写作水平和文学修养者，本班将分类辅导，促其提高水平。

四、报名方法及收费标准

甲班每人4500元，乙班每人2200元。请在汇款单上用正楷写清报名者详细地址，邮政编码，并在附言中注明所报专业（小说、诗歌、散文、报告文学、综合）。款到后即予注册，并寄收据、学生证及有关表格。

即日起开始报名至××××年××月底截止。

报名及汇款地址：××市××区××庄南里27号鲁迅文学院普及部

邮编：××××××　电话：（×××）×××××××××

【简析】

这则招生启事内容较多。涉及招生单位情况介绍，招生的目的和计划，报名时间、地点及方法等。

（七）庆典启事

庆典启事是学校、机关、厂矿、团体等单位在有纪念意义的日子里举行活动而邀请有关人员参加或向社会及有关单位告知有关事宜时所使用的应用文。

庆典启事由标题、正文和落款组成。

1．标题

标题通常由发文单位、事由和文种组成，如《×××（单位）成立五十周年庆典启事》。

2．正文

正文包括开头语、主体语和结尾。

开头语简要地介绍庆典的缘由及目的。

主体语具体写明庆典总体安排，如时间、地点、议程、参加人员、组织接待及其他有关事宜。

结尾为欢迎有关单位或有关人员参加庆典活动等。

3．落款

落款写明联系地址、联系方式（电话、邮编、联系人等），署上日期。

【例文7－40】

×××学校成立五十周年庆典启事

××××年××月××日，将是我校成立五十周年的值得庆祝的日子。为了回顾这段光辉的历程，届时将举办盛大的庆典系列活动。

为了迎接校庆活动，学校已成立了“校庆筹备委员会”，恭请各地校友（凡在本校学习、工作过的师生员工）届时返校参加校庆活动。同时学校拟编《校史资料集》《优秀论文集》，请各届校友踊跃提供有关史料及省级以上获奖论文、著作。请相互转告，拟参加校庆或提供资料者，请函告或电告姓名、单位、职务、毕业届次、联系地址、电话，或直接与校庆办公室联系。

邮编、地址、电话、联系人（略）

热烈欢迎各届校友参与母校建设，共同把母校的建设推上一个更新的台阶。

×××学校（公章）
校庆筹备委员会
××××年××月××日

【简析】

这则校庆启事，首先交代庆典的缘由和目的，然后点明庆典的具体安排，最后交代联系方式，以便欲参加庆典的校友联系。

（八）招聘启事

招聘启事是企事业单位、社会团体公开向社会招聘各类人员时所使用的应用文。招聘启事是近些年来，随着我国市场经济体制的建立和发展而产生的一种文体。它能加强区域之间、单位之间的人才流动，有利于加速人事制度的改革。

招聘启事由标题、正文和落款组成。

1. 标题

标题可直接写《招聘启事》，也可采用招聘单位加“招聘启事”的形式。不论用什么形式，一则好的招聘启事的标题应包含两层意思：一是能反映主题；二是醒目、引人注意。

2. 正文

正文主要包括用人的单位、部门，从事的业务及享受的待遇，联系办法、时间、地点及其他有关事宜，一般采用分条书写。正文部分可简要介绍本单位的情况，让应聘者有所了解。有关待遇问题应实事求是，不宜夸大。

3. 落款

署上单位、日期。

【例文7－41】

北京市××律师事务所招聘启事

北京市××律师事务所是一所经政府司法机关批准成立的合作制律师事务所，主要从事房地产、知识产权、金融、证券商务、劳动等方面的法律业务。因业务发展需要，经北京市人才服务中心批准现诚聘下列人员：

一、专职律师2名。条件：1. 已具有律师资格；2. 大学本科以上学历、掌握一门外语；3. 身体健康；4. 档案存在人才交流中心。

二、文秘1名。条件：1. 女性，年龄在22岁以下；2. 能熟练使用现代办公软件工具；3. 身体健康；4. 高中以上学历。

我所对专职律师设有灵活的取酬方式，专职律师可以根据自己的能力作出选择。

有意者请将本人简历（附照片）寄至北京市××区××大街××号××宾馆619或622房间。

邮编：100080

电话：××××××××

谢绝来访，来信必复。

北京市××律师事务所

××××年××月××日

【简析】

这则招聘启事将招聘单位的基本情况、招聘职位和条件、联系方式交代得清清楚楚，应聘者看到启事后就能根据自己的情况作出相应的选择。

（九）更名启事

更名启事是企事业单位、社会团体等单位因发展或其他需要，在获得批准后，由更名单位公开向社会声明时所使用的应用文。

更名启事由标题、正文和落款组成。

1. 标题

标题可直接写《更名启事》或写《“×××”更名为“×××”》。

2. 正文

更名启事的正文，首先，简要介绍单位概况；然后，说明经何机关批准，何时启用新的名称，更名后的隶属关系，印章的变动事宜也应同时通知。

有的更名启事会在结尾部分写上“欢迎新老顾客继续支持”之类的话语。

3. 落款

署上原单位名称、日期。

【例文7-42】

×××公司更名启事

原×××公司经省工商行政管理局登记注册，现改名为××××公司，更名后原账号、开户行均不变，新印章启用时间为××月××日。

谨借更名之机向新老客户、各界朋友致以诚挚的感谢，希望你们继续大力支持。

×××公司

××××年××月××日

【简析】

这则更名启事，首先将更名前后的公司名称交代清楚，然后申明相关事宜，最后向新老客户、各界朋友致谢。

第十节 广 告

一、广告概述

（一）广告的概念

所谓广告，从汉语的字面意义理解，就是“广而告之”，即广泛地告知公众某种事物的一种宣传活动。目前，对广告一词的理解有广义和狭义之分。

广义的广告包括商业广告和非商业广告，其内容和对象都比较广泛。商业广告是为了推销商品和劳务，获取经济利益，属营利性广告；非商业广告则是为了达到某种宣传目的，属非营利性广告，它包括政治宣传广告、道德教育广告等。

狭义的广告是指营利性广告，又称经济广告或商业广告。它是广告主以付费的方式，通过大众传播媒介向公众提供有关商品、劳务、观念等信息的一种传播方式，一般通过报刊、电台、电视台、招贴、电影、幻灯、橱窗布置、商品陈列等形式来进行。

狭义的广告的定义揭示了以下问题：

（1）广告是一种付费的信息传播活动。

（2）广告活动的主体是广告主，而广告活动的对象是广大消费者。

（3）广告活动是通过大众传播媒介来进行的，而不是面对面的传播。

（4）广告活动的内容是有关商品或劳务方面的信息。

（5）广告活动的目的是为了促进商品或劳务的销售，并使广告主从中获得利益。

（二）广告的要素

广告有广告主、广告媒介、信息、广告费、广告对象五个基本要素。

1. 广告主

广告主又称广告客户，是指发布广告的企业、团体或个人，它是广告活动的主体。

2. 广告媒介

广告媒介是指进行广告活动的物体、手段和工具，是传播中介物。它的具体形式有报纸、杂志、广播、电视、网络、交通工具等。

3. 信息

信息是广告的主要内容，包括商品信息、劳务信息、观念信息等。商品信息包括产品的性能、质量、产地、用途、购买时间、地点和价格等。劳务信息包括各种非商品形式的买卖或服务性活动的有关信息，如旅游服务、餐饮娱乐、理发、照相、浴室、信息咨询等行业的经营项目。观念信息是指通过广告活动倡导某种意识，使消费者树立一种有利于广告主推销其商品或劳务的消费观念，如风景旅游区的宣传、电影广告等。

4. 广告费

广告费是指从事广告活动所需支付的费用。例如，购买报纸、杂志版面需要支付相应的费用，购买电台、电视台的时间需要支付的费用。即使自己制作广告，如布置橱窗、印刷招贴和传单等，也需要制作成本。广告主进行广告投资、支付广告费，目的是扩大商品销售，获得更多的利润。

5. 广告对象

广告对象是指接受广告信息的人。不同媒体的广告，各有其特定的对象：报刊广告的对象是其订阅者，电视广告的对象是其收视者，广播广告的对象是其收听者，电影广告的对象是其观众，路牌广告的对象则是来往行人。一般来讲，广告对象越多，广告效果就越好。

（三）广告的特点

1. 广告必须通过大众传播媒介进行传播

广告中的信息内容只有通过传播媒介来进行传播才能到达公众，离开了传播媒介，广告也就不存在。

2. 广告是一种付费的信息传播

由于商业广告的宣传借助于传播媒介，而传播媒介作为信息的“运输工具”是要支付费用的，而不是免费的。

3. 广告是说服的艺术

广告把信息传播给消费者的目的在于影响消费者的行动，因此，广告要利用特殊的艺术表现技巧吸引对方，潜移默化地影响对方，在不知不觉中将对方说服，进而影响其行动。

4. 广告必须明确广告主

任何广告都必须明确广告的信息是由“谁”发出的，这样一方面，能使消费者放心购买商品；另一方面，如果出现欺骗性广告，有利于追究广告主法律与道义上的责任。

5. 广告的目的明确

不管广告所传播的信息内容是什么，最终目的都是为了促进商品的销售，并使广告主从中获得利益。

二、广告的种类

广告按不同的标准，可划分为不同的种类。常见的分类有：

（一）按内容分

按广告的内容，可分为商品广告、企业广告和劳务广告。

1. 商品广告

商品广告又称产品广告，是以商品信息为广告内容，以销售商品为目的，向用户和消费者提供商品信息的广告。在广告中，以介绍商品的品牌、商标、性质、特点、功能为主，目的是获取消费者的好感，进而诱发消费者购买商品。

2. 企业广告

企业广告是以宣传企业，提高企业的知名度和声誉，树立企业良好形象为主的广告。企业广告的内容主要是介绍企业的宗旨、信誉、历史、成就、经营状况、管理水平等。

3. 劳务广告

劳务广告是向社会提供劳动服务的广告。这种劳动服务涉及的范围很广，如交通旅游、餐饮娱乐、理发、洗浴及住宿咨询服务等。劳务广告的内容主要是介绍服务的性质、内容、质量、方式、效果等。

（二）按所选用的媒体分

按广告所选用的媒体，可分为印刷广告、视听广告、户外广告、邮寄广告、交通广告、展示广告等。

1. 印刷广告

印刷广告是指刊登在报纸、杂志、书籍、火车时刻表、挂历、台历等物品上的广告。它具有信息发布快、可经常修改、费用低、可反复阅读等优点，但时效性差，不易引起人们重视。

2. 视听广告

视听广告是指通过电视、广播、电影、幻灯等发布的广告。它具有生动、形象、突出等特点，而且传播迅速、影响面广，但易消失，保持时间短，费用高。

3. 户外广告

户外广告是指在街道、码头、车站、道路两旁等公共场所及建筑物按规定允许设置、张贴的招牌、海报、旗帜、路牌、标语等宣传广告。它具有成本低、较持久的优势，但不易更改，并且宣传范围小。

4. 邮寄广告

邮寄广告是指以邮政部门的邮件为媒体寄发、散布的广告。例如，商品目录、说明书、信函、传单、贺年卡、宣传小册子等。它具有成本低、随意性强等优势，但时效性差，易被人忽视。

5. 交通广告

交通广告是指在一些交通工具（车、船、飞机）上放置或张贴的广告。它具有成本低、直观、醒目等特点，但流动性大，不易使人记忆。

6. 展示广告

展示广告是指以商品陈列、布置、装饰、展现为主要形式的广告。例如，商品柜台陈列、橱窗陈列、展销会商品摆设、商品模型、模特等广告。它具有形象、直观、突出、持久、见效快等优势，但影响面小。

7. 其他媒体广告

除上述诸多媒体外，还有包装纸、购物袋、手提包、气球、雨伞等广告媒体。这类广告成本低、使用频繁、较持久，但不易引起人们的注意，易废弃。

（三）按覆盖影响地区分

按广告覆盖影响地区，可分为地方性广告、全国性广告和全球性广告。

1. 地方性广告

地方性广告是指运用地方性媒体，配合营销策略所做的广告。主要在地方报刊、电台、电视、路牌、霓虹灯等媒体上所做的广告。

2. 全国性广告

全国性广告是指在信息面遍及全国城乡的媒体上刊播的广告。例如，通过中央人民广播电台、中央电视台播放的广告，在国家级刊物上刊登的广告。

3. 全球性广告

全球性广告又称国际性广告，是指在具有国际性影响的广告媒介上发布的广告。例如，通过国际性报刊等发布的广告。

（四）按直接目的分

按广告的直接目的，可分为商品销售广告、企业形象广告和企业观念广告。

1．商品销售广告

商品销售广告是指以推销商品为目的的广告。此类广告又可分为三类：

（1）报道式广告。报道式广告又称开拓性广告，该广告如实地报道和介绍商品的性质、用途、价格，以及商品生产厂家、品牌、商标等，促使消费者对商品产生初级需求。

（2）劝导式广告。劝导式广告又称竞争性广告，该广告以说服消费者为目标，通过突出商品的特优品质，刺激消费者选择性需求和认牌购买。

（3）提醒式广告。提醒式广告又称备忘性广告，该广告用以提醒消费者不要忘记本商品，防止消费者购买习惯或兴趣转移。

2．企业形象广告

企业形象广告是指以建立企业信誉，树立企业形象，沟通企业与消费者的公共关系，间接达到推销商品为目的的广告。

3．企业观念广告

企业观念广告是指通过广告宣传，建立或改变企业或产品在消费者心目中的形象，使其树立一种新的消费观念的广告。例如，在国外饮料市场，在可口可乐独霸天下的情况下，生产七喜汽水的厂商有意识地通过广告宣传，把饮料分为可乐型与非可乐型两大类，从而使七喜饮料脱颖而出，打破了可乐饮料的垄断地位。

（五）按诉求方式分

按广告的诉求方式，可分为感性诉求广告与理性诉求广告。

1．感性诉求广告

感性诉求广告是指采用感性的说服手法，在向消费者介绍商品、服务的同时，注意动之以情，使他们对广告商品产生好感，进而购买。

2．理性诉求广告

理性诉求广告是指采用理性的说服手法，有理有据地直接论证产品的优点与长处，让顾客自己作出判断，进而购买使用的广告。

三、广告的写作

广告写作是指广告文案的写作。广告文案主要是指在广告作品中用来表现广告主题和广告创意的语言文字，包括广告标题、标语、正文、随文等要素。

随着社会生产力的发展和科学技术的不断进步，广告的表现形式层出不穷，表现技术也日新月异。广告以其生动形象、多姿多彩的视觉表现而成为吸引广告对象注意的主要因素。尽管如此，如果没有语言和文字，广告就无法将产品或服务的特性具体明白地传达给消费者，广告的目的也就难以实现，广告的信息桥梁作用也无法发挥。现代广告中，广告语言往往能起到画龙点睛的作用。因此，广告文案是广告的核心，广告写作是广告活动中极其重要的、不可缺少的环节。

（一）广告标题的写作

1．广告标题及其作用

标题是广告主题的集中体现，又是区分不同广告内容的标志。它是广告文案的有机组成部分，也是广告的精髓所在。人们常用“题好一半文”来说明标题的重要性，对广告写作而言尤其如此。广告标题具有突出主旨，提示要点，引人注目，激发消费者阅读广告正文，加深印象，促使消费者进行购买等功能。一个优秀的广告标题能起到画龙点睛的作用。因此，广告的优劣，在一定程度上取决于标题语言的质量。

2. 广告标题的类型

广告标题按其诉求方式划分，可分为直接标题、间接标题和复合标题三类。

（1）直接标题。直接标题用简明的文字直截了当地表明广告的主要内容，明确点明主题，使人一看即知。直接标题具有直截了当、简单明了的优点，但它缺乏吸引力，只适用于内容简单、特点非常突出的商品广告。

【例文7－43】

××牙膏广告

××牙膏，洁齿护齿好。

【例文7－44】

方便面广告

×××红烧牛肉面，好吃看得见。

【简析】

上述两例广告标题都是直接传播广告信息，将产品的主要情况、产品效用直截了当地告诉消费者。

（2）间接标题。间接标题不直接点明广告主题，而是用耐人寻味的词句作标题，以诱人阅读正文或观看广告图片。这类标题富有情趣，以引人注目、诱人产生兴趣为主要目的，因而多运用比喻、比拟等修辞手法，采用常用语或富有哲理性的文字语言，多用于正文内容丰富，介绍信息较详尽的商品广告。

【例文7－45】

美国眼镜广告

眼睛是灵魂的窗户，为了保护您的灵魂，请给窗户安上玻璃吧！

【简析】

这则标题没有直接说出广告的商品，但已用暗喻的手法间接地强调了眼睛的重要性，提醒人们去保护它，显示了对人们切身利益的关心，因而使消费者乐于接受这样的诱导。

【例文7－46】

化妆品广告

把闪烁的星星揉碎，溶入绚烂的晚霞之中。

【简析】

该标题充满诗情画意，具有一种梦幻般的意境。但只看标题，读者会觉得费解，于是，他们只能从正文中去寻找答案。读了正文后方才领悟到这是一则化妆品广告，而广告标题产生的浪漫意境已留存于读者心中。

（3）复合标题。复合标题就是把直接标题和间接标题组合起来，各取所长，既富有情趣性，又简单明了。这类广告标题常于前两种标题不易表达广告内容时使用。

一则广告标题通常包括引题、正题和副题。引题主要用来交代背景，衬托主题，或点明广告的意义；正题主要表明广告主题，传递广告主要信息；副题则说明产品的名称、型号、性能等，主要对正题作进一步的引申或补充说明。复合标题可以由引题和正题组成，也可由正题和副题组成，还可以是引题、正题、副题三者兼备。

【例文7－47】

××集团空调广告标题

引题　微不足道的一声，足以影响“××”所创造的宁静

正题　××集团隆重推出新一代宁静空调

【简析】

本例由引题和正题组成，引题点明“××宁静空调”的意境；正题传递出了“××新款宁静空调”的有关信息。

【例文7－48】

××文字处理机的广告标题

主题　小到一颗螺丝钉

副题　××的服务无微不至

【简析】

本例的主题采用间接标题，运用了“比”的修辞手段，是虚写；副题则采用直接标题，道出了广告所宣传的产品，是实写。以小小的螺丝钉做文章，让消费者联想到××的产品质量过硬、服务周到，小到一颗螺丝钉都毫不马虎，关键部位就更不用说了。通过间接标题的诱导、直接标题的点明，消费者从形象思维过渡到产品本身，由此加深了对产品的印象。

【例文7－49】

香皂广告标题

引题　美丽离不开水和肥皂

正题　××液体香皂

副题　使你头发根根柔软令你肌肤寸寸滑嫩

【简析】

本例的引题交代广告信息背景或意义，指出美丽与水和肥皂的关系，由此引出正题；正题传递了香皂的有关信息；副题则对主题内容作了补充，说明了产品的性能。

3．广告标题的写作方法

为使广告标题更加醒目、引人注目，标题的创作可采用多种多样的写法，常见的有：

（1）新闻式标题。即直截了当地告诉消费者新近发生的某一事实，在写法上类似报纸上的新闻标题。这种新闻式标题多用于介绍最新产品、最新业务、最新营业活动，以及技术革新、服务改进等方面的内容。

【例文7－50】

手机广告

能看电影的商务手机。

【简析】

这则标题是关于手机功能的新信息，也是新闻，让人眼睛为之一亮。

（2）宣告式标题。即如实地将广告正文的要点或与本广告正文有关的事实直接告知消

费者，使人一目了然。这类广告标题比较严肃、庄重，多用于产品和服务项目的介绍。

【例文 7－51】

计算机办公系统广告

以最简单的操作，完成最复杂的工作。

【简析】

这则标题广告无疑对文秘工作人员，特别是对计算机语言了解甚少的人有极大的吸引力。

（3）祈使式标题。即用劝勉、叮咛、祈求、希望等口气敦促消费者采取购买行动。这类标题在写作时，应尽量表达得客气和婉转，否则消费者会产生反感。

【例文 7－52】

化妆品广告

让母亲重温年轻的梦。

【简析】

这则广告标题抓住了那些已告别青春，但又力图挽留青春的妇女的心理，含蓄地表达了该化妆品使用后的效果，同时表达了“让母亲重温年轻的梦”的美好愿望，使每个爱美的母亲都为之动情，达到促销产品的广告效果。

（4）颂扬式标题。即以赞叹的口气直接颂扬广告商品的特殊优点和名贵之处。这类标题容易见效，也容易让人反感，关键在于实事求是，忌夸大其词。

【例文 7－53】

××汽水广告

晶晶亮，透心凉。

【简析】

这则广告标题以极为强烈的用词，让人在视觉、感觉上都产生玉澈冰肌之感，直接体验到饮用该产品的舒适。

（5）号召式标题。即用带有鼓动性的词句作标题以鼓动消费者使用某产品或服务。这类标题在写作时，要求文字有力量，能起暗示作用，易于记忆，使消费者易受鼓动，在措辞上要求委婉，不能直露，以回避一般人不愿受他人支配的心理。

【例文 7－54】

××电子按摩椅广告

只要你有时间坐下，我们就能给你健康！

【简析】

这则广告标题没有直接道出产品的性能，而是以健康许诺于人，既有关怀又有悬念，引你行动。

（6）提问式标题。即通过提出问题来引起消费者关注，引发兴趣，启发思考，产生共鸣，从而加深对标题的印象。这类标题要抓住要害，所提问题必须是公众密切注意，十分关心的。问题的提出要巧妙，要能打动人，并促使消费者思考。

【例文 7－55】

××系列香波广告

想想今天的和昨天的洗发感觉有何不同?

【简析】

这则广告标题站在消费者的位置上，提出“为什么”的问题，促使消费者在购买时进行分析思量。

(7) 悬念式标题。即为吸引消费者关注，故意制造出一些悬念和疑点，使消费者由惊讶而猜想，进而阅读广告正文。这类标题在设置悬念时要巧妙恰当，要与广告宣传的产品或服务的特性吻合，使读者阅读正文后，能解开疑团。

【例文 7－56】

法国轿车广告

你可能不相信，三个轮子的轿车也能跑。

【简析】

看到这则广告的标题，人们会产生这样的疑问：三个轮子的轿车能跑吗？这是怎么样的轿车？有了这个疑问，人们就会去看正文，看完正文就会明白轿车的安全性能。这则广告妙在只突出了轿车的这种近乎夸张到不可能的特性，充分调动了顾客的好奇心理。

(8) 比较式标题。即通过对比，突出产品的优点。这类标题用于产品本身前后的对比，或者不同类事物的比较，效果较好。使用这类标题时，不能直接指名对比，这是《广告法》明令禁止的，只能泛比，不能贬低其他商品或服务。

【例文 7－57】

美国××刮胡刀片广告

从前每片刮 10 人，此后刮 13 人，如今可刮 200 人。

【简析】

本例的广告标题用一系列数字的对比，将××刮胡刀片质量不断提高，技术上的更新和改造鲜明地突现了出来。

(9) 歌谚警语式标题。即借用或改用古今诗句、谣谚警策、成语典故的语言形式作为广告标题。这类广告标题具有简洁凝练、生动传神的效果。但要注意应选用那些著名、通俗、传神、贴切的语句，避免使用生僻的语言和典故，更不能生搬硬套、不伦不类。

【例文 7－58】

××生发灵广告

聪明不必绝顶。

【简析】

本例的广告标题巧用成语“聪明绝顶”，形象地表达了该产品的性能，也给患者一个良好的祝愿。它妙在具有幽默感，给人留下深刻印象。

(二) 广告标语的写作

1. 广告标语的概念及其作用

广告标语又称广告口号或广告警句，是广告者从长远销售利益出发，在一定时期内反复使用的特定宣传用语。

广告标语具有特殊的作用，它能加深消费者对企业的经营特征、商品或劳务的独特优良个性的理解与记忆，以形成固定的良好印象，产生持续性购买。因此，广告标语成为消费者识别企业、商品的符号，是强调广告主题的“语言标志”。一些经久不衰的广告标语被企业视作无形的财富，世代相传。例如，在美国，可口可乐的广告标语：“请喝可口可乐吧”，使用了近半个世纪，至今不改。在我国，越来越多的企业认识到广告标语的重要性，为求得一句妙语，不惜花费巨资。

2. 广告标语与广告标题的区别

由于广告标语与广告标题在写作方法、表现形式等方面都有相似或相同之处，所以广告标语与广告标题容易混淆。其实，广告标语与广告标题还是有明显区别的，这主要表现在：

（1）目的不同。广告标语是为了帮助消费者形成某种观念，以指导消费，是企业广告的标志，并且，它可以离开正文单独存在；而广告标题则是引导消费者注意并阅读广告正文，它与正文紧密联系。

（2）时效不同。广告标语寿命较长，能长期反复使用，甚至与商品的商标与企业名称相伴始终；而广告标题是一则广告一个标题，伴随该广告而使用或停止，使用期相对较短。例如，上海申花企业集团于 1993 年 5 月东亚运动会在沪开幕之际，先后在《文汇报》上刊登了七篇系列广告，标题分别为“我们在等待……”“我们共铭记……”“25 万用户的见证!”“有一壶水奉献一壶水”等，但广告标语用的都是“领先一步，中国申花”。

（3）语言构成不同。广告标语注重音韵，朗朗上口，以便于记忆，是意思完整的一句话，一般在 10 字以内，写作难度要比广告标题大得多，而广告标题主要是概括主题，引导消费者阅读正文，在文字上不苛求音韵，意思可以是完整的，也可以是半句话，甚至一个词组或一个词。例如，××女士精工表的广告标题“最女人的表”就是一个词组，而不是一句完整无缺的话。而“今年二十，明年十八”（××美容香皂）则是广告标语，它是一句完整的话，并且提示了商品的性能特点。

（4）使用不同。广告标题一般只用于印刷类广告；而广告标语还可用于广播、电视等广告。

（5）在广告中的位置不同。广告标题的位置比较固定，往往在广告作品最醒目的地方，与图片、插图有机结合；而广告标语的位置没有特殊的限制，可以放在正文之前代替标题，也可放在正文结尾，比较灵活、多变。

3. 广告标语的种类

广告标语的种类很多，按照内容和心理效应可分为赞扬式、号召式、情感式、标题式、综合式等标语。

（1）赞扬式标语。即运用直接陈述的方法，强调商品或劳务的特征、优点，从而使消费者容易鉴别和牢记其突出的优点。

【例文 7－59】

××牙膏广告

××牙膏，洁齿护齿好。

【简析】

这则广告标语强调了产品的特点——洁齿护齿，虽然语言通俗，但利于记忆。

（2）号召式标语。即运用鼓动性词句，直接动员消费者购买广告的商品。

【例文 7－60】

××牌空调广告

只要您拥有××空调，春天将永远陪伴着您。

【简析】

这则广告标语极富鼓动性，只要你拥有了××空调，春意将一年四季都将陪伴着你，有谁能抗拒这诱惑呢？

（3）情感式标语。即使用幽默风趣、充满人情味、引人联想的词句来显示商品的优点，从而使消费者在轻松的微笑中不自觉地接受了宣传。

【例文 7－61】

××电须刀广告

孩子孝，爸爸笑。

【简析】

这则广告标语语言简洁和谐，富有人情味，它鼓动有“孝心”的孩子都让“爸爸笑”。

（4）标题式标语。这种广告标语放在标题位置，一身而兼二任，起到代替广告标题的作用。

【例文 7－62】

×××手表广告

欢乐盛事×××。

【简析】

这则广告标语就放在了广告顶端，没有再写标题。

（5）综合式标语。综合上述各种形式，融合为一。

【例文 7－63】

××牌热水器广告

款款“××”，领先潮流，随心所“浴”，现代享受。

【简析】

这则广告标语既传达了产品的性能，又体现了人情味和号召力，并且读起来朗朗上口，极富韵律感。

4. 广告标语的主题分类

广告标语的主题没有固定的模式，可以充分发挥想象力。为了便于广大初学者更好地学习掌握，下面举例说明：

（1）以商品的便利性为主，不加商品或公司名称。

【例文 7－64】

×国联合航空公司广告

乘×国航空公司的班机，到处都是好天气。

【简析】

坐飞机的人都希望拥有好天气，旅途顺利愉快。而空难的发生十有八九是因为天气不好。这则广告标语抓住并渲染了人们渴望吉利的主题，使乘客得到心理的寄托。

（2）以商品的特点为主，不加商品或公司名称。

【例文 7－65】

饼干广告

胖子一样有口福。

【简析】

这则广告标语妙在抓住现代顾客注重形体美的心理特点，表面上是替胖子着想，实则是暗示该产品不会对体形产生任何有害的影响。

（3）以商品的便利性为主，加进商品或公司名称。

【例文 7－66】

××牌味精广告

家有××味精，米都多放一斤。

【简析】

有时无技巧反倒是一种技巧，让人一看，开怀释然。

（4）以商品的特点为主，加进商品或公司名称。

【例文 7－67】

×××方便面广告

×××方便面，好吃看得见。

【简析】

这则广告标语很质朴，口语化，易于流行，广告效果好。

（5）以一般生活趣味为主题。

【例文 7－68】

×国橘子广告

名牌不能在树梢上生长。

【简析】

这则广告标语巧设悬念，既然名牌不能在树梢上生长，那它在哪儿生长呢？在服务质量上？幽默生动，寓意深远。

（6）在主题里加进新闻性。

【例文 7－69】

佳宝系列凉果

佳宝佳宝，味道最好。

【简析】

这则广告语言简洁，朗朗上口，在一种明快轻松的节奏中，给人以“味道最好”的感觉。

（7）以诉求大众情感为主题。

【例文 7－70】

××打字机广告

输入千言万语，奏出一片深情。

【简析】

这则广告标语语言准确扼要、鲜明生动地将产品性能表达出来，“千言万语”与“一片深情”相对相衬，从而使其极富感染力。

（8）以要求大众行动为主题。

【例文 7－71】

房产广告

房子加上爱，就成一个家。

【简析】

这则广告标语极富哲理，蕴意深刻。它引人深思，令人向往，表达了人们“我想有个家”的愿望，给人留下深刻印象，增强了客户购买该公司房产的欲望。

总之，广告标语的撰写要求与广告标题的拟写基本相同，但广告标语的鼓动性更强，因此，撰写时要突出特点、有亲切感、押韵动听、简单易记。

（三）广告正文的写作

1. 广告正文的格式

在广告中，除标题、标语、随文之外的其他说明文字，就是广告正文。广告正文是广告文案的中心部分，是广告主题的集中体现，是传达商品或劳务信息的重点所在。

广告正文主要起着宣传产品或劳务，树立企业和产品形象，推动消费者采取购买行动的作用。

广告正文通常由开头、中心、结尾组成。

（1）开头。开头又称引言、开端。一般承标题而来，对标题所提的商品、劳务或事实问题进行简明扼要的解释和证明，并引出下文。

【例文 7－72】

×××汽车广告正文的开头

生活总是由您自己来主宰，或兴奋激越，或平淡无奇。自己与困扰之界线简单如汽车的两轮。驾上×××，您就可以冲破烦恼。

【简析】

该广告正文的开头简明清楚，起到了连接标题和正文主体的作用，因而能持续吸引消费者。

广告引言的方式多种多样，除了开门见山、直奔主题式以外，也可略作提示，揭示广告的主要内容；也可交代广告的目的或动机；还可从释疑入手等。总之，开头方式并非千篇一律，可灵活多样，只要能起到承上启下的作用就行。要注意的是：开头要直截了当、简洁明了、具体实在，不要空发议论，或作不必要的解释。

（2）中心。中心又称正文主体，是正文的核心部分。中心是对开头的阐述和证明，用关键性、有说服力的事实来介绍、说明广告的标题，阐述广告主题或提供产品论据。

【例文7－73】

××牌一次性牛奶容器广告正文的中心

做妈妈的忙得不可开交。因为她要在短短的半小时内让孩子吃饱后去上学，还要侍候丈夫去上班，繁华路口的交通警察紧张起来也不过如此。那么就在这时候，××牌一次性牛奶容器就可以帮您大忙了。

这一方便的现代化容器质轻，呈四方形，能像水壶一样把牛奶倾倒出来。即使是小孩也能很方便地用它饮用牛奶，而不至于泼洒。

这种容器还易于开启，手指轻轻一按就可盖严，确保牛奶不会与其他食品串味，从而免去牛奶中产生怪味的麻烦。

不仅在早餐时间，而且在整整一天的时间内，××牌一次性牛奶容器省掉了你许多家务。它外形坚固，便于存放——实际上是使你本来就放得满满的冰箱增加了储存空间。容器一次性使用，用毕即弃，无洗涤之劳。

【简析】

这篇广告正文的主体部分指出了一次性牛奶容器的许多优点，从质轻、方便、易于开启、保鲜、省时省力到节约空间等，每一个优点都增强了广告的说服力。中心段的写法多种多样，可以纵写，按事物发展的先后来写，有头有尾，始末清楚；也可以横写，按事物的逻辑联系，分若干个问题或几个侧面来写，有点有面，层次分明。总之，中心不管怎样写，都要做到观点与材料相一致，有条有理，切忌杂乱无章，空发议论。

（3）结尾。即正文的结束部分。一般是为便利消费者或用户迅速付诸行动而作的服务方面的种种说明，告诉消费者该广告所宣传的商品如何购买，如购买的时间、地点、价格、方法、质量或服务保证等。有的广告在末尾还附注有厂名、厂址、电话、联系人等。另外，结尾可以直接或委婉、含蓄地提出建议或总结，敦促消费者及时采取购买行动。

【例文7－74】

美国××汽车的广告结尾

我们相信，消费者是明智的，你一定明白"钻石和玻璃珠岂可相提并论"的道理，我们尊重您的判断和选择。

【简析】

这则广告的结尾没有像一般广告那样正面直接地动员消费者采取购买行动，而是委婉含蓄地提出建议，让消费者自己进行明智选择，这样宣传反而更能打动说服消费者。

结尾也可以只提自己的优点，而不涉及购买或接受服务的问题。

【例文7－75】

某歌舞厅广告结尾

也许，在这样的歌舞厅中，你的生活也会变得多几许滋味。何况，那里的门票并不贵，每月去个一两次，你我这样的"上班族"还都负担得起。

【简析】

这则广告的结尾没有谈及如何购买等方面的情况，而是向消费者宣传了歌舞厅的优点及长处，这样结尾颇具感召力。

总之，结尾不一定写得很长，该短则短，有时也可用标语代替。

2. 广告正文写作的要求

（1）重点要突出。写作正文时一定要把广告的主题、主要诉求点突现出来。一则广告最好只有一个主题，避免面面俱到，头绪纷呈，以免影响广告效果。

（2）简明易懂。广告正文要写得简明扼要、通俗易懂、具体明白，切忌拖沓晦涩。一般日常生活用品和已享有盛誉的商品，其商品性能是众所周知的，宜简短；新产品、高档消费品及生产资料，为便于消费者了解，宜详细。另外，正文的长短还要考虑广告媒体的特点，用于报刊的印刷广告可详细具体；而广播、电视广告、户外广告则要简短，尽量口语化，避免使用空洞抽象的词句。

（3）生动有趣。广告正文要生动形象，有文采，具有趣味性和人情味，使消费者感到亲切，乐于接受。

（4）有号召力。广告正文要有鼓动性，能令人信服。常用的办法是引用权威人士、社会名流、消费者的评价和推荐，或利用权威部门颁发的证书、称号、奖状及鉴定结论来证明，这种证明比自称“质地优良，工艺精湛”等更有说服力。

3. 广告正文的种类

广告正文根据其体裁、风格、表现手法等不同，可分成若干种类，常见的有以下几种：

（1）简介型广告正文，又称叙述型广告正文。即用简明扼要的文字交代事物发展变化过程。这类广告正文多用于商品制作工艺、生产过程和企业发展历程的概说。

【例文7－76】

××复印机广告正文

隆重推出有史以来第一台涡轮启动式复印机——新型××2230Turbo。在精秀的机壳下，是一套业经授予专利的先进复印系统。

拥有它，你1分钟能复印22份材料。如果按下涡轮键，则1分钟可复印30份，现在你可以提高工作效率40%，同时节约33%的增色剂。更具创新精神的是，我们并没有因为增加涡轮启动而提高价格。如需要安排免费的示范表演，只需拨电话号码××××××××。

【简析】

这则简介型广告以几个强有力的数字，简明扼要、直截了当地指出这种新式复印机的优势所在，使消费者一看便产生兴趣。

写作简介型广告正文，一定要注意平铺直叙、语言精练、突出重点，只需将最具特色的或读者最想了解的信息传达出来，切忌面面俱到，事无巨细。

（2）新闻型广告正文，又称报道型广告正文。即采用新闻的笔法或格式对新近发生的有关商品或企业情况的事实进行简要的报道。

【例文7－77】

××空调广告正文

××××年××月，××空调率先通过由国际标准化组织颁布的ISO9001国际标准认证。

ISO9001系列标准由国际标准化组织颁布，目前已被50多个国家和地区所采用，被誉为企业进入国际市场的“通行证”。ISO9001型系列标准分为四个标准：ISO9001标准—ISO9004标准。其中，ISO9001系列标准规定了从产品设计到售后服务的质量保证体系要是最为全面的标准。

××××年新春伊始，又传佳音：全国48家商场联袂推举公认，《××时报》第十次产品质量商场评价揭晓：××系列空调再次荣登空调产品榜首。

××人感谢广大消费者的信任与厚爱，在新的一年中，将再接再厉，为用户提供更加精良的服务。

【简析】

这则新闻型广告采用类似新闻的写法对××空调通过国际标准化组织颁布的ISO9001国际标准认证的情况进行了简要的报道，突出了新闻价值，比一般广告更具有征服人心的魅力。

（3）议论型广告正文，又称论说型广告正文。即充分发挥论据、评论和推理来宣传产品的质量、功效、特点和长处，使消费者对产品产生信任感。这类文字要严谨，针对性强，多采用肯定句式，正面说明。

【例文7－78】

上海××汽车维修服务广告正文

虽说是万水千山只等闲，但毕竟征途坎坷，即使具备钢筋铁骨，若不随时保养，也会因此而损伤元气。

对您的上海××牌汽车而言，有些基本的保养工作需时时留心，处处在意。遇到问题时，你应该去上海××汽车特约维修站，在那里你会得到像朋友一样的接待。更重要的是，由于轿车的保养维修是一项非常特殊的工作，而那里的保养维修技师，都受过上海××公司严格而专业的培训，具有高超的技术和丰富的经验；加上在任何一家上海××汽车特约维修站，都有上海××提供的原产纯正零配件，你得到的当然是百分之百的放心。

驾驶着上海××牌汽车，你可以安心走遍全中国，而没有后顾之忧。

【简析】

这则议论型广告正文很有说服力，它通过上海××特约维修站的保养维修工作能让你的汽车没有后顾之忧的事实，有力地宣传了企业优秀的服务质量，从而使消费者对企业产生好感，达到广告的预期效果。

（4）描写型广告正文，又称描述型广告正文。即着重对商品或劳务进行绘声绘色的描绘和渲染，以生动鲜明的形象，给人留下深刻的印象。

【例文7－79】

一则×国旅游广告正文

美丽的白色沙滩，沐浴在金色的阳光里……恣情嬉戏，尽情享受……美妙的风景，激动人心的奇观……世界一流的设施，高效的服务。不仅这些，最令人神往的是，你能享受到×国带给你的独有的温暖、热情与舒适。

【简析】

看完这则描写型广告，你会不由自主地对美丽的×国心驰神往。

（5）幽默型广告正文，即用生动风趣的笔法与诙谐幽默的语言，轻松俏皮地宣传商品和劳务。用词含蓄、活泼、逗趣，但回味无穷、令人深思，能刺激消费者购买的欲望。一般此类广告只适合中低档商品，而且使用寿命短，大多用一两次就不新鲜了。

【例文 7－80】

×国××汽车广告正文

将这页广告一撕两半，你会听到噪音，但这比一辆 71 年静悄悄的××轿车，以每小时 40 英里速度前进时，你在车中听到的分贝要高。

测音器可以证明这一点。LTO 型轿车时速 40 英里的噪音测定为 64 分贝，撕报纸的噪音却为 74 分贝。

【简析】

这则幽默型广告摆脱了单调，清除了枯燥，给消费者带来了信息，也给人一种趣味盎然的感觉，它将××轿车噪音低的优点很好地突现出来，能够诱发人们对轿车的购买欲。

（6）提问型广告正文，又称问答型广告正文。即通过一问一答，或只问不答的方式来表述广告内容。它具有针对性强、叙述清楚、富有人情味和真实感强等特点，适合于介绍和解释一些知识性、技术性较强或容易让人生疑的商品或劳务。当然写作这类广告正文时，不能只作机械性的描述，否则会使人感到乏味。

【例文 7－81】

某电子琴广告正文

女孩：阿姨，这是什么琴呀？声音真好听。

阿姨：好听吗？这叫电子琴。

女孩：电子琴，是谁做的？

阿姨：这呀，是××电视机厂的叔叔阿姨们做的，叫××牌全复音电子琴。

女孩：阿姨，这上面一条条的是什么？

阿姨：这是琴键，你看，一共有 49 个键，好听的歌就从这里弹出来的。

女孩：啊，原来这样！我能学会弹电子琴吗？

阿姨：能，好多小朋友都学会了。

女孩：我让妈妈买一部××牌电子琴，阿姨教我弹，好吗？

阿姨：好的。

【简析】

这则提问型广告较好地通过女孩与阿姨的问答式对话，介绍了电子琴的生产厂家及质量好等有关信息内容，这则广告显得既真切又自然。

（7）引论型广告正文，又称证书型、证明型广告正文。即为证明广告内容真实确切、所许诺言都能兑现，特引证有关权威的鉴定评论，该产品的荣誉称号、获奖情况或各界知名人士、典型用户的见证和推荐或消费者的反馈等。如写得巧妙，能使人深信不疑，有很强的说服力。

【例文 7－82】

××牙膏厂×××义齿清洁液广告正文

如何保持义齿的洁净，是使装戴义齿的人深感烦恼的问题，特别是一些有烟、茶嗜好的人，他们的义齿积污和着色尤为严重，有碍口腔卫生和外表美观。

为了提供有效的义齿保洁方法，××牙膏厂在××市纺织局第一职工医院口腔科、××市××区眼牙病防治所的协助下，对义齿积污原因作了初步调查分析，并对这个厂研制的×××义齿清洁液进行了临床观察和效果评定。

调查分析结果表明：吸烟、饮茶以及没有养成义齿保洁习惯是义齿致污的重要因素，尤其是吸烟致污作用更为明显。临床观察结果证明：不洁义齿经过×××义齿清洁液浸泡4—10小时，去污除垢优良率达到94%，具有明显的实用价值。

【简析】

这则引论型广告就用了确凿的事实论据及鲜明的结论来揭示×××义齿清洁液的功能，富有逻辑性，令人信服。

(8) 对话型广告正文。即由两个或两个以上的不同人物，以谈话的方式来介绍产品或服务的有关信息，这种形式比较直接活泼，显得亲切自然，可以避免消费者对广告的逆反心理，常用于广播、电视广告。

【例文7-83】

"PVC塑胶砖"广告正文

女：哎呀！老张，你家的屋子装修得好漂亮啊！真是满屋生辉啊！

男：那还用说吗？我用的是PVC塑胶砖。

女：什么？PVC塑胶砖？

男：对呀，这玩意美观大方，防腐、防滑、防燃烧，不怕磕磕碰碰，铺地好，贴墙妙，镶天棚也中啊！而且施工特别方便。

女：那价钱一定很贵吧？

男：不贵，不贵。一间屋子光铺地面，花上三百多元也就够了。

女：哪产的？

男：中外合资——××市××建筑装饰材料有限公司啊。

女：那现在能买到吗？

男：我刚与公司总经理徐××通过电话，他说现在有现货。

女：那我马上就去。

男：对，马上就得去。

【简析】

这则对话型广告通过男女对话交代了产品有关的信息，并且听起来轻松自然，具有强烈的诱导力。

(9) 诗歌型广告正文。即运用诗歌的样式来传递商品信息、劳务信息等广告内容，但要求不像文艺类诗词那样严格，只要字句排列整齐，内容概括，朗朗上口就行。这种广告正文形式能增强读者的阅读兴趣，给人以独特的音乐美，易赢得消费者的好感。

诗歌型广告正文又可分为抒情诗型、叙事诗型、格律诗型、散文诗型、民歌型、顺口溜型等许多种。

第一，抒情诗型广告正文，即以优美、抒情的语言来塑造出鲜明的广告形象，使消费者心动，从而激发其购买欲望。

【例文 7－84】

××航空公司的广告正文

她将一缕温馨的柔情带给全世界，
和蔼的空中服务员
身着一袭纱笼裙，
当她和您相逢，
一绽迷人笑容，
一缕温馨的柔情。
晴空万里，朵朵白云，
你们相逢在舒适的
×××、×××或×××
波音机群上，
她将以最殷勤的方式招待您。
我们的女郎，
是××航空公司的灵魂。

【简析】

贯穿这篇广告正文的始终是一个“情”字，它以优美的文辞，把人们带入了一个温馨的世界，人非草木，孰能无情，人们对感情有强烈的需求，又时时受感情的召唤，此则广告以情动人，大大增强了广告的诱导作用。

第二，叙事诗型广告正文，即用诗的形式来叙事和描写人物形象，注重对商品的形态、色彩、工艺等特征进行生动的描述，给人以鲜明具体的广告形象，使人如临其境，如见其物，从而获得良好的宣传效果。

【例文 7－85】

××公司为150周年庆贺活动所写的广告正文

150周年的历史，150周年的辉煌。
岁月悠悠，××这个名字，
曾为多少人向往。
在我们庆贺这150岁生日的时候，
我们再次想起了他们：
——我们的前辈
那些40年代××的老雇员们；
——我们的老用户
那些最早接受了××的知音们；
曾为中国人民带来欢乐的功臣们。
我们希望找到他们——
听听他们的感受，
理解××的含义。
我们想把那些老产品请回来，

让历史延续……我们请求您的帮助！
帮助我们完成这一寻找：
或许您的祖父曾是××雇员，
或许您的邻居仍保存着他们的
第一台收音机，
或许……
请将您的发现及时通知我们，
与我们一起保存即逝的过去，
这将是您对公司150岁生日
最丰厚的献礼。
为此，我们——
以××的名义，
感谢您！

【简析】

这则叙事诗型广告从过去说到现在，抒发了对顾客的殷殷真情，于叙事和抒情中，宣传了企业形象。

第三，格律诗型广告正文，即按照唐代沿袭的近体诗的格律格式而写成的广告诗。格律诗广告正文在押韵和平仄方面要求较严格，并讲究字、句的锤炼。

【例文7-86】

汾酒的七绝广告诗

其一

杏花汾酒远驰名，冽润甘芳品格清。
应起太白来一醉，好诗千首唤人醒。

其二

将军跑马触神泉，美酒喷香勇士喧。
一饮三呼摧敌阵，凯歌高唱满汾川。

其三

贪杯莫诬醉八仙，浪迹红尘颠倒颠。
科学养生适量饮，为民服务可延年。

其四

巧把琼浆装玉瓶，五洲四海播清芬。
争誉不只家邦关，万国联欢也托君。

【简析】

这是由当代著名诗人冈夫为汾阳杏花村生产的汾酒写的一组七绝广告诗，它用独特的诗歌体将汾阳杏花村汾酒的历史、品质、影响，及厂家对消费者莫贪杯的忠告和盘托出，全诗说古道今，把杏花村汾酒的质量赞颂得淋漓尽致，读之韵味浓厚，情趣盎然，有利于加强消费者印象。

第四，散文诗型广告正文，即用散文的形式、富有诗的语言和节奏来宣传商品或劳务信息而作的广告。它兼有散文和诗歌的两重特点，并融为一体而不露痕迹。它结构灵活、篇幅不长、富有意境。

【例文 7-87】

蒙古民族乐器马头琴的广告正文

马头琴是表现力很强的弓擦弦乐，既可伴奏又可独奏，也适于自拉自唱。音域宽广、音色深沉，浑厚的马头琴声，如泣如诉，特别善于表达忧伤、哀怨的情感，让人闻声落泪。它还富有浓厚的草原生活气息，舒缓的节奏展现了辽阔无垠的草原上那安静的蒙古包和移动的羊群；激越的旋律犹如暴风骤雨、万马奔腾；明快响亮的乐章使人想到风和日丽的溪水旁，挤奶姑娘正与剽悍的驯手悄悄细语。古老的马头琴伴随蒙古族的游牧生活，走过千余年的历程，已经与蒙古族的生活密不可分。难怪有人说：对于蒙古的描述，一首马头琴的旋律，远比画家的色彩和诗人的诗句更加传神。这并不夸大的评语，是对马头琴的赞美。

【简析】

这则散文诗型广告勾勒出了一幅淡淡的蒙古草原的画面，活脱出一种轻灵的意境来，在这些蕴涵深意的、富有节奏的词语中，使消费者对马头琴产生了深沉的爱。

第五，民歌型广告正文，即以民歌的语言形式来表现广告信息。内容朴实清新，想象丰富，生动活泼，如叙家常，如道家珍，具有浓厚的生活气息；语言生动活泼，朗朗上口，好唱好记，浅显易懂。

【例文 7-88】

×××冲剂广告正文

妈妈去世整两年，
撇下爸爸孤零零。
恰逢孤女有情意，
爸爸欲恋则不能。

为啥好景不成戏？
正逢乙肝活动期。
爸爸闷闷不言语，
女儿暗暗心中急。

开明女儿知父心，
日日打听处处寻。
终有一天捧药归，
良药驱散满天云。

病情缓解真奇效，
身体好转合家笑。
鸳鸯成对人成双，
双双感谢“×××”。

【简析】

这则民歌型广告内容朴实清新，很好地介绍了药品——×××冲剂给父亲家庭生活带来了欢乐及幸福，语言通俗浅显，朗朗上口，具有浓厚的生活气息。

第六，顺口溜型广告正文。即采用民间流传的口头韵文形式来表现广告内容，字句齐整，押韵自然，平易浅近，不事雕饰，纯用口语，念起来顺口易记。

【例文 7－89】

××大厦一则广告正文

六一节，来到了，
××大厦真热闹。
骑着童车逛××，
问声叔叔阿姨好。
这边电子琴比赛，
那边孙猴把手招。
小模特们多神气，
各种童车随你挑，
背首儿歌能得奖，
快到××来夺标。

【简析】

这则顺口溜型广告针对了少年儿童的特点，把“趣味性”“记诵性”和“浅易性”糅合在一起，语言浅显易记，能引起少年儿童的极大兴趣。

（10）戏剧型广告正文。即运用我国传统的戏剧表演形式来表现广告内容。它借助戏剧中文学、音乐、美术、舞蹈、动作和表演等各种艺术手段，给人以新颖别致、风趣幽默的感觉，使人对产品留下深刻印象，适合于广播、电视广告。

【例文 7－90】

成都×县××美酒广告正文

（京剧探子上场锣鼓）

探马：报——启禀丞相，司马懿十万大军离西城四十里安营扎寨。

诸葛亮：再探——

哎呀，想我西城乃是一座空城，这便如何是好，噢噢噢，有了，想我诸葛亮一生从不弄险，唯有设下空城之计，方可骗过司马懿来——

老军：丞相有何吩咐?

诸葛亮：命尔等速备琴棋设于城楼之上。

诸葛亮：慢，再取××美酒，摆设西城之外，准备犒赏司马大军。

老军：这种××美酒哪儿弄去呀?

诸葛亮：老夫听说成都×县××美酒厂，已经酿制出这一传统美酒。前日，老夫已命人采购回来，后营搬取。

老军：是，后营搬取成都×县××美酒啊!

（一段京剧锣鼓）

【简析】

这则戏剧型广告用京剧的念白把有关商品信息介绍出来，既吸引人，又充满了趣味。

（11）相声型广告正文。即运用相声的艺术表演形式来表现广告内容。采用这种方式宣传商品，可以使人在轻松、愉快的气氛中接受广告信息。

【例文 7-91】

“××牌”摩托车电视相声广告

唐××：老马，您在等谁呀？

马×：我的那个“××”。

唐××：××是您的“爱人”呀？

马×：我太喜爱××了，它有许多优点，容貌长得盖世无双，绝代佳人，风度潇洒、帅气，平地走路像仙女腾云驾雾，爬坡就如嫦娥奔月，唱歌优美动听。与“××”结为“伴侣”太幸福了。追求××的小伙子太多了，连姑娘都在追求××哪！

唐××：什么，姑娘们也向您“爱人”求爱?!

马×：什么呀？您瞧，它来了。

唐××：呵！原来是“××牌摩托车”呵！

【简析】

这则相声体广告，构思新颖独特，语言俏皮幽默，紧紧扣住产品外形美观、性能可靠等特点，以拟人手法加以表现，并采用相声中“抖包袱”的方式，先造成一方误解，然后亮出底牌使人恍然大悟，达到引人入胜的目的。

（12）歌曲型广告正文。即是把广告稿写成歌词并谱上曲，然后用演唱的形式来进行广告宣传。它具有通俗易记、给人印象深刻等宣传效果。

【例文 7-92】

×××石英钟的广告歌

生命如流水——不是水，生活如彩云——不是云，是什么？是什么连着你的心。——×××，分分秒秒连着你的心。

【简析】

这则广告歌用抒情的笔调把富有哲理的歌词写出来，并通过优美动听的旋律来表现广告内容，艺术效果佳，使人听过不忘，印象长久。

（13）故事型广告正文。即是通过讲故事的形式来传播商品或劳务信息。它具有简单的故事人物和情节，人物是购买或使用某种商品的人，情节是购买或使用某种商品前后的一些矛盾、难题及解决的过程。故事型广告语言通俗活泼、富于变化、有传神感、具有生活情趣，给人以亲切感和趣味性。

【例文 7-93】

××口服液广播广告正文

朋友，我给你讲个故事，在美丽的西子湖畔，有一对好夫妻，男的叫生晒参，体格健壮，是个东北大汉，女的叫西洋参，身体苗条，来自遥远的美国。那么是谁做的大媒，使这对国籍不同的夫妻和睦相处，心心相印呢？原来是××市××制药厂的××先生。后来他们生了孩子取名为××，小××吸取了父母的优点，而且爱打抱不平，很快成了人类健康的挚友，病魔的克星。

朋友，你听了我的故事，我相信你一定会喜欢这清火滋补的××口服液的。

【简析】

这则故事型广告将产品用拟人的手法通过故事表现出来，无疑增加了产品的神秘感，使广告本身及产品更具有吸引力。

广告正文类型多种多样，除上述外，还有书信型、小品型等许多种，不一一列举。

（四）广告随文的写作

广告随文又称附告，是在正文之后的必要说明。广告随文包括广告单位的名称、地址、电话号码、开户银行、邮政编码、银行账号、购买手续等。附文要具体、明确，以保证信息的清晰度和实用性。在文案中，附文主要对消费者的购买起指南作用。

（五）广告文案写作的要求

广告类型不同，广告文案的写作要求也不同。但不论采用何种广告形式，首先，必须遵照《中华人民共和国广告法》第三条规定："广告应当真实、合法，符合社会主义精神文明建设的要求。"第七条规定："广告内容应当有利于人民的身心健康，促进商品和服务质量的提高，保护消费者的合法权益，遵守社会公德和职业道德，维护国家的尊严和利益"，不得"妨碍社会安定和危害人身、财产安全，损害社会、公共利益"，不得"妨碍社会公共秩序和违背社会良好风尚"，不得"含有淫秽、迷信、恐怖、暴力、丑恶的内容"等。这是广告文案写作的原则性要求。要真正写好一则广告文案，还必须遵守以下几点：

1. 内容要真实

真实是广告的生命，也是广告文案写作中应当注意的问题。任何虚假编造的广告最终都会失去广大消费者的信任，丧失其存在的价值。因此，广告文案的写作，必须坚持实事求是的原则，不言过其实、任意夸大或者含糊其词，在介绍商品和劳务的特点和性能时，必须准确、明白，向消费者提供真实可靠的信息。《中华人民共和国广告法》也明确规定："广告不得含有虚假的内容，不得欺骗和误导消费者。"总之，广告的形式可以灵活多样，但无论采用哪种形式，都必须以实事求是为前提。

2. 目的要明确

广告文案的诉求要有明确的针对性，要根据不同消费者的消费心理特点来进行诉求，做到因地制宜、因人制宜，只有这样才能使广告具有说服力。如果广告文案不适应消费者的心理需要，就不会被人们所接受，广告也就难以发挥作用。因此，把握好广告的诉求对象，确定基本的诉求方向，是确保广告文案成功的首要问题。例如，同是介绍服装的广告文案，在内地农村就应宣传商品质地优良、价格便宜等；而在沿海开放城市，则要突出款式新颖、做工考究等。

3. 诉求重点要明确

创作广告文案时，必须从众多的宣传信息中选取最能体现商品、劳务的功用，最能突出表现商品、劳务特殊个性的"核心点"来作为诉求重点，只有这样，才能激发消费者的兴趣和关注，从而认牌购买。例如，"只要你按动快门，余下的一切由我来做"（××相机），它的诉求重点就是强调了商品的简便特点；"手艺不到家没关系，只要××面粉到了家"（××面粉公司），它的诉求重点就是突出了商品质量的优良。在确定诉求重点时，还必须注意商品是处在市场的引入期、成长期、成熟期还是饱和衰退期。在引入期、成长期，诉求重点应是商品的名称和性能；在商品的成熟期，诉求重点应是商品性能的改良和商标的信誉；在商品的饱和衰退期，诉求重点应是商品的新技术、新用途，以开辟更多的新市场。

4. 语言文字要有感染力

广告文案应运用文学创作的手法，充分运用各种修辞手法来增强文案的艺术情趣，只有富有感染力和吸引力的广告文案，才能给人留下深刻印象，才能达到预期的广告效果。因此，语言文字要富于文采，要生动、形象、准确、简明，既要通俗易懂，朗朗上口、易于记忆，又要活泼风趣、富有趣味性和人情味，避免使用抽象空洞之词以及没有个性特点的套话废话。例如，某电冰箱的广告："把'新鲜'直接拉出来"，巧妙地道出了电冰箱优秀的保鲜性能。不夸张、不煽动，却极富想象力，给人耳目一新之感。又如，《××报》的广告："你读《××报》如果没味道，请扔掉！"广告的字里行间既充满幽默，又透着自信，使人倍感亲切。

【例文7－94】

微不足道的一声，足以影响"××"所创造的宁静

××集团××××年隆重推出新一代宁静空调

××空调是驰名中外的名牌产品。××××年5月，率先通过由国际标准化组织颁布的ISO9001国际标准认证，从而保证了从产品设计到售后服务的质量体系符合国际化标准。在中国轻工总会××××年3月发布的全国《空调生产快报汇总表》中显示：1月至2月份全国累计销售空调约50万台，其中××空调销售约21万台。××××年××集团又隆重推出新一代宁静空调。

新款宁静空调是在原有的基础上，不断摸索探求，经历上万次试验创造出的新一代产品，在内部构造、管道安排以及零件加工工艺精度上都有所创新，大大降低了空调的噪音，为消费者带来了福音。

假如您购买的是一台××新款宁静空调，会发现她带给您不仅仅是四季如春的气息，她还令您多一份温馨与宁静……

【简析】

这原是一则利用报纸作传媒的图文式广告。标题紧扣"宁静"二字，揭示了该产品独特的性能，与画面中的水滴形象构成一种耐人寻味的意境。正文部分通过理性诱导与情感诱导相结合的方法，先用叙述性的语言概括地介绍××空调品牌优势，再说明新款宁静空调的优点，最后借助抒情性的语言描绘其使用效果。三个段落浑然一体。

【例文7－95】

现代住宅的新经典——××花园

××花园位于虹桥吴中路、虹许路要津，紧邻三星级宾馆天马大酒店，与虹桥高尔夫球场和古北豪宅名都城隔街相望。87、511、548、721、752、757、莘仙线等多条公交线穿梭左右，交通便利，四通八达。

- 住××花园——您不用再爬楼梯

××花园处处体现以人为本的规划理念，符合未来市场的发展趋势。首期开发的7万余平方米5—8层公寓全部规划为一梯二户的电梯房，并特别选用国际公认的上佳住宅电梯——欧洲原装进口的迅达无故障豪华电梯，安全、舒适、耐用。在××花园，您一辈子免受爬楼梯之苦。

- 住××花园——您不用为有车没处停而苦恼

随着经济的发展，汽车进入家庭将是必然趋势。××花园前瞻性地把泊车车位作为楼盘规划设计的主要技术指标，满足购房者长远的消费需求，使××花园在未来的住宅市场中有较大的保值潜力。小区辟建多处地下车库，确保每户都有一个汽车泊车车位。这在上海内销房市场中实属罕见。

● 住××花园——您不必担心用电量不足

现代家庭家用电器林林总总，但经常困扰的是不能同时开启所有的电器，一不小心就要跳闸。××花园的开发商不惜多缴纳扩容费，硬是将每户用电配置增加到10千瓦。您可以同时享受所有家用电器带来的现代文明，而绝无用电超负荷之虑。

××花园市政环境优良，周边超市、商店、医院、影剧院、中小学校一应俱全，居家生活便利，加上一流的小区环境（16 000 m^2 的中央主题公园、60 000 m^2 的绿地面积），一流的住宅品质，使得××花园成为沪上少有的一个跨世纪品质的经典社区。××花园与古北豪宅具有同样的品质，完全物超所值。寻常人住虹桥的梦想，在××花园得以实现。

银行提供七成15—20年公积金按揭组合贷款，内部认购期间优惠活动在即！

垂询电话：　×××××××××、　×××××××××、　×××××××××

【简析】

这是一则商品房广告，标题中“现代”与“经典”并举，新颖别致。正文开头概括介绍其地理位置、交通条件，三言两语点出了××花园的优势，为随后的介绍作了铺垫。主体部分主要通过小标题方式从各个侧面说明入住××花园的种种实惠、实在，令人信服，也令人心动。结尾部分的交代，虽没有直接标明价格，却极具感召力。

【例文7-96】

××车的辩证法

对于一部轿车来说，排量小动力也一定小吗？能不能打破这种规则，尝试着证明另外一种情况，那就是：排放量与实际功率之间并不构成一个正比关系。

××200　1.8T回答了这个动力技术问题！这是因为××的技术改变了一切！单缸五气阀，废气涡轮增压，燃油电喷技术的综合运用，使小排量、大功率从此梦想成真。

让我们来领略一下1.8升排量的普通发动机的杰出表现吧：

● 功率105 KW。

● 时速超过200公里，0—100公里加速时间需10.9秒。

● 一流的变速性，在任何转速下均可快速加速。

● 90公里/小时等速行驶时百公里油耗仅7.3升。

尤其值得一提的是：采用新技术的发动机扭矩输出范围极广，在1750～4600 r/min的转速范围始终保持最大扭矩值。使整车在几乎全部使用工作状况下都动力强劲，这是每一个驾车者都希望拥有的结果。

××技术创新的视野里，世界就是进步和变化！

与××结缘做时代先锋！

××贸易轿车销售有限公司销售热线电话：

××××—×××××××××

××××—×××××××××

【简析】

这则汽车广告采用间接性标题，将汽车动力技术的革新上升到哲学高度作抽象的表述，悬念强，耐人寻味。正文部分紧紧围绕××200　1.8T 轿车在排量与功率之间的“大小”问题，通过科学技术革新原理及一系列实际表现数据的介绍，有力地证明了××技术能让普通发动机创造奇迹的事实。标语“与××结缘做时代先锋”，平实中显出非凡的气势，在情与理上做到了完美的统一。

【例文 7－97】

××——智慧型笔记本电脑

独特的会“说话”、能“听话”、可“手写”功能

超强的互换、扩展性（可同时内置两块硬盘、两块电池）

特有的三块 PCMCIA 插槽，USB 接口，全内置一体化结构

mmx166，16 m 内存，2G/3G 硬盘，10CD—ROM，12.1“TFT/13.3”TFT，TV—OUT

东芝技术，国外生产

赠送多种学习、管理软件

代理 COMPAQ、IBM、恒升

××电脑授权分销商（代理所有××电脑）

××科技有限公司

地址：××市××路 187 号

电话：（×××）×××××××××

【简析】

这则报纸广告的文案配合印刷技术，将产品的品名及经销商公司名称，都用大字印出，十分醒目。而在广告的正文中，由罗列式句式、段落组成，中间没有过渡性语言，显得干净、利落。结尾有关销售范围、联系电话、公司地址等信息，也是分行书写，清楚简明。整则广告文案采用这种结构，有效地传递了大量信息，符合文体及传播媒介的要求。

第十一节　产品说明书

一、产品说明书概述

（一）产品说明书的概念和作用

产品说明书是一种以说明为主要表达方式，向用户概括地介绍产品的用途、性能、特征、构造、规格、使用方法和维修保养、注意事项等内容的文书材料。它经常是随产品一起赠送给用户的。

作为生产厂家推销产品的一种重要宣传工具，产品说明书的作用具体表现为：

1. 推销产品

产品进入市场便成为商品。消费者购买商品，尤其是购买新问世的商品，首先要考虑是否需要，是否经济适用。产品说明书对产品的专门介绍，有助于消费者对商品的认识，也能激起消费者的购买欲望，促成购买行动，从而起到推销商品的作用。

2．指导用户

产品说明书可以指导用户理解产品的性能特点，了解产品的用途，掌握产品的使用、维修护理方法等。它是向用户传授商品知识，为用户提供服务的有效途径。用户通过产品说明书，能够理解应该怎样使用、不应该怎样使用商品，从而避免因不了解商品知识带来的损害。

3．交流信息

随着科学技术的迅猛发展，信息情报的传递和交流愈加频繁。在经济活动中，产品说明书从原始的解说手段一跃成为交流信息互通情报的重要工具。一些企业借助产品说明书进行技术改造、产品研制，它的价值已日益受到工商企业、科研机构的重视。

（二）产品说明书的特点

1．内容的科学性

首先，内容的科学性体现在内容的准确明了上，说明书对产品或服务项目的介绍要恰如其分，实事求是，不能夸大其词或含糊不清。其次，内容的科学性还体现在内容的全面上，在产品说明书中，要将消费者需要了解的事项全部写入。

2．表述的通俗性

产品说明书的读者多为不具备专业知识的普通消费者，因此，应以通俗浅显的语言形式，将产品的各方面情况写清。为了加强表述的形象性、直观性，产品说明书常常配以图片或表格，以便于读者理解。

3．层次的条理性

这是对说明性文体的共同要求。任何一种产品的说明，无非是要告诉消费者产品的性质、特点、用途、使用方法和注意事项等，这些条款的介绍，要根据人们认识问题的规律或操作使用的程序等依次排列，以使消费者循序渐进地了解并掌握相关知识。

二、产品说明书的种类

由于产品的性能、功用和消费者了解产品的需要不同，推销产品的方法也不一样。根据推销产品的目的、方式的不同，产品说明书可分为以下几类：

1．梗概型产品说明书

梗概型产品说明书运用极其扼要的文字说明产品的主要特点或概况，使消费者在瞬息之间便能了解到产品的基本情况。有些商品，如饮料、食品的说明书并不一定需要向人们介绍食用方法和注意的事项，也不需要说明它们的性质和功能，只要作简单概括而无须分条列项的介绍便可达到说明的目的；有的商品虽然也需要介绍使用方法或特征，但只要用概述的方法作简单的说明便可以给消费者留下鲜明、深刻的印象，如××咖啡的说明书：“××咖啡用百分之百纯咖啡豆精制而成，只需放一茶匙咖啡于杯中（浓淡随意），注入沸水，搅匀，酌量加糖、加奶，至适味，即成一杯香浓美味、称心满意的××咖啡（无须煮沸）。”

2．描述型产品说明书

描述型产品说明书运用优美流畅的笔法，介绍、渲染产品的特点和风格，以加强其形象性、个性化。例如，××冰箱的说明书是这样开头的：“您可能在朋友家中看过这么一种现象：他想将冰箱换个适当的位置，或移动清洁一下地板，于是全家上下就协力忙碌起来了……现在，您完全可以相信以下的事实：无论老人或小孩都能轻而易举地自由移动并固定重逾百斤的冰箱。”“只需将调节脚往上旋，就可将冰箱轻易地移到目的地；然后将调节脚下旋，冰箱可立即固定下来。”这一说明其实是介绍××冰箱的特点和使用方法，却给消费者一种身临其境的感觉。有时，产品说明书还可运用比喻、拟人的手法，用自述的形式介绍，寓知识性于趣味性之中，使人在撷取商品信息的同时，获得艺术的享受。

3. 说明型产品说明书

说明型产品说明书运用说明的方式对产品各方面情况进行分类介绍。目前，我们所见到的产品说明书大多都是说明型的。例如，由××企业有限公司和××食品罐头实业有限公司联合生产的××营养八宝粥说明书的全部内容为：“成分：红豆、花生、桂圆、花豆、薏仁、绿豆、麦片、糯米、砂糖。生产日期标于罐底。保存期限：2年。”全文不足50字，也分为成分、生产日期、保存期限来介绍。由于该商品属即时食品，所以消费者最关心的是它的成分、生产日期和保存期限，作者正是考虑消费者的心理，适应了他们的需要。

4. 析疑型产品说明书

析疑型产品说明书通过说明和议论相结合的方法，对商品作出恰如其分的解释和评价，对商品的价值和社会影响等作出说明。有些新产品刚刚问世，尚未被人们所认识，特别是对它们的性能、功用等还有疑惑，产品说明书必须有目的地对其加以解释，这种解释可以是理论性的，也可以通过实验法或临床运用的方式进行。其目的不仅要说明这是什么、怎么办，更重要的在于说明为什么、怎么样。例如，××牙膏厂刚推出“×××”牙膏时，因它的绿色膏体令众多消费者望而却步，唯恐用久了该产品会使自己的牙齿同样变绿。因此，在该牙膏的说明书中，作者重点剖析了“×××牙膏为什么是绿的”这一问题，较具体地说明了“×××”牙膏主要成分叶绿素在消灭口腔细菌、保护牙齿上的功能，为引导消费者起到了应有的作用。

三、产品说明书的写作

（一）产品说明书的格式和内容

产品说明书有印在包装上的，有印成专页的，也有印成小册子的，无固定的格式，通常由标题、正文和落款组成。

1. 标题

产品说明书的标题，大体上有以下三种写法：一是由说明对象或产品名称加文种组成，如《××牌电动自行车说明书》；二是以产品名称为标题，省略文种，如《××咽喉片》；三是由产品名称加上功效，如《××冲剂——神经系统滋补品》。

产品说明书的标题的字体都较大，放在明显的位置上，以突出其产品；有的还印上商标式样，给消费者以深刻印象。医药用品还注明有关主管部门的批准文号，以示药品的可靠性。

2. 正文

正文是产品说明书的主体部分，一般在开头介绍生产单位的历史、规模、技术力量和产品声誉等，随后介绍产品的性能、技术规格、构成、用途、使用方法和维修保养、注意事项等知识。有些关系到人们健康、安全问题的产品，其说明书上还印有技术鉴定单位和鉴定委员会成员名单，或提供有关测试实验资料和例证，以示慎重。

正文的写作方式主要有两种：

一是条款式，对正文内容分条列项地进行说明，它一般适用于程序性的内容说明，如机器、设备、装置、仪表、药品以及耐用消费品等，常含产品的技术经济参数、使用寿命、使用范围、保证期限、安装方法、维修方法和保存条件、技术保养检修期以及其他有关产品设计参数的有效数据等条目；定型包装食品和食品添加剂等，根据不同产品分别按规定标出品名、产地、厂名、生产日期、批号、规格、配方或者主要成分、保存期限、食用或使用方法等条目，条款式的特点是层次清楚、详细严谨、客观可信。

二是概述式，对产品的基本情况、性能、用途、构造以及使用方法、保养维修常识等有关知识作概括的叙述、介绍。不同类型的产品有着不同的特点，对不同类型的产品，应着重说明不同的事项。另外，有的产品说明书还应附图解，电器产品还应附线路图或原理图。

3. 落款

落款注明生产、经销等相关企业或单位的名称、联系地址、联络电话、邮政编码、传真号码、电子邮箱、网址等，以便于消费者识别或直接同生产或经销者进行沟通。

（二）产品说明书写作的要求

写作产品说明书要注意如下事项：

1. 通俗易懂

由于产品说明书是面向社会的，是为广大的消费者服务的，写作产品说明书也是为了给社会公众看的，如果满篇的专业术语，就不利于产品的推销，只有写得通俗易懂、条理清晰，才能让消费者一目了然，买起来称心，用起来放心。

2. 准确、规范、简洁

产品说明书的文字使用必须准确、规范，不可模棱两可，不能产生歧义，出现多种理解，要用准确的语言把有关事项简要地表达出来；否则，消费者不但不能正确使用产品，甚至会危及自己与他人的安全。

3. 实事求是，恪守信誉

撰写产品说明书，一定要实事求是、恪守信誉，对用户高度负责，说明的内容必须符合产品的实际状况，这样才能取得用户的信赖。

【例文 7－98】

××超浓缩洗衣粉说明书

产品特点

○含足量高纯度的表面活性剂和高效能助洗剂，洁力超群，能彻底洗净衣领、衣袖上的顽垢。

○泡沫少、漂清易，省时、省力、省水。

○浓缩配方，用量省，更经济划算。

○衣物洗晒后洁白鲜艳，清香怡人。

用法用量

○请用家庭常用的汤匙量取洗衣粉。机洗：普通洗衣量一满匙（30 g）；手洗：6～8件衣物一浅匙（20 g）。对于较脏衣物或较大洗衣量，可适当增加用量。

○倒入温水中充分溶解（水量以刚浸没衣物为佳）。

○再放入衣物浸泡 5 分钟以上。

○按平常洗衣习惯洗涤。

适用范围

○适用于棉、麻、化纤及混纺等质料之衣物。

○请勿用于丝质、毛料衣物。

注意事项

○存放在阴凉、干燥及小孩接触不到的地方。

○不慎误食或入眼，请立即用水冲洗或及时就诊。

○若遇易褪色衣物，请将深浅颜色衣物分开洗涤。

执行标准：洗衣粉 HL—BGB/T13171—1997

保质期：二年

××集团·杭州××日用化工有限公司

【简析】

该洗衣粉说明书采用条款式表述，分产品特点、用法用量、适用范围及注意事项四个方面，层次清晰，注重逻辑。首段产品特点的介绍，多角度展示该产品的优点，有广告效应。第二段在说明用量时，做到模糊与精确的统一，方便了产品用户。尾段注意事项体现了厂家以人为本的经营理念，实在中见人情。

【例文 7－99】

暖瓶加热器说明书

暖瓶加热器为我厂最新产品，专为家用暖瓶设计。设计合理，使用方便，安全卫生，经济实惠，节约能源。煮开一瓶凉水（2 公升）只需 20 分钟左右，电费相当于每杯水 3 厘钱。本产品使用交流电 220V　400W。产品出厂前做过严格检验，确保安全。使用方法：将加热器置于水中后（水面距瓶口不得低于 5 公分），再接通电源。使用完毕，先断电源，然后取出，擦拭干净，收藏备用。

注意事项：禁止在空气中使用及加热固体。禁止剧烈磕碰及拆卸。

北京××厂出品　　联系地址：

电话：　　邮编：

【简析】

由于是大众化的产品，所以这则暖瓶加热器的说明书正文简明扼要地概述了产品功效等有关情况及分别交代了使用方法和注意事项等内容，语言简洁通俗，条理清晰。

思考与练习

1. 为什么要把明晰作为消息写作的基本要求？
2. 试述背景材料在消息写作中的作用。
3. 消息的基本结构包括哪些方面？
4. 通讯与消息的区别有哪些？
5. 通讯结构的常见形态有哪些？
6. 怎样写人物通讯？
7. 通讯的表达方法有哪些？

8. 通讯的标题、开头和结尾是怎样的？
9. 特写与消息、通讯的区别有哪些？
10. 特写在写作中要注意哪些问题？
11. 特写是通过怎样的写作方式来再现新闻事实的？
12. 特写的主要特点有哪些？
13. 简报的作用是什么？
14. 简报的格式是怎样的？分别应怎么写作？
15. 简报和新闻有何区别？
16. 什么是启事？什么是海报？启事和海报的写作各包含哪些内容？
17. 演讲稿在演讲过程中能发挥哪些作用？
18. 演讲稿有哪些主要特点？写好演讲稿有哪些基本要求？
19. 演讲稿开头和结尾的主要写法分别有哪些？
20. 什么是解说词？它有哪些主要特征？
21. 一般说来，解说词主要应对被解说对象的哪些方面加以解说？
22. 写好解说词要注意哪些主要问题？
23. 什么是广告？广告有哪些特点？
24. 列举出直接广告标题、间接广告标题各几例。
25. 列举颂扬式广告标语、情感式标语、号召式标语、综合式标语各几例。
26. 为某企业新上市的新产品撰写一则广告，要有标题、广告语、正文和随文。
27. 什么是产品说明书？产品说明书有哪些特点？
28. 简述产品说明书的格式和内容。
29. 为某一产品写一则产品说明书。

第八章 科技文书

第一节 实验报告

一、实验报告概述

（一）实验报告的概念

实验报告是在科研活动或专业学习中，实验者对实验目的、方法、过程和结果等情况进行记录、整理和总结而形成的书面文字。作为科技报告，它是从事科学实验的人向社会或他人公布、告知自己实验成果的一种总结性文字。

实验报告必须在科学实验的基础上进行，其主要用途在于帮助实验者不断地积累研究资料，总结研究成果。成功的或失败的实验结果的记载，有利于不断积累研究资料，总结研究成果，提高实验者观察、分析和解决问题的能力，培养理论联系实际的学风和实事求是的科学态度。

（二）实验报告的特点

1．正确性

正确性要求实验报告的实验原理、方法、数据以及结论都是正确无误的，同时也要求实验报告的表述是准确无误的。

2．客观性

客观性要求人们不仅抱着客观的态度观察实验和记录现象，同时在实验报告写作时也应当尽可能忠实地报道实验的结果。

3．公正性

公正性要求做实验的人不能带某种对自然现象的偏见去观察和理解实验现象，而要实实在在地观察和记录实验，因为任何一点先入为主的看法都会影响报告结果的公正性。

4. 确证性

确证性要求实验的结果是能被证实的，即给出的实验结果可以让任何人在任何地方按给定的条件去重复这个实验，都能观察到同样的现象，并能得到同样的结果。

5. 可读性

可读性要求实验报告的写作必须符合语法规范要求，要求实验报告简洁明晰，流畅上口，通俗易懂。

二、实验报告的种类

由于科学门类的多样性，实验的种类很多。按照实验的方法划分，有定性实验报告、定量实验报告、结构分析实验报告、模拟实验报告、中间实验报告、对照实验报告等。按照实验的主体划分，有科技研究实验报告、教学实验报告等。按照实验的学科属性划分，有物理实验报告、化学实验报告、生物实验报告等。其中，某一学科的实验报告又包括许多类型的实验报告，如物理实验报告又可分为力学实验报告、电学实验报告等。

三、实验报告的写作

（一）实验报告写作的步骤

（1）确定实验目的和实验对象。实验对象即科研项目、研究对象，选好实验对象直接关系到实验的内容、意义和作用，同时还应明确本实验要达到的目的是什么，以便根据实验目的设计实验方法、程序等。

（2）掌握实验原理。科学理论是实验的唯一依据，实验的本质决定了任何特定的科学实验都必须依据有关的科学原理进行。

（3）设计实验方法、实验装置和实验程序。只有预先设计好实验方法、实验装置和实验程序等实验项目，具体的实验过程才能有步骤、有计划地按照实验意图进行操作。

（4）演示实验，观察、记录、整理实验的全部过程和实验数据。在具体的实验操作过程中，要认真观察实验的各个环节，记录实验中出现的各种现象和数据。待实验结束后，将实验记录进行归纳整理，得出实验结论。

（5）撰写实验报告。

（二）实验报告写作的格式

科学实验报告的内容千差万别，但是各种实验报告一般都由标题、作者及单位、摘要、引言、主体、讨论、结果和参考文献组成。

1. 标题

实验报告的标题一般是由研究对象和文体名称组成，如《电子自旋共振实验》，“电子自旋共振”是科学研究对象，“实验”就是实验报告的代称。标题的写作一定要揭示实验的对象，使读者一目了然。

2. 作者及单位

为了维护科技工作者的合法权益、便于科技信息交流，报告起草人要将参与实验的科技人员的单位、姓名，按照主次顺序一一写明。有的实验是以课题组的名义进行的，署名就必须为课题组的名称，而不能以个人代替课题组。

3. 摘要

这是写在作者下面的一段文字，内容包括实验报告中突出的若干结论，并不加任何说明。有的报告还对实验方法给予概括的阐述。

4. 引言

这是实验报告的开头部分，也称前言、导语，包括实验的对象、意义、作用、结果和存在的问题等。通过引言，读者对实验对象的有关情况大致有所了解，具有提纲挈领的作用。

5. 主体

主体部分由以下内容组成：

第一，实验原理。实验原理从理论上说明实验的可行性，介绍实验涉及的科学定律、公式和由此推导的实验结果，为实验奠定理论基础。

第二，实验设备和装置。写作中要介绍清楚主要设备的原理、结构、性能、型号，对重要的设备或依据设计安装的实验装置作详细的说明，并给出装置图。介绍自制设备时须附图表。

第三，实验方法。叙述实验过程时要具体介绍重要的实验方法、实验条件和实验要求，并以实验原理图、流程图、电路图等辅助说明。

第四，实验结果。主要是分析论证实验结论的正确性，通过对实验数据的具体分析、计算及有关图表的处理，得出科学的结论。

6. 讨论

作者通过对实验过程的观察，对相关问题有了科学认识，并对这些认识给予简要说明。讨论的有关问题有：影响实验的根本因素、实验中发现的规律、观察到的实验现象及解释、说明实验结果与理论结果异同的原因等。

7. 结果

用简洁、肯定的语言分条叙述实验的结果。

8. 参考文献

如果实验报告中引用了他人的科研成果，要在报告的末尾给予说明。

（三）实验报告写作的注意事项

1. 前提

实验前，一定要弄懂实验原理，熟悉仪器设备，掌握操作方法。

2. 步骤

实验中，一定要按步骤操作，细心观察实验对象，正确测取数据，认真做好记录。

3. 原则

写实验报告要认真严肃，遵循科学性的原则，不经重复实验不得随意修改数据；在处理数据时，遇到误差分析和有效位数的问题，应按有关要求执行，不可擅自决定。

4. 利用辅助语言

应充分利用图表这种辅助语言来表达实验结果，它们比文字叙述更直观简洁。

【例文 8-1】

物理实验报告

班级：×××

姓名：×××

实验日期： ××××年××月××日

一、实验名称

用伏安法测电阻

二、实验目的

（一）学会用伏安法测电阻

（二）学习使用电压表、电流表、滑动变阻器等电学常用仪表或元件

三、实验原理

欧姆定律：通过一段导体的电流强度 I 与导体两端的电压 V 成正比，与导体的电阻 R 成反比。即：

$I=V/R$（以下略）

四、仪器设置

直流稳压电器、毫伏表、毫安表、滑动变阻器、开关、导线、待测电阻。

五、实验步骤

（一）电流表内接法

1. 按图1所示（图略），用回路接线法连接电路。

2. 调节滑动变阻器用来改变通过电阻 R_x 的电流 I_x，从毫伏表上读出相应的示数。

3. 计算待测电阻 R_x。

（二）电流表外接法

1. 接图2所示（图略），用回路法连接电阻。

2. 同内接法步骤2。

3. 计算待测电阻 R_x。

六、数据记录

七、计算

（一）内接法（略）

（二）外接法（略）

八、误差分析

随机误差。（略）

最大绝对误差。（略）

（一）内接法时

相对误差。（略）

绝对误差。（略）

（二）外接法时

相对误差。（略）

绝对误差。（略）

九、结果

（一）内接法时：$R_x=R_x\pm\Delta R_x=(24.8\pm0.9)\ \Omega$

（二）外接法时：$R_x=R_x\pm\Delta R_x=(25\pm0.9)\ \Omega$

十、讨论

用伏安法测电阻时，由于线路原因，测得的电阻值总是偏大或偏小，即存在一定的系

统误差。(略)

本实验对同一电阻分别采用内接与外接两种方法进行测量，意在熟悉两种方法，实际测量时选定一种即可。

【简析】

这是一则比较规范的实验报告，作者将实验结果与分析部分的每一段都冠以一个小标题，使得文章结构严谨、条理清楚，便于读者阅读和加深印象。文字使用了大量专业术语和数字，语言规范准确。

第二节　课程设计

一、课程设计概述

课程设计是工科院校或专业学生学完一门课程后，综合运用该门课程的基础理论、基本知识、基本技能，研究和解决实际问题时所进行的活动和所用到的一种应用文。它是教学中综合性和实践性较强的教学环节，是理论联系实际的桥梁，是学生体察实际问题复杂性的初次尝试。

二、课程设计的目的和要求

(一) 课程设计的目的

课程设计的基本目的是:

(1) 通过课程设计，要求学生能综合运用本课程和前修课程的基本知识，进行融会贯通地独立思考，进一步巩固、加深和拓宽所学的知识。

(2) 通过设计实践，逐步树立正确的设计思想，增强创新意识和竞争意识，基本掌握设计的一般规律、主要程序和方法，培养分析问题和解决问题的能力。

(3) 通过课程设计，还可以使学生树立正确的设计思想，培养实事求是、严肃认真、高度负责的工作作风，进行设计全面的基本技能训练，为毕业设计打下一个良好的实践基础。

课程设计不同于通常的作业，在设计中需要学生自己作出决策，自己确定方案、选择流程、查取资料、进行过程和设备计算，并要对自己的选择作出论证和核算，经过反复的分析比较，择优选定最理想的方案和合理的设计。所以，课程设计是培养和提高学生独立工作能力的有益实践。

(二) 课程设计的要求

通过课程设计，应该重点训练学生提高如下几个方面的能力:

(1) 熟悉查阅文献资料、搜集有关数据、正确选用公式。当缺乏必要数据时，尚需自己通过实验测定或到生产现场进行实际查定。

(2) 在兼顾技术先进性及可行性、经济合理性的前提下，综合分析设计任务要求，确定设计流程，进行设备选型，并提出保证过程正常、安全运行所需要的检测和计量参数，同时还要考虑改善劳动条件和环境保护的有效措施。

（3）准确而迅速地进行过程计算及主要设备的工艺设计计算。

（4）用精练的语言、简洁的文字、清晰的图表来表达自己的设计思想和计算结果。

三、课程设计的种类

根据内容的不同，可以将课程设计分为工程设计、工艺设计、实验设计和试验设计。

四、课程设计的选题

（1）课程设计的内容应属课程范围，能满足课程设计的教学目的与要求，能使学生得到较全面的综合训练。

（2）课程设计的题目一般应带有设计性或综合性，并尽可能有实用背景。

（3）课程设计题目的难度和工作量应适合学生的知识和能力状况，使学生在规定的时间内既工作量饱满，又经过努力才能完成任务。

五、课程设计写作的步骤

（1）阅读文献、收集资料。

（2）工程（工艺）设计或实验（试验）研究。

（3）理论分析和技术经济分析。

（4）撰写设计报告或计算说明书初稿。

（5）修改定稿。

六、课程设计报告（或计算说明书）的写作

课程设计应层次分明、数据翔实、文字简练、推理有据、立论严谨。它一般由封面、任务书、目录、正文、参考文献和附录组成。

（一）封面

封面应包括课程名称、设计题目、层次、班级、设计者、学号、指导教师、设计时间。

（二）任务书

课程设计任务书应由指导教师按要求填写，并及时下达。

（三）目录

目录作为课程设计的提纲，是课程设计组成部分的小标题，应简明扼要、一目了然。

（四）正文

正文是课程设计的主体，一般由标题、正文、图、表格和公式等组成。写作内容可因题目的性质不同而有所变化，一般包括选题背景、方案论证、过程（设计、计算或实验）论述、结果分析或讨论等。正文应按目录中编排的章节依次撰写，要求计算正确、论述清楚、文字简练通顺、插图简明、书写整洁。

（五）参考文献

为了反映课程设计的科学依据和作者尊重他人研究成果的严肃态度，同时向读者提供有关信息出处，正文之后一般列出主要参考文献。参考文献应按文中所引用资料出现的顺序书写，附于文末。

（六）附录

对需要收录于课程设计中，且又不适合书写于正文中的附加数据资料、详细公式推导、计算机程序等特色内容，可作为附录。

七、课程设计写作的注意事项

（1）课程设计是培养设计能力的重要环节。设计者在设计的全过程中只有严肃认真，刻苦钻研，精益求精，才能在设计思想、方法和技能各方面获得较好的锻炼和提高。

（2）设计者必须发挥设计的主动性，主动思考问题、分析问题和解决问题。另外，要认真接受教师的指导和考核，注意培养和锻炼自己的独立工作能力和创新精神。

（3）设计是一项复杂、细致的劳动，从分析总体方案开始到完成全部技术设计，往往要通过“边计算，边绘图、边修改”才能逐步完善。为此，要善于掌握和使用各种资料，要合理选用已有的经验设计数据，创造性地进行设计，以加快设计进程和提高设计质量。

（4）设计者要准备一个稿本，把设计过程中所考虑的问题及全部计算写在稿本上，以便于检查、修改、整理。不要用零散稿纸书写以免散失。这对于设计的正常进行及编写设计计算说明书都是十分重要的。

【例文 8－2】

××学院机电系××课程设计

多级滚筒式水果分级机的研究与设计

学生姓名：
指导老师：
学号：
专业：

目录

（七）电动机的用途
（八）链传动的设计
（九）链传动的优点
（十）链传动的缺点
（十一）链轮的计算
（十二）机架的设计
结束语
参考文献
（正文略）

【简析】

这篇课程设计的设计方案合理，立论准确，理论分析充分，实验和计算方法正确，各方面的数据可靠，图表规范清晰，文字表达流畅、简练、准确，格式规范，标点符号正确。

【例文 8-3】

数控工作台机械伺服结构设计及控制电路设计课程设计

设计题目：双坐标数控工作台机械伺服结构设计及控制电路设计

专题：

有效行程 400×250，实际工作时工件及夹具重最大 120 千克，最大空运行速度 $V_{max} \leqslant 4$ m/min，最大加工速度 $V_{max} \leqslant 2$ m/min，定位精度 ±0.02 mm/300 mm，重复定位精度 ±0.01 mm，脉冲当量 $\delta = 0.01$ mm，寿命 40 000 小时。

设计来源：教师自拟

要求完成的内容：

(1) 双坐标数控工作台机械伺服结构数字化三维建模；
(2) 双坐标数控工作台机械伺服结构装配图（A1）1 张；
(3) 工作台托板零件图（A3）1 张；
(4) 选做内容：运动控制电路原理图（A3）1 张；
(5) 设计计算说明书一份（1 万字左右）。

目 录

第一章　滚珠丝杠副的选择

1.1　滚珠丝杠副的支承形式

支承应限制丝杠的轴向窜动。较短的丝杠或垂直安装的丝杠，可以一端固定，一端无支承。水平安装丝杠较长时，可以一端固定，一端游动；对于精密和高精度机床的滚珠丝杠副，为了提高丝杠的拉压刚度，可以两端固定。为了补偿热膨胀和减少丝杠下垂，两端固定丝杠时还可以进行预拉伸。

一般情况下，应以固定端作为轴向定位基准，从固定端起计算丝杆杠副的长度误差。此外，应尽可能将固定端作为驱动端。

考虑到本设计的结构与要求，我们决定采用一端固定一端游动（F－S）的支承形式，如图1－1所示。

一端固定一端游动（F－S）。固定端采用深沟球轴承2和双向推力球轴承4，可分别承受径向和轴向负载，螺母1、挡圈3、轴肩、支撑座5肩、端盖7提供轴向限位，垫圈6可调节推力轴承4的轴向预紧力。游动端需径向约束，轴向无约束。采用深沟球轴承8，其内圈由挡圈9限位，外圈不限位，以保证丝杠在受热变形后可在游动端自由伸缩。

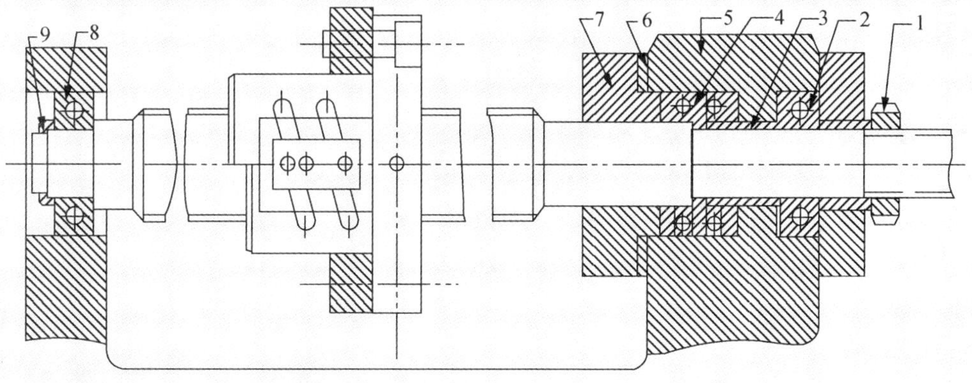

图1－1　一端固定一端游动支承

这种支承形势有以下一些特点：

1. 需保持螺母与两端支撑同轴，故结构较复杂，工艺较困难。
2. 丝杠的轴向刚度较高。
3. 压杆稳定性和临界转速较高。
4. 丝杠有热膨胀的余地。
5. 适用于较长的卧式安装丝杠。

1.2　滚珠丝杠副的特点

1. 传动效率高：效率高达90%～95%，耗费的能量仅为滑动丝杠的1/3。

2. 运动具有可逆性：即可将回转运动变为直线运动，又可将直线运动变为回转运动，且逆传动效率几乎与正传动效率相同。

3. 系统刚度好：通过给螺母组件内施加预压来获得较高的系统刚度，可满足各种机械传动要求，无爬行现象，始终保持运动的平稳性和灵敏性。

4. 传动精度高：经过淬硬并精磨螺纹滚道后的滚珠丝杠副本身就具有较高的制造精度，又由于摩擦小，丝杆副工作时温升和热变形小，容易获得较高的传动精度。

5. 使用寿命长：滚珠是在淬硬的滚道上作滚动运动，磨损极小，长期使用后仍能保持其精度，因而寿命长，且具有很高的可靠性。其寿命一般比滑动丝杠高5～6倍。

6. 不能自锁：特别是垂直安装的丝杠，当运动停止后，螺母将在重力作用下下滑，故常需设置制动装置。

7. 制造工艺复杂：滚珠丝杠和螺母等零件加工精度、表面粗糙度要求高，制造成本高。

由于滚珠丝杠副独特的性能而受到极高的评价，因而已成为数控机床、精密机械、各种省力机械设备及各种机电一体化产品中不可缺少的传动机构。

1.3 滚珠丝杠副的设计计算

有效行程400×250，实际工作时工件及夹具重最大120千克，最大空运行速度V_{max} ≤4 m/min，最大加工速度150，定位精度±0.02 mm/300 mm，重复定位精度±0.01 mm，脉冲当量，寿命40 000小时

(1) 步距角J_a $i=\frac{ap}{360°\delta_p}$，$\delta_p=0.02$ mm，$i=1$。

先假设p=5 mm。

表1-1

	切削力F_a/N	速度V_m/min	时间比F (N)
正常铣削	500	2.5	70%
快速点定位	0	5	30%

(2) 丝杠转速 快速点定位30%，加工70%。

$$n=\frac{1000\times4}{6}\times70\%+\frac{1000\times4}{6}\times30\%$$

$$n=233.33+200=433.33$$

(3) 当量转速

加工 $n_L=\frac{1000\times2}{6}=333$ (r/min)

点定位 $n_m=\frac{1000\times4}{6}=667$ (r/min)

(4) 丝杠负荷

当量载荷导轨摩擦力 $F_n=\frac{2\times3.14\times1000}{60\times0.2}\times10^{-2}$

精密加工 $F_a=500$ (N)，

加工时总载荷 $F_{a1}=507.2$ (N)

快速点定位 $F_{a2}=F_N=7.2\,(N)$

（5）当量负荷

$$F_m=\sqrt[3]{{F_{a1}}^3\frac{n_1}{n}\times70\%+{F_{a2}}^3\frac{n_M}{n}\times30\%}$$

$$F_m=\sqrt[3]{(507.2)^3\frac{333}{550}\times70\%+(7.2)^3\frac{667}{550}\times30\%}=381\ (N)$$

1.4　选择滚珠丝杠副

（1）$C_\varphi=\frac{K_h}{K_nf_\Sigma}\times F_m$

$L_h=40\,000$ 小时，由机电一体化系统设计手册表2.8-63，2.8-64，查得：

K_h——寿命系数，$K_h=\left(\frac{L_n}{550}\right)^{\frac{1}{3}}=\left(\frac{40\,000}{500}\right)^{\frac{1}{3}}=4.3$

K_n——转速系数，$K_n=\left(\frac{33.3}{n}\right)^{\frac{1}{3}}=\left(\frac{33.3}{550}\right)^{\frac{1}{3}}=0.39$

f_Σ——综合系数，$F_\Sigma=\frac{f_tf_kf_af_k}{f_w}=\frac{1\times1\times1\times0.53}{1.3}=0.408$

其中 f_t 为温度系数，查表1-2得 $f_t=1$；

表中为 f_x 为硬度系数，查表1-3得 $f_h=1.0$；

f_a 为精度系数，查表1-4得 $f_a=1.0$（丝杠精度为1～3级）；

f_w 为负荷性质系数，查表1-5得 $f_w=1.3$；

f_k 为可靠性系数，查表1-6得 $f_k=0.53$（可靠性为90%）。

可得：$C_\varphi=\frac{k_h}{k_nf_\Sigma}\times F_m=\frac{4.3\times411}{0.39\times0.408}=11\,107\,(N)$

表1-2　温度系数

工作温度（°C）	125	150	175	200	225	250	275
f_t	0.95	0.90	0.85	0.80	0.75	0.70	0.60

表1-3　硬度系数

硬度（HRC）	≥58	55	52.5	50	47.5	45	40
动负荷硬度影响系数 f_k	1.0	1.11	1.35	1.56	1.92	2.4	3.85
静负荷硬度影响系数 f'_k	1.0	1.11	1.40	1.67	2.1	2.65	4.5

表1-4　精度系数

精度等级	1、2、3	4、5	7	10
f_a	1.0	0.9	0.8	0.7

表1-5　负荷性质系数

负荷性质	无冲击平稳运转	一般运转	有冲击和振动运动
f_w	1～1.2	1.2～1.5	1.5～2.5

表 1-6 可靠性系数

可靠度（%）	90	95	96	97	98	99
f_k	1.00	0.62	0.53	0.44	0.33	0.21

（2）根据 $C_a = \frac{300\sqrt[3]{11\,520/50 \times 1.2}}{1 \times 1 \times 0.81} = 2725\,(\mathrm{N})$ 选择滚珠丝杠副

1）假设选用 FC1 型号，按滚珠丝杠副的额定动载荷 C_a 等于或稍大于 $C_a = \frac{300\sqrt[3]{11\,520/50 \times 1/2}}{1 \times 1 \times 0.81} = 2725\,(\mathrm{N})$，选以下型号规格：

FC1-2505-2.5，$C_a = 9610\,(\mathrm{N})$

得丝杠副数据：

公称直径 λ

导程 $P = 6\ \mathrm{mm}$

螺旋角 $\lambda = 4 \times 22$

滚珠直径 $d_0 = 3.175\ \mathrm{mm}$

2）按尺寸公式计算：

滚道半径 $R = 0.52d_0 = 0.52 \times 3.175\ \mathrm{mm} = 1.651\ \mathrm{mm}$

偏心距 ×

丝杠直径 f_c

1.5 稳定性验算

1）由于一端轴向固定的长丝杠在工作时可能会发生失稳，所以在设计时应验算其安全系数 S，其值应大于丝杠副传动机构允许安全系数［S］（见表 1-7）。

表 1-7

支撑方式 有关系数	一端固定一端自由 （F-O）	一端固定一端游动 （F-S）	两端固定 （F-F）
［S］	3～4	2.5～3.3	—
	2	2/3	—
f_c	1.875	3.927	4.730

丝杠不会发生失稳的最大载荷称为临界载荷 F_a（N）按下式计算：

$$F_a = \frac{\pi^2 E l_a}{(\mu l)^2}$$

式中，E 为丝杠材料的弹性模量，对于钢 $E = 206\ \mathrm{GPa}$；l 为丝杠工作长度（m）；l_a 为丝杠危险截面的轴惯性矩（m^4）；

长度系数，见表 1-7。

依题意，$l_a = \frac{\pi d_1^4}{64} = \frac{3.14 \times (0.\ 021788)^4}{64} = 1.1 \times 10^{-4}\,\mathrm{m}^4$

取 $\mu = \frac{2}{3}$，则

$$F_a = \frac{(3.14)^2 \times 206 \times 10^9 \times 1.1 \times 10^{-4}}{(\frac{2}{3} \times 0.4)^2} N = 3.2 \times 10^9 N$$

安全系数。$S = \frac{F_a}{F_m} = \frac{3.2 \times 10^9}{381} = 8.3 \times 10^6$. 查表1 7，[S] =2.5～3.3。S> [S]，丝杠是安全的，不会失稳。

2）高速丝杠工作时可能发生共振，因此需要验算其不会发生共振的最高转速——临界转速 n_a。要求丝杠的最大转速 $n_{max} \leqslant n_a$。

临界转速可按下式计算

$$n_a = 9910 \frac{f_c^2 d_1}{(\mu l)^2}$$

式中，f_c 为临界转速系数，见表1 2。取 $f_c = 3.927$，$\mu = \frac{2}{3}$，则

$n_a > n_{max} = 834 r/min$。所以丝杠工作时不会发生共振。

3）此外滚珠丝杠副还会受 D_{0n} 值的限制，通常要求 $D_{0n} < 7 \times 10^4 mm \cdot r/min$。

$D_{0n} = 25 \times 550\ mm \cdot r/min = 1.357 \times 10^4 < 7 \times 10^4\ mm \cdot r/min$

所以该丝杠副工作稳定。

1.6 刚度验算

滚珠丝杠在工作负载 F（N）和转矩 $\Delta L_0 = \pm \frac{PF}{EA} \pm \frac{P^2 T}{2\pi G J_C}$ 共同作用下引起每个导程的变形量为

$$\Delta L_0 = \pm \frac{PF}{EA} \pm \frac{P^2 T}{2\pi G J_C}$$

式中，A——为丝杠面积，$A = \frac{1}{4}\pi d_1^2$（m^2）；

J_C——为丝杠的极惯性距，$J_C = \frac{\pi}{32} d_1^4$（$m^2$）；

G——为丝杠的切变模量，对钢 $G = 83.3\ GP_a$；

Δl_0（mm） $= \pm \frac{PF}{EA} \pm \frac{P^2 T}{2\pi G J_C}$ 为转矩。

$$T = F_m \frac{D_0}{2} \tan(\lambda + \rho)$$

式中，ρ——为摩擦角，其正切函数值为摩擦系数；

F_m——为平均工作负载。

取摩擦系数 $\tan\rho = 0.0025\ \rho = 8°40'$

$T = 311 \frac{25}{2} \times 10^{-3} \times \tan(4°22' + 8°40') = 0.3$（N·m）

按最不利的情况取（其中 $f_c = 0.81$）

$f_w = 1.2$

则丝杠在工作长度上的弹性变形所引起的导程误差为

$$JZ = JM + \left(\frac{Z_1}{Z_2}\right)^2 \left[(J_2 + J_S) \quad + m\left(\frac{L_0}{2\pi}\right)^2 \right] + J_1$$

通常要求丝杠的导程误差 ΔL 应小于其传动精度的1/2，即

$$\Delta L < \frac{1}{2}\sigma = \frac{1}{2} \times 0.03 = 0.015\ \text{mm} = 15\ \mu\text{m}$$

该丝杠 ΔL 的满足上式，所以其刚度可满足要求。

1.7 效率验算

滚珠丝杠副的传动效率为

$$\eta = \frac{\tan 3°38'}{\tan(4°22' + 8°40')} = \frac{0.0769}{0.0787} = 0.978$$

η 要求在90%～98%之间，所以该丝杠副合格。

经上述验证，FC1-2505-2.5各项性能均符合要求，可选用。

第二章 导向机构的设计

2.1 导轨的功用

机电一体化产品要求其机械系统的各运动机构必须得到安全的支承，并能准确地完成其特定方向的运动。这个任务就由导向机构来完成。机电一体化产品的导向机构是导轨，其作用是支承和导向。

2.2 滚动直线导轨的选择程序

在设计选用滚动直线导轨时，除应对其使用条件，包括工作载荷、精度要求、速度、工作行程、预期工作寿命进行研究外，还须对其刚度、摩擦特性及误差平均、阻尼特性等综合考虑，从而达到正确合理的选用，以满足主机技术性能的要求。

2.3 直线运动滚动支承系统负荷的计算

直线运动支承系统的负荷与导轨配置形式（水平、竖直、倾斜等），移动件的重心和力作用点的位置，导轨上移动件牵引力作用点的位置，启动及停止时的惯性力以及切削力等有关。

本设计的直线运动导轨安装形式为水平，采用卧式导轨、滑块座移动。

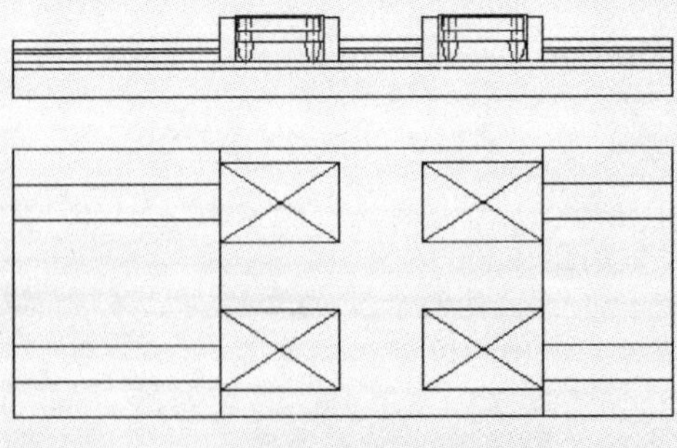

图2-1 导轨

2.4 导轨的选择

由机床设计要求可知对该导轨设计的基本要求为：

作用在滑座上的载荷 $F_\Sigma = 1200$ N，滑座个数 $M = 4$，单向行程长度 $l_s = 400$ mm，每分钟往复次数为4，用于轻型机床的工作台。

导轨的额定工作时间寿命 $T_h = 40\,000$ 小时

表 2-1　硬度系数

滚道表面硬度 HRC	60	58	55	53	50	45
f_H	1.0	0.98	0.90	0.71	0.54	0.38

表 2-2　温度系数

工作温度/°C	f_Y
<100	1.00
100～150	0.90
150～200	0.73
200～250	0.61

表 2-3　接触系数

每根导轨上的滑块数	f_c
1	1.00
2	0.81
3	0.72
4	0.66
5	0.61

表 2-4　负荷系数

工作条件	f_w
无外部冲击或震动的低速运动场合。速度小于 15 m/min	1～1.5
无明显冲击或震动的中速运动场合。速度小于 60 m/min	1.5～2
无外部冲击或震动的高速运动场合。速度大于 60 m/min	2～2.5

计算额定动载荷

滑座的运动速度最大为 5 m/min < 15 m/min，工作温度在 100 以下，导轨滚道硬度为 60HRC，无明显冲击和振动，每根导轨上滑块配置数为 2。

由 $T_k=\frac{T_S\times10^3}{2\,l_s n}$ 得：

$$T_s=\frac{2T_k l_s n}{10^3}=\frac{2\times40\,000\times0.4\times6\times60}{10^3}$$

$T_s=11\,520$ km

因滑块座 $M=4$，所以每根导轨上2个，由表2-1～表2-4确定 $f_c=0.81$，$f_H=$

1.0，$f_Y=1.0$，$f_w=1.2$，则由式

$$T_s=K\left(\frac{f_H f_Y f_c}{f_w}\frac{C_a}{F}\right)^2$$

得 $C_a=\dfrac{F\cdot f_w\sqrt[3]{T_s/K}}{f_H f_Y f_c}$

其中 $F=\dfrac{F_\Sigma}{M}=\dfrac{1200}{4}N=300\ \text{N}$

$$C_a=\frac{300\times1.2\times\sqrt{11\,520/50}}{1\times1\times0.81}=6746\ \text{N}$$

选用的是汉江机床厂的HJG-D系列滚动直线导轨，查其产品手册知，HJG-D型号的导轨的 C_a 值为17500N，能满足五年的使用要求，所以可选用。

第三章 步进电动机的选择

步进电动机在自动控制系统中作执行元件。是位于电气控制装置和机械执行装置接点部位的一种能量转换装置，它能在控制装置的控制下，将输入的各种形式的能量转换成机械能。

3.1 步进电动机的工作原理

三相反应式步进电动机的工作原理如图3－1所示，其中步进电动机的定子上有6个齿，其上分别缠有 W_A、W_B、W_C 三相绕组，构成三对磁极，转子上则均匀分布着4个齿。步进电动机采用直流供电。当 W_A、W_B、W_C 三相绕组轮流通电时，通过电磁力吸引步进电动机转子一步一步地旋转。

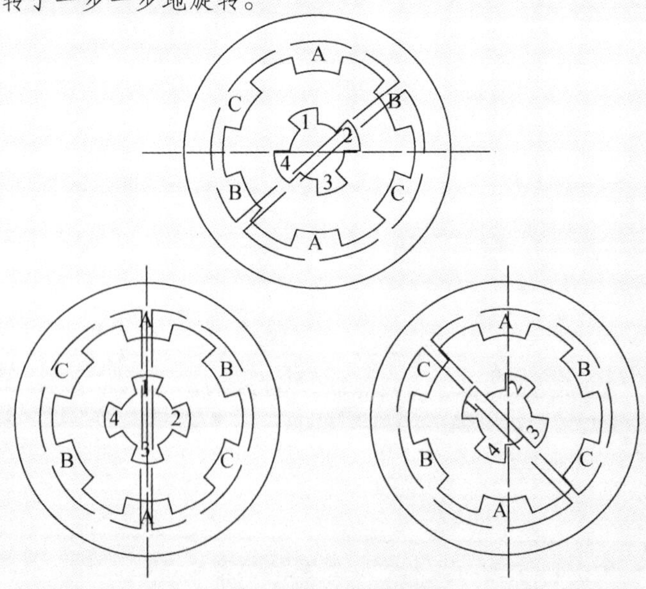

图3－1 三相反应式步进电动机的工作原理图

步进电动机的通电方式和步距角

如果步进电动机绕组的每一次通断电操作称为一拍，每拍中只有一相绕组通电，其余断电，这种通电方式称为单相通电方式。

如果步进电动机通电循环的每拍中都有两相绕组通电，这种通电方式称为双相通电方式。

步距角是指步进电动机每一拍转过的角度。一个 m 相步进电动机，如其转子上有 z 个齿，则其步距角可通过下式计算 $\alpha=\frac{360°}{kmz}$，式中 k 是通电方式系数，当采用单相或双相通电方式时，$k=1$，当采用单双向轮流通电方式是，$k=2$。

3.2　选择电动机

3.2.1　电动机转动惯量的计算

滚珠丝杠的转动惯量，已知名义直径 $D_0=50\,\text{mm}$，螺距 $p=10\,\text{mm}$. 长度 $L=2741\,\text{mm}$. 则查表 6.6-28（机床设计手册）可得 1 m 长的丝杠转动惯量为 35.76 kg · cm。那么次滚珠丝杠的转动惯量 $J_r=35.76\times2.741=98.01\,\text{kg}\cdot\text{cm}^2$。

丝杠折算到电动机轴上的转动惯量

$$J=\frac{Z_1}{Z_2}^{2}JS=(20\div30)_2\times98.01=43.56\text{kg}\cdot\text{cm}^2。$$

工作台折算到丝杠的惯量，已知导程 10 mm，工作台以上负载 1000 kg，查表 6.6-29 得：重 10 000 N 的转动惯量 $JG=25.80\,\text{kg}\cdot\text{cm}$。

丝杠传动是传动系统折算到电动机轴上的总的转动惯量

$$JZ=JM+\frac{Z_1}{Z_2}^{2}(J_2+JS)+m\frac{L_0}{2\pi}+J_1$$

式中，J——船工系统折算到电动机轴上的转动惯量（kg · cm）

J_1——齿轮 Z_1 的转动惯量（kg · cm）

J_2——齿轮 Z_2 的转动惯量（kg · cm）

JS——丝杠的转动惯量（kg · cm）

m——工作台及共建等移动部件的质量（N）

$L0$——丝杠的导程（cm）

$J_1=0.78D_1^4L_1\times10^{-6}=0.78\times(5.988)^4\times3\times10^{-3}=0.78\times(5.988)_4\times3\times10_{-3}=3\,\text{kg}\cdot\text{cm}$

$J_2=0.78D_2^4L_2\times10^{-6}=0.78\times(9.02)^4\times3\times10^{-3}=0.78\times(9.02)_4\times3\times10_{-3}=15.5\,\text{kg}\cdot\text{cm}$

$$JZ=JM+9.34+\frac{20}{30}^{2}(15.5+98.01)+1000\frac{1}{2\pi}^{2}=81.06\,\text{kg}\cdot\text{cm}$$

3.2.2　电机力矩的计算

由于此纵向进给系统不做切削运动，故只计算快速空载和快速进给力矩。

快速空载启动时所需力矩 $M_q=M_A+M_f+M_0$

M_q——快速空载时的启动力矩（N · m）

M_f——折算到电动机上的摩擦力矩（N · m）

M_0——由于丝杠的预紧折算到电动机轴上的附加摩擦力矩（N · m）

快速进给时所需力矩 M_J

$M_J=M_f+M_q$

因为 $M_J < M_q$，故不用计算这个力矩。

$$M_q = JZ\frac{2\pi n_{max}}{60t_a}\times 10^{-2} = 81.06\times\frac{2\times 3.14\times 1000}{60\times 0.2}\times 10^{-2} = 424.214\ \mathrm{N\cdot cm}$$

摩擦力矩 M_f（N·cm）

$$M_f = \frac{F_0 L_0}{2\pi\eta i},$$

式中，F_0——导轨的摩擦力（N）

i——齿轮降速比

η——传动链效率，一般可取 $\eta = 0.7 \sim 0.85$

$$M_f = \frac{F_0 L_0}{2\pi\eta i} = \frac{50\times 1.0}{2\pi 0.8\times 3+2} = 6.6\ \mathrm{N\cdot cm}$$

附加力矩 $M_0 = \frac{F_{P0}L_0}{2\pi\eta}\left(1-\eta 0^2\right)$

式中，F——滚轴丝杠预加负荷，这里取 $FM = 5000$ N

L_0——滚珠丝杠导程（cm）

η——滚珠丝杠未预紧时传动效率，一般取大于 0.9，这里取 0.95

$$M_0 = \frac{F_{P0}L_0}{2\pi\eta}\left(1-\eta 0^2\right) = \frac{5000\times 1.0}{2\pi 0.8}\left(1-0.95^2\right) = 60.8\ \mathrm{N\cdot cm}$$

$$M_q = M_A + M_f + M_0 = 424.214 + 6. + 60.8 = 491.65\mathrm{N\cdot cm} = 4.92\ \mathrm{N\cdot m}$$

3.2.3 电机的选型

查表得，选择电动机 120MB100A，它的启动转矩 9.31 N·m。

120MB100A 属于 CB/MB 系列交流伺服电机采用了高性能磁性材料和优化的正弦波磁路设计，具有小型化、全密封、高精度、高相应、低噪音、地震动的特点，特别适合于对动态和稳态定性要求高的场合。

技术特点：

A、高性能铷铁硼永磁材料，纯正弦波磁路设计。

B、铝合金精美外观，体积紧凑。

C、小惯量 CB 系列和中惯量 MB 系列。

D、动态性能好。

E、过载能力强。

以上数据摘自《机电一体化系统设计手册》。

第四章 滚动轴承的计算

4.1 支撑方案的确定

考虑滚珠丝杠在轴向的伸缩变形，故考虑在支撑方面采用一端固定，一端游动。在综合考虑后，决定用角接触球轴承完成支承。固定端用一对背靠背接触球轴承，而用单个角接触球轴承支于游动端。

在选择了滚珠丝杠的型号后，由于我们采用的是现存的丝杠。所以尺寸都已经确定，初选固定端 7307B/DB 背对背型号内径 $d = 35$ mm，$D = 80$ mm，$B = 42$ mm。

游动端采用 7307B 型号 B = 21 mm

轴承座连接孔 144×42、M12-4

4.2　轴承型号选型及校核

轴向力 $F_a=383.3\ \text{N}$　　径向力 $F_r=10\,000/2=5000\ \text{N}$

因为 $F_a/F_r=5000/383.3>1.14$（查机械设计第七版表 13-5）

则 $X=0.35$，$Y=0.57$。fp 取 1.5（中等冲击或中等惯性力查表 13-6 同上）

动载荷 $P=fp\ (XFr+YFa)\ =1.5\times\ (0.35\times5000+0.57\times883.3)\ =3380.25\ \text{N}$

预计寿命 $Lh=5000\ \text{h}$，转速 $n=1000\ \text{r/min}\div1.5=666.7$

计算基本额定动载荷 $C=P\cdot\sqrt[3]{\dfrac{60nLh}{10^6}}=3380.25\times\sqrt[3]{\dfrac{60\times666.7\times5000}{10^6}}=19\,768.15\ \text{N}$

总　结

本次课程设计是毕业设计之前的准备，是为了更好地完成毕业设计打好一个坚实的基础，使我们对数控机床有了进一步的认识，对我们以后的学习工作有很好的帮助。

历程四周的课程设计，在老师和自己的共同努力下，完成了预期的工作。在这个过程中遇到很多困难，但是通过查阅资料，最终解决了问题，提高了我们解决问题的能力。

在查阅相关的数控机床资料，类比同类机床的进给系统结构，以及××机床厂提供的相关零部件资料的基础上，用 AutoCAD 进行总装图的优化设计和绘制以及零件图的绘制。完成了毕业论文书写内容，对机床设计过程有了深刻的了解和认识。

通过此次毕业设计，使我们的综合运用能力进一步加强，把大学四年来所学的专业理论知识与实践很好地结合起来，从方案确定到选型、校核、画图等一系列都在很大程度上开发了我们的设计思维和应用能力。

当然这次毕业设计中我们也认识到自身的不足之处。虽然在设计中能够认真独立地思考、分析问题，但知识面不够广泛以及实际经验欠缺等诸多因素，造成设计中很多疏漏的地方以及大多数方案都停留在已有基础上，创新很少。而且在优化设计方面做得很少，可以说整个设计很粗糙，当然我会在以后的工作学习生产中不断积累经验，争取做得更好，敬请原谅本次设计中的不足之处。

本人郑重声明：

本人所呈交的毕业设计（论文）《电路基础、电路设计、机械设计和机械制造》，是在老师的指导下，根据任务书的要求，独立撰写的。

凡为本文的撰写所提供的各种形式的帮助，本人在致谢中已经明确表达了谢意。本人完全意识到本声明的法律结果。

【简析】

这篇课程设计的设计方案合理，立论准确，理论分析充分，实验和计算方法正确，各方面的数据可靠，图表规范清晰，文字表达流畅、简练、准确，格式规范，标点符号正确。

第三节　毕业论文

一、毕业论文概述

（一）毕业论文的概念

毕业论文是大中专应届毕业生的毕业作业，是学生在临毕业前，针对某一课题，综合自己所学专业的基础理论、基本知识和基本技能写出某一问题的文章。这就要求毕业论文具有较强的实践性，能把所学的专业知识应用于实践中，为毕业以后在工作岗位上更好地、有方向地研究和发展打下基础。

学生写毕业论文的目的，是为了总结自己在校期间的学习成果，培养自己具有综合运用所学知识分析、解决实际问题的能力。

毕业论文的写作，是在有经验的教师指导下进行的。

（二）毕业论文的特点

毕业论文与一般的文章不同，它是对本学科领域中的某些现象或问题进行论述的一种文体。

1．科学性

毕业论文本身就是科研成果的表述和记录。科学性是毕业论文最重要的特点，可以说是毕业论文的灵魂。失去了科学性，毕业论文也就失去了存在的价值。毕业论文的科学性主要表现在三个方面：

（1）内容上要真实、正确、准确。所谓真实，是指论文内容要经过周密的思考，符合实际情况，不带个人的好恶偏见，是客观存在的事实。所谓正确，是指论文内容符合客观规律，经得起检验。所谓准确，是指论文内容的阐述要恰如其分，既不夸大，也不缩小，要做到恰如其分。

（2）结构上要严谨。所谓严谨，是指论文的结构既要符合形式逻辑的要求，又要符合辩证逻辑的要求，在形式上既要做到结构完整，又要做到逻辑性强。

（3）语言的表达上要准确。所谓准确，是指论文的观点要正确、鲜明，论据的材料要确切无误、充实，论述的道理要明白、正确。

2．创造性

创造性是毕业论文的核心。毕业论文如果缺乏创造性，只是重复别人论述过的东西，那么这篇毕业论文就是一篇平庸之作。

毕业论文的创造性，主要是指作者对问题要有自己的见解。也就是说，毕业论文中所选择的课题要新，研究的角度要新，论述的角度要新，取得的成果要新。

毕业论文的创造性，就是要求论文所揭示的事物现象、属性、特点、内在联系、规律是首创的，或者部分是首创的。创造是人类进步的源泉，如果只会继承，不能创造，那么进步也就停止了。因此，要鼓励学生写出有创造性的毕业论文，要鼓励学生在毕业论文的写作中敢于观察、研究，发现他人未发现、未涉及的问题，并在综合别人认识的基础上进行创新，这样，才能在理论上和实践上取得新的成果，才能使毕业论文具有创造性。

3．通俗性

通俗易懂，使人看了就明白是怎么回事。如果毕业论文使人读不懂，或读得很吃力，就违反了写毕业论文的基本原则。

写毕业论文的目的是要揭示客观规律，阐述比较深刻的理论，叙述复杂而又抽象的科学理论，因此毕业论文在内容上和语言上都有很强的专业特点，这对于除少数专业工作者以外的广大读者来说，会造成一定的困难。所以，毕业论文要写得通俗易懂，尽量使具有一般科学文化知识的人也能看得懂，要把深刻的道理寓于通俗的语言之中，把复杂的问题寓于简单明白的表述之中，深入浅出、通俗流畅，使人易于理解，提高阅读兴趣。

（三）毕业论文的作用

毕业论文是大中专院校教学计划的重要组成部分。写毕业论文是对毕业生全面的、综合性的考核。在毕业论文中，可以看出各门课程的教学效果，可以看出毕业生的质量，可以看出毕业生理论联系实际、分析问题和解决问题的水平，可以提高毕业生的理论水平和科研能力，还可以促进学校教学质量的不断提高。另外，毕业生通过毕业论文的写作，有助于运用自己所掌握的专业知识和专业技能解决实践中的问题，有利于理论和实践的结合，培养和锻炼自己解决实际问题的能力。

二、毕业论文的种类

毕业论文可以分为两个大类：一是自然科学毕业论文，二是社会科学毕业论文。

（一）自然科学毕业论文

自然科学毕业论文又称为理工科毕业论文，是理工科各专业的毕业生根据专业培养目标，选择某一课题，在教师的指导下，综合运用所学基础理论、专业知识、专业技能，写出的表达科研成果、阐述学术观点的论说性文章。自然科学的毕业论文可以分为以下五类：

1．理论类毕业论文

理论类毕业论文是指针对所学专业学科范围内的某一课题，通过严密的理论推导和理论分析，对研究成果进行理论性的概括和总结，正面提出自己的观点和见解的说理性文章。

2．实验类毕业论文

实验类毕业论文是指为了验证某一科学理论或假说，或者为创造发明和解决实际问题，有计划、有目的地进行科学实验，然后把实验过程和实验结果用书面表述的形式加以归纳、总结的文章。

3．观测类毕业论文

观测类毕业论文是指综合运用所学专业的基础理论、专门知识和实践技能，对自然界的各种现象和事物进行观察和测量，将所观察、测量的结果进行准确、具体的描述，从而给人以明确、完整认识的文章。

4．报告类毕业论文

报告类毕业论文是指综合运用所学专业的基础理论、专业知识和实践技能，对所学专业的某一课题进行研究或考察后写出的正式科研成果的文章。

5．评述类毕业论文

评述类毕业论文是指根据所学专业的基本原理、基础知识和国家的科技经济政策，对特定时域里的某一学科、专业、产品、技术经济的研究成果、科技发展趋势进行综合性评述的文章。

（二）社会科学毕业论文

社会科学毕业论文是根据专业培养目标，针对某一课题，在教师的指导下，综合运用所学专业的基础理论、专业知识和专业技能，写出表达科研成果、阐述学术观点的论说性文章。

社会科学的毕业论文可以分为以下五类：

1．论证类毕业论文

论证类毕业论文是指综合运用所学专业的基础理论、专业知识和专业技能，对社会科学领域里的某些重大理论问题或现实生活中的某些社会现象和问题进行探讨、研究、阐述、论证，揭示其本质和规律，以表达作者的思想、观点、见解的说理性文章。

2．考证类毕业论文

考证类毕业论文是指针对社会科学不同专业领域里的某一问题，运用考证的方法，根据直接或间接的材料，深入地进行探究，追本溯源，考证事实的真伪异同，最后推导出具有真实性、真理性论断的文章。

3．诠释类毕业论文

诠释类毕业论文是指针对本专业领域内的概念、理论、假说、原则以及事物的属性、特征、功用和史实、事件的面貌、来龙去脉、发展变化等作出解释说明的文章。

4．调研类毕业论文

调研类毕业论文是指对现实生活中存在的各种现象或问题，运用所学专业的基础理论、专业知识和专业技能，进行深入细致的调查研究后，作出正确判断，提出相应对策和建议的文章。

5．争辩类毕业论文

争辩类毕业论文是指对本学科、本专业的某些重大理论问题、学术观点有不同的看法，提出来进行争论和辩论，以辨明道理、驳倒对方的主张和观点，进而表明自己的看法，弘扬真理的文章。

三、毕业论文的写作

要写好一篇毕业论文，必须做好以下几个方面的工作。

（一）要符合毕业论文的总体原则和要求

1．主题要突出，论点要鲜明

写毕业论文，必然要说明一个问题，反映出作者的立场和观点。也就是说，在论文里要体现出肯定什么、否定什么、赞成什么、反对什么，这些都要通过对论文的论说传达给别人。这就要求作者必须切实地从实际出发，运用辩证唯物主义和历史唯物主义的观点和方法观察问题、分析问题、解决问题，提出合乎客观实际的结论。

2．结构要严谨，论述要清楚

所谓结构严谨，是指写出的论文要合乎思维形式，合乎逻辑性。从毕业论文的构成上看，常见的有：论文的标题、目录、内容提要、正文（绪论、本论、结论）、参考文献、论文的装订等构成形式。从论文的正文论述上看，有大论点、小论点、分论点三部分。一篇结构好的毕业论文，大论点和小论点要考虑清楚，安排妥当，做到层次井然，逻辑性强。从毕业论文的具体论述上看，有归纳、推理、演绎三种论述方式。在写作中，三种方式可以交叉运用，即在推理过程中，有演绎和归纳；在论证的过程中，也有演绎和归纳。

3．语言要精确，文面要整洁

毕业论文的语言要求信息量大，表达精确，既不夸大其词，也不要言不由衷，更不要含糊不清。毕业论文的语言要做到精确，首先，语言要正确。在语言运用上，概念要清楚、词意要明确、定性和定量要准确。其次，语言要简洁。要求做到提炼最精粹的词语，节约用字，删繁就简，自然朴素，不求华饰等。再次，语言要生动。论文语言的生动，主要包括语言新鲜活泼，多样化，有幽默感等。最后，语言要平易。语言平易，就是要平顺易懂，不要故弄玄虚。不要把论文写得艰涩难懂，使人望而生畏。

文面是毕业论文的外在表现形式。这对写作毕业论文具有重要作用。毕业论文给读者的第一个印象就是文面。文面整洁、清晰，字迹秀美，读起来就会心情舒畅，有利于掌握论文的内容。

（二）要选择好论文课题

毕业论文是从选题开始的，“题好一半文”。爱因斯坦说过，在科学面前“提出问题往往比解决问题更重要”。选好毕业论文的课题是写好毕业论文的重要环节。

1. 毕业论文选题的基本原则

毕业论文选题的基本原则有两条：一是科学性的原则；二是可行性的原则。

（1）科学性原则。科学性就是要求论文的作者正确地反映客观事物，并揭示它的规律。这就要求作者的论述是系统的，而不是零碎的；是完整的，而不是片面的；是首尾一贯的，而不是前后矛盾的；是经过实践检验的，而不是主观臆造的。科学性首先要求立论的观点正确。如果观点不正确，就会使读者迷惑。

科学性还表现在知识的准确性上，如果知识不准确，就不能准确地反映客观事物的规律，并且给读者带来困惑。课题的客观意义包括两方面的内容：一是社会意义；二是学术意义。从根本上说，课题的学术意义和社会意义应该是相一致的，因为一切学术研究的最终目的都是服务于社会，有效地指导社会实践。

（2）可行性原则。可行性是指要选择自己可以完成，主观上又利于展开的课题。

可行性原则，首先，要考虑选择有科学价值的课题，这是最基本的原则；其次，必须从主观和客观上考虑是否具备展开研究的条件，如专业水平、兴趣爱好是否具备必要的条件（资料、设备、经费、完成论文所需要的时间等）。所以，要量力而行地选择适合自己实际情况的课题，扬长避短、宜实不宜空、宜专不宜泛，要难易适中、深浅适中，应该是经过主观努力自己能够完成的课题。

2. 毕业论文选题的途径和方法

法国17世纪杰出的数学家、哲学家和科学方法论学者笛卡尔说：“最有价值的知识是关于方法的知识。”在毕业论文的选题上，选题的途径、方法正确就会收到事半功倍的效果，如果选题的途径、方法不对，就可能造成人力、物力和时间的浪费。

（1）选题的途径。现分述如下：

第一，要查阅文献资料。通过查阅文献资料，我们可以了解本学科研究的历史，能知道本学科过去已经进行了哪些研究，有什么成果，了解本学科的研究现状，能知道现阶段的研究达到了什么程度，以及哪些问题尚未得到解决，本学科发展的新动向、新问题是什么。这些问题搞不清楚，选题就是盲目的，有时花费很大气力研究出一个课题，却是别人早已解决的问题，已经没有研究价值了。

要了解本学科研究的历史与现状，就要查阅大量的资料。要到图书馆去，充分利用文献目录、索引和文摘等检索期刊。怎样才能把握住研究方向？从文献资料入手，要看最新的期刊。因为最新的期刊代表了最新的研究成果，是我们进行选题时迈出的第一步。

第二，做好必要的调查、咨询工作。邓小平同志在谈到社会科学怎样改变落后面貌时强调：“一定要深入实际，调查研究，知己知彼，力戒空谈。”我们所进行的任何一项研究工作，都是面向实际的，为社会进步发展服务是科学研究所要达到的目的。

我们可以通过毕业实习期间来进行本学科的调查和咨询工作。例如，会计、审计专业的同学，在实习过程中，可以向会计、审计人员咨询实际工作中的一些问题，同时可了解到实际工作中一些疑难问题和亟待解决的问题。

第三，积极主动地去思考。我们在查阅文献资料，调查、咨询的过程中，大脑需要积极地工作，触发想象，积极思考出新的问题。比如，我们看到《中国目前财政金融问题》会想到“关于金融体制改革”“货币政策”等；看到《洪秀全洋迷信与太平天国之衰亡》会想到中国近代资产阶级思想家是怎样对待西方资本主义文明的。当然，这些思考不是消极、被动地接受那些资料而触发的，而是充分运用自己的思考力、创造力积极主动地进行加工，这样就会形成自己的新思想、新思路。

（2）选题的方式。目前高等学校毕业论文的选题，有下述三种方式：

第一，命题与自选题结合的方式。题目先由指导教师拟出，经教研室讨论确定，然后向全体学生公布，学生可根据自己的实际情况，在公布的若干题目中进行选择。对多数同学来说，这是一种合适的方法。

第二，自选题。少数学习成绩优秀并有一定科研能力的同学，可以不局限于老师拟出的题目范围，根据自己的专长，独立地进行命题、选题，这样更便于反映自己的实际科研能力。

第三，引导性命题。这是对少数学习成绩较差，缺乏研究能力，不能独立选题的同学所采用的方法。当指导教师拟出的题目公布之后，这些同学对这些题目感到迷惑，心中无数，难以确定，这时指导教师就要给予一定的帮助。有经验的教师不是随便地为学生选择一题就了事，而是要很好地了解学生专业课的学习情况，他们的兴趣爱好及所关心的方面，逐步引导他们有目的地确定一个题目。这样做虽然要花费一些时间，但对于提高学生的选题能力是一种有效的方法。

就学生本人来说，无论学习成绩、科研能力如何，在选题过程中，除了自己要积极主动地进行探索之外，还要主动地争取得到老师的指导。目前，一般院校的毕业论文写作都安排在最后一个学期。按教学计划，结束课程之后，就仓促地转入毕业论文写作阶段，不少同学缺乏必要的准备，这对论文写作的质量带来了一些不利的因素。因而有三个环节特别需要得到老师的指导：第一是选题；第二是制订研究计划；第三是拟定写作提纲。抓住这三个关键环节，对论文的写作是最有益的。

（3）选题的方法。在毕业论文选题过程中常出现的问题是：把握不住选题方向，寻找不到最佳选题，题目过大、过小等。怎样选题？我们介绍以下几种选题方法：

第一，选用“横向扫描”法，确定选题方向。选题，首先应该确立选题的方向。所谓选题方向，指的是研究学科里哪一方面的课题，如中文系的学生，是研究语言，文学作品，还是文艺理论？经济专业的学生，是研究经济理论问题，经济实践问题，经济管理问题，会计问题，还是审计问题？应该把研究方向首先确定下来，而不能犹豫不决。

实践告诉我们，“横向扫描”是一种较好的方法。所谓“横向扫描”，即在自己所学专业范围内，根据自己的兴趣爱好、专业特长、资料搜集情况、现实需要、指导教师等主客观各方面因素，对所学专业的各门课程，逐一列示、对比、筛选，从而确立课题研究的大体方向。比如，学过审计专业的同学从基础课、工业经济、工业会计、企业管理、统计学、审计学、会计学……诸学科中，可以确立以审计课题为自己的选题方向。因为审计问题在诸多学科中，从主观条件来看，自己有浓厚的兴趣，基础知识学得最扎实，这方面资料搜集得比较充分；从客观条件上看，审计学科是改革开放后的新兴学科，现实中有很多问题尚未解决，研究这方面的课题有价值，而且能得到指导老师的点拨。

第二，运用“浏览捕捉”法，确定该方向中的最佳选择方向。选择的大体方向明确之后，仅仅是迈出选题的第一步，然后就应该在已确定的大方向之中，确立具体的选题方向，尤其是要在诸多可供选择的具体方向中，寻找最佳选择的方向，这时可用“浏览捕捉”法。

所谓“浏览捕捉”法，即在已确定的大方向领域内，大量阅读各种各样的资料，其中包括历史的资料、现实的资料、理论资料、实践资料、第一手资料、文献记载的资料等。在阅读资料过程中，往往还会发现有很多具体课题，需要深入研究，而且自己也有一些见解。仍以审计方向的选题为例，在阅读大量资料的过程中，可能会发现很多具体研究课题，例如，审计理论研究上存在薄弱环节、审计方法问题、审计的职能问题、内部审计问题、民间审计问题等。我们应该在浏览和思考的过程中，捕捉到一个具体的研究课题。如果你认为审计的职能问题是一个最佳选择，就把它作为具体的选择方向。

第三，运用“收缩或放大”法，确定大小适中的题目。在确立论题时，一些同学往往犯立题不当的毛病：或者题目过大，或者题目过小。比如，《论当前经济体制的改革》《现代企业制度下的现代会计》《市场保护与市场秩序》等，这些题目就过大。它们所涉及问题的面比较广，需要占有相当数量的资料，更需要相当的理论知识水平、较强的研究能力，而且在较短的时间内是难以完成的。又比如，像《对会计概念的认识》《论有奖储蓄的好处》等，这些题目过小，作为一个大中专院校即将毕业的学生来说，题目太小，就不能通过撰写论文反映自己的实际能力。

当具体的选题方向确定下来之后，如何对题目加以限定，使之大小适中呢？一般采取“收缩或放大”法。

所谓“收缩或放大”法，即如果最初拟定的题目过大，就把它收缩一下；预先设想的题目过小，就把它放大一下。这样就可以使题目大小适中，不至于力不胜任或轻而易举地完成。

（三）毕业论文的写作的安排

写毕业论文，要了解毕业论文的格式，懂得写作的基本步骤和时间安排。这些问题不了解清楚，就很难把毕业论文写好。现针对毕业论文的一般格式、写作的基本步骤和时间安排进行论述。

1. 毕业论文的一般格式

毕业论文的格式多种多样，但也有一些共性，如封面、题目、署名、摘要、引言、正文、结论、致谢、参考文献、附录、作者及单位等11项内容，有的长篇论文还有目录。

（1）封面。封面是毕业论文的外表，要提供应有的信息，同时起保护作用。它是给人以第一印象的文面，因而要设计得规范、装帧得美观。封面的内容有以下几个方面：①毕业论文完整的题目；②作者姓名；③指导教师姓名、职务、职称、单位名称及地址；④作者就读的学校、专业（系）；⑤提交论文的日期（年、月、日）。

（2）题目。题目又称标题，主要包括反映论文中心内容的总标题和副标题，总标题应概括论文的核心内容，较好地反映研究的范围和深度。并且应简明具体，做到既不能“大题目，小文章”，也不能“大文章，小题目”；应该做到文题一致，和谐统一，简明扼要，精练醒目，恰当贴切。至于文中的小题目，则是段落内容的概括。

（3）署名。毕业论文的署名比较简单，署名的位置应该放在论文总标题的下面。如果是多人合著，则应按贡献大小排序署名。

（4）摘要。毕业论文的摘要和其他科研论文的摘要一样，是为了使读者对整篇论文所研究的主要目的、内容、方法和结果一目了然，所以摘要是论文基本思想的缩影。尤其对万字以上的论文，摘要是必不可少的。从目前来看，摘要有两种写法：一种是放在论文的正文前面，主要概括论文的要点，字数一般在 200 字左右；一种是排在论文的正文后面（也称摘录），字数比前一种要多一些，一般在 1000～2000 字，其内容包括：研究目的、对象、方法、结果、结论等。其中，有论文的主要数据、研究工作的思路、过程和论证方法，尤其要突出论文中自己的新观点、新见解部分，以使评阅者了解作者的研究能力和成果。详细摘要的写作过程必须实事求是，忠于原文，分清主次，详略得当，有条理，有层次，突出论文的核心。简单的摘要必须文字简洁，概括性强，中心明确，语言畅达。

（5）引言。引言又称前言，标志着一篇论文的真正开始，是论文的重要组成部分。在引言中，一般应写出这样几方面的内容：

第一，选择课题的理由。对课题选择的原因和意义要进行论证。这里包括国内外同行在本课题所属领域的研究程度，作者在这一领域有什么见解以及对这一领域的研究成果等。

第二，与论文主题密切相关的文献进行综述。要着重叙述关于本学科的概念和规律，以求反映作者研究工作的范围和质量，反映作者具有开阔的科学视野和文献综合、分析、判断能力。

第三，论文的学术地位。主要说明本课题在本学科领域内的学术地位，反映作者在论文所属学科领域中的学识水平。

引言是论文的开头，不必面面俱到，也不应罗列过多的历史资料，所以不要过长，要与整篇文章篇幅相协调。如果篇幅过长，就容易造成头重脚轻之感，另外，引言的最后一句话应该与紧跟在后面的正文相衔接。

（6）正文。正文又称本论，这是论文的核心和主体部分。正文主要是逻辑严密地表达作者课题研究的结果，并体现着论文水平和价值。因而篇幅长、分量重，一篇论文 90% 的篇幅应是正文。不同类型论文的正文写作有很大的差异，其中，差异主要区别在于论文的内容与写法上。也就是说，正文是区别毕业论文类型的主要标志。例如，理论型毕业论文的正文一般包括论点、论据、论证三个部分。所谓论点，就是作者对所论述的问题提出的主张和看法。这是作者需要加以阐述和说明的观点。所谓论据，就是作者建立自己观点的理由和依据。它要求论文所使用的一切理论都要完整、正确，资料要真实、确凿、适用。所谓论证，就是作者用论据说明论点的过程。也就是说，作者运用归纳法、演绎法和类比法等逻辑论证方法，阐明论据与论点之间的内在联系，用论据科学地证明自己论点的正确性和科学性，使论点得以成立。实践型论文一般包括理论分析；实践资料、手段和经过；实践结果分析和讨论三个部分。

撰写正文过程中需要注意的是，主体内容的表述要有严密的逻辑性和明晰的条理性。首先，要准确地把握文章内容大小层次间的各种内在联系，使各层次具有逻辑性。其次，要用适当的小标题或序号加以区分，使层次更加分明。最后，结论的推出要实事求是，符合客观实际。

（7）结论。结论是论文的收束部分，是全文的归结。在结论中，将对论文中最有价值的内容进行高度概括，并简要说明全文所得出的最主要规律，解决何种理论问题，对课题研究进行展望。结论的写作切忌冗长，要文字简洁，内容精练，观点鲜明。在结论中，要把正文里经过严密论证，水到渠成得出来的结果完美地引到结论里，使引论、正文和结论三者相互呼应，首尾一贯，浑然一体。结论在语句表达上必须十分明确，不能有多种含义，不要轻易放弃应该坚持的观点和独特的见解，但也不要轻率和武断，不能根据不充分的数据提出过大的结论，要留有余地，掌握分寸。

（8）致谢。现代科学研究越来越向复杂性和多极性方向发展，往往不是一个人能独立完成的，需要不同人员多方位、多侧面的协助、合作和支持。因此，当成果以论文的形式发表时，必须对他们的劳动给予充分的肯定，并表示感谢。这是一种讲究科研道德的表现，应该形成风气。

初写论文的大学生可能不太明白致谢的写法，但这是应该掌握的。致谢的对象主要有以下几方面人员：

第一，对本课题参加过讨论或提出过指导性意见的人。

第二，对提供资料以及提供其他方便的人。

第三，对被论文采用的重要资料、文献、数据的提供者。

第四，对论文提供过某种信息、研究思想和设想，但又非论文的共同合作者。

致谢的写法要文字精练、态度诚恳、措辞恰如其分，对致谢中被感谢者可以直书其名，也可以写敬称，如××教授、××博士等。

（9）参考文献。参考文献的引用是毕业论文写作中不可缺少的部分。参考文献的引用实际上反映了作者的科学态度和求实精神。因为任何一篇毕业论文的结论的得出都是以前人的研究成果为基础的。引用参考文献可以帮助读者了解论文的背景和科学的依据，并通过参考文献进一步检索有关资料，共享文献资源。同时，也给论文提供了令人信服的论据，以增强论文的权威性。

（10）附录。附录是为了补充论文主体而附加在文后的内容。附录并不是每篇文章所必需的，有些毕业论文信息量大，体现了作者研究工作的数量和质量。而这些信息如全部安排在正文里，有损于论文的条理性、逻辑性和完整性。因此，凡论文中只能局部使用或完全没有使用，但又与论文有关和具有科学价值的重要原始资料、数据，如复杂的公式推导、各类统计法、图表、注释、术语、符号、说明等，都可以放在附录中。它们既有利于说明和理解毕业论文，又提供了有用的科学信息。

（11）作者及单位。毕业论文最末要署上自己的姓名及所在单位。其目的是表明作者付出了辛勤的劳动和代价，同时也是为了对论文负责，更重要的是便于教师评定成绩及同行相互联系。

2. 毕业论文写作的基本步骤

毕业论文写作与其他写作活动一样，需有其基本的步骤。毕业论文写作的基本步骤是：确定题目、搜集资料、酝酿构思、执笔起草、修改定稿五个阶段。

（1）确定题目。无论是写一篇文章，还是写一本学术专著，首先应确定题目。题目选择的大与小、难与易是写作成功的关键，尤其是一些初写者，选择论文题目更为重要。

（2）搜集资料。题目确定后，就要围绕题目搜集资料，这既是写作技巧问题，也是大学生必备的基本功。那种不愿意做搜集资料的艰苦工作而利用别人搜集的资料而写作的人，是不认真的。有人做过调查，20世纪60年代美国凯斯工学院对科技人员从事科研的时间安排是这样的：从事化学研究的人员查阅文献资料的时间占50%，作计划思考的时间占7.7%，搞实验的时间占32%，写报告的时间占9.3%。从事冶金、机械研究的人员查阅资料的时间也约占2/3。可见，他们对查阅文献资料的重视。在搜集资料时，尽可能搜集第一手的，要从第一手资料中找依据。与此同时，对搜集来的材料要认真阅读分析，去粗取精，去伪存真，消化吸收，使它变为自己的财富，只有这样，才能写出有真知灼见的论文。

（3）酝酿构思。酝酿构思是论文写作的第三阶段。所谓酝酿构思，是指作者根据文章构成的要求，对认识成果进行加工，从而形成论文的过程。酝酿构思在论文写作中具有十分重要的意义。车尔尼雪夫斯基说：“要是没有把应该写的东西经过明白而周到的思考，就不该动手写。”这说明，离开了酝酿构思，论文的思想系统就不能形成，语言组合也就无法进行。所以，有经验的作者在动笔写作之前，要进行深入的、反复的、艰苦的，甚至是长时间的酝酿构思。大画家郑板桥说自己：“四十年间画竹枝，日间抒写夜间思。”这是他的经验之谈，只有经过深入细致的酝酿构思，写出来的论文才能更精粹、更深刻，具有更高的价值。酝酿构思主要包括酝酿、构思、成型三个环节。

第一，酝酿。对于作者来说，就是为了写好一篇论文或一部著作，在通盘考虑的基础上，为表述思想寻找一个恰当的表达方式。在酝酿中，作者要做的全部决策工作都围绕确定的题目来进行“取舍”。论文的读者是什么人？用什么样式写？表达一个什么主题？这些问题都需要在酝酿中加以解决。另外，酝酿需要多长时间，因具体条件不同而有所差异，有的可能只需几天、几小时，甚至几分钟，有时可能需要几个月、一年，甚至几年。总之，酝酿是内潜性很强的思维活动，外人觉察不到，即使是作者本人往往也很难说清楚，但主要方面应在论文的选择和主题的确定两个方面。

第二，构思。就是指作者在酝酿的基础上对文章内容和形式进行总体设计。构思主要包括：主题的提炼、结构的安排、形式的选择和艺术表现形式等。一篇论文或一本书，都要有一个中心，并围绕这个中心而选取材料。结构的安排要一环扣一环，具有严密的逻辑性。形式的选择要符合内容。形式要与内容达到完美的统一。这些只有通过认真仔细的构思，才能实现。

第三，成型。就是经过酝酿和构思后的最后定型。此时，作者所要写的论文已经粗具规模，但仍然存在于作者的头脑中，具有一定程度的模糊性。这时，要将模糊性的论文进一步具体化，定型——构想出腹稿提纲，这就是成型。成型是酝酿构思的最后一环。

提纲一般按论文内容的层次写出。段落式的提纲是一个段落形式的构成。它比句子更详细，不仅有观点、主旨，同时有叙述材料的概括，更利于起草，但写起来费时费力，比较适合于较长的论文或专著。

上述提纲的种类和写法，写作时应灵活选择。一般来说，经常写论文的人习惯于某一种提纲的写法。但总的来说，一般都是由大到小，由粗到细，一层层地思考拟定。首先，把论文的大架子搭好，再考虑每一部分的内部层次；其次，在各层次下列出要点和事例；最后，在提纲的各个大小项目之下记录一些需要的具体材料（索引号），以备行文时采用。当我们完成了写作提纲之后，如果没有发现漏洞、重复或不当之处，便开始进行执笔起草的工作。

（4）执笔起草。执笔起草是开始动笔写论文的第一步。经过酝酿构思，有了写作提纲，要表达的思想已经基本形成系统，这时就要把考虑好的内容用语言文字的形式反映到文面上。

在写作过程中，执笔起草是一个不容忽视的重要步骤。作者把考虑好了的思想内容，一字一句地写在纸上，就会使我们的思绪更明晰。我们都有过这样的经验，在拟定提纲的时候，已经把要写的内容整理得清楚而富有条理了，所以，执笔起草这项工作是非常重要的，它是一项艰巨的工作。

第一，起草的要求。首先，在下笔之前，要先仔细想一想，怎样把这一段的主要意思充分地表达出来。要考虑好材料如何安排，如何展开论述？初写论文的人容易犯的毛病是，想一句写一句，往往是有了上句没下句。其结果不是重复啰唆，就是前言不搭后语。其次，在起草的过程中，要注意文脉的贯通。论文是一段一段写出来的，这就要求在内容上要思路顺畅，使论文的各个段落浑然一体。因此，在写论文时，要使论文上下段做到一环紧扣一环，前后连贯。最后，做好语言的组合。所谓语言的组合，就是在书面上把作者的思想用语言表达出来。论文不是写给自己看的，而是给别人看的。要使别人看得懂，看得明白，就要用词准确，句子通顺，合乎规则。因此，在下笔的时候，心中要有读者，语言要合乎规范。这样，不仅能保证起草顺利进行，而且又可以减轻修改的压力。

第二，起草的方法。起草的方法就是作者在执笔写稿时所采用的方式。这种方式可因人而异，因时而异，因文而异。起草方法主要有以下两种：一种是作者在准备比较充分的前提下，根据写作提纲的要求，利用一段完整的时间，精力集中，连续写下去，中间没有耽搁或停顿，直到写完为止。这种方法比较适合短文章的写作，因为短文章篇幅短，容量大，作者既能宏观控制，又可微观把握，而且可以在短时间内完成。另一种是分段起草法。有时因时间有限，就利用分段起草法一部分一部分地写，最后把写好的每个部分有机地组织到一起，成为一篇文章或专著。

（5）修改定稿。修改定稿是写作的最后步骤。作者经过酝酿构思和执笔起草，变成了初步的文章形态——草稿。草稿是文章的毛坯，还不是成品，要把毛坯变成成品，还需要经过修改定稿。所谓修改定稿，就是对文章草稿进行加工润色，使之成为成品的过程。

修改定稿是作者对文章内容和形式的再思考和再组合。在修改时，对论文的思想内容是否有意义，中心论点与论据是否正确都要再思考一番；对语言修辞、论文结构和形式是否与内容达到完美的统一，也要重新思考，如不统一，需重新组合。在定稿时，作者要对论文的全部内容和形式作最后的检查和审定。如发现问题要及时修订，直到认为没有问题，写作的步骤才可结束，可以开始誊清原稿了。

（四）毕业论文的修改

毕业论文的修改是指从初稿形成到最后定稿之前，作者对文章从内容到形式所进行的一系列的、多次的修改和润色活动。它是写文章不可缺少的，也是重要的一道工序。

文章刚写成的时候，作者不容易发现存在的问题。过了一段时间，经过反复思考，受到别人，特别是指导教师启发，或者接触到新的资料后，感到原稿有不足之处，就会产生修改的动机。只有对文章不断修改，才能体现论文作者的学识水平、学术水平、认识水平和写作水平的新高度。

1．毕业论文修改的重要性

毕业生撰写毕业论文是对自己在学校学习专业知识的学习总结，又是对某些客观现象和学术问题认识结果的阐述。由于论文作者受知识的深度、广度的限制，再加上实践经验不足，甚至认识片面等，作者的立意可能不够高远，不切合实际，没体现事实发展的客观规律。为解决这些问题，办法只有两个：一是学习，二是对论文进行修改。

乐于反复、不断地修改自己的论文，在论文写作和修改过程中不断充实自己的专业知识和写作知识，把撰写毕业论文作为自己学习生活的总结和继续，是每位毕业生应当采取的态度。每位毕业生都希望通过毕业论文的撰写和答辩，能够真实地反映自己的学识水平和分析问题、解决问题的实际能力，为毕业后的求职和科研工作打下良好的基础。所以，必须以认真负责的态度对待论文的修改，在修改中不断提高论文的水平。

毕业论文初稿有些粗糙或差错，不够完美，是不可避免的，在以后的修改中，不断地加以纠正、补充，使之臻于完美，是正常的。所以论文的写作与修改，是两个互相补充、相得益彰的环节，只有这样，作者的写作水平才能得到提高，好的文章、好的作品才能产生。

2. 毕业论文修改的范围

（1）思想内容的表达。思想内容是一篇毕业论文的灵魂，也是一篇毕业论文的价值所在，正确的思想内容可以引导人、鼓舞人，错误的思想内容可以误导人，起消极作用。毕业论文的思想内容要正确，正确地反映客观世界，实事求是地反映客观世界的规律。

（2）审查论点。要对毕业论文综观全局，看论点是否正确、鲜明、深刻。对中心论点、分论点、小论点，都要全面检查。要把论点中偏颇的改中肯，含糊不清的改鲜明，片面的改全面，肤浅的改深刻，零散的改集中，陈旧的改新颖，立意低的加以升华。

（3）调整结构。毕业论文要看结构是否完整、严密，层次是否清楚，思路是否开阔。调整结构时还要把杂乱的层次梳理通畅，臃肿的段落紧缩合并，上下文不衔接的串通连贯，轻重倒置、详略不当的地方修改合适，开头、结尾不当的地方斟酌周全。

（4）精选材料。毕业论文选用的材料必须达到三个要求：一是必要，即材料能够证明观点、表现主题。二是真实，即材料准确可靠，没有虚假成分。三是合适，即材料恰到好处，不多不少。如不符合这些要求，材料就要增补、删除、调换。要把空缺的材料补足，失实的材料改翔实，虚泛的材料换实在，平淡的材料换典型，陈旧的材料换新颖，分散的材料理得集中，与主题关系不大的材料删除，不连贯的材料连通。

（5）推敲语言。对语言进行仔细推敲，对文字进行认真加工，做到文通意顺。要检查用词是否准确，句子是否通畅，朗读是否顺口，整篇文章是否有漏笔等。要仔细推敲语言，改正出现的语病，使语言精练。要认真修改病句，使文字通畅、简洁。

（6）斟酌标题。对总标题和节标题进行修改。在毕业论文的初稿与成文后，对总标题应再进行斟酌，看总标题是否配文，文是否切题。如果题文不贴切、不相符、太笼统，或标题太长，就要进行修改。对节标题应检查其层次、数量是否清楚。同一层次的标题，格式是否混乱，如不符合要求，也应进行修改。

（7）规范文面。在写初稿时，书写可以比较随意，但经修改后，就应该符合毕业论文的文面要求，要做到文字书写、标点符号、行文格式符合规范。

【例文 8-4】

××省旅游业发展管理研究

××

【摘要】旅游业作为朝阳产业，对于提高国民素质和改善人民生活质量具有重要作用。本文主要从旅游业对××省经济发展的意义和作用中提出问题，然后审视××省旅游业的发展现状，进而对××省发展旅游业提出规划原则和思路，最后依据理论和实际科学提出××省旅游产业发展的对策。

【关键词】旅游业　××省　发展管理

文献综述

（略）

前言

（略）

1. ××省旅游经济对地区或区域经济发展的意义和作用

（略）

1.1 带动××省相关产业的发展

（略）

1.2 推动××省经济结构的调整

（略）

1.3 扩大旅游业就业机会，解决××省富余劳动力安置问题

（略）

1.4 对××省的对外开放发挥积极的促进作用

（略）

2. ××省旅游业发展的现状和问题

2.1 ××省旅游业发展的现状

（略）

2.1.1 旅游经济产业地位已经确立

（略）

2.1.2 旅游业已成为热点产业部门

（略）

2.1.3 旅游业经济效益稳步上升，社会效益辐射明显

（略）

2.2 ××省旅游业存在的主要问题

2.2.1 组织管理机制与统筹协调问题

（略）

2.2.2 产品内涵发掘不够，不能适应现代旅游业发展的需要

（略）

2.2.3 投入力度不够，配套设施不完善

（略）

2.2.4 旅游产品优势不足

（略）

2.2.5 旅游产品知名度低

（略）

2.2.6 旅游经济投资体制不合理

（略）

2.2.7 发展旅游业的观念滞后

（略）

3. ××省旅游业发展的规划原则及思路

3.1 旅游业总体规划的原则

3.1.1 整体化原则

旅游业是国民经济的一个组成部分，因此，旅游业的发展不可能是孤立的，只有在整个旅游目的地的经济框架中找到合适的位置才能得到应有的发展。旅游业和其他产业一样，只有当它符合总体经济发展政策时，它的发展才有助于推动整个经济的发展，它本身才能取得最理想的发展。因此，作为一定区域内国民经济发展中的一个特定部门，旅游业发展规划的制定必须与旅游目的地社会经济发展的总体规划相一致，而不能相违背。

3.1.2 实事求是原则

从中国目前的实际情况来看，改革开放三十多年，旅游业的发展经历了起步创业的过程，开始走上稳步发展的道路。已经制定了旅游业发展规划的地区，那里的旅游业都已经起步，或已经形成一定的规模。因此，现在再做旅游规划，必须要下大工夫做好旅游业发展条件的分析。一是要认真，二是要客观，其根本原则就是实事求是。

3.1.3 资源与市场相结合的原则

对任何旅游目的地来说，旅游资源是当地旅游业发展的一个基础条件，市场需求是资源开发的条件和方向，而旅游产品则是连接市场和目的地的桥梁。任何好的旅游资源如果不能开发成产品，不能开发成市场需要的产品，那么那里的旅游业是不会成功的。同样，如果市场的需求潜力没有被发现，对一些可以开发成产品的资源没有发掘，那么旅游业的发展也不会取得理想的结果。因此，在规划的过程中，不仅要认真分析客源优势，而且还必须认真地分析市场需求和潜力。

3.1.4 可持续发展原则

寻求发展，寻求较快的发展，寻求较大的经济效益，是许多新的旅游目的地发展旅游业所追逐的目标。国际经验说明，急功近利是许多旅游目的地发展旅游业失败的重要原因。我们所需要的是“可持续发展”，而不仅仅是“持续发展”。所以，环境意识是近些年来旅游总体规划中特别强调的一个方面。可持续发展的三个重要原则是生态的可持续、社会文化的可持续和经济的可持续（WTO，1997）。坚持持续性原则是一切发展的准则，旅游业的发展也不例外。

3.1.5 动态调整原则

旅游发展规划不同于城市建设规划，它更应当突出战略性、对策性，是根据对形势发展的预测而预先设计的行动计划。而影响旅游业发展的外部条件是不断变化的，所以规划也不应该一成不变，应当根据变化了的形势进行及时的调整、改善。旅游发展的规划期不宜过长，编制长期的发展规划，10年或20年。对一个好的规划来说，它的目标应当非常明确，但计划必须要具体，步骤要清楚，便于实施和监测。

3.1.6 注重具体方案实施的原则

旅游发展规划应当注重具体方案的实施，而不是理论概念的解释或探讨，不应当是“放之四海而皆准”的原则。世界旅游组织的《地方旅游规划指南》中指出：“不付诸实施且不具备可操作性的规划是没有价值的。”它强调，“在规划的制定过程中应该始终考虑采取什么措施贯彻实施规划目标，并在规划大纲中分别予以说明”（WTO，1997）。所以，在编制旅游发展规划的时候，特别是对一些近期的活动计划、方案应当有具体步骤、具体目标和时间安排。

3.1.7 利益相差原则

早在20世纪80年代中期，以墨菲（Muphpy，1991）为代表的学者开始提倡旅游规划中的社区公民参与。他们认为，如果旅游规划能够从纯商业性的开发方法转向一个更加开放的、以社区为导向的方法，把旅游视为当地的一种资源，那么旅游业将会产生更大的社会和经济利益。让当地社区（各个阶层，包括当地政府官员、居民、建筑师、开发商、生意人、规划师）参与旅游规划的过程、重大决策的制定，管理好旅游这一资源，使旅游业为整个社区世世代代带来好处，已成为旅游业发展的目标和评价旅游业的标准。

3.2　××省旅游业规划与发展的思路

3.2.1　“核心—边缘”理论在区域旅游规划中的运用

完整提出“核心—边缘”理论模式的，是美国区域规划专家弗里德曼（J. R. Friedmann）。弗里德曼认为任何一个国家都是由核心区域和边缘区域组成。核心区域是由一个城市或城市集群及其周围地区所组成。边缘的界限由核心与外围的关系来确定。核心区域指城市集聚区，核心区域工业发达，技术水平较高，资本集中，人口密集，经济增长速度快，包括：（1）国内都会区；（2）区域的中心城市；（3）亚区的中心；（4）地方服务中心。边缘区域是那些相对于核心区域来说经济较为落后的地区。

根据核心—边缘理论，在区域增长过程中，核心与边缘之间存在着不平等的发展关系。总体上，核心居于统治地位，边缘在发展上依赖于核心。由于核心与边缘的贸易不平等，经济权力因素集中在核心区，技术进步、高效的生产活动以及生产的创新等也都集中在核心区。核心区依赖这些优势从边缘区获取剩余价值，使边缘区的资金、人口和劳动力向核心区流动的趋势得以强化，构成核心与边缘区的不平等发展格局。核心区的发展与创新有密切关系。核心区存在着对创新的潜在需求，创新增强了核心区的发展能力与活力，在向边缘区扩散中进一步加强了核心区的统治地位。但核心与边缘的空间结构地位不是一成不变的。核心区与边缘区的边界会发生变化，区域的空间关系会不断调整，经济的空间结构不断变化，最终达到区域空间一体化。

核心与边缘地区应该是平等竞争、优势互补的合作、互赢的空间关系。发展核心，带动边缘，是区域旅游发展的重要空间战略举措。任何一个区域都要重视旅游核心的发展，依靠核心区把区内各种景观资源凝聚成一个整体。特别是发展中地区要十分注意培育自己的旅游核心区，通过培育和发展核心景区，形成旅游创新活动基地，并有步骤地主动向边缘区域扩散联动，促进核心景区质量升级，带动边缘区域发展，壮大整个区域的旅游竞争力。

3.2.2　城市游憩系统的空间结构（以××市为例）

城市游憩系统空间结构是核心—边缘理论的一个典型的应用，××省可以以××市、××市、××市等大中城市为核心区域，带动周边旅游经济的发展。现以××市为例来作具体说明。

3.2.2.1　市中心——游憩商业区（RBD）

××市以××区为集聚中心的城市中心商务区（CBD）已基本形成，以××路、××街、××巷为轴带，集聚了在市域和省域范围内最高级的大型高档商贸中心、名品店，各档次的专卖店、超市、影楼，肯德基、麦当劳等汇聚于具有本地特色的食品一条街，大型书店、多家电影院、××步行街和全市最大的夜市，而且电信、金融、保险和房地产等企业也环绕在本区周围。这一带已经成为本市居民购物、餐饮、娱乐的首选区位，同时对省内旅游者也有很强的吸引力，未来可以将其发展成为满足国内外旅游者和本市居民需要的城市RED。这就需要一方面扩大现有××省旅游纪念品的数量、品种和规模；另一方面大力整治区内环境，开放区内的可供休憩的场所。

3.2.2.2 内圈层——市内休闲娱乐体系

××市市内休闲娱乐设施建设在全国大城市中相对滞后，公园、体育馆、公共绿地等数量较少。目前散布于市内的公益性游乐场所有××公园、动物园、五星广场以及××森林公园等，其中五星广场、××公园免费向公众开放。为了给市民及旅游者提供更广阔的娱乐健身和休闲的空间，更好地发挥城市公园的公益性功能，各公园都应逐步免费开放。公共体育健身场所只有五四体育馆、××街体育馆和解放路的大型体育场，社区内的体育健身场所还有待于进一步推广和加强。少年宫、科技馆以及展览馆、工人文化宫等都应作为休憩体系的重要组成进行完善，充分发挥其应有的功能和作用。

3.2.2.3 外圈层——郊野风景区和乡村旅游区

××市近郊和远郊的风景区为数不少，但大都开发缓慢，设施欠缺。其中级别最高的是××—××山风景区，每年吸引不少国内外游客。但二者由于不属于同一部门管理，因此开发和建设存在各自为政的现象，极大地阻碍了这个风景区应有价值的发挥。未来应统一开发，统一管理。另外还有××山、××河、××湖、××水库、××森林公园等风景区以及××生态旅游区、××农艺园、××农业科技园等多个农业观光、乡村旅游区（点），这些景区（点），都需要进一步开发和完善，尤其是旅游设施、交通条件急需改善。

4. ××省旅游业发展的对策

4.1 巴特勒的旅游地生命周期曲线理论的运用

加拿大巴特勒在1984年提出了著名的旅游地生命周期理论，他认为一个地方的旅游开发不可能永远处于同一个水平，而是随着时间的变化不断演变的。他用一条S形曲线的变化，来说明不同的发展阶段旅游地的发展状况：有的时候旅游地的来访者处于上升、不断增长状态；有的时候来访者人数却可能处于下降状态。旅游地的发展阶段可以分为探查期、参与期、发展期、巩固期、停滞期和复兴期六个不同时期。地方旅游开发和管理的一个重要目的，就是要努力促使旅游区保持吸引力，延长其发展、巩固期，防止停滞期的到来，或者在停滞期到来之前，就已经未雨绸缪，进行旅游产品的更新换代，以使旅游开发进入一个新的发展阶段，步入复兴期。

旅游地要复苏，旅游地吸引力必须发生根本变化。达到这个目标有两种途径：一是增加人造景观吸引力；二是发挥未开发的自然旅游资源的优势，重新启动市场。

4.2 SWOT分析法的运用

SWOT分析是对旅游系统中的基础设施与服务、旅游出行条件、旅游支持系统的分析，是基于对当地旅游发展的外部环境与内部条件，包括对当地社会经济概况、旅游产业发展态势、旅游基础设施现状、旅游接待服务机构与设施现状以及当地政府对旅游产业发展的政策与态度的初步了解，并在这些现状调查与分析的基础上对当地发展旅游业的优势与机遇、劣势与挑战进行分析（见下表）。

××省主要旅游资源的SWOT分析

景观资源	优 势	劣 势	机 遇	风 险
××山	四大佛教名山之一，古代建筑的稀世宝库，避暑胜地	交通不便，周遭污染	旅游消费热，知名度高，宗教旅游圈	效益低

续表

景观资源	优 势	劣 势	机 遇	风 险
××石窟	国家级重点文物保护单位，距今1500多年，佛教石窟艺术代表	煤灰污染区位，偏远	文化旅游圈，知名度高	改善环境投资大
××瀑布	中国第二大瀑布，景色奇丽壮观	区位偏远，交通住宿不便，缺乏娱乐及夜游设施	“飞黄”效应，自然旅游圈	水土流失严重，改善环境投资大
××古城	历史文化名城，规模大，建筑工艺精美、古朴，大量清末民居，民族特色突出	卫生环境差，城内文化气息不浓	旅游宣传活动，文化旅游圈	保护环境及古建筑投资大，可能增大增益协调成本
××庙	国内最大的纪念××的建筑群，武庙之首，建筑精致	宣传力度不够	每年一度的“××文化节”	保护环境及古建筑投资大，可能增大利益协调成本

4.2.1 对旅游体制实行根本改革

多少年来，××省都是能源大省、工业大省，经济结构粗放、初级。如今调整产业结构，要把旅游产业作为调整的重点和发展的支柱，必须改变观念，给予人力支援、资金支持和政策优惠，整顿好旅游秩序，创造良好的旅游环境，规范旅游服务，消除旅游业内的恶性竞争，保护旅游消费者利益。

4.2.2 实现投资主体多元化，景区动作企业化

××省旅游景点很多，许多文物古迹需要维护、保养，许多自然景区需要修缮、扩建，一些新的景区景点需要开发，这些都需要大量的资金，单靠政府的拨款和有限的景区、景点门票收入是远远不够的。要根据“谁投资、谁受益”的原则，吸收各种投资力量，组建景区、景点管理有限公司，可以由政府与景区管理公司签订出租协议，所有权归国家，经营、管理权属景区管理公司，由景区管理。

公司对景区所有景点的各项收入视为自己的收入，独立核算、自负盈亏，同时承担景点、景区的开发维护保养义务。政府旅游管理部门要定期对其进行检查监督。

4.2.3 运用营销手段，实施精品战略

××省有不少世界级的景观，比如××石窟，1973年法国总统蓬皮杜参观访问后，一度成为世人关注的旅游热点，可惜由于我们未能把握住这一机遇，使这一景点未能充分发挥其优势。旅游市场主体中最重要的是旅游者，开发、扩大××省旅游市场，首要的问题是让旅游者了解××省，热爱××省。为此，我们必须加大宣传力度，采用多样化的旅游宣传手段如电视、广播电台、报纸、杂志、互联网以及各种各样的商业广告、公益广告来宣传××省的旅游资源和旅游文化。此外，我们还应利用各种有利的机会进行旅游促销，如举办大型的国际文化艺术节、展览会来提高××省的知名度，增加人们来××省旅游的兴趣。

4.2.4　积极引进优秀人才，努力提高服务质量

旅游业是一个服务性行业，服务质量的好坏直接关系到经济效益，而决定服务质量的因素，除了一些硬件设施外，最重要的是人的素质，人的素质体现在一言一行上。游客通过对导游、旅行社和景区管理工作人员的印象便能评价出服务质量的高低。为此，我们在人才的引进、培养、使用、管理上必须下工夫，通过各种各样的方式，要引进、培养一大批旅游管理人才。尤其是提高与游客直接接触的导游人员的整体素质。导游是发展旅游业的中坚力量，导游以最优质的服务化解了最大的风险，诱导并满足了游客的消费欲。因此，××省发展旅游业一定要抓住人才开发培养，提高导游人员的业务能力和整体素质这一环节，同时引入风险竞争意识，帮助导游树立以优质服务化解风险的观念，努力降低旅游成本，全面提高山西的旅游竞争力和服务质量。

4.2.5　要建立稳定的客源市场，不断扩大旅游客源

旅游业没有客源，等于售货没有顾客。要把××省的旅游业搞上去，首先要有稳定的客源，并在此基础上不断扩大旅游客源。在客源市场定位上，省内外之间要以省内为主，内外兼顾，重点做好京、津、冀、豫、内蒙古等地的宣传招徕工作。在国际国内游客方面，要立足国内，开拓国际。抓住各种有利时机，建立国内外促销网络，把××省旅游市场推上因特网，并在国内外主要客源地设立旅游促销窗口，以形成广泛稳定的客源市场。海外游客，目前重点是日、韩、东南亚等国家和中国香港、中国澳门、中国台湾等地区，今后还可以扩大到欧美等地。对海外游客，要彻底改变封闭、半封闭状态。要向省外、国外立体化、全方位开放，包括游客招徕、项目招商。对重点地区与国家，省领导可以亲自带队去组织旅游促销，还可以联系外国驻华人员和驻京办事处人员来××省参观度假。

4.3　发展旅游业要理顺和处理好几个关系

发展旅游业单靠旅游部门一家不行，要充分发挥政府的主导作用，从战略高度重新审视旅游这一朝阳产业，切实加强领导，重点支持。旅游、文物部门之间要相互支持和协调。对于自然风光的开发，一定要注意生态环境的保护，旅游与林业部门之间也是互相支持、协调发展的关系。

旅游业具有综合性、关联性，旅游业是众多部门共同作用的产物，是以多种服务表现出来的集合体。旅游业涉及众多部门，如旅游、文物、宗教、园林、财政、物价、教育、文化、交通、金融等，各自以不同的方式参与旅游业的发展，向旅游者提供服务；同时，各自又有其部门利益。这就必须由政府出面，协调相关部门之间的关系，提倡顾全大局、反对各行其是，防止扯皮掣肘，推动互助合作，兼顾各方利益，促进旅游业的健康发展。

4.4　把旅游业的发展同经济贸易、招商结合起来

“十二五”期间，不仅是××省旅游业发展的大好时机，同时也是加快××省发展，大力引进外资的一个重要时期，找准旅游与经贸发展的切入点，带动旅游发展，促进经济增长应该是××省旅游未来发展的新构想。因为通过旅游有助于国内外游客了解××省的特点及具体的地域、产业优势，实质上也可以称旅游为“休闲考察”，这样××省可以将更多的优势展现给国内外游客，提高招商引资的机会。

4.5　建立独具特色的旅游文化，吸引风格不同的文化旅游者

旅游文化是指隐含在旅游景区内一种无形的但具有导向价值的精神财富。对于旅游开发者、管理者、促销者来说，一定要找准旅游文化的定位，才可能使旅游更具有生命

力。文化旅游是指旅游者涉足、接触、观赏、体验异地文化及其环境氛围的过程。可见，只有拥有丰富、深刻的旅游文化才可能吸引大批文化旅游者。旅游业的本质是一种文化产业，没有文化内涵与文化底蕴，势必造成表面化和浅层化，无异是对旅游资源的一种浪费。

4.6 搞好假日旅游，开发淡季旅游、假日旅游

“五一”“国庆”“春节”为各大旅游景区带来不菲的收入。要保持假日旅游收入的持续增长，还要在提高旅游服务质量上下工夫，坚决杜绝“萝卜快了不洗泥”、胡乱宰客的短期行为，切切实实搞好旅游服务，健全旅游景区的配套设施，保证广大游客的衣、食、住、行，真正实现广大游客的旅游目的，不要让广大游客“带着一腔热情来，憋着一肚子气走”，只有这样，才能保证旅游产业的蓬勃发展。同时，要开发多种淡季旅游产品，吸引广大游客。根据××省文化特点，各大景区应在旅游淡季出售独具特色的旅游产品以招揽游客。

4.7 旅游与扶贫相结合，提高景区人民收入水平

目前，××省的人均收入尤其是农村居民收入在全国处于非常低的水平，还有不少国家级贫困县，严重缺乏人才、资金等方面的优势，但××省却拥有丰富的自然资源和文物资源，这为发展旅游提供了可能。把旅游与扶贫结合起来，提高景区人民的生活水平，将是发展××省旅游的又一个新思路。旅游与扶贫相结合，是变“输血”式扶贫为“造血”式扶贫的一种好方式，授人以鱼不如授人以渔，如××省首家旅游扶贫试验点——××县，目前已作了合理的规划，正处于开发建设阶段，相信不久的将来，××省旅游景点又将添一道靓丽的风景线。

4.8 大力发展与旅游相关的行业

旅游业的发展有赖于多种因素，如交通运输业、餐饮业、旅馆业等，以及一些工艺制造业。这些产业的发展能够为旅游业提供客观的条件，反过来，旅游业的发展又能促进这些行业经济的迅速发展，两者相辅相成，互相作用。××省旅游业发展比较缓慢的又一个原因，恐怕与××省旅游景区的基础设施、配套设施建设不到位，旅游饭店管理水平不高，服务质量差等方面的原因有关。所以，加强基础设施的建设，改善生态环境，提高相关行业如交通运输业、餐饮业、旅馆业等的服务水平与质量是发展旅游经济必须应予以重视的问题，应常抓不懈。

4.9 完善旅游法律、法规，保护旅游资源

旅游开发是我们振兴经济、造福梓里的壮伟之举；保护文物资源是我们实现可持续发展、泽荫子孙后代的神圣职责。一定要统筹兼顾，合理开发，固本培元。许多法律条文已对旅游经济给予了规范，为旅游资源提供保护，这些法规无疑是旅游经济持续发展的重要保证。但是各省在自然环境、地理条件、文物数量、交通条件、管理水平上都存在一定差异。这就要求各省制定出适合本省实际、更加完善的地方性旅游法规，如旅游建筑物布局规定、景点防止污染规定、开发利用旅游资源规划等，都应有相应的法规予以规范。

4.10 突破行政区划界限，跨省区联合发展大旅游

旅游市场的开放性要求各地在发展旅游经济的过程中，要重视竞争，但更要重视联合，要在联合中竞争，在联合中发展。这一点对于旅游经济落后的地区来说尤为重要。因为只有通过联合才能把零散的景点连成一片，形成规模优势，增强旅游产品的吸引力；通过联合，更好地学习和掌握先进地区的经营管理经验，利用先进地区的营销网络，提高旅游产品的知名度；通过联合实现资源共享、服务共享、利益共享，必定会促进落后地区旅游业的更快发展。

结束语

××省旅游资源丰富多彩，无论是类型、数量或质量，都有自己明显的优势，高品位的旅游资源在全国举足轻重，待开发的旅游资源潜力很大。旅游业是国家之间、民族之间文化交流的重要方式，特别是在经济发展全球化、民族文化交流日益频繁的今天，××省旅游业的发展方向实质上代表了××省经济、文化的趋向。

目前，我们要按照市场运作的要求，调整产业结构，变革观念，因地制宜地开发资源，开放市场，加大投资力度，统筹规划，培养人才，协调运作，加强合作，顺应国际、国内旅游业的发展趋势，扩大××省旅游资源的国际知名度，树立旅游品牌形象。正视不足，取长补短，切实把旅游产业作为××省的主导产业来抓，××省旅游产业必将成为振兴××省经济的“朝阳产业”。

参考文献

（略）

【简析】

这是一篇优秀管理类毕业论文。全文围绕××省旅游业发展这个问题，从不同角度、不同方面提出自己独到的见解和认识，给科研、政府和旅游界有关人员提供了很好的思路和发展对策。全文引经据典，材料事实充分，分析逻辑严密，观点新颖独到，结构严谨合理，语言通顺流畅。

【例文8-5】

数控机床维修与排故实例

摘　要

简要地介绍了当今世界数控技术及数控设备发展的趋势以及我国的现状，在此基础上讨论了数控设备的特点和易出现哪些影响生产的故障，并针对各类故障提出了相应的解决方法及避免方法。并对维修人员的素质提出了更高的要求。

关键词：数控机床，现场，排故，维修方法，技术措施

前　言

随着电子技术和自动化技术的发展，数控技术的应用越来越广泛。数控设备已在我国批量生产、大量引进和推广应用，它给机械制造业的发展创造了条件，并带来很大的效益。但同时，由于它们的先进性、复杂性和智能化高的特点，在维修理论、技术和手段上与传统方式发生了飞跃的变化。数控维修技术不仅是保障正常运行的前提，对数控技术的发展和完善也起到了巨大的推动作用，因此，目前它已经成为一门专门的学科。数控设备要求在实时控制的每一时刻都准确无误地工作。任何部分的故障与失效，都会使机床停机，从而造成生产停顿。因而对数控系统这样原理复杂、结构精密的装置进行维修就显得十分必要了。这些设备均处于关键的工作岗位，若在出现故障后不及时维修排除故障，就会造成较大的经济损失。我们现有的维修状况和水平，与国外进口设备的设计与制造技术水平还存在很大的差距。造成差距的原因在于：人员素质较差，缺乏数字测试分析手段，数域和数域与频域综合方面的测试分析技术等有待提高，等等。

下面是我从现代数控设备的基本构成入手，对数控机床的诊断与维修的经验与心得。

一、现代数控系统维修排故基础

目前世界上的数控系统种类繁多，形式各异，组成结构上都有各自的特点。这些结构

特点来源于系统初始设计的基本要求和工程设计的思路。例如对点位控制系统和连续轨迹控制系统就有截然不同的要求。对于T系统和M系统，同样也有很大的区别，前者适用于回转体零件加工，后者适合于异形非回转体的零件加工。对于不同的生产厂家来说，基于历史发展因素以及各自因地而异的复杂因素的影响，在设计思想上也可能各有千秋。例如，美国Dynapath系统采用小板结构，便于板子更换和灵活结合，而日本FANUC系统则趋向大板结构，使之有利于系统工作的可靠性，促使系统的平均无故障率不断提高。然而无论哪种系统，它们的基本原理和构成是十分相似的。一般整个数控系统由三大部分组成，即控制系统，伺服系统和位置测量系统。控制系统按加工工件程序进行插补运算，发出控制指令到伺服驱动系统；伺服驱动系统将控制指令放大，由伺服电机驱动机械按要求运动；测量系统检测机械的运动位置或速度，并反馈到控制系统，来修正控制指令。这三部分有机结合，组成完整的闭环控制的数控系统。

控制系统主要由总线、CPU、电源、存储器、操作面板和显示屏、位控单元、可编程序控制器逻辑控制单元以及数据输入/输出接口等组成。最新一代的数控系统还包括一个通讯单元，它可完成CNC、PLC的内部数据通讯和外部高次网络的连接。伺服驱动系统主要包括伺服驱动装置和电机。位置测量系统主要是采用长光栅或圆光栅的增量式位移编码器。

数控系统的主要特点是：可靠性要求高：因为一旦数控系统发生故障，即造成巨大经济损失；有较高的环境适应能力，因为数控系统一般为工业控制机，其工作环境为车间环境，要求它具有在震动，高温，潮湿以及各种工业干扰源的环境条件下工作的能力；接口电路复杂，数控系统要与各种数控设备及外部设备相配套，要随时处理生产过程中的各种情况，适应设备的各种工艺要求，因而接口电路复杂，而且工作频繁。

1.1　维修工作人员的基本条件

维修工作开展得好坏首先取决于人员条件。维修工作人员必须具备以下要求：

(1) 高度的责任心与良好的职业道德。

(2) 知识面广，掌握计算机技术、自动控制与电机拖动、模拟与数字电路基础、机械加工工艺方面及检测技术的基础知识与一定的外语水平。

(3) 经过良好的技术培训，掌握有关数控、驱动及PLC的工作原理，懂得CNC编程和编程语言。

(4) 熟悉机床结构，具有实验技能和较强的动手操作能力。

(5) 掌握各种常用（尤其是现场）的测试仪器、仪表和各种工具。

1.2　在维修手段方面应具备的条件

(1) 准备好常用备品、配件。

(2) 必要的维修工具、仪器、仪表、接线、微机。最好有小型编程系统或编程器，用以支援设备调试。

(3) 随时可以得到微电子元器件的实际支援或供应。

(4) 完整资料、手册、线路图、维修说明书（包括CNC操作说明书）以及接口、调整与诊断、驱动说明书，PLC说明书（包括PLC用户程序单），元器件表格等。

1.3　维修前的准备

接到用户的直接要求后，应尽可能直接与用户联系，以便尽快地获取现场信息、现场情况及故障信息。如数控机床的品牌与主轴驱动型号、报警指示或故障现象、用户现场有无备件等。据此预先分析可能出现的故障原因与部位，而后在出发到现场之前，准备好有关的技术资料与维修服务工具、仪器备件等，做到有备而去。

二、数控机床开机调试

数控机床是一种技术含量很高的机电仪一体化的机床，用户买到一台数控机床后，是否正确地安全地开机，调试是很关键的一步。这一步的正确与否在很大程序上决定了这台数控机床能否发挥正常的功能以及它本身的使用寿命，这对数控机床的生产厂和用户厂都是事关重大的课题。数控机床开机，调试应按下列的步骤进行。

2.1　通电前的外观检查

(1) 机床电器检查。打开机床电控箱，检查继电器，接触器，熔断器，伺服电机速度，控制单元插座，主轴电机速度、控制单元插座等有无松动，如有松动应恢复正常状态，有锁紧机构的接插件一定要锁紧，有转接盒的机床一定要检查转接盒上的插座，接线有无松动，有锁紧机构的一定要锁紧。

(2) CNC 电箱检查。打开 CNC 电箱门，检查各类接口插座，伺服电机反馈线插座，主轴脉冲发生器插座，手摇脉冲发生器插座，CRT 插座等，如有松动要重新插好，有锁紧机构的一定要锁紧。按照说明书检查各个印刷线路板上的短路端子的设置情况，一定要符合机床生产厂设定的状态，确实有误的应重新设置，一般情况下无须重新设置，但用户一定要对短路端子的设置状态做好原始记录。

(3) 接线质量检查。检查所有的接线端子。包括强弱电部分在装配时机床生产厂自行接线的端子及各电机电源线的接线端子，每个端子都要用旋具紧固一次，直到用旋具拧不动为止，各电机插座一定要拧紧。

(4) 电磁阀检查。所有电磁阀都要用手推动数次，以防止长时间不通电造成的动作不良，如发现异常，应做好记录，以备通电后确认修理或更换。

(5) 限位开关检查。检查所有限位开关动作的灵活及固定性是否牢固，发现动作不良或固定不牢的应立即处理。

(6) 操作面板上按钮及开关检查。检查操作面板上所有按钮，开关，指示灯的接线，发现有误应立即处理，检查 CRT 单元上的插座及接线。

(7) 地线检查。要求有良好的地线，测量机床地线，接地电阻不能大于 1 Ω。

(8) 电源相序检查。用相序表检查输入电源的相序，确认输入电源的相序与机床上各处标定的电源相序应绝对一致。

有二次接线的设备，如电源变压器等，必须确认二次接线的相序的一致性。要保证各处相序的绝对正确。此时应测量电源电压，做好记录。

2.2　机床总电压的接通

(1) 接通机床总电源，检查 CNC 电箱，主轴电机冷却风扇，机床电器箱冷却风扇的转向是否正确，润滑，液压等处的油标志指示以及机床照明灯是否正常，各熔断器有无损坏，如有异常应立即停电检修，无异常可以继续进行。

(2) 测量强电各部分的电压特别是供 CNC 及伺服单元用的电源变压器的初次级电压，并做好记录。

(3) 观察有无漏油，特别是供转塔转位、卡紧，主轴换挡的以及卡盘卡紧等处的液压缸和电磁阀。如有漏油应立即停电修理或更换。

2.3　CNC 电箱通电

(1) 按 CNC 电源通电按钮，接通 CNC 电源，观察 CRT 显示，直到出现正常画面为止。如果出现 ALARM 显示，应该寻找故障并排除，此时应重新送电检查。

(2) 打开 CNC 电源，根据有关资料上给出的测试端子的位置测量各级电压，有偏差的应调整到给定值，并做好记录。

(3) 将状态开关置于适当的位置，如日本 FANUC 系统应放置在 MDI 状态，选择到参数页面。逐条逐位地核对参数，这些参数应与随机所带参数表符合。如发现有不一致的参数，应搞清各个参数的意义后再决定是否修改，如齿隙补偿的数值可能与参数表不一致，这在进行实际加工后可随时进行修改。

(4) 将状态选择开关放置在 JOG 位置，将点动速度放在最低档，分别进行各坐标正反方向的点动操作，同时用手按与点动方向相对应的超程保护开关，验证其保护作用的可靠性，然后，再进行慢速的超程试验，验证超程撞块安装的正确性。

(5) 将状态开关置于回零位置，完成回零操作，参考点返回的动作不完成就不能进行其他操作。因此遇此情况应首先进行本项操作，然后再进行第 (4) 项操作。

(6) 将状态开关置于 JOG 位置或 MDI 位置，进行手动变挡试验，验证后将主轴调速开关放在最低位置，进行各挡的主轴正反转试验，观察主轴运转的情况和速度显示的正确性，然后再逐渐升速到最高转速，观察主轴运转的稳定性。

(7) 进行手动导轨润滑试验，使导轨有良好的润滑。

(8) 逐渐变化快移超调开关和进给倍率开关，随意点动刀架，观察速度变化的正确性。

2.4　MDI 试验

(1) 测量主轴实际转速。将机床锁住开关放在接通位置，用手动数据输入指令，进行主轴任意变挡，变速试验，测量主轴实际转速，并观察主轴速度显示值，调整其误差应限定在 5% 之内。

(2) 进行转塔或刀座的选刀试验。其目的是检查刀座或正、反转和定位精度的正确性。

(3) 功能试验。根据定货的情况不同，功能也不同，可根据具体情况对各个功能进行试验。为防止意外情况发生，最好先将机床锁住进行试验，然后再放开机床进行试验。

(4) EDIT 功能试验。将状态选择开关置于 EDIT 位置，自行编制一简单程序，尽可能多地包括各种功能指令和辅助功能指令，移动尺寸以机床最大行程为限，同时进行程序的增加，删除和修改。

(5) 自动状态试验。将机床锁住，用编制的程序进行空运转试验，验证程序的正确性，然后放开机床，分别将进给倍率开关，快速超调开关，主轴速度超调开关进行多种变化，使机床在上述各开关的多种变化的情况下进行充分地运行，后将各超调开关置于 100% 处，使机床充分运行，观察整机的工作情况是否正常。

至此，一台数控机床才算开机调试完毕。

三、现场维修

现场维修是对数控机床出现的故障（主要是数控部分）进行诊断，找出故障部位，以相应的正常备件更换，使机床恢复正常运行。这过程的关键是诊断，即对系统或外围线路进行检测，确定有无故障，并对故障定位指出故障的确切位置。从整机定位到插线板，在某些场合下甚至定位到元器件。这是整个维修工作的主要部分。

3.1 数控系统的故障诊断

(1) 初步判别。通常在资料较全时，可通过资料分析判断故障所在，或采取接口信号法根据故障现象判别可能发生故障的部位，而后再按照故障与这一部位的具体特点，逐个部位检查，初步判别。在实际应用中，可能用一种方法即可查到故障并排除，有时需要多种方法并用。对各种判别故障点的方法的掌握程度主要取决于对故障设备原理与结构掌握的深度。

(2) 报警处理。

①系统报警的处理：数控系统发生故障时，一般在显示屏或操作面板上给出故障信号和相应的信息。通常系统的操作手册或调整手册中都有详细的报警号，报警内容和处理方法。由于系统的报警设置单一、齐全、严密、明确，维修人员可根据每一警报后面给出的信息与处理办法自行处理。

②机床报警和操作信息的处理：机床制造厂根据机床的电气特点，应用 PLC 程序，将一些能反映机床接口电气控制方面的故障或操作信息以特定的标志，通过显示器给出，并可通过特定键，看到更详尽的报警说明。这类报警可以根据机床厂提供的排除故障手册进行处理，也可以利用操作面板或编程器根据电路图和 PLC 程序，查出相应的信号状态，按逻辑关系找出故障点进行处理。

(3) 无报警或无法报警的故障处理。当系统的 PLC 无法运行，系统已停机或系统没有报警但工作不正常时，需要根据故障发生前后的系统状态信息，运用已掌握的理论基础，进行分析，作出正确的判断。下面阐述这种故障诊断和排除办法。

3.2 故障诊断方法

(1) 常规检查法。

目测　目测故障板，仔细检查有无保险丝烧断，元器件烧焦，烟熏，开裂现象，有无异物短路现象。以此可判断板内有无过流，过压，短路等问题。

手摸　用手摸并轻摇元器件，尤其是阻容，半导体器件有无松动之感，以此可检查出一些断脚，虚焊等问题。

通电　首先用万用表检查各种电源之间有无断路，如无即可接入相应的电源，目测有无冒烟，打火等现象，手摸元器件有无异常发热，以此可发现一些较为明显的故障，而缩小检修范围。

例如：在牡丹江机车厂排除故障时，机床的数控系统和 PLC 运行正常，但机床的液压系统无法启动，用编程器检查 PLC 程序运行正常，各所需信号状态均满足开机条件。进一步检查中发现，PLC 信号状态与图纸和设备上的标记不一致，停机拔出电路板检查，发现 PLC 两块输出板编址不对，与另两块位置搞错，经交换后，机床正常运转。对于发生这个故障的机床所采用的 SIMATIC S5—150K 可编程控制器，只要编址正确，无论将线路板的位置怎样排列，系统均能正常运转，但相应地执行元件和信号源必须正确地对应，一旦对应错误就会发生故障，甚至毁坏机床。另外，根据用户提供的故障现象，结合自己的现场观察，运用系统工作原理亦可迅速作出正确判断。

(2) 仪器测量法。当系统发生故障后，采用常规电工检测仪器，工具，按系统电路图及机床电路图对故障部分的电压，电源，脉冲信号等进行实测判断故障所在。如电源的输入电压超限，引起电源监控可用电压表测网络电压，或用电压测试仪实时监控以排除其他原因。如发生位置控制环故障可用示波器检查测量回路的信号状态，或用示波器观察其信号输出是否缺相，有无干扰。

例如，××空调机厂在排除故障中，系统报警，位置环硬件故障，用示波器检查发现有干扰信号，我们在电路中用接电容的方法将其滤掉使系统工作正常。如出现系统无法回基准点的情况，可用示波器检查是否有零标记脉冲，若没有可考虑是测量系统损坏。

①接口信号检查：通过用可编程序控制器检查机床控制系统的接口信号，并与接口手册的正确信号相对比，亦可查出相应的故障点。

②利用系统的自诊断功能判断：现代数控系统尤其是全功能数控具有很强的自诊断能力，通过实施时监控系统各部分的工作，及时判断故障，给出报警信息，并作出相应的动作，避免事故发生。然而有时当硬件发生故障时，就无法报警，有的数控系统可通过发光管不同的闪烁频率或不同的组合作出相应的指示，这些指示配合使用就可帮助我们准确地诊断出故障模板的位置。如 SINUMERIK 8 系统根据 MS100 CPU 板上四个指示灯和操作面板上的 FAULT 灯的亮灭组合就可判断出故障位置。

③用可编程控制器进行 PLC 中断状态分析：可编程序控制器发生故障时，其中断原因以中断堆栈的方式记忆。使用编程器可以在系统停止状态下，调出中断堆栈和块堆栈，按其所指示的原因，查明故障所在。在可编程序控制器的维修中这是最常用有效和快速的办法。

④诊断备件替换法：现代数控系统大都采用模块化设计，按功能不同划分不同模块，随着现代技术的发展，电路的集成规模越来越大技术也越来越复杂，按常规方法，很难把故障定位到一个很小的区域，而一旦系统发生故障，为了缩短停机时间，我们可以根据模块的功能与故障现象，初步判断出可能的故障模块，用诊断备件将其替换，这样可迅速判断出有故障的模块。在没有诊断备件的情况下可以采用现场相同或相容的模块进行替换检查，对于现代数控的维修，越来越多的情况采用这种方法进行诊断，然后用备件替换损坏模块，使系统正常工作。尽最大可能缩短故障停机时间，使用这种方法在操作时注意一定要在停电状态下进行，还要仔细检查线路板的版本，型号，各种标记，跨接是否相同，对于有关的机床数据和电位计的位置应做好记录，拆线时应做好标志。

上述诊断方法，在实际应用时并无严格的界限，可能用一种方法就能排除故障，亦可能需要多种方法同时进行。其效果主要取决于对系统原理与结构的理解与掌握的深度，以及维修经验的多少。

3.3　数控系统的常见故障分析（略）

3.4　故障排除方法

（1）初始化复位法。一般情况下，由于瞬时故障引起的系统报警，可用硬件复位或开关系统电源依次来清除故障，若系统工作存贮区由于掉电，拔插线路板或电池欠压造成混乱，则必须对系统进行初始化清除，清除前应注意作好数据拷贝记录，若初始化后故障仍无法排除，则进行硬件诊断。

（2）调节，最佳化调整法。调节是一种最简单易行的办法。通过对电位计的调节，修正系统故障。

如×××机车厂维修中，其系统显示器画面混乱，经调节后正常。

还有在×××空调机厂，其主轴在启动和制动时发生皮带打滑，原因是其主轴负载转矩大，而驱动装置的斜升时间设定过小，经调节后正常。

最佳化调整是系统地对伺服驱动系统与被拖动的机械系统实现最佳匹配的综合调节

方法，其办法很简单，用一台多线记录仪或具有存贮功能的双踪示波器，分别观察指令和速度反馈或电流反馈的响应关系。通过调节速度调节器的比例系数和积分时间，来使伺服系统达到既有较高的动态响应特性，而又不振荡的最佳工作状态。在现场没有示波器或记录仪的情况下，根据经验，调节使电机起振，然后向反向慢慢调节，直到消除震荡即可。

(3) 参数更改，程序更正法。系统参数是确定系统功能的依据，参数设定错误就可能造成系统的故障或某功能无效。例如，在哈尔滨某厂转子铣床上采用了测量循环系统，这一功能要求有一个背景存储器，调试时发现这一功能无法实现。检查发现确定背景存储器存在的数据位没有设定，经设定后该功能正常。有时由于用户程序错误亦可造成故障停机，对此可以采用系统的块搜索功能进行检查，改正所有错误，以确保其正常运行。

(4) 备件替换法。用好的备件替换诊断出的坏的线路板，并作相应的初始化启动，使机床迅速投入正常运转，然后将坏板修理或返修，这是目前最常用的排故办法。

(5) 改善电源质量法。目前一般采用稳压电源，来改善电源波动。对于高频干扰可以采用电容滤波法，通过这些预防性措施来减少电源板的故障。

(6) 维修信息跟踪法。一些大的制造公司根据实际工作中由于设计缺陷造成的偶然故障，不断修改和完善系统软件或硬件。这些修改以维修信息的形式不断提供给维修人员。以此作为故障排除的依据，可正确彻底地排除故障。

3.5 电气故障的排除

3.5.1 电气故障的调查与分析

这是排故的第一阶段，是非常关键的阶段，主要应做好下列工作：

①询问调查。在接到机床现场出现故障要求排除的信息时，首先应要求操作者尽量保持现场的故障状态，不作任何处理，这样有利于迅速精确地分析故障原因。同时仔细询问故障指示情况、故障表象及故障产生的背景情况，依此作出初步判断，以便确定现场排故所应携带的工具、仪表、图纸资料、备件等，减少往返时间。

②现场检查。到达现场后，首先要验证操作者提供的各种情况的准确性、完整性，从而核实初步判断的准确度。由于操作者的水平，对故障状况描述不清甚至完全不准确的情况不乏其例，因此到现场后仍然不要急于动手处理，重新仔细调查各种情况，以免破坏了现场，使排故增加难度。

③故障分析。根据已知的故障状况，按上节所述故障分类办法分析故障类型，从而确定排故原则。由于大多数故障是有指示的，所以一般情况下，对照机床配套的数控系统诊断手册和使用说明书，可以列出产生该故障的多种可能的原因。

④确定原因。对多种可能的原因进行排查，从中找出本次故障的真正原因，这时对维修人员是一种对该机床熟悉程度、知识水平、实践经验和分析判断能力的综合考验。

⑤排故准备。有的故障的排除方法可能很简单，有些故障则往往较复杂，需要做一系列的准备工作，例如工具仪表的准备、局部的拆卸、零部件的修理，元器件的采购甚至排故计划步骤的制定等。

数控机床电气系统故障的调查、分析与诊断的过程也就是故障的排除过程，一旦查明了原因，故障也就几乎等于排除了，因此故障分析诊断的方法也就变得十分重要了。下面把电气故障的常用诊断方法综列于下。

(1) 直观检查法。这是故障分析之初必用的方法，就是利用感官的检查。

①询问。向故障现场人员仔细询问故障产生的过程、故障表象及故障后果，并且在整个分析判断过程中可能要多次询问。

②目视。总体查看机床各部分工作状态是否处于正常状态（例如各坐标轴位置、主轴状态、刀库、机械手位置等），各电控装置（如数控系统、温控装置、润滑装置等）有无报警指示，局部查看有无保险烧煅，元器件烧焦、开裂、电线电缆脱落，各操作元件位置正确与否等等。

③触摸。在整机断电条件下可以通过触摸各主要电路板的安装状况、各插头座的插接状况、各功率及信号导线（如伺服与电机接触器接线）的连接状况等来发现可能出现故障的原因。

④通电。这是指为了检查有无冒烟、打火、有无异常声音、气味以及触摸有无过热电动机和元件存在而通电，一旦发现立即断电分析。

（2）仪器检查法。使用常规电工仪表，对各组交、直流电源电压，对相关直流及脉冲信号等进行测量，从中找寻可能的故障。例如用万用表检查各电源情况，及对某些电路板上设置的 相关信号状态测量点的测量，用示波器观察相关的脉动信号的幅值、相位甚至有无，用 PLC 编程器查找 PLC 程序中的故障部位及原因等。

（3）信号与报警指示分析法。

①硬件报警指示。这是指包括数控系统、伺服系统在内的各电子、电器装置上的各种状态和故障指示灯，结合指示灯状态和相应的功能说明便可获知指示内容及故障原因与排除方法。

②软件报警指示。如前所述的系统软件、PLC 程序与加工程序中的故障通常都设有报警显示，依据显示的报警号对照相应的诊断说明手册便可获知可能的故障原因及故障排除方法。

（4）接口状态检查法。现代数控系统多将 PLC 集成于其中，而 CNC 与 PLC 之间则以一系列接口信号形式相互通讯连接。有些故障是与接口信号错误或丢失相关的，这些接口信号有的可以在相应的接口板和输入/输出板上有指示灯显示，有的可以通过简单操作在 CRT 屏幕上显示，而所有的接口信号都可以用 PLC 编程器调出。这种检查方法要求维修人员既要熟悉本机床的接口信号，又要熟悉 PLC 编程器的应用。

（5）参数调整法。数控系统、PLC 及伺服驱动系统都设置许多可修改的参数以适应不同机床、不同工作状态的要求。这些参数不仅能使各电气系统与具体机床相匹配，而且更是使机床各项功能达到最佳化所必需的。因此，任何参数的变化（尤其是模拟量参数）甚至丢失都是不允许的；而随机床的长期运行所引起的机械或电气性能的变化会打破最初的匹配状态和最佳化状态。此类故障多指故障分类一节中后一类故障，需要重新调整相关的一个或多个参数方可排除。这种方法对维修人员的要求是很高的，不仅要对具体系统主要参数十分了解，既知晓其地址熟悉其作用，而且要有较丰富的电气调试经验。

（6）备件置换法。当故障分析结果集中于某一印制电路板上时，由于电路集成度的不断扩大而要把故障落实于其上某一区域乃至某一元件是十分困难的，为了缩短停机时间，在有相同备件的条件下可以先将备件换上，然后再去检查修复故障板。备件板的更换要注意以下问题。

①更换任何备件都必须在断电情况下进行。

②许多印制电路板上都有一些开关或短路棒的设定以匹配实际需要，因此在更换备件板上一定要记录下原有的开关位置和设定状态，并将新板做好同样的设定，否则会产

生报警而不能工作。

③某些印制电路板的更换还需在更换后进行某些特定操作以完成其中软件与参数的建立。这一点需要仔细阅读相应电路板的使用说明。

④有些印制电路板是不能轻易拔出的，例如含有工作存储器的板，或者备用电池板，它会丢失有用的参数或者程序。必须更换时也必须遵照有关说明操作。

鉴于以上条件，在拔出旧板更换新板之前一定要先仔细阅读相关资料，弄懂要求和操作步骤之后再动手，以免造成更大的故障。

(7) 交叉换位法。当发现故障板或者不能确定是否故障板而又没有备件的情况下，可以将系统中相同或相兼容的两个板互换检查，例如两个坐标的指令板或伺服板的交换从中判断故障板或故障部位。这种交叉换位法应特别注意，不仅硬件接线的正确交换，还要将一系列相应的参数交换，否则不仅达不到目的，反而会产生新的故障造成思维的混乱，一定要事先考虑周全，设计好软、硬件交换方案，准确无误再行交换检查。

(8) 特殊处理法。当今的数控系统已进入PC基、开放化的发展阶段，其中软件含量越来越丰富，有系统软件、机床制造者软件，甚至还有使用者自己的软件，由于软件逻辑的设计中不可避免的一些问题，会使得有些故障状态无从分析，例如死机现象。对于这种故障现象则可以采取特殊手段来处理，比如整机断电，稍作停顿后再开机，有时则可能将故障消除。维修人员可以在自己的长期实践中摸索其规律或者其他有效的方法。

3.5.2 电气维修与故障的排除

这是排故的第二阶段，是实施阶段。

如前所述，电气故障的分析过程也就是故障的排除过程，因此电气故障的一些常用排除方法在上一节的分析方法中已综合介绍过了，本节则列举几个常见电气故障作一简要介绍，供维修者参考。

(1) 电源。电源是维修系统乃至整个机床正常工作的能量来源，它的失效或者故障轻者会丢失数据、造成停机。重者会毁坏系统局部甚至全部。西方国家由于电力充足，电网质量高，因此其电气系统的电源设计考虑较少，这对于我国有较大波动和高次谐波的电力供电网来说就略显不足，再加上某些人为的因素，难免出现由电源而引起的故障。我们在设计数控机床的供电系统时应尽量做到：

①提供独立的配电箱而不与其他设备串用。

②电网供电质量较差的地区应配备三相交流稳压装置。

③电源始端有良好的接地。

④进入数控机床的三相电源应采用三相五线制，中线（N）与接地（PE）严格分开。

⑤电柜内电器件的布局和交、直流电线的敷设要相互隔离。

(2) 数控系统位置环故障。

①位置环报警。可能是位置测量回路开路，测量元件损坏，位置控制建立的接口信号不存在等。

②坐标轴在没有指令的情况下产生运动。可能是漂移过大，位置环或速度环接成正反馈，反馈接线开路，测量元件损坏。

(3) 机床动态特性变差，工件加工质量下降，甚至在一定速度下机床发生振动。这其中有很大一种可能是机械传动系统间隙过大甚至磨损严重或者导轨润滑不充分甚至磨损造成的；对于电气控制系统来说则可能是速度环、位置环和相关参数已不在最佳匹配状态，应在机械故障基本排除后重新进行最佳化调整。

(4) 机床坐标找不到零点。可能是零方向在远离零点，编码器损坏或接线开路，光栅零点标记移位，回零减速开关失灵。

(5) 偶发性停机故障。

这里有两种可能的情况：一种情况是如前所述的相关软件设计中的问题造成在某些特定的操作与功能运行组合下的停机故障，一般情况下机床断电后重新通电便会消失；另一种情况是由环境条件引起的，如强力干扰（电网或周边设备）、温度过高、湿度过大等。这种环境因素往往被人们所忽视。

例如×××机械厂将机床置于普通厂房甚至靠近敞开的大门附近，电柜长时间开门运行，附近有大量产生粉尘、金属屑或水雾的设备等。这些因素不仅会造成故障，严重的还会损坏系统与机床，务必注意改善。

3.6 维修中应注意的事项

(1) 从整机上取出某块线路板时，应注意记录其相对应的位置，连接的电缆号，对于固定安装的线路板，还应按前后取下相应的压接部件及螺钉作记录。拆卸下的压件及螺钉应放在专门的盒内，以免丢失，装配后，盒内的东西应全部用上，否则装配不完整。

(2) 电烙铁应放在顺手的前方，远离维修线路板。烙铁头应作适当的修整，以适应集成电路的焊接，并避免焊接时碰伤别的元器件。

(3) 线路板上大多刷有阻焊膜，因此测量时应找到相应的焊点作为测试点，不要铲除焊膜，有的板子全部刷有绝缘层，则只有在焊点处用刀片刮开绝缘层。

(4) 测量线路间的阻值时，应断电源，测阻值时应红黑表笔互换测量两次，以阻值大的为参考值。

(5) 不应随意切断印刷线路。有的维修人员具有一定的家电维修经验，习惯断线检查，但数控设备上的线路板大多是双面金属孔板或多层孔化板，印刷线路细而密，一旦切断不易焊接，且切线时易切断相邻的线，再则有的点，在切断某一根线时，并不能使其和线路脱离，需要同时切断几根线才行。

(6) 更换新的器件，其引脚应作适当的处理，焊接中不应使用酸性焊油。

(7) 不应随意拆换元器件。有的维修人员在没有确定故障元件的情况下只是凭感觉那一个元件坏了，就立即拆换，这样误判率较高，拆下的元件人为损坏率也较高。

(8) 拆卸元件时应使用吸锡器及吸锡绳，切忌硬取。同一焊盘不应长时间加热及重复拆卸，以免损坏焊盘。

(9) 记录线路上的开关，跳线位置，不应随意改变。进行两极以上的对照检查时，或互换元器件时注意标记各板上的元件，以免错乱，致使好板亦不能工作。

(10) 查清线路板的电源配置及种类，根据检查的需要，可分别供电或全部供电。应注意高压，有的线路板直接接入高压，或板内有高压发生器，需适当绝缘，操作时应特别注意。

四、维修调试后的技术处理

4.1 在现场维修结束后，应认真填写维修记录

列出有关必备的备件的清单，建立用户档案，对于故障时间，现象，分析诊断方法，采用排故方法，如果有遗留问题应详尽记录。

①详细记录从故障的发生、分析判断到排除全过程中出现的各种问题，采取的各种措施，涉及的相关电路图、相关参数和相关软件，其间错误分析和排故方法也应记录并记录其无效的原因。除填入维修档案外，内容较多者还要另文详细书写。

②有条件的维修人员应该从较典型的故障排除实践中找出常有普遍意义的内容作为研究课题进行理论性探讨，从而达到提高的目的。特别是在有些故障的排除中并未经由认真系统地分析判断而是带有一定的偶然性排除了故障，这种情况下的事后总结研究就更加必要。

③总结故障排除过程中所需要的各类图样、文字资料，若有不足应事后想办法补救，而且在随后的日子里研读，以备将来之需。

④从排故过程中发现自己欠缺的知识，制订学习计划，力争尽快补课。

⑤找出工具、仪表、备件之不足，条件允许时补齐。

4.2　总结提高工作的好处

①迅速提高维修者的理论水平和维修能力。

②提高重复性故障的维修速度。

③利于分析设备的故障率及可维修性，改进操作规程，提高机床寿命和利用率。

④可改进机床电气原设计之不足。

⑤资源共享。总结资料可作为其他维修人员的参数资料、学习培训教材。

结　论

以上对于数控系统维修技术的阐述，是我翻阅大量文献以及实习期间对数控设备的调试和维修的经验的总结。随着电子技术的发展，数控技术在国民经济中的地位也就随之提高，那么对于数控技术重要组成部分——数控系统维修技术也应迅速适应数控技术飞速发展的要求。虽然，数控系统种类繁多，故障千变万化，维修方法也不尽相同，一篇短短的论文很难尽述，但是我仍希望把一些基本方法与思路写出来，与大家交流以期能引起人们对数控系统维修技术的重视，维修技术的直接目的和结果是使数控系统恢复正常运行，从而保证生产的顺利进行。作为一名数控系统维修技术人员，就应该不断地学习和掌握新的知识与技术，寻找新的维修诊断的方法和手段，为推动数控系统维修技术的发展做出应有的贡献。

【简析】

这是一篇优秀毕业论文。全文引经据典，材料事实充分，分析逻辑严密，观点新颖独到，结构严谨合理，语言通顺流畅。

思考与练习

1. 什么是实验报告？它有什么特点？实验报告一般包括哪些内容？写作时应注意哪些问题？

2. 什么是课程设计？它与毕业论文有何不同？课程设计与毕业论文的写作主要包括哪些内容？

附　录

党政机关公文处理工作条例

（中共中央办公厅、国务院办公厅2012年4月16日印发，自2012年7月1日起施行。）

第一章　总　则

第一条　为了适应中国共产党机关和国家行政机关（以下简称党政机关）工作需要，推进党政机关公文处理工作科学化、制度化、规范化，制定本条例。

第二条　本条例适用于各级党政机关公文处理工作。

第三条　党政机关公文是党政机关实施领导、履行职能、处理公务的具有特定效力和规范体式的文书，是传达贯彻党和国家的方针政策，公布法规和规章，指导、布置和商洽工作，请示和答复问题，报告、通报和交流情况等的重要工具。

第四条　公文处理工作是指公文拟制、办理、管理等一系列相互关联、衔接有序的工作。

第五条　公文处理工作应当坚持实事求是、准确规范、精简高效、安全保密的原则。

第六条　各级党政机关应当高度重视公文处理工作，加强组织领导，强化队伍建设，设立文秘部门或者由专人负责公文处理工作。

第七条　各级党政机关办公厅（室）主管本机关的公文处理工作，并对下级机关的公文处理工作进行业务指导和督促检查。

第二章　公文种类

第八条　公文种类主要有：

（一）决议。适用于会议讨论通过的重大决策事项。

（二）决定。适用于对重要事项作出决策和部署、奖惩有关单位和人员、变更或者撤销下级机关不适当的决定事项。

（三）命令（令）。适用于公布行政法规和规章、宣布施行重大强制性措施、批准授予和晋升衔级、嘉奖有关单位和人员。

（四）公报。适用于公布重要决定或者重大事项。

（五）公告。适用于向国内外宣布重要事项或者法定事项。

（六）通告。适用于在一定范围内公布应当遵守或者周知的事项。

（七）意见。适用于对重要问题提出见解和处理办法。

（八）通知。适用于发布、传达要求下级机关执行和有关单位周知或者执行的事项，批转、转发公文。

（九）通报。适用于表彰先进、批评错误、传达重要精神和告知重要情况。

（十）报告。适用于向上级机关汇报工作、反映情况，回复上级机关的询问。

（十一）请示。适用于向上级机关请求指示、批准。

（十二）批复。适用于答复下级机关请示事项。

（十三）议案。适用于各级人民政府按照法律程序向同级人民代表大会或者人民代表大会常务委员会提请审议事项。

（十四）函。适用于不相隶属机关之间商洽工作、询问和答复问题、请求批准和答复审批事项。

（十五）纪要。适用于记载会议主要情况和议定事项。

第三章 公文格式

第九条 公文一般由份号、密级和保密期限、紧急程度、发文机关标志、发文字号、签发人、标题、主送机关、正文、附件说明、发文机关署名、成文日期、印章、附注、附件、抄送机关、印发机关和印发日期、页码等组成。

（一）份号。公文印制份数的顺序号。涉密公文应当标注份号。

（二）密级和保密期限。公文的秘密等级和保密的期限。涉密公文应当根据涉密程度分别标注“绝密”“机密”“秘密”和保密期限。

（三）紧急程度。公文送达和办理的时限要求。根据紧急程度，紧急公文应当分别标注“特急”“加急”，电报应当分别标注“特提”“特急”“加急”“平急”。

（四）发文机关标志。由发文机关全称或者规范化简称加“文件”二字组成，也可以使用发文机关全称或者规范化简称。联合行文时，发文机关标志可以并用联合发文机关名称，也可以单独用主办机关名称。

（五）发文字号。由发文机关代字、年份、发文顺序号组成。联合行文时，使用主办机关的发文字号。

（六）签发人。上行文应当标注签发人姓名。

（七）标题。由发文机关名称、事由和文种组成。

（八）主送机关。公文的主要受理机关，应当使用机关全称、规范化简称或者同类型机关统称。

（九）正文。公文的主体，用来表述公文的内容。

（十）附件说明。公文附件的顺序号和名称。

（十一）发文机关署名。署发文机关全称或者规范化简称。

（十二）成文日期。署会议通过或者发文机关负责人签发的日期。联合行文时，署最后签发机关负责人签发的日期。

（十三）印章。公文中有发文机关署名的，应当加盖发文机关印章，并与署名机关相符。有特定发文机关标志的普发性公文和电报可以不加盖印章。

（十四）附注。公文印发传达范围等需要说明的事项。

（十五）附件。公文正文的说明、补充或者参考资料。

（十六）抄送机关。除主送机关外需要执行或者知晓公文内容的其他机关，应当使用机关全称、规范化简称或者同类型机关统称。

（十七）印发机关和印发日期。公文的送印机关和送印日期。

（十八）页码。公文页数顺序号。

第十条 公文的版式按照《党政机关公文格式》国家标准执行。

第十一条 公文使用的汉字、数字、外文字符、计量单位和标点符号等，按照有关国家标准和规定执行。民族自治地方的公文，可以并用汉字和当地通用的少数民族文字。

第十二条 公文用纸幅面采用国际标准 A4 型。特殊形式的公文用纸幅面，根据实际需要确定。

第四章 行文规则

第十三条 行文应当确有必要，讲求实效，注重针对性和可操作性。

第十四条 行文关系根据隶属关系和职权范围确定。一般不得越级行文，特殊情况需要越级行文的，应当同时抄送被越过的机关。

第十五条 向上级机关行文，应当遵循以下规则：

（一）原则上主送一个上级机关，根据需要同时抄送相关上级机关和同级机关，不抄送下级机关。

（二）党委、政府的部门向上级主管部门请示、报告重大事项，应当经本级党委、政府同意或者授权；属于部门职权范围内的事项应当直接报送上级主管部门。

（三）下级机关的请示事项，如需以本机关名义向上级机关请示，应当提出倾向性意见后上报，不得原文转报上级机关。

（四）请示应当一文一事。不得在报告等非请示性公文中夹带请示事项。

（五）除上级机关负责人直接交办事项外，不得以本机关名义向上级机关负责人报送公文，不得以本机关负责人名义向上级机关报送公文。

（六）受双重领导的机关向一个上级机关行文，必要时抄送另一个上级机关。

第十六条 向下级机关行文，应当遵循以下规则：

（一）主送受理机关，根据需要抄送相关机关。重要行文应当同时抄送发文机关的直接上级机关。

（二）党委、政府的办公厅（室）根据本级党委、政府授权，可以向下级党委、政府行文，其他部门和单位不得向下级党委、政府发布指令性公文或者在公文中向下级党委、政府提出指令性要求。需经政府审批的具体事项，经政府同意后可以由政府职能部门行文，文中须注明已经政府同意。

（三）党委、政府的部门在各自职权范围内可以向下级党委、政府的相关部门行文。

（四）涉及多个部门职权范围内的事务，部门之间未协商一致的，不得向下行文；擅自行文的，上级机关应当责令其纠正或者撤销。

（五）上级机关向受双重领导的下级机关行文，必要时抄送该下级机关的另一个上级机关。

第十七条 同级党政机关、党政机关与其他同级机关必要时可以联合行文。属于党委、政府各自职权范围内的工作，不得联合行文。

党委、政府的部门依据职权可以相互行文。

部门内设机构除办公厅（室）外不得对外正式行文。

第五章 公文拟制

第十八条 公文拟制包括公文的起草、审核、签发等程序。

第十九条 公文起草应当做到：

（一）符合党的理论路线方针政策和国家法律法规，完整准确体现发文机关意图，并同现行有关公文相衔接。

（二）一切从实际出发，分析问题实事求是，所提政策措施和办法切实可行。

（三）内容简洁，主题突出，观点鲜明，结构严谨，表述准确，文字精练。

（四）文种正确，格式规范。

（五）深入调查研究，充分进行论证，广泛听取意见。

（六）公文涉及其他地区或者部门职权范围内的事项，起草单位必须征求相关地区或者部门意见，力求达成一致。

（七）机关负责人应当主持、指导重要公文起草工作。

第二十条 公文文稿签发前，应当由发文机关办公厅（室）进行审核。审核的重点是：

（一）行文理由是否充分，行文依据是否准确。

（二）内容是否符合党的理论路线方针政策和国家法律法规；是否完整准确体现发文机关意图；是否同现行有关公文相衔接；所提政策措施和办法是否切实可行。

（三）涉及有关地区或者部门职权范围内的事项是否经过充分协商并达成一致意见。

（四）文种是否正确，格式是否规范；人名、地名、时间、数字、段落顺序、引文等是否准确；文字、数字、计量单位和标点符号等用法是否规范。

（五）其他内容是否符合公文起草的有关要求。

需要发文机关审议的重要公文文稿，审议前由发文机关办公厅（室）进行初核。

第二十一条 经审核不宜发文的公文文稿，应当退回起草单位并说明理由；符合发文条件但内容需作进一步研究和修改的，由起草单位修改后重新报送。

第二十二条 公文应当经本机关负责人审批签发。重要公文和上行文由机关主要负责人签发。党委、政府的办公厅（室）根据党委、政府授权制发的公文，由授权机关主要负责人签发或者按照有关规定签发。签发人签发公文，应当签署意见、姓名和完整日期；圈阅或者签名的，视为同意。联合发文由所有联署机关的负责人会签。

第六章 公文办理

第二十三条 公文办理包括收文办理、发文办理和整理归档。

第二十四条 收文办理主要程序是：

（一）签收。对收到的公文应当逐件清点，核对无误后签字或者盖章，并注明签收时间。

（二）登记。对公文的主要信息和办理情况应当详细记载。

（三）初审。对收到的公文应当进行初审。初审的重点是：是否应当由本机关办理，是否符合行文规则，文种、格式是否符合要求，涉及其他地区或者部门职权范围内的事项是否已经协商、会签，是否符合公文起草的其他要求。经初审不符合规定的公文，应当及时退回来文单位并说明理由。

（四）承办。阅知性公文应当根据公文内容、要求和工作需要确定范围后分送。批办性公文应当提出拟办意见报本机关负责人批示或者转有关部门办理；需要两个以上部门办理的，应当明确主办部门。紧急公文应当明确办理时限。承办部门对交办的公文应当及时办理，有明确办理时限要求的应当在规定时限内办理完毕。

（五）传阅。根据领导批示和工作需要将公文及时送传阅对象阅知或者批示。办理公文传阅应当随时掌握公文去向，不得漏传、误传、延误。

（六）催办。及时了解掌握公文的办理进展情况，督促承办部门按期办结。紧急公文或者重要公文应当由专人负责催办。

（七）答复。公文的办理结果应当及时答复来文单位，并根据需要告知相关单位。

第二十五条 发文办理主要程序是：

（一）复核。已经发文机关负责人签批的公文，印发前应当对公文的审批手续、内容、文种、格式等进行复核；需作实质性修改的，应当报原签批人复审。

（二）登记。对复核后的公文，应当确定发文字号、分送范围和印制份数并详细记载。

（三）印制。公文印制必须确保质量和时效。涉密公文应当在符合保密要求的场所印制。

（四）核发。公文印制完毕，应当对公文的文字、格式和印刷质量进行检查后分发。

第二十六条 涉密公文应当通过机要交通、邮政机要通信、城市机要文件交换站或者收发件机关机要收发人员进行传递，通过密码电报或者符合国家保密规定的计算机信息系统进行传输。

第二十七条 需要归档的公文及有关材料，应当根据有关档案法律法规以及机关档案管理规定，及时收集齐全、整理归档。两个以上机关联合办理的公文，原件由主办机关归档，相关机关保存复制件。机关负责人兼任其他机关职务的，在履行所兼职务过程中形成的公文，由其兼职机关归档。

第七章 公文管理

第二十八条 各级党政机关应当建立健全本机关公文管理制度，确保管理严格规范，充分发挥公文效用。

第二十九条 党政机关公文由文秘部门或者专人统一管理。设立党委（党组）的县级以上单位应当建立机要保密室和机要阅文室，并按照有关保密规定配备工作人员和必要的安全保密设施设备。

第三十条 公文确定密级前，应当按照拟定的密级先行采取保密措施。确定密级后，应当按照所定密级严格管理。绝密级公文应当由专人管理。

公文的密级需要变更或者解除的，由原确定密级的机关或者其上级机关决定。

第三十一条 公文的印发传达范围应当按照发文机关的要求执行；需要变更的，应当经发文机关批准。

涉密公文公开发布前应当履行解密程序。公开发布的时间、形式和渠道，由发文机关确定。

经批准公开发布的公文，同发文机关正式印发的公文具有同等效力。

第三十二条 复制、汇编机密级、秘密级公文，应当符合有关规定并经本机关负责人批准。绝密级公文一般不得复制、汇编，确有工作需要的，应当经发文机关或者其上级机关批准。复制、汇编的公文视同原件管理。

复制件应当加盖复制机关戳记。翻印件应当注明翻印的机关名称、日期。汇编本的密级按照编入公文的最高密级标注。

第三十三条 公文的撤销和废止，由发文机关、上级机关或者权力机关根据职权范围和有关法律法规决定。公文被撤销的，视为自始无效；公文被废止的，视为自废止之日起失效。

第三十四条 涉密公文应当按照发文机关的要求和有关规定进行清退或者销毁。

第三十五条 不具备归档和保存价值的公文，经批准后可以销毁。销毁涉密公文必须严格按照有关规定履行审批登记手续，确保不丢失、不漏销。个人不得私自销毁、留存涉密公文。

第三十六条 机关合并时，全部公文应当随之合并管理；机关撤销时，需要归档的公文经整理后按照有关规定移交档案管理部门。

工作人员离岗离职时，所在机关应当督促其将暂存、借用的公文按照有关规定移交、清退。

第三十七条 新设立的机关应当向本级党委、政府的办公厅（室）提出发文立户申请。经审查符合条件的，列为发文单位，机关合并或者撤销时，相应进行调整。

第八章 附 则

第三十八条 党政机关公文含电子公文。电子公文处理工作的具体办法另行制定。

第三十九条 法规、规章方面的公文，依照有关规定处理。外事方面的公文，依照外事主管部门的有关规定处理。

第四十条 其他机关和单位的公文处理工作，可以参照本条例执行。

第四十一条 本条例由中共中央办公厅、国务院办公厅负责解释。

第四十二条 本条例自 2012 年 7 月 1 日起施行。1996 年 5 月 3 日中共中央办公厅发布的《中国共产党机关公文处理条例》和 2000 年 8 月 24 日国务院发布的《国家行政机关公文处理办法》停止执行。

参考文献

[1] 张保真．中国党政公文写作要领与范例［M］．北京：科学出版社，2013.

[2] 杨霞．公文写作规范与例文解析［M］．北京：北京大学出版社，2013.

[3] 赵华，张宇，徐非．致辞写作技巧与实用例文全书［M］．北京：中国纺织出版社，2013.

[4] 娄永毅，杨宏敏．经济应用文写作教程同步练习［M］．上海：立信会计出版社，2005.

[5] 乔刚，谢海泉．现代应用文写作［M］．上海：立信会计出版社，2005.

[6] 李德胜，欧增益．应用文写作教程［M］．天津：天津教育出版社，2013.

[7] 杨安翔，赵锁龙．现代应用文写作教程［M］．南京：东南大学出版社，2011.

[8] 李培芬．最新应用文写作教程［M］．北京：中国人民公安大学出版社，2012.

[9] 乔刚．经济应用文写作教程［M］．上海：立信会计出版社，2005.

[10] 王军云．应用文写作技巧与范例［M］．北京：中国华侨出版社，2005.

[11] 张浩．新编通讯写作技巧与获奖通讯赏析［M］．北京：北京工业大学出版社，2013.

[12] 林刚．现代应用文写作［M］．北京：中国发展出版社，2006.

[13] 赵公民，聂锋．毕业论文的写作与答辩［M］．北京：中国经济出版社，2006.

[14] 张浩．最新新闻写作必备全书［M］．北京：蓝天出版社，2006.

[15] 刘金同．应用文写作教程［M］．北京：清华大学出版社，2010.

[16] 于志刚．学位论文写作指导：选题结构技巧示范［M］．北京：中国法制出版社，2013.